Webcode – BuchPlus-Medien

**FA99-023E-2A7C**

W0345523

# Excel 2016 Grundlagen

**(auch unter Office 365)**

Peter Wies

1. Ausgabe, 3. Aktualisierung, August 2017

EX2016

Plus

ISBN 978-3-86249-456-9

HERDT

# Bevor Sie beginnen ...

## HERDT BuchPlus – unser Konzept:

### Problemlos einsteigen – Effizient lernen – Zielgerichtet nachschlagen

(weitere Infos unter *www.herdt.com/BuchPlus*)

Nutzen Sie dabei unsere maßgeschneiderten, im Internet frei verfügbaren Medien:

**Plus**

- Lernvideos
- Beispieldateien
- Übungs- und Ergebnisdateien
- ... noch mehr Übungen
- Schnellübersichten
- Ergänzende Lerninhalte
- Wissenstest
- Glossar

Um auf die BuchPlus-Medien für dieses Buch zuzugreifen, verwenden Sie den **Webcode**, der sich rechts oben auf der Titelseite des Buches befindet.

- Rufen Sie im Browser die Internetadresse *www.herdt.com* auf.

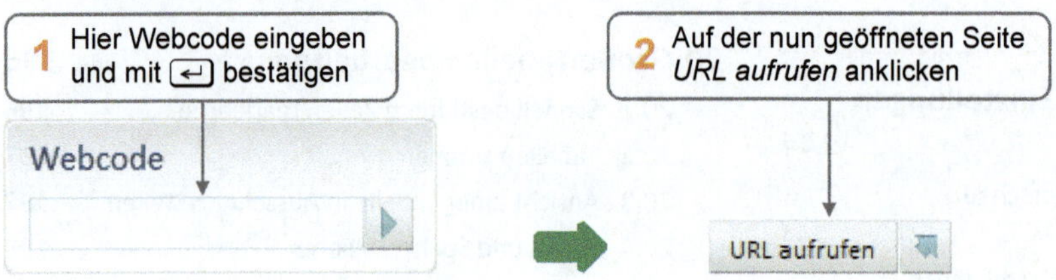


Für einen optimalen Lernerfolg verfügen Sie über folgende Kompetenzen:

- Sie arbeiten sicher mit Maus und Tastatur.
- Sie beherrschen den Umgang mit Windows.

Um die Lerninhalte des Buches praktisch nachzuvollziehen, benötigen Sie:

- Windows 10
- Excel 2016

! Haben Sie eine andere Bildschirmauflösung als 1280 × 1024 Pixel festgelegt, kann das Aussehen des Menübands und des Excel-Fensters von den Abbildungen im Buch abweichen.

# 1

# Excel kennenlernen

Plus **Beispieldateien:** *Umsätze 2015.xlsx, Umsätze 2015-E.xlsx*

## 1.1 Was ist Excel?

In der Tabellenkalkulations-App Excel (App = englische Bezeichnung für Programm) können Sie komfortabel **Daten**, z. B. Zahlen oder Text, in Tabellenform erfassen, **auswerten** und **berechnen**. Die Daten lassen sich als **Diagramm** grafisch darstellen.

**Beispiel:** Sie geben die monatlichen Umsätze verschiedener Filialen ein und berechnen schnell die Gesamtumsätze für die einzelnen Monate. Die Ergebnisse stellen Sie mit wenigen Klicks übersichtlich als Diagramm dar.

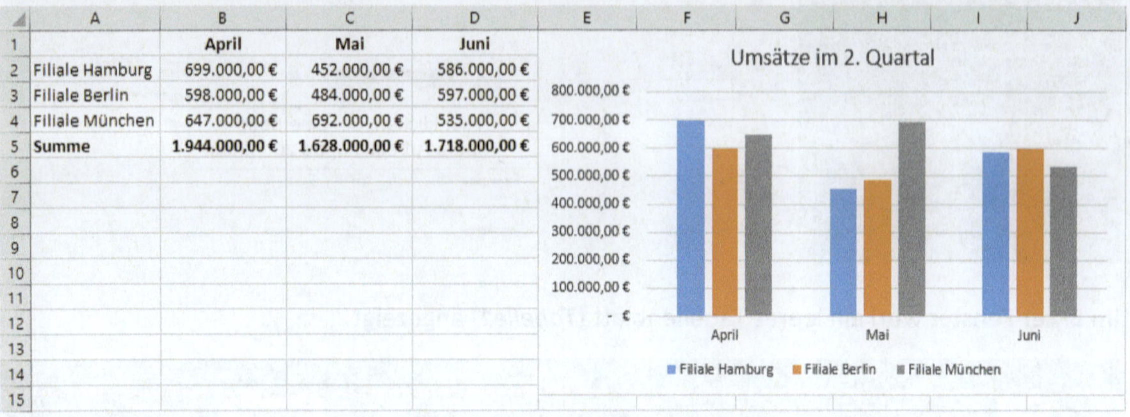

| | A | B | C | D |
|---|---|---|---|---|
| 1 | | April | Mai | Juni |
| 2 | Filiale Hamburg | 699.000,00 € | 452.000,00 € | 586.000,00 € |
| 3 | Filiale Berlin | 598.000,00 € | 484.000,00 € | 597.000,00 € |
| 4 | Filiale München | 647.000,00 € | 692.000,00 € | 535.000,00 € |
| 5 | Summe | 1.944.000,00 € | 1.628.000,00 € | 1.718.000,00 € |



Wenn Sie in der Tabelle einen Umsatzwert ändern, z. B. im April einen anderen Umsatz für die Filiale Hamburg eingeben, wird der Gesamtumsatz für den April von Excel **automatisch neu berechnet** und das Diagramm **automatisch aktualisiert**.

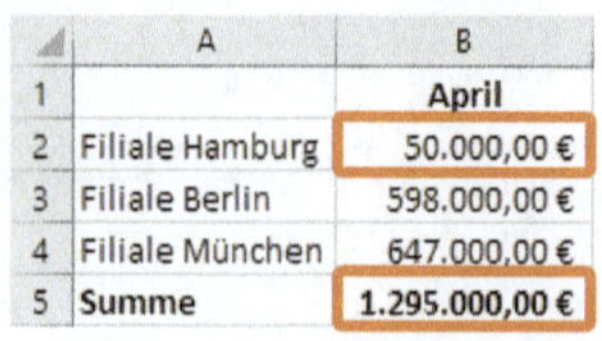

| | A | B |
|---|---|---|
| 1 | | April |
| 2 | Filiale Hamburg | 50.000,00 € |
| 3 | Filiale Berlin | 598.000,00 € |
| 4 | Filiale München | 647.000,00 € |
| 5 | Summe | 1.295.000,00 € |

Eine Excel-Datei wird als **Arbeitsmappe** bezeichnet, da sie aus einem bzw. mehreren **Arbeitsblättern** (Tabellenblätter oder Diagrammblätter) bestehen kann. Standardmäßig enthält eine neu erstellte Arbeitsmappe zunächst nur das Tabellenblatt *Tabelle1*.

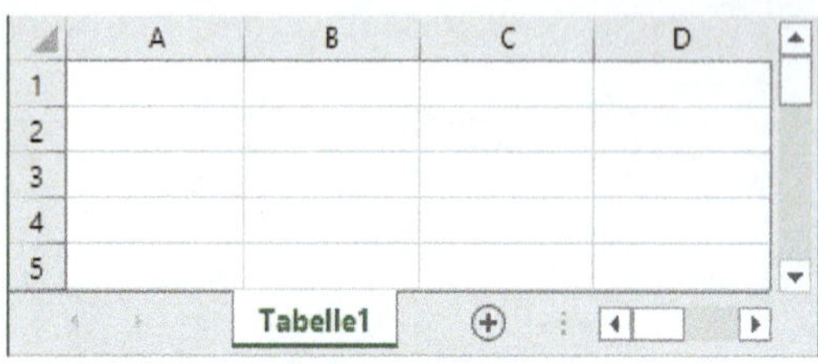


*Tabellenblatt einer Arbeitsmappe*

# 1.2 Excel starten

## Excel über das Suchfeld starten

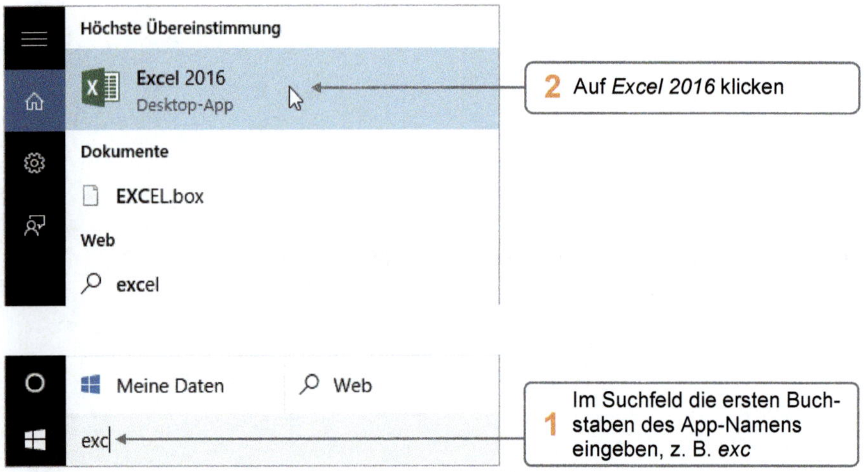


## Neue leere Arbeitsmappe erzeugen

Nach dem Start wird der **Excel-Startbildschirm** angezeigt.

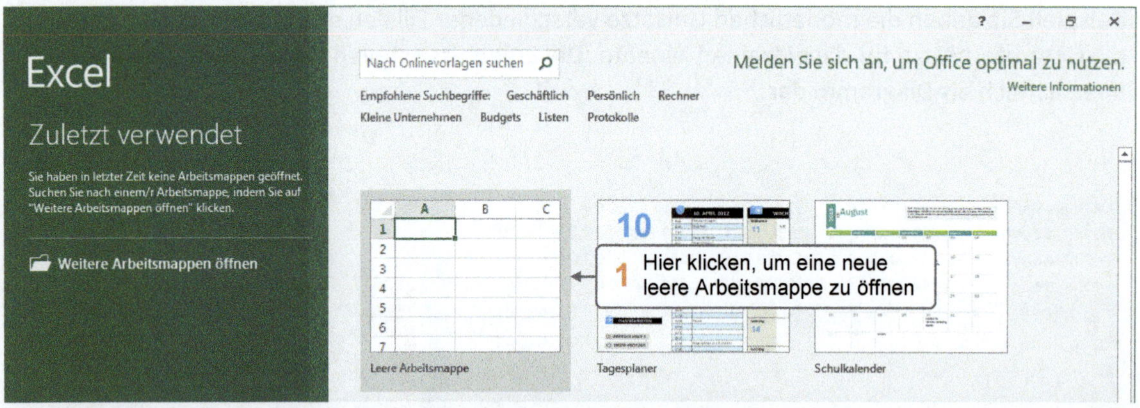


Im **Excel-Fenster** wird ein leeres Tabellenblatt (*Tabelle1*) angezeigt.

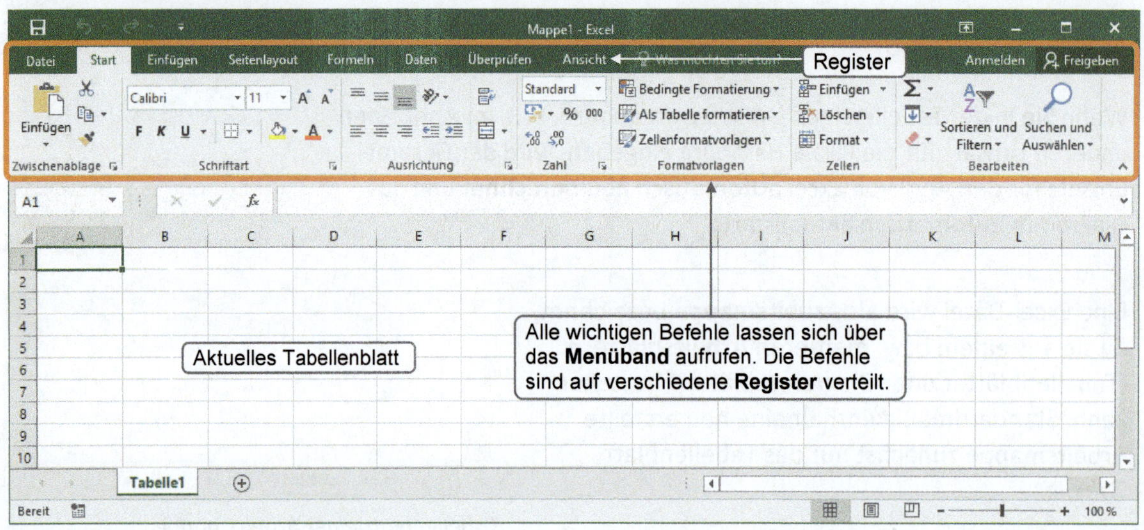

Falls das Menüband nicht vollständig angezeigt wird, klicken Sie am rechten oberen Rand des Excel-Fensters auf [Symbol] und wählen Sie *Registerkarten und Befehle anzeigen*.

## 1.3 Daten eingeben und berechnen

Im Folgenden erstellen Sie in der Beispieldatei *Umsätze 2015.xlsx* auf einem neuen Tabellenblatt die am Anfang des Kapitels abgebildete Tabelle inklusive Säulendiagramm. Dabei lernen Sie unter anderem, wie Sie in Excel ...

- Arbeitsmappen öffnen, speichern und drucken,
- Daten eingeben, formatieren und mit einer Summenfunktion berechnen,
- schnell ein empfohlenes Diagramm erstellen.

### Vorhandene Arbeitsmappe öffnen

Öffnen Sie die Beispieldatei *Umsätze 2015.xlsx*, die bereits ein Tabellenblatt mit den Umsätzen des ersten Quartals enthält.

- Klicken Sie auf das Register *Datei*, um die **Backstage-Ansicht** zu öffnen.

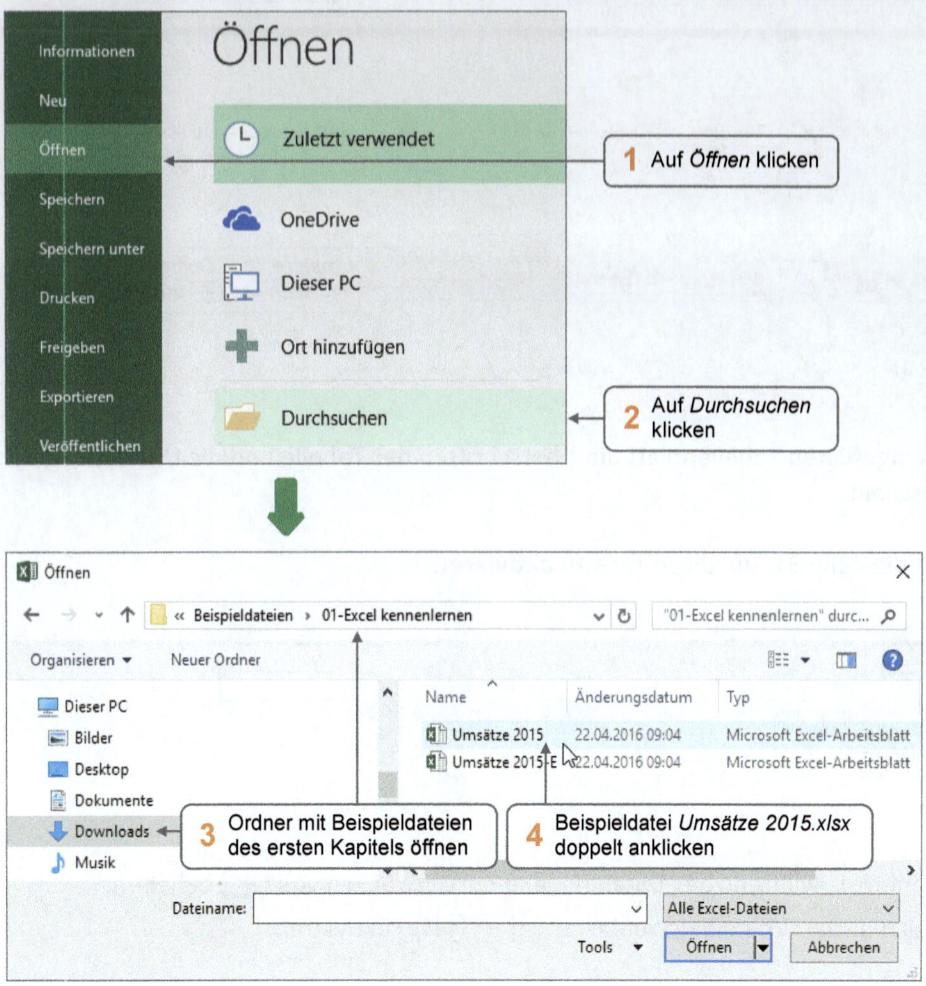

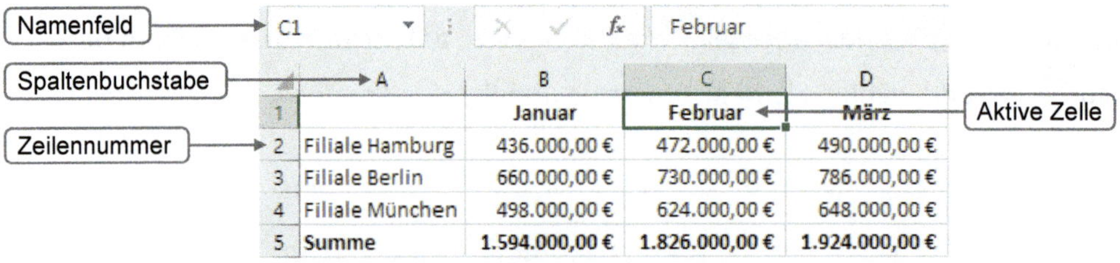


| | A | B | C | D |
|---|---|---|---|---|
| 1 | | Januar | Februar | März |
| 2 | Filiale Hamburg | 436.000,00 € | 472.000,00 € | 490.000,00 € |
| 3 | Filiale Berlin | 660.000,00 € | 730.000,00 € | 786.000,00 € |
| 4 | Filiale München | 498.000,00 € | 624.000,00 € | 648.000,00 € |
| 5 | Summe | 1.594.000,00 € | 1.826.000,00 € | 1.924.000,00 € |

*Beispieldatei „Umsätze 2015.xlsx“, Tabellenblatt „Umsätze im 1. Quartal“ (Ausschnitt)*

Eine Tabelle ist, ähnlich einem karierten Blatt, in einzelne Felder (**Zellen**) aufgeteilt. Sie können nur in die **aktive Zelle** Daten eingeben.

- Jede Zelle kann durch ihre Koordinaten bzw. ihren **Zellbezug** (Spaltenbuchstabe und Zeilennummer) genau lokalisiert werden. In der oben abgebildeten Tabelle besitzt die aktive Zelle beispielsweise den Zellbezug C1.
- Der Zellbezug der aktiven Zelle wird im Namenfeld angezeigt.

## Neues Tabellenblatt einfügen und benennen

Um die Umsätze für das zweite Quartal zu erfassen, fügen Sie in der geöffneten Beispieldatei ein neues Tabellenblatt *Umsätze im 2. Quartal* ein:

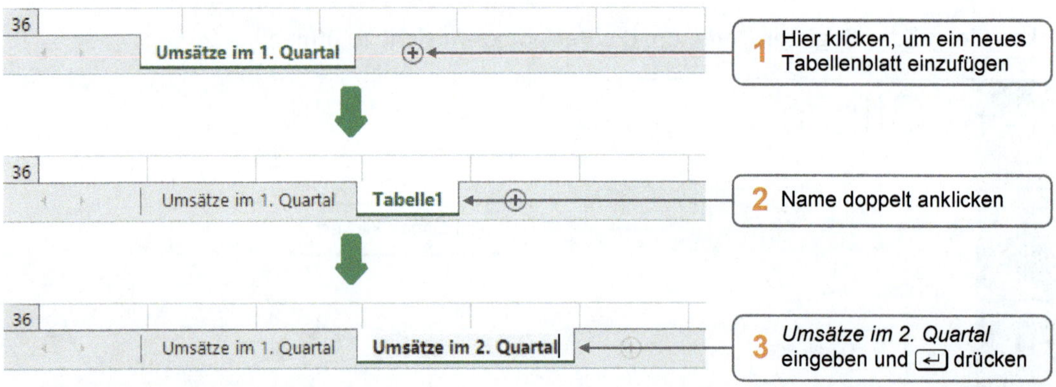


## Daten eingeben bzw. löschen

Geben Sie im neu eingefügten Tabellenblatt die Überschriften der Tabelle und die Umsatzwerte des zweiten Quartals ein.

▶ Klicken Sie auf die **Zelle B1**, um diese Zelle zu **aktivieren**.

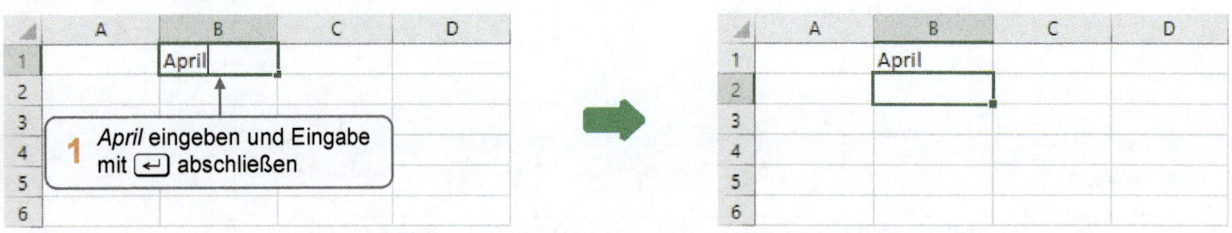


- Tippfehler können Sie während der Dateneingabe durch Drücken von ⌫ beheben.
- Zellen lassen sich auch mithilfe der Pfeiltasten ← → ↑ ↓ aktivieren.

Die Monatsnamen *Mai* und *Juni* geben Sie nicht manuell ein. Sie nutzen stattdessen die **Ausfüllfunktion**, mit der sich schnell Datenreihen (beispielsweise aus Tages-bzw. Monatsnamen oder Datumsangaben) erstellen lassen.

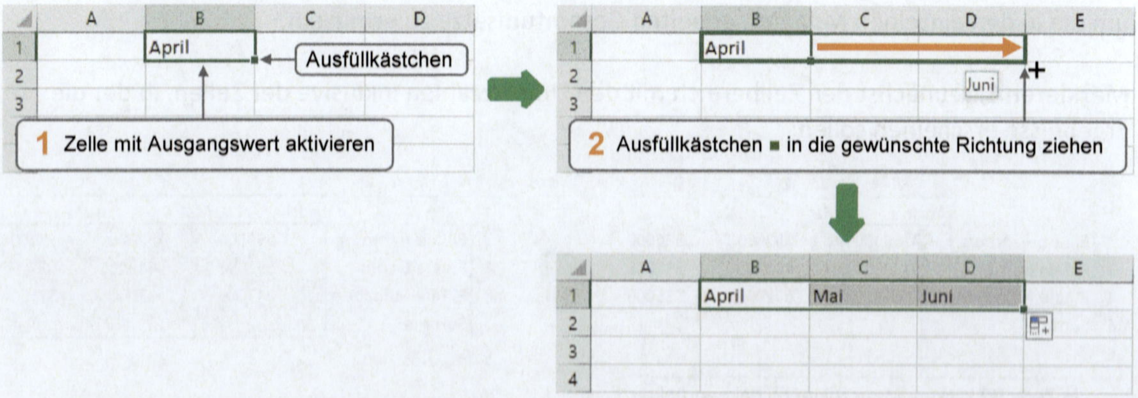


▶ Geben Sie in der Spalte A die abgebildeten Zeilenüberschriften ein.

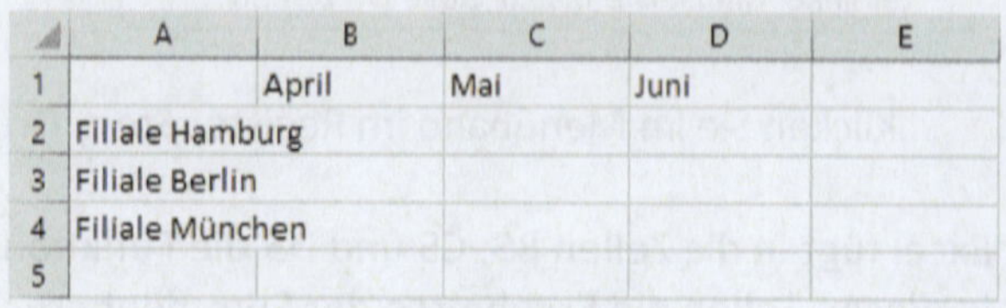


Falls Sie den Inhalt einer Zelle **löschen** möchten, gehen Sie folgendermaßen vor:

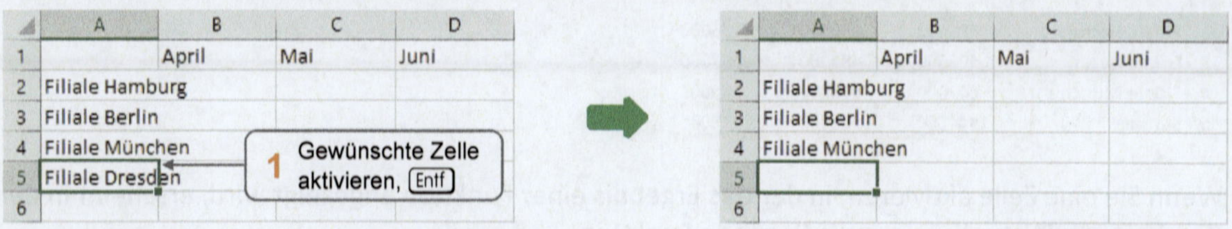


▶ Tragen Sie nun in den Spalten B, C und D entsprechend der neben stehenden Abbildung die Umsatzwerte des zweiten Quartals ein.

▶ Geben Sie in Zelle A5 *Summe* ein.

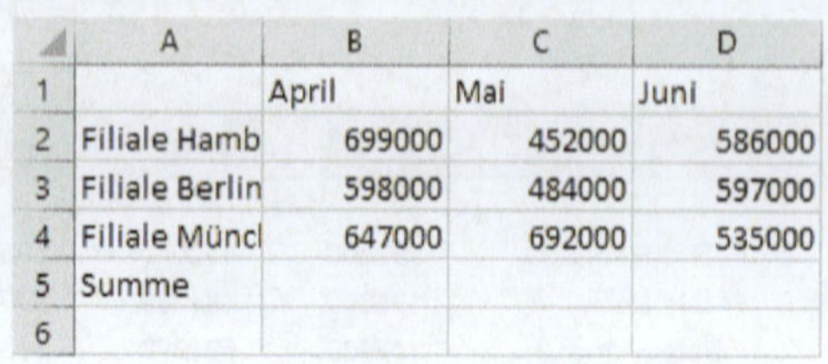


Damit die Filialnamen in Spalte A vollständig angezeigt werden, **passen Sie die Spaltenbreite** an den jeweils längsten Eintrag innerhalb der Spalte **an**:

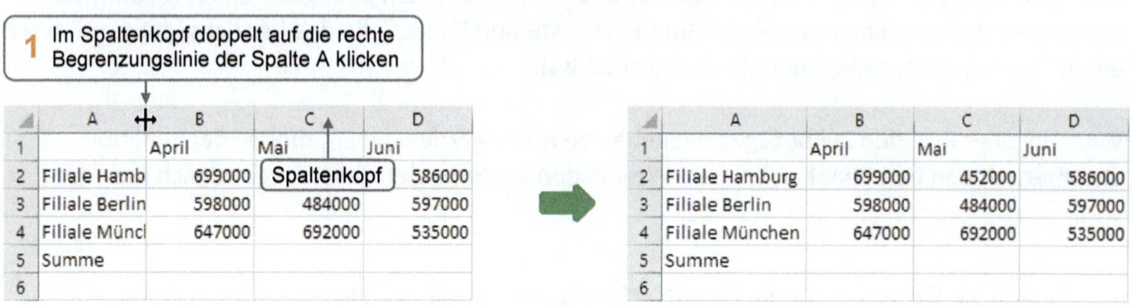

## Zahlen summieren

In Excel stehen Ihnen zahlreiche Funktionen zur Verfügung, mit deren Hilfe sich schnell unterschiedliche Berechnungen durchführen lassen. Im Beispiel nutzen Sie die **Funktion SUMME**, um die in den einzelnen Monaten erzielten Gesamtumsätze zu ermitteln.

**Markieren** Sie zunächst den Zellbereich mit den Umsatzzahlen inklusive der Zellen, in der die Ergebnisse erscheinen sollen:

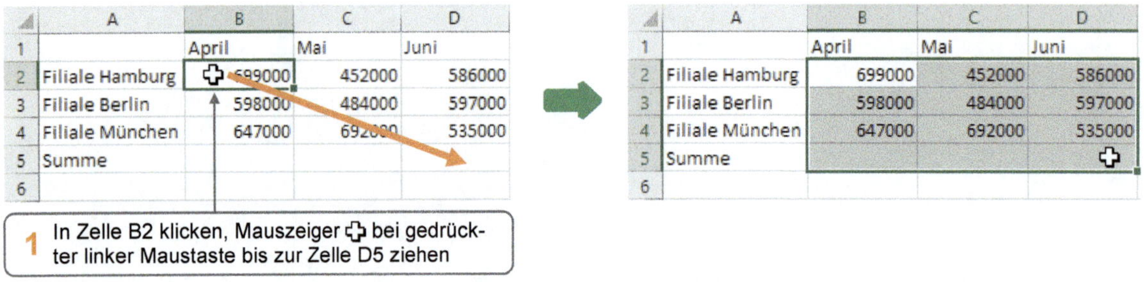


- Klicken Sie im Menüband im Register *Start*, Gruppe *Bearbeiten*, auf Σ.

Excel fügt in die Zellen B5, C5 und D5 die Funktion SUMME ein und zeigt in diesen **Zellen** die **Ergebnisse** der Summenberechnungen an.

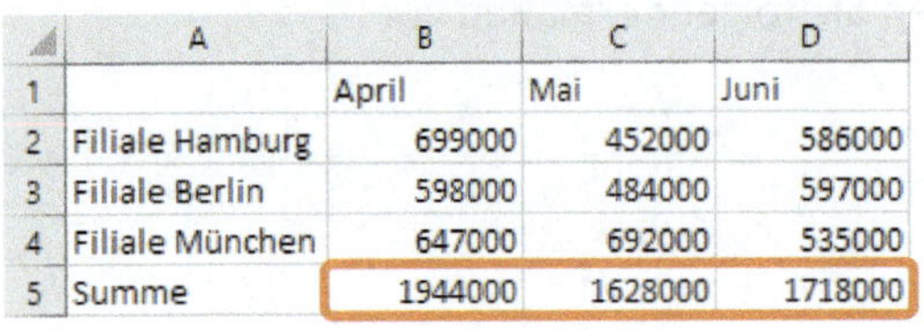


Wenn Sie eine Zelle aktivieren, in der das Ergebnis einer Funktion angezeigt wird, erscheint in der **Bearbeitungsleiste** die zugrunde liegende **Funktion**.

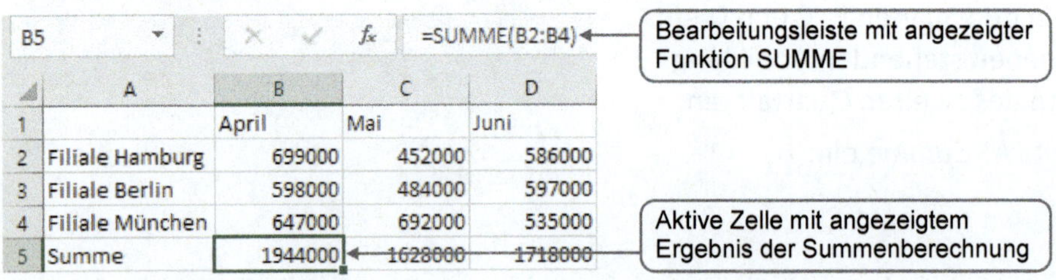


Im oben abgebildeten Beispiel werden in Zelle B5 mithilfe der Funktion =SUMME(B2:B4) die Werte addiert, die sich in den Zellen B2, B3 und B4 befinden. Ein **Bezug** auf einen zusammenhängenden **Zellbereich** wird in Excel durch die erste und letzte Zelle des Bereichs, getrennt durch einen Doppelpunkt, angegeben (im Beispiel B2:B4).

Wenn in einer Funktion **Zellbezüge** angegeben werden, werden die Ergebnisse der Funktion **automatisch neu berechnet**, sobald ein Wert in den betreffenden Zellen **nachträglich** geändert wird.

- Testen Sie die automatische Neuberechnung, indem Sie in Zelle B2 einen neuen Wert, z. B. *50000*, eingeben.

  Durch die Eingabe des neuen Wertes wird der ehemalige Wert 699000 **überschrieben** und das Ergebnis der Summe in Zelle B5 wird entsprechend angepasst.

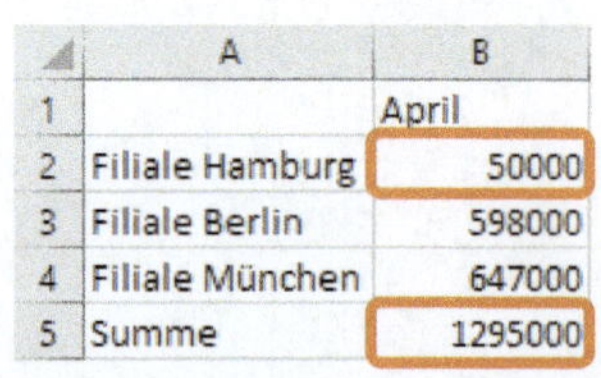

Um den ursprünglichen Wert in Zelle B2 wiederherzustellen, machen Sie die zuletzt ausgeführte Aktion, also die Eingabe des neuen Wertes, **rückgängig**. Hierzu nutzen Sie die **Symbolleiste für den Schnellzugriff**, die sich am oberen linken Rand des Excel-Fensters befindet.

- Klicken Sie in der Symbolleiste für den Schnellzugriff auf .

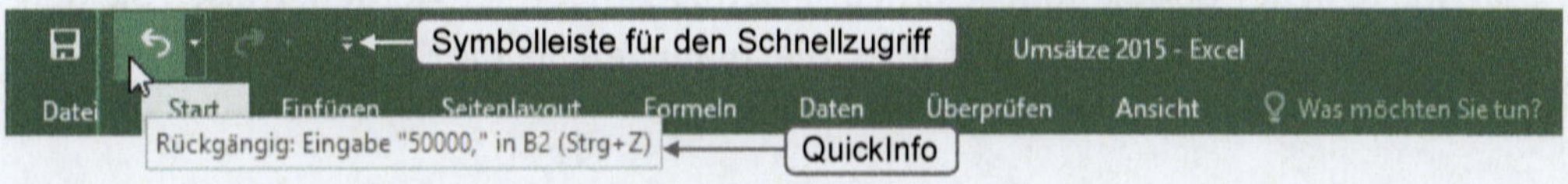


Wenn Sie mit dem Mauszeiger auf eine Schaltfläche in der Symbolleiste für den Schnellzugriff (bzw. im Menüband) zeigen, wird eine **QuickInfo** eingeblendet. Hier erhalten Sie Informationen über die Funktion der Schaltfläche. Kann die entsprechende Funktion auch mithilfe einer **Tastenkombination** ausgeführt werden, wird diese innerhalb der QuickInfo in Klammern angezeigt.

## Arbeitsmappe speichern

Damit die Beispieldatei *Umsätze 2015.xlsx* im Originalzustand erhalten bleibt, speichern Sie die von Ihnen bearbeitete Arbeitsmappe unter einem neuen Namen.

- Klicken Sie im Menüband auf das Register *Datei*.

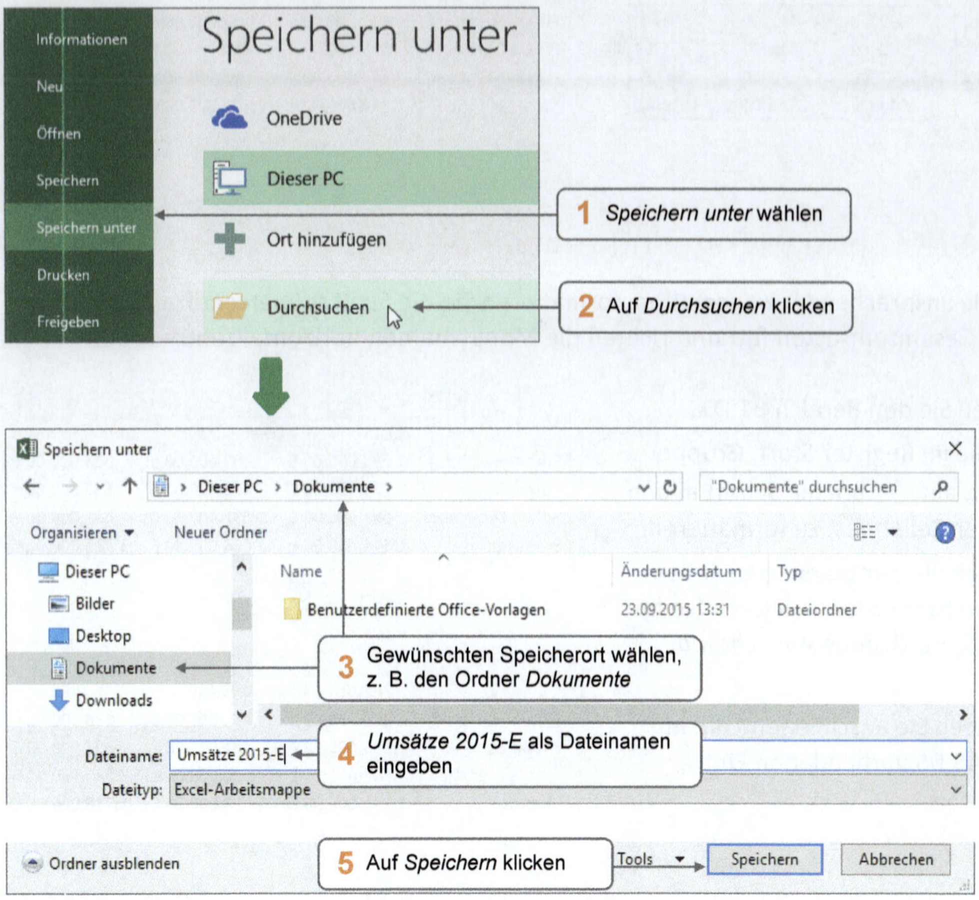


Ist die Arbeitsmappe unter dem gewünschten Namen gespeichert, klicken Sie in der Symbolleiste auf 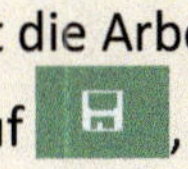, um Änderungen an der Datei ohne weitere Rückfragen schnell zu speichern.

# 1.4 Daten formatieren

## Zahlen im Buchhaltungsformat formatieren

Damit die Umsatzwerte in der Beispieltabelle als Euro-Beträge angezeigt werden, weisen Sie den entsprechenden Zellen das Buchhaltungsformat zu. Hierzu nutzen Sie die Schaltfläche , die sich im Register *Start* in der Gruppe *Zahl* befindet.

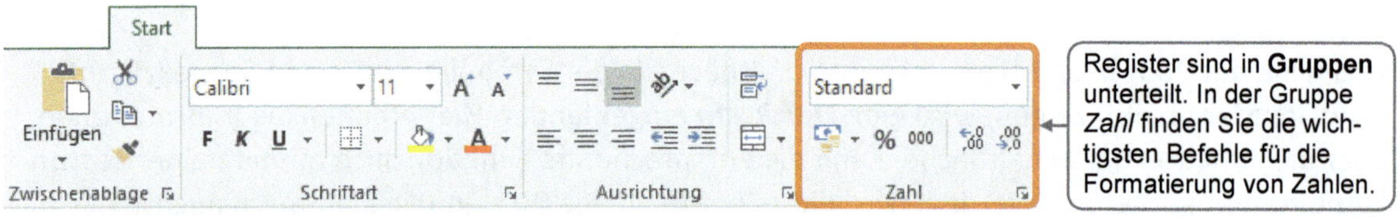


Damit Sie Zellen formatieren können, müssen Sie diese vor Zuweisung der gewünschten Formate wie zuvor erläutert markieren.

- Markieren Sie den Bereich B2:D5.
- Klicken Sie im Register *Start*, Gruppe *Zahl*, auf .

| | A | B | C | D |
|---|---|---|---|---|
| 1 | | April | Mai | Juni |
| 2 | Filiale Hamburg | 699000 | 452000 | 586000 |
| 3 | Filiale Berlin | 598000 | 484000 | 597[illegible] |
| 4 | Filiale München | 647000 | 692000 | 535000 |
| 5 | Summe | 1944000 | 1628000 | 1718000 |
| 6 | | | | |

| | A | B | C | D |
|---|---|---|---|---|
| 1 | | April | Mai | Juni |
| 2 | Filiale Hamburg | 699.000,00 € | 452.000,00 € | 586.000,00 € |
| 3 | Filiale Berlin | 598.000,00 € | 484.000,00 € | 597.000,00 € |
| 4 | Filiale München | 647.000,00 € | 692.000,00 € | 535.000,00 € |
| 5 | Summe | 1.944.000,00 € | 1.628.000,00 € | 1.718.000,00 € |
| 6 | | | | |

## Zellinhalte fett formatieren und zentrieren

Um die Tabelle ansprechender zu gestalten, formatieren Sie die Spaltenüberschriften sowie die Zeile mit den Gesamtumsätzen fett und richten die Monatsnamen horizontal zentriert aus.

- Markieren Sie den Bereich B1:D1.
- Klicken Sie im Register *Start*, Gruppe *Schriftart,* auf F, um die Schrift in den markierten Zellen fett zu formatieren.
- Um die Inhalte der markierten Zellen horizontal zu zentrieren, klicken Sie im Register *Start*, Gruppe *Ausrichtung,* auf .
- Formatieren Sie anschließend die im Bereich A5:D5 vorhandenen Einträge fett.

| | A | B | C | D |
|---|---|---|---|---|
| 1 | | April | Mai | Juni |
| 2 | Filiale Hamburg | 699.000,00 € | 452.000,00 € | 586.000,00 € |
| 3 | Filiale Berlin | 598.000,00 € | 484.000,00 € | 597.000,00 € |
| 4 | Filiale München | 647.000,00 € | 692.000,00 € | 535.000,00 € |
| 5 | Summe | 1.944.000,00 € | 1.628.000,00 € | 1.718.000,00 € |

| | A | B | C | D |
|---|---|---|---|---|
| 1 | | **April** | **Mai** | **Juni** |
| 2 | Filiale Hamburg | 699.000,00 € | 452.000,00 € | 586.000,00 € |
| 3 | Filiale Berlin | 598.000,00 € | 484.000,00 € | 597.000,00 € |
| 4 | Filiale München | 647.000,00 € | 692.000,00 € | 535.000,00 € |
| 5 | **Summe** | **1.944.000,00 €** | **1.628.000,00 €** | **1.718.000,00 €** |

## 1.5 Diagramm erstellen

Sie können sich von Excel verschiedene **Diagrammtypen empfehlen lassen**, mit denen sich Ihre Daten anschaulich visualisieren lassen.

- Markieren Sie den Bereich, der als Diagramm dargestellt werden soll, und zwar inklusive der Zeilen- und Spaltenüberschriften.

  Im Beispiel markieren Sie den Bereich A1:D4.

| | A | B | C | D |
|---|---|---|---|---|
| 1 | | April | Mai | Juni |
| 2 | Filiale Hamburg | 699.000,00 € | 452.000,00 € | 586.000,00 € |
| 3 | Filiale Berlin | 598.000,00 € | 484.000,00 € | 597.000,00 € |
| 4 | Filiale München | 647.000,00 € | 692.000,00 € | 535.000,00 € |
| 5 | Summe | 1.944.000,00 € | 1.628.000,00 € | 1.718.000,00 € |
| 6 | | | | |

- Klicken Sie im Register *Einfügen*, Gruppe *Diagramme*, auf *Empfohlene Diagramme*.

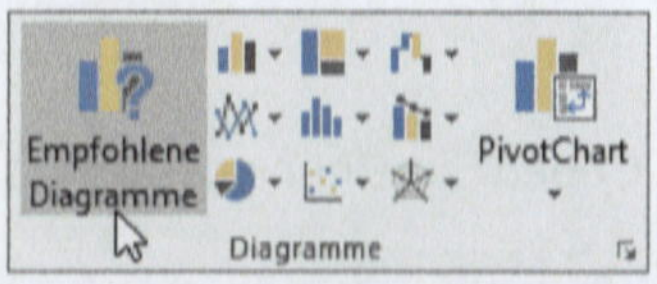


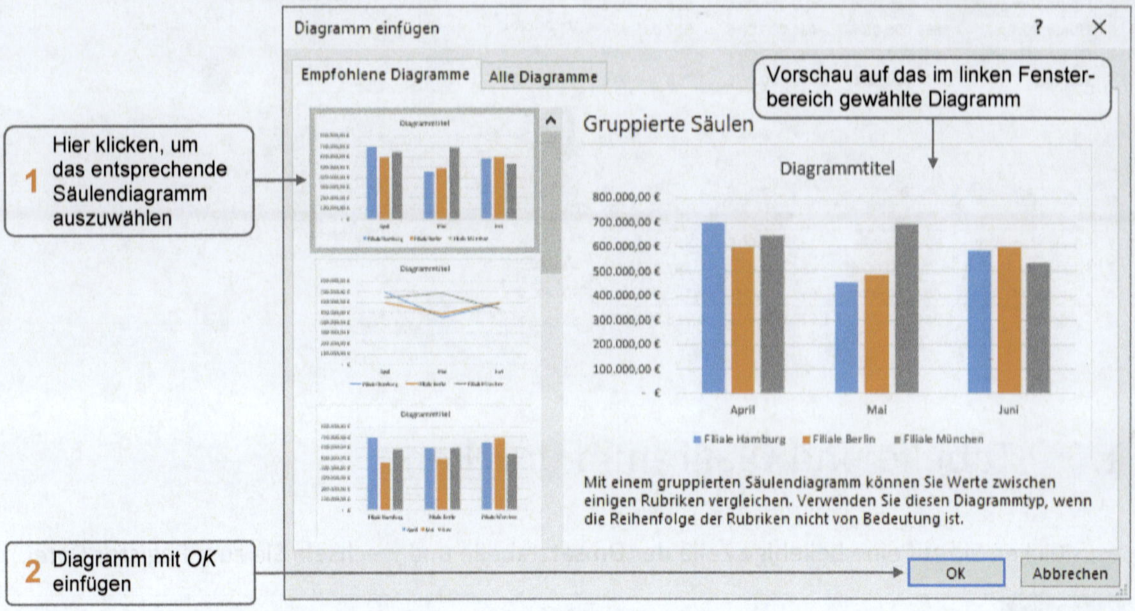


Das Diagramm wird als **Diagrammobjekt** in der Mitte des aktuellen Tabellenblatts eingefügt.

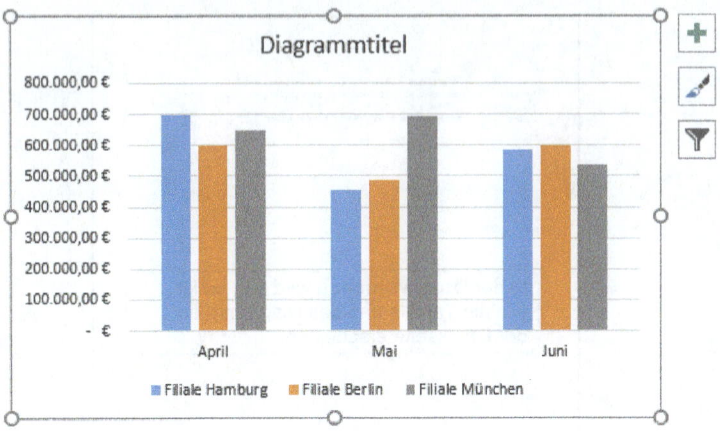

**Verschieben** Sie das Diagrammobjekt an die abgebildete Position:

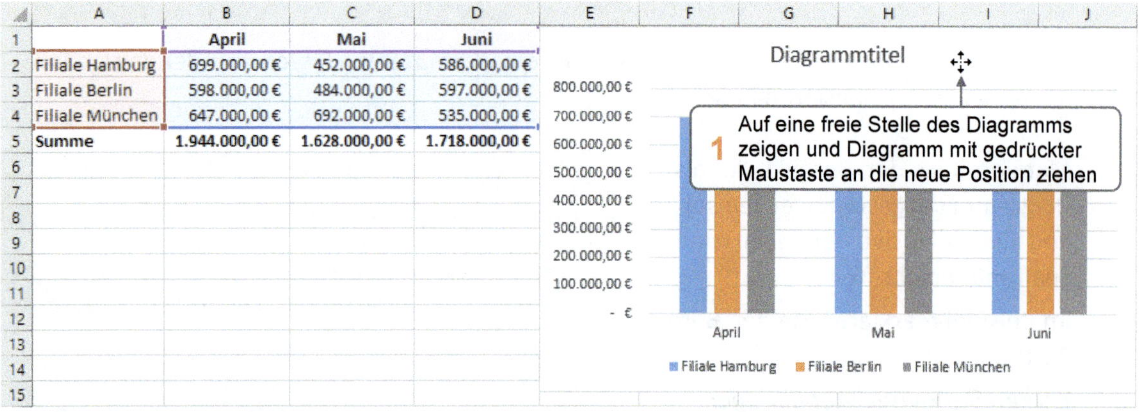


Geben Sie einen aussagekräftigen **Diagrammtitel** ein:

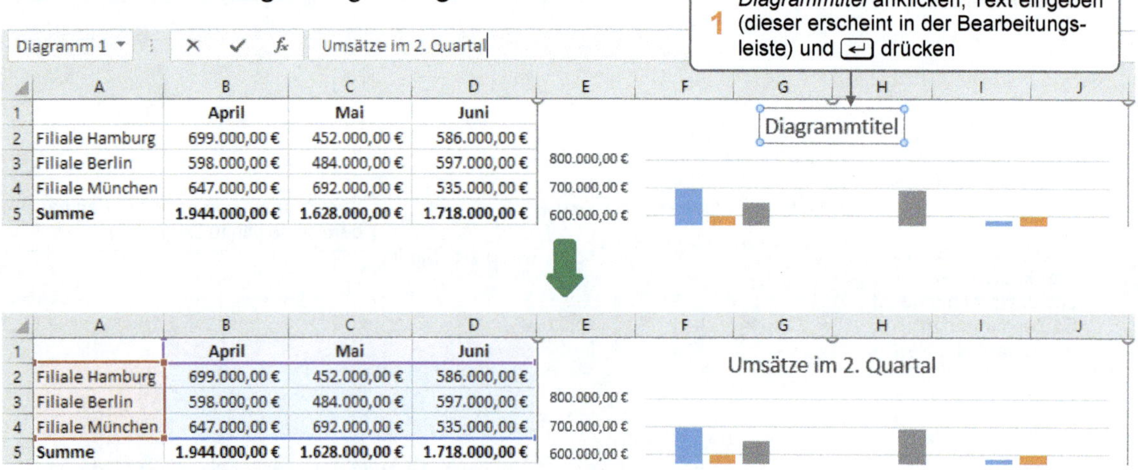


## 1.6 Tabelle und Diagramm drucken

▶ Klicken Sie auf eine beliebige Zelle der Umsatztabelle und wechseln Sie zum Register *Datei*.

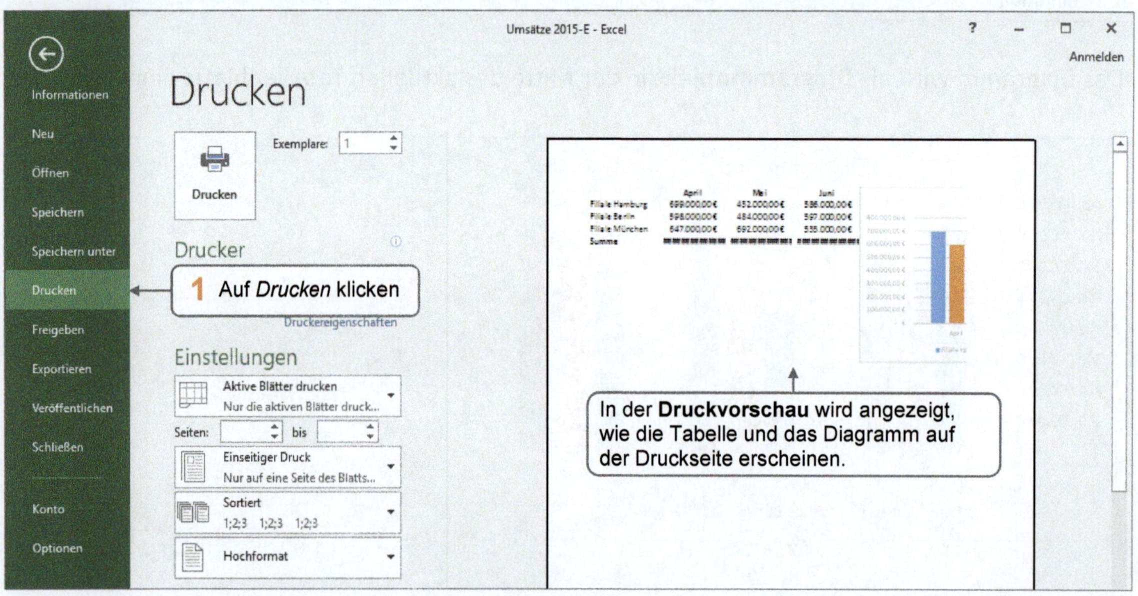

Damit sowohl die Tabelle als auch das Diagramm auf einer Seite gedruckt werden, legen Sie fest, dass das aktuelle Tabellenblatt im **Querformat** gedruckt wird:

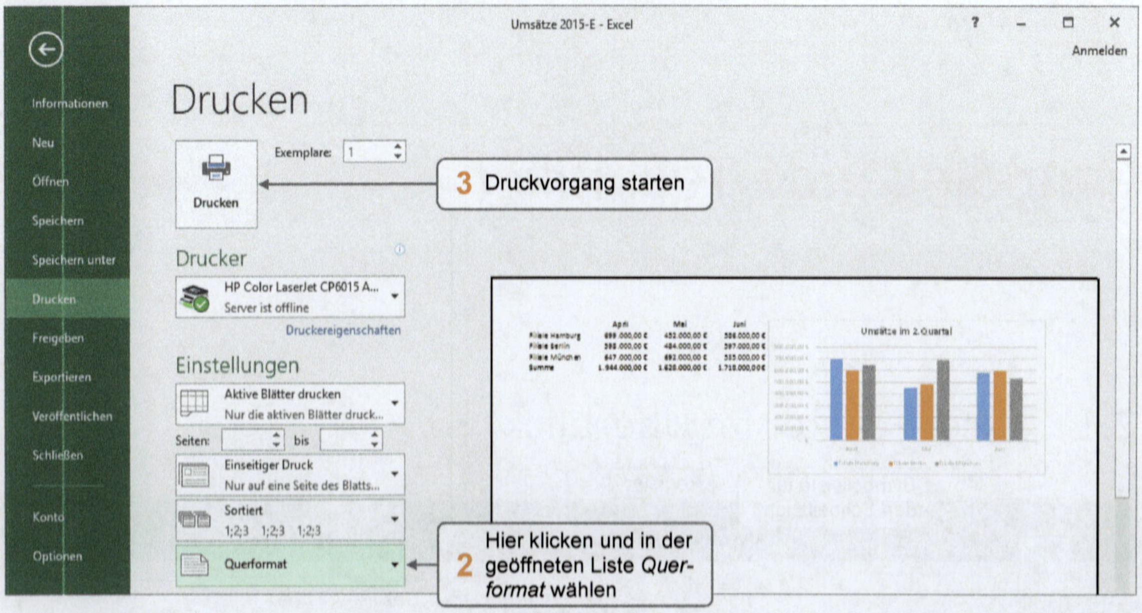


## 1.7 Excel beenden

- Klicken Sie rechts oben im Excel-Fenster auf , um Excel zu beenden.

Falls Sie die geöffnete Arbeitsmappe geändert und noch nicht gespeichert haben, wird beim Beenden von Excel ein Dialogfenster geöffnet. Sie haben dort die Möglichkeit, die Datei zu speichern oder die Änderungen durch Anklicken der Schaltfläche *Nicht speichern* zu verwerfen.

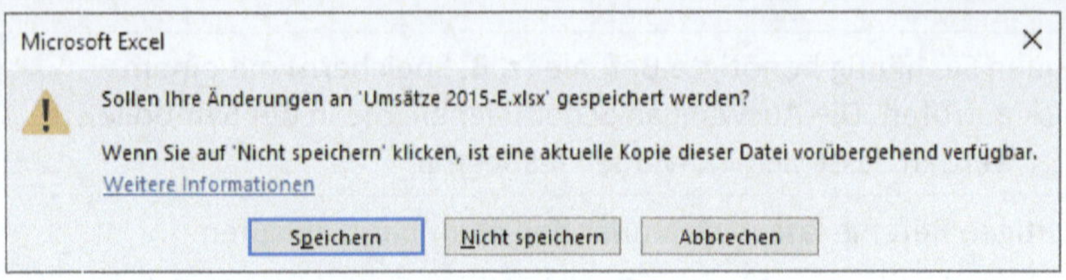


Plus+ **Glossar:** *Glossar.pdf*

Hier finden Sie kurze und prägnante Erläuterungen wichtiger Excel-Begriffe.

# 2

# Grundlegende Techniken

## 2.1 Excel-Fenster im Überblick

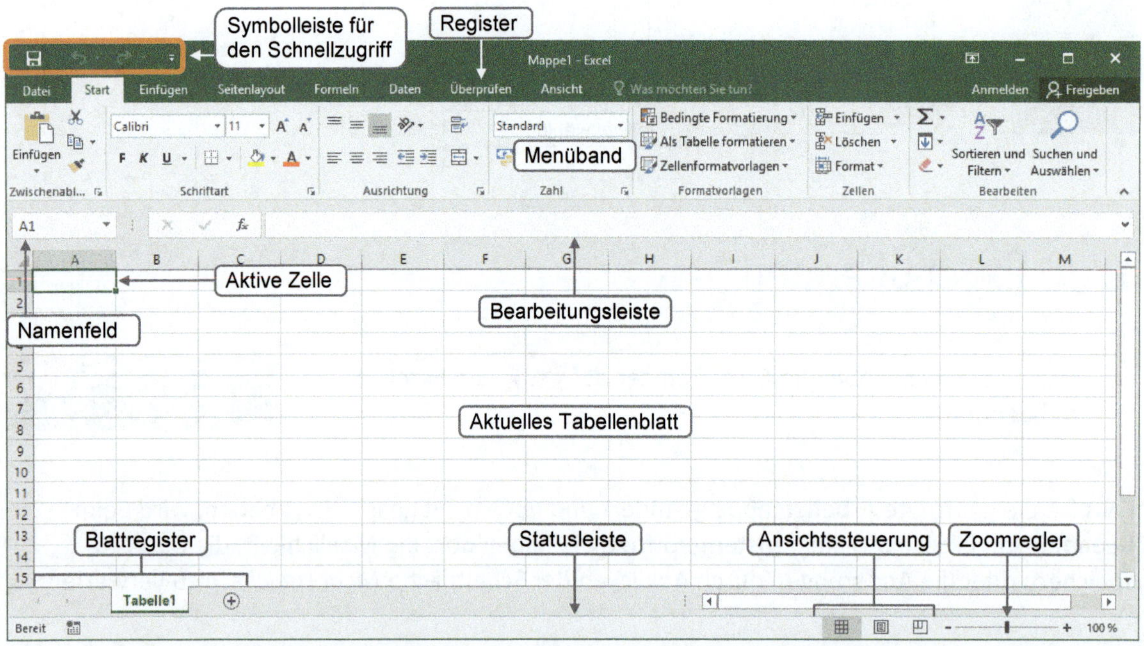


| | |
|---|---|
| Symbolleiste für den Schnellzugriff | Hier können Sie häufig benötigte Befehle (z. B. Speichern) mit einem Mausklick aufrufen. Die Auswahl an Schaltflächen, die in der Symbolleiste angezeigt werden, lässt sich individuell festlegen. |
| Menüband | Alle wichtigen Befehle lassen sich über das Menüband aufrufen.<br>Das Menüband ist in verschiedene **Register** (bzw. Registerkarten) unterteilt, in denen die jeweiligen Befehle nach Kategorien geordnet sind. |
| Namenfeld | Im Namenfeld wird der Zellbezug der **aktiven Zelle** angezeigt. Es lässt sich z. B. nutzen, um schnell zu einer bestimmten Zelle zu wechseln. |
| Bearbeitungsleiste | Hier und in der aktiven Zelle können Sie Daten eingeben und bearbeiten. |
| Tabellenblatt | Eine Arbeitsmappe enthält standardmäßig zunächst ein Tabellenblatt, auf dem Sie Daten eingeben und Berechnungen durchführen können. |
| Blattregister | Die Namen der Arbeitsblätter werden im Blattregister angezeigt.<br>Über das Blattregister können Sie ein anderes Arbeitsblatt anzeigen oder neue Tabellenblätter einfügen. |

| | |
|---|---|
| Statusleiste | Hier erhalten Sie nützliche Hinweise, z. B. zum aktuellen Arbeitsstatus. Über das Kontextmenü der Statusleiste lässt sich bestimmen, welche Informationen in diesem Bereich angezeigt werden. |
| Ansichtssteuerung | Hier können Sie schnell zwischen verschiedenen Ansichten wechseln (Normalansicht, Seitenlayoutansicht, Umbruchvorschau). |
| Zoomregler | Durch Ziehen des Zoomreglers nach rechts bzw. links können Sie die Anzeige einer Tabelle vergrößern oder verkleinern. |

## 2.2 Menüband verwenden

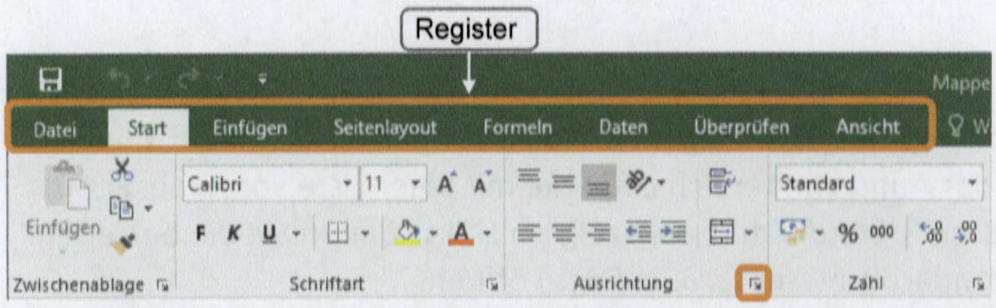


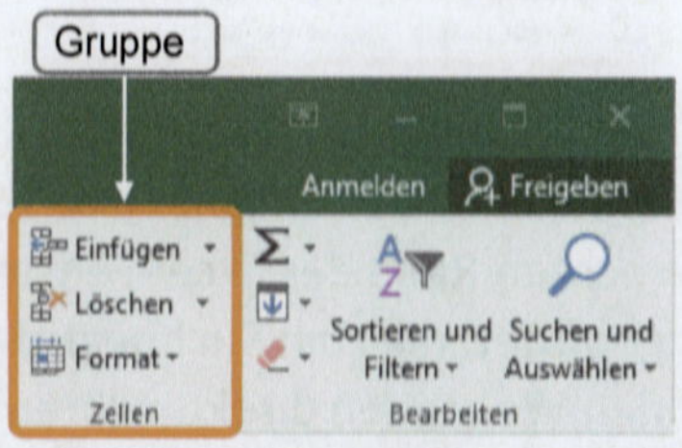


- Die in den Registern enthaltenen Befehle sind in **Gruppen** zusammengefasst. Einige Gruppen besitzen die Schaltfläche, mit der Sie Zugang zu weiteren Befehlen erhalten.
- Klicken Sie auf das Register *Datei*, wird die **Backstage-Ansicht** geöffnet. Hier stehen grundlegende Befehle zum Erstellen, Speichern oder Drucken von Arbeitsmappen bereit. Um die Backstage-Ansicht wieder zu verlassen, klicken Sie am oberen linken Fensterrand auf oder drücken Sie Esc.
- Bei bestimmten Arbeiten, z. B. bei der Bearbeitung von Diagrammen, werden am rechten Rand des Menübands **Kontexttools** mit zusätzlichen Registern eingeblendet.

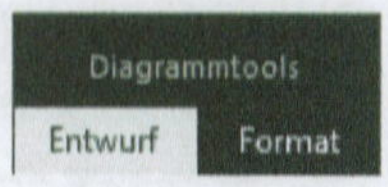


- Abhängig von der Größe des Excel-Fensters, werden Gruppen als Schaltflächen angezeigt:

- Bei aktivierten Datenanalyse-Add-Ins wird das zusätzliche Register *Power Pivot* angezeigt.

Falls Sie die Datenanalyse-Add-Ins versehentlich aktiviert haben, z. B. nach Anklicken von (Register *Einfügen*, Gruppe *Touren*), können Sie diese folgendermaßen wieder ausschalten: Klicken Sie auf das Register *Datei* und klicken Sie im linken Fensterbereich auf *Optionen*. Wechseln Sie im eingeblendeten Dialogfenster zur Kategorie *Erweitert* und deaktivieren Sie im Bereich *Daten* das Kontrollfeld *Datenanalyse-Add-Ins aktivieren [...]*.

Plus **Ergänzende Lerninhalte:** *Excel mit Gesten steuern.pdf*

Wie Sie Excel auf einem Gerät mit Touchscreen (z. B. einem Tablet-PC) mit den Fingern bedienen, erfahren Sie im oben angegebenen BuchPlus-Dokument.

## 2.3 Feld *Was möchten Sie tun?* nutzen

Mithilfe des Feldes *Was möchten Sie tun?*, das sich rechts neben den Registern des Menübands befindet, erhalten Sie Unterstützung rund um die Bedienung von Excel.

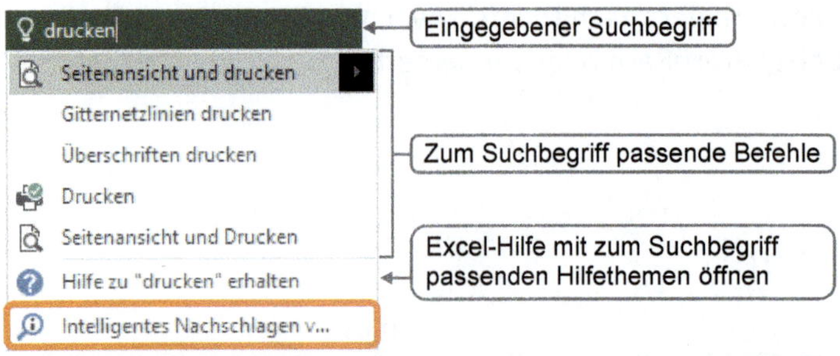


Wenn Sie nach Eingabe eines Suchbegriffs auf *Intelligentes Nachschlagen* klicken, wird am rechten Rand des Excel-Fensters der Aufgabenbereich *Einblicke* mit einer Liste von Webseiten geöffnet, die zum Suchbegriff passen. Über die dort angezeigten Links können Sie die betreffenden Webseiten direkt in Ihrem Standardbrowser (z. B. in Edge) öffnen.

### Nach einem bestimmten Befehl suchen

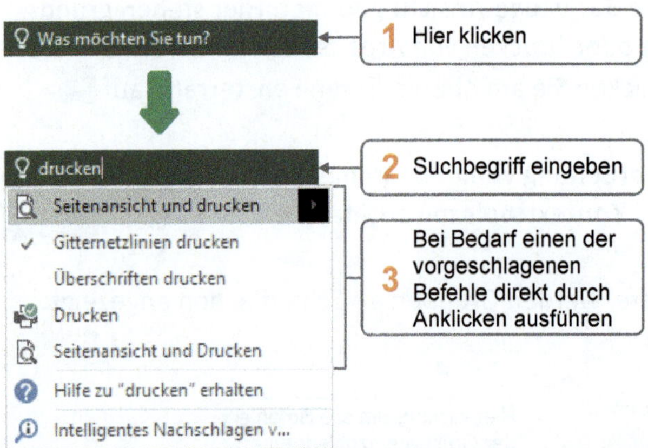


### Excel-Hilfefenster öffnen und bedienen

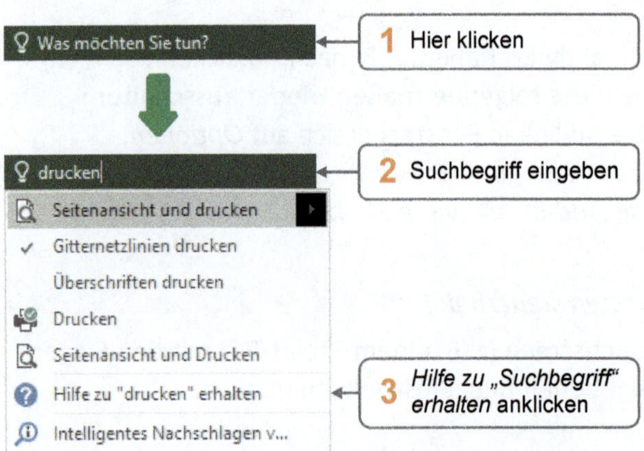


Das Excel-Hilfefenster wird mit einer Liste der zum Suchbegriff passenden Hilfethemen geöffnet.

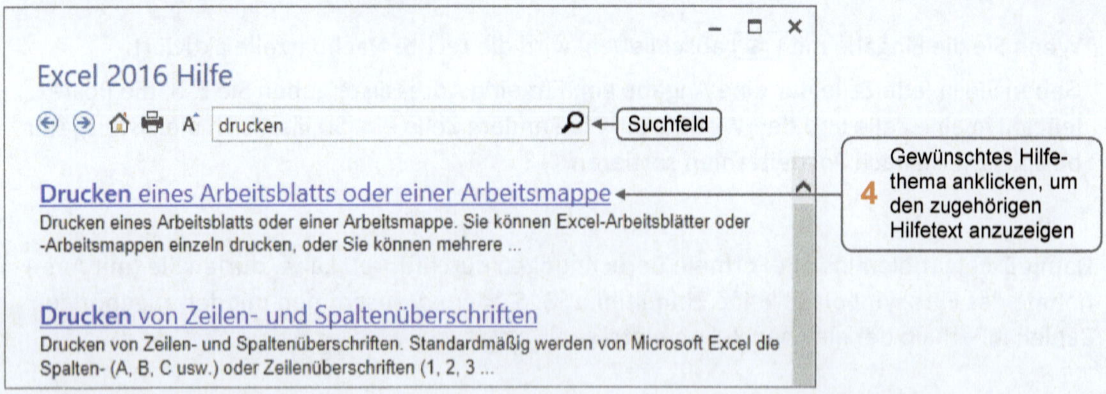


| Sie möchten ... | |
|---|---|
| zwischen aufgerufenen Hilfethemen/-texten wechseln | ▶ Klicken Sie auf ⊖, um zum vorherigen, oder auf ⊕, um zum nächsten Hilfethema zu wechseln. |
| die Startseite der Hilfe anzeigen | ▶ Klicken Sie auf ⌂. |
| den Hilfetext drucken | ▶ Klicken Sie auf 🖶.<br>▶ Klicken Sie im eingeblendeten Dialogfenster auf *Drucken*. |

Standardmäßig wird das Excel-Hilfefenster ausgeblendet, sobald Sie eine Stelle außerhalb des Fensters anklicken. Sie können es jedoch jederzeit wieder einblenden, indem Sie ? in der Windows-Taskleiste anklicken.

- Mit F1 können Sie das Excel-Hilfefenster direkt öffnen. Geben Sie in diesem Fall den gewünschten Suchbegriff im Suchfeld des Hilfefensters ein und drücken Sie ↵.
- Möchten Sie im Hilfefenster Hilfe zu den Einstellungen in einem Dialogfenster erhalten, klicken Sie im betreffenden Dialogfenster auf ?.
- Falls Sie in der Excel-Hilfe keinen geeigneten Hilfetext für Ihr Problem finden, empfiehlt sich eine Recherche im Internet. Versuchen Sie ihr Problem über geeignete Suchbegriffe zu umschreiben und geben Sie diese in die Suchmaschine Ihrer Wahl ein. Ergänzen Sie Ihre Suchbegriffe mit *Excel 2016*, um die Suche weiter einzugrenzen.

## 2.4 Daten im Tabellenblatt eingeben

### Zahlen oder Text eingeben

- Aktivieren Sie die Zelle, in die Sie eine Zahl oder Text eingeben möchten, indem Sie diese anklicken.
- Geben Sie die Daten ein.
- Drücken Sie ↵, um die **Eingabe abzuschließen**.
  Hierdurch wird die darunterliegende Zelle aktiviert, im abgebildeten Beispiel die Zelle A4.

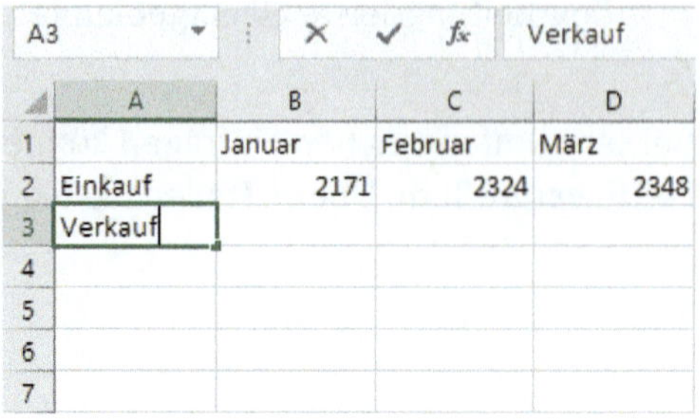

- Wenn Sie die Eingabe mit [Tab] abschließen, wird die rechte Nachbarzelle aktiviert.
- Geben Sie in jede Zelle nur eine Angabe ein: Für eine Adressliste geben Sie z. B. die Postleitzahl in eine Zelle und den Wohnort in eine andere Zelle ein. So lässt sich die Liste später beispielsweise nach Postleitzahlen sortieren.

! Damit Excel problemlos mit Formeln Berechnungen durchführen kann, dürfen Sie (mit Ausnahme des Eurosymbols €) keine Einheiten, z. B. *$* oder *kg*, zusammen mit den zugehörigen Zahlen innerhalb der gleichen Zellen eintragen.

Sie können stattdessen in den entsprechenden Zellen beispielsweise ...

- Währungssymbole (z. B. *CHF* oder *$*) durch Zuweisen eines Währungsformats einblenden,
- spezielle Einheiten (z. B. *km* oder *kg*) über ein benutzerdefiniertes Zahlenformat anzeigen.

### Besonderheiten bei der Eingabe von Zahlen

- Zahlen werden standardmäßig rechtsbündig ① in der Zelle platziert.
- Einer negativen Zahl müssen Sie ein Minuszeichen ② voranstellen.
- Abhängig von der jeweiligen Spaltenbreite wird die letzte **angezeigte** Nachkommastelle kaufmännisch gerundet ③. Excel rechnet jedoch **immer** mit dem ursprünglichen ungerundeten Inhalt einer Zelle ④.
- Sehr große Zahlen werden in der Exponentialschreibweise ⑤ dargestellt.

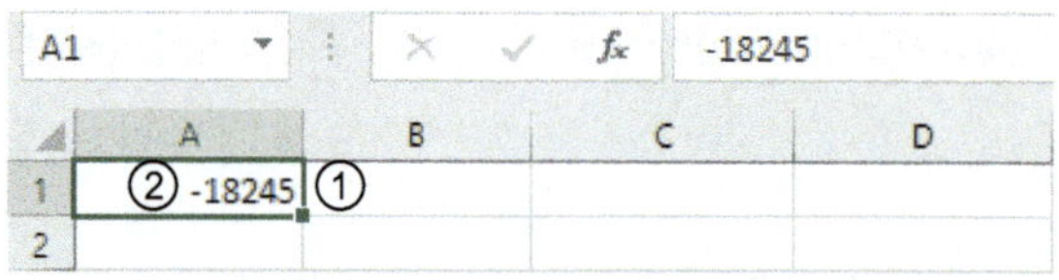


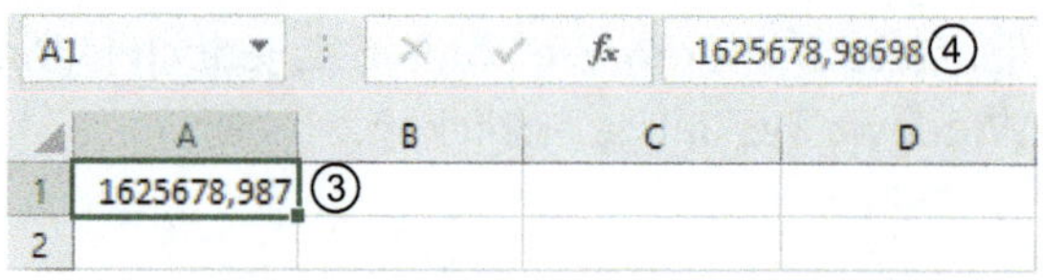


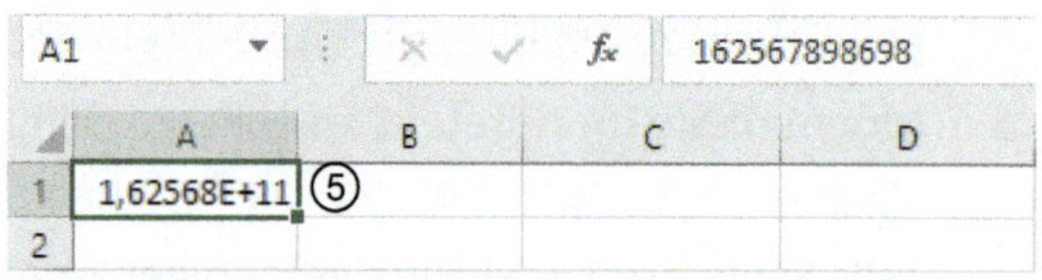


### Besonderheiten bei der Eingabe von Text

- Texte werden standardmäßig **linksbündig** in der Zelle platziert ①.
- Wenn die Spaltenbreite nicht ausreicht, um einen Texteintrag komplett anzuzeigen, werden die rechten Nachbarzellen überdeckt. Falls die rechte Nachbarzelle **nicht leer** ist, wird der Text in der Zelle nicht vollständig angezeigt. Der komplette Inhalt der aktiven Zelle bleibt jedoch erhalten und wird in der Bearbeitungsleiste ② eingeblendet.

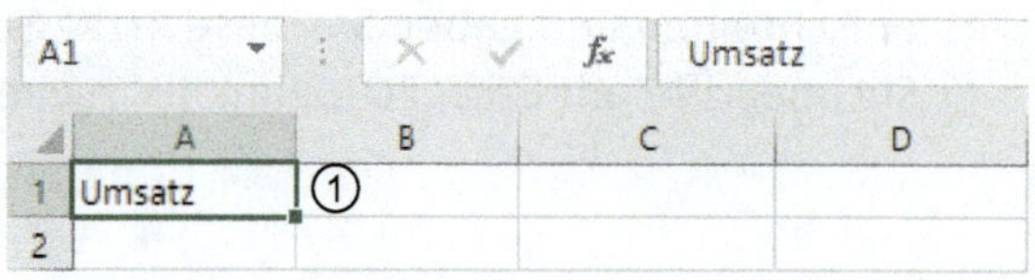


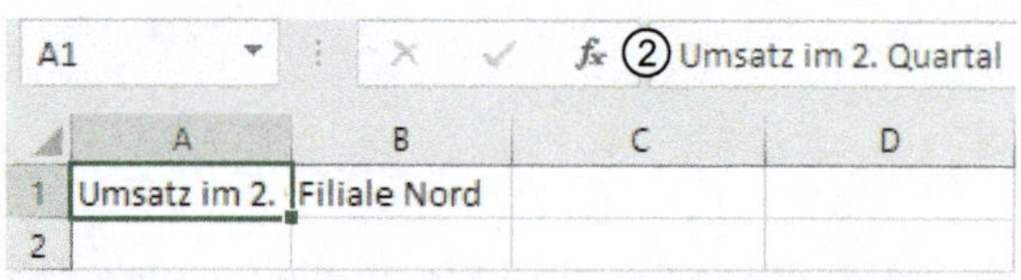


Bei sehr umfangreichen Einträgen können Sie die Bearbeitungsleiste über ˅ am rechten Rand der Leiste vergrößern. Über ˄ stellen Sie die ursprüngliche Größe der Bearbeitungsleiste wieder her.

### Korrekturen während der Eingabe vornehmen

- Zum Beheben von **Tippfehlern** drücken Sie [⟵].
- Mit [Esc] können Sie bei Bedarf die **Eingabe abbrechen**.

Falls die Zelle vor der Eingabe bereits Daten enthält, werden diese durch das Abschließen der Eingabe überschrieben. Beim Abbrechen der Eingabe bleiben die betreffenden Daten erhalten.

## 2.5 Datums- und Zeitangaben eingeben

Datums- und Zeitangaben können Sie in verschiedenen Schreibweisen in eine Zelle eintragen (vgl. folgende Abbildungen). Nach der Eingabe formatiert Excel das Datum bzw. die Uhrzeit automatisch in einem bestimmten Format.

- Markieren Sie die Zelle, in die Sie das Datum bzw. die Uhrzeit eintragen möchten.
- Geben Sie das Datum bzw. die Uhrzeit ein und drücken Sie [↵].

| | A | B |
|---|---|---|
| 1 | Eingabe | Automatische Formatierung |
| 2 | 12.1.16 | 12.01.2016 |
| 3 | 12-1-16 | 12.01.2016 |
| 4 | 12/1/16 | 12.01.2016 |
| 5 | 12.1.2016 | 12.01.2016 |
| 6 | 12. Januar | 12. Jan |
| 7 | 12. Januar 2016 | 12. Jan 16 |

*Beispiele für die Eingabe eines Datums*

| | A | B |
|---|---|---|
| 1 | Eingabe | Automatische Formatierung |
| 2 | 7:00 | 07:00 |
| 3 | 7:00:30 | 07:00:30 |
| 4 | 7 PM | 7:00 PM |
| 5 | 7 am | 7:00 AM |
| 6 | | |
| 7 | | |

*... einer Uhrzeit*

Wird die Jahreszahl zweistellig eingegeben, wandelt Excel die Jahreszahlen 00 - 29 in die Jahre 2000 - 2029 und 30 - 99 in die Jahre 1930 - 1999 um. Deshalb müssen Sie alle Jahreszahlen vor 1930 bzw. nach 2029 vierstellig angeben.

Über [Strg] [.] bzw. [Strg] [⇧] [.] lässt sich das aktuelle Datum bzw. die aktuelle Uhrzeit schnell als Konstante eingeben.

## 2.6 Zellinhalte verändern und löschen

### Zellinhalte verändern

- Klicken Sie doppelt auf die zu ändernde Zelle.
  Alternative: Zelle aktivieren, [F2]
- Bewegen Sie den Cursor | mit den Pfeiltasten dorthin, wo Sie Veränderungen vornehmen möchten.
  *oder* Klicken Sie mit der Maus auf die entsprechende Stelle.
- Nehmen Sie die Änderungen vor und drücken Sie [↵].

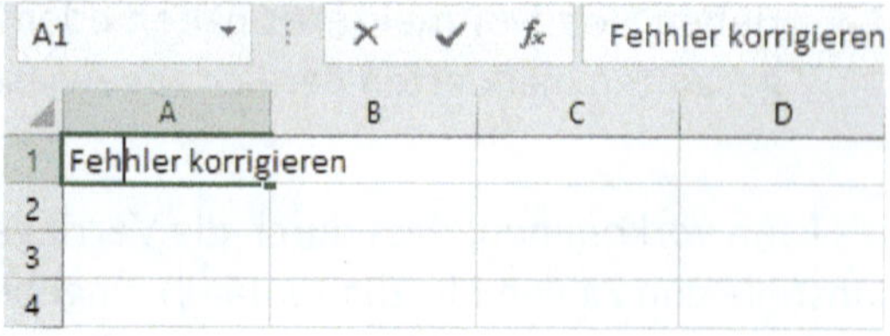


✓ Mit [⟵] löschen Sie das Zeichen **links** des Cursors.
✓ Mit [Entf] löschen Sie das Zeichen **rechts** des Cursors.

### Zellinhalte löschen

## 2.7 Spaltenbreite bzw. Zeilenhöhe verändern

Damit beispielsweise große Texteinträge vollständig in einer Zelle angezeigt werden, können Sie die Breite der jeweiligen Spalte ändern.

Die **Breite einer Spalte** passen Sie folgendermaßen an:

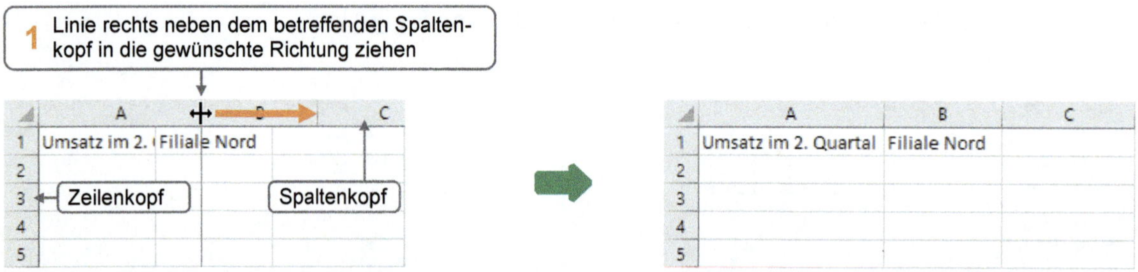


Während des Ziehens wird die aktuelle Spaltenbreite in einer Infobox angezeigt.

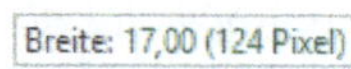


Die **Zeilenhöhe** ändern Sie durch Ziehen der unteren Begrenzungslinie im jeweiligen Zeilenkopf:

- Möchten Sie schnell in allen Zellen einer Spalte bzw. Zeile den kompletten Inhalt anzeigen, klicken Sie doppelt auf die betreffende Begrenzungslinie im Spalten- bzw. Zeilenkopf.
- Um die Spaltenbreite/Zeilenhöhe exakt festzulegen, klicken Sie mit der rechten Maustaste auf den Spalten- bzw. Zeilenkopf und wählen Sie *Spaltenbreite* bzw. *Zeilenhöhe*. Geben Sie im nun geöffneten Dialogfenster den Wert ein und bestätigen Sie mit *OK*.
- Haben Sie zuvor mehrere Spalten oder Zeilen markiert, werden die Einstellungen dem gesamten markierten Bereich zugewiesen.

Es kann vorkommen, dass durch die Verringerung der Spaltenbreite in Zellen anstelle von Zahlen Platzhalter (###) eingeblendet werden. Verbreitern Sie in diesem Fall die jeweilige Spalte, bis die Zahlen wieder korrekt angezeigt werden.

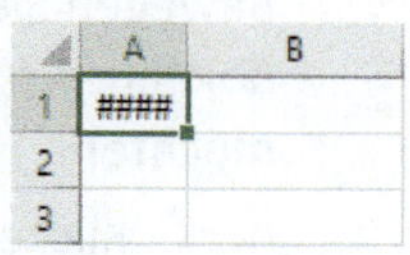

## 2.8 Zellen markieren

**Plus** **Beispieldatei:** *Zellen markieren.xlsx*

Um mehrere Zellen gleichzeitig zu bearbeiten, markieren Sie die Zellen vorher.

- Sämtliche Befehle werden dann auf **alle** markierten Zellen angewandt.
- Die markierten Zellen werden als **Bereich** bzw. **Zellbereich** bezeichnet.
- Markierte Zellen werden dunkelgrau unterlegt und umrahmt. Die entsprechenden Zeilen- und Spaltenköpfe werden ebenfalls dunkelgrau hervorgehoben.

### Mit der Maus markieren

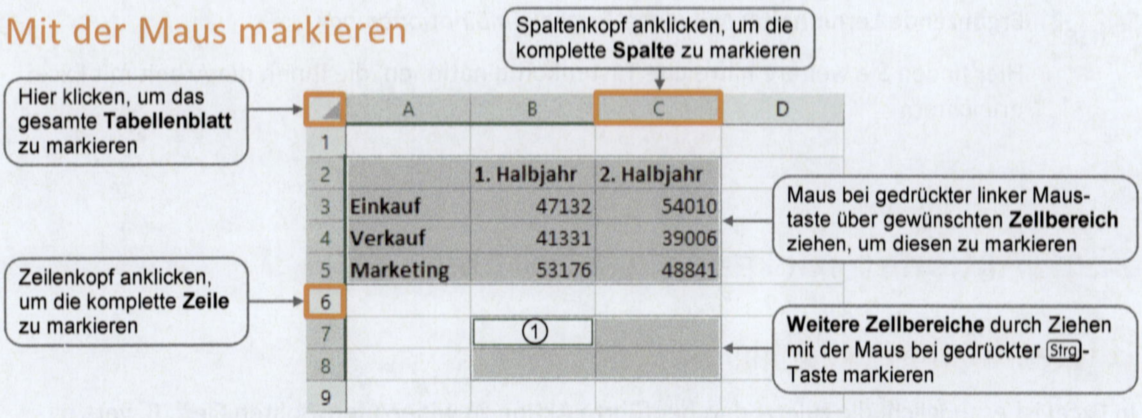


- Wenn ein Bereich markiert ist, bleibt immer eine Zelle aktiv. Es handelt sich dabei um die erste Zelle, ab der die Markierung durchgeführt bzw. erweitert ① wurde.
- Haben Sie einen zusammenhängenden Zellbereich markiert, wird die Schnellanalyse-Optionsschaltfläche eingeblendet. Mit ihr lassen sich etwa schnell Diagramme erstellen.
- Sie können mit ↵ / ⇆ oder ⇧ ↵ / ⇧ ⇆ zwischen markierten Zellen wechseln.
- Mit den Pfeiltasten bzw. durch Anklicken einer Zelle heben Sie eine Markierung wieder auf.

### Besonderheiten beim Markieren mit der Maus

- Wenn Sie ⇧ drücken und eine Zelle anklicken, wird immer ein zusammenhängender Bereich markiert.
- Wenn Sie während des Markierens Strg drücken, können Sie zusätzliche unabhängige Bereiche markieren.

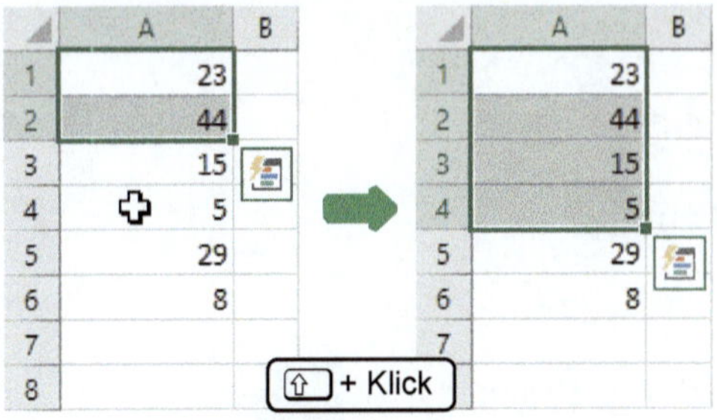


*Zusammenhängenden Bereich markieren*

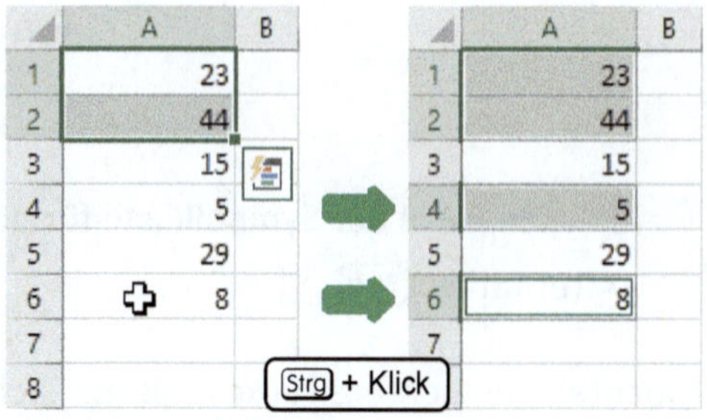


*Unabhängige Bereiche markieren*

### Mit der Tastatur markieren

| Markierung | Tastenkombination |
|---|---|
| Aktuelle Zeile bzw. Spalte | ⇧ ␣ bzw. Strg ␣ |
| Ausgefüllter Zellbereich um die aktive Zelle | Strg A (**einmal** drücken) |
| Gesamtes Tabellenblatt | Strg A (**zweimal** drücken) |
| Ab aktiver Zelle in die gewünschte Richtung | ⇧ + ←, →, ↑ oder ↓ |
| Ab aktiver Zelle zur untersten Zelle mit Inhalt | ⇧ Strg Ende |
| Ab aktiver Zelle zum Anfang des Tabellenblattes (Zelle A1) | ⇧ Strg Pos1 |

Plus **Ergänzende Lerninhalte:** *Nützliche Tastenkombinationen.pdf*

Hier finden Sie weitere hilfreiche Tastenkombinationen, die Ihnen die Arbeit mit Excel erleichtern.

## 2.9 Aktionen rückgängig machen

### Letzte Aktion rückgängig machen

In Excel ist es möglich, die zuletzt durchgeführte Aktion zu widerrufen. Sollten Sie z. B. versehentlich den Inhalt einer Zelle gelöscht haben, können Sie dies wieder rückgängig machen.

- Klicken Sie in der Symbolleiste für den Schnellzugriff auf ↶ oder drücken Sie Strg Z.

### Mehrere Aktionen rückgängig machen

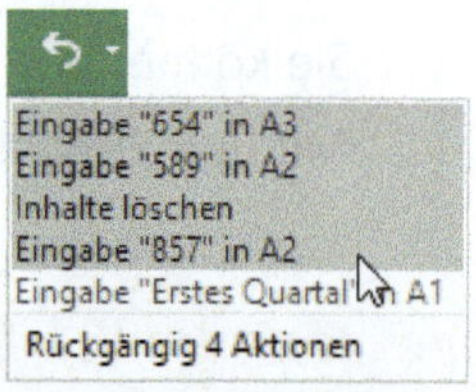


- Klicken Sie mehrfach auf ↶ oder drücken Sie mehrmals Strg Z.

  *oder* Klicken Sie auf den Pfeil neben ↶ und markieren Sie in der Liste die Aktionen, die rückgängig gemacht werden sollen.

**!** Sind mehrere Arbeitsmappen in Bearbeitung, werden in der Liste der Schaltfläche ↶ die in **sämtlichen geöffneten Arbeitsmappen** durchgeführten Aktionen angezeigt – und zwar ohne Hinweis auf die Arbeitsmappe, in der die jeweilige Aktion erfolgte.

### Rückgängig gemachte Aktionen wiederherstellen

- Klicken Sie in der Symbolleiste für den Schnellzugriff auf ↷.
  Alternative: Strg Y

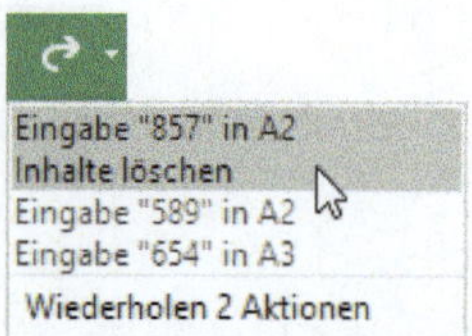


Möchten Sie mehrere rückgängig gemachte Aktionen wiederherstellen, klicken Sie mehrfach auf ↷ oder drücken Sie wiederholt Strg Y. Sie können hierzu auch die Liste der Schaltfläche ↷ nutzen, die sich über den zugehörigen Pfeil öffnen lässt.

 

## 2.10 Arbeitsblätter drucken

- Klicken Sie auf das Register *Datei* und wählen Sie im linken Fensterbereich *Drucken*.
  Alternative: Strg P
- Nehmen Sie die gewünschten Einstellungen vor (vgl. folgende Tabelle) und starten Sie den Ausdruck mit *Drucken*.

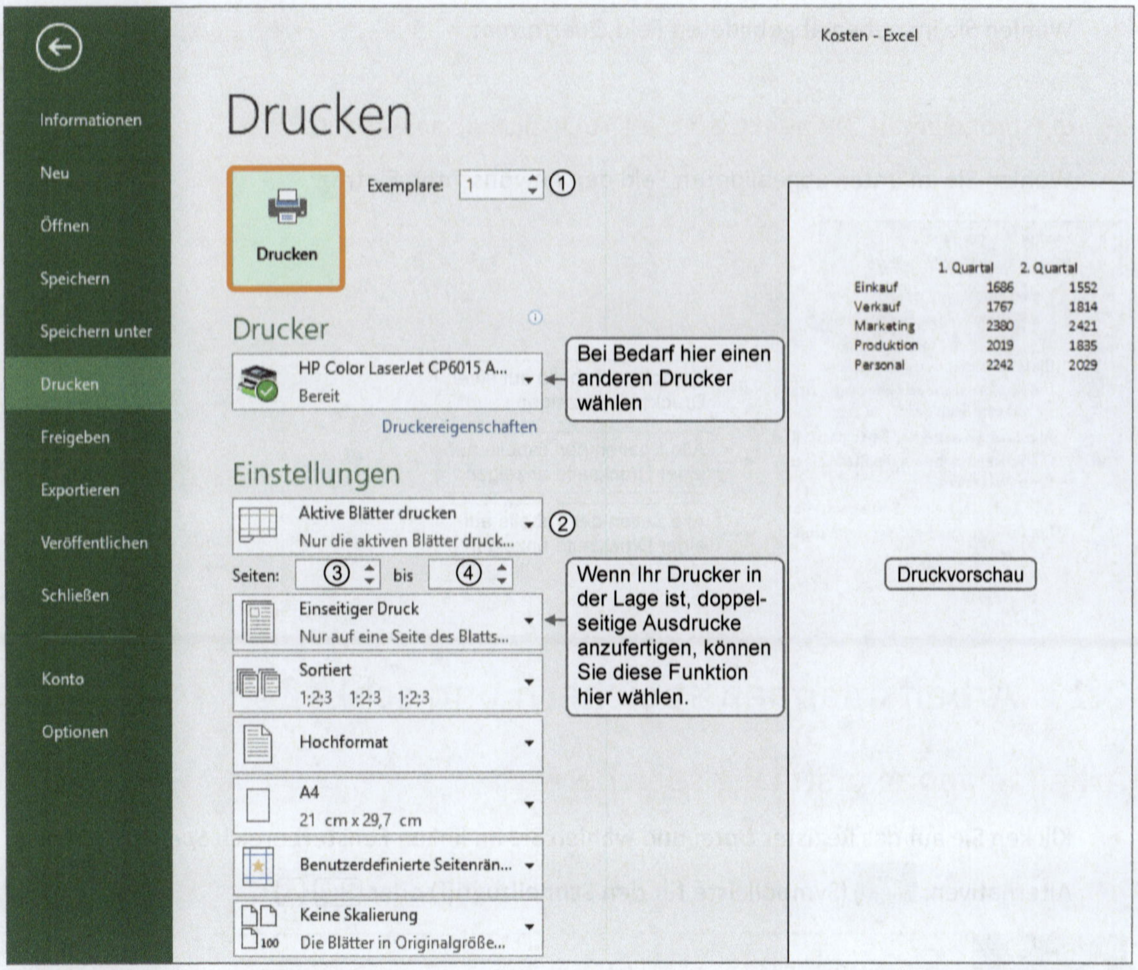


| Was möchten Sie drucken? | |
|---|---|
| Mehrere Exemplare | ▶ Legen Sie die Anzahl der zu druckenden Exemplare im Feld ① fest. |
| Die komplette Arbeitsmappe | ▶ Wählen Sie im Feld ② *Gesamte Arbeitsmappe* drucken. |
| Ausgewählte Arbeitsblätter | ▶ Markieren Sie **vor** dem Wechsel zum Register *Datei* die zu druckenden Arbeitsblätter, indem Sie Strg drücken und im Blattregister die betreffenden Arbeitsblattnamen anklicken.<br>▶ Wählen Sie im Feld ② *Aktive Blätter drucken*. |
| Bestimmte Teile des aktuellen Arbeitsblatts | ▶ Markieren Sie **vor** Anklicken des Registers *Datei* den Bereich, den Sie drucken möchten.<br>▶ Wählen Sie im Feld ② *Auswahl drucken*.<br>Sie können stattdessen auch die Seitenzahlen der zu druckenden Seiten in die Felder ③ und ④ eingeben. |

## Problem: Die Tabelle ist breiter/größer als die Druckseite

### Lösungsmöglichkeit 1: Querformat einstellen

Wenn Sie für die Druckseite das Querformat einstellen, passen zusätzliche Spalten auf die Seite.

Die Auswirkungen der im Folgenden beschriebenen Einstellungen lassen sich direkt anhand der Druckvorschau prüfen.

- Wählen Sie im neben abgebildeten Feld *Querformat*.

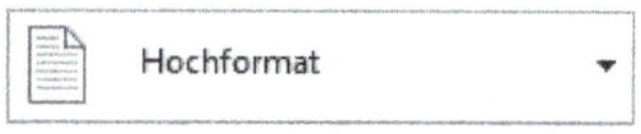


### Lösungsmöglichkeit 2: Tabelle an die Druckseite anpassen

- Wählen Sie im unten abgebildeten Feld den gewünschten Eintrag:

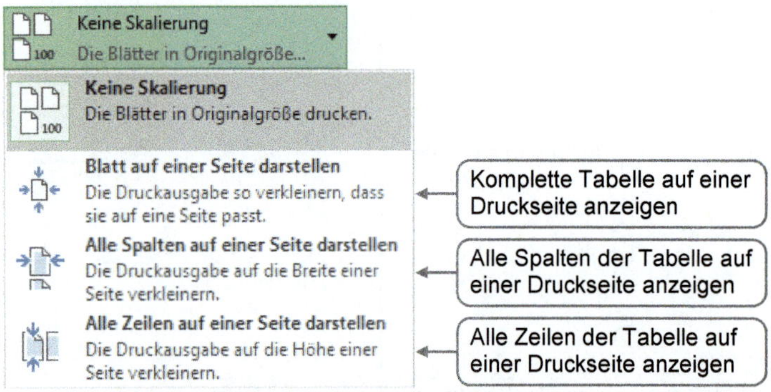


# 2.11 Arbeitsmappen speichern und schließen

## Arbeitsmappen erstmalig speichern

- Klicken Sie auf das Register *Datei* und wählen Sie im linken Fensterbereich *Speichern unter*.
  Alternativen:  (Symbolleiste für den Schnellzugriff) oder Strg S

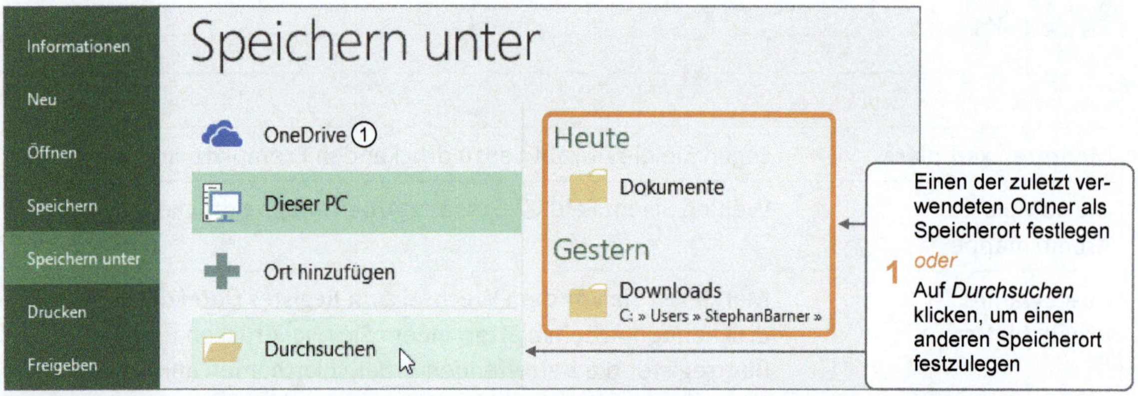


Plus **Ergänzende Lerninhalte:** *Microsoft-Konto anlegen bzw. hinzufügen.pdf, Mit OneDrive auf Dateien zugreifen.pdf*

Über *OneDrive* ① können Sie Ihre Arbeitsmappen im Internet beim Microsoft-Onlinedienst **OneDrive** speichern. Welche Voraussetzungen hierfür nötig sind, wird in den oben angegebenen BuchPlus-Dokumenten erläutert.

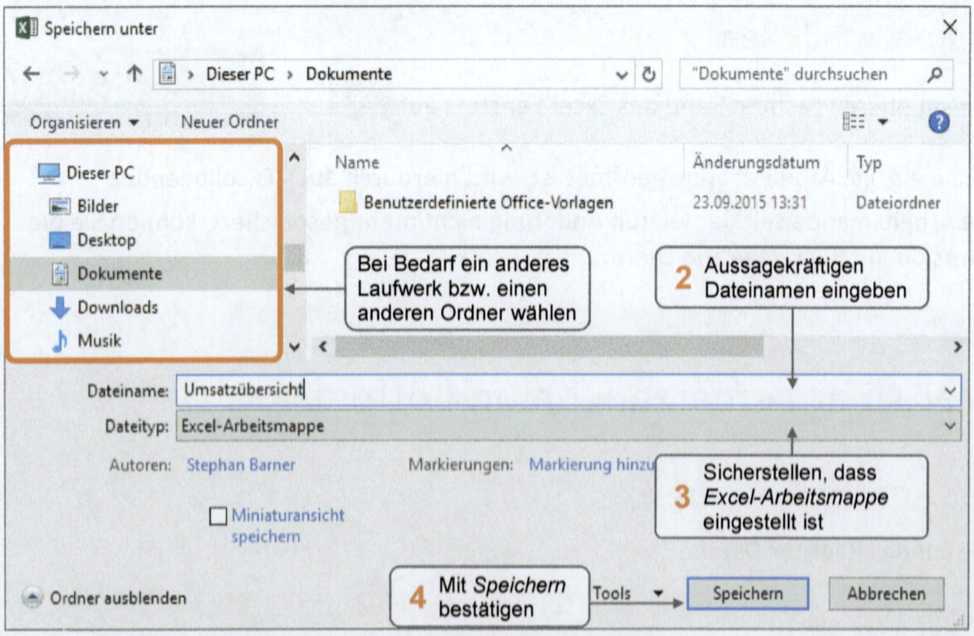


- Der Dateiname kann 255 Zeichen lang sein und darf folgende Zeichen nicht enthalten: / \ : * ? „ | < >
- Haben Sie beim Speichern einen Dateinamen vergeben, der bereits für eine andere Arbeitsmappe gewählt wurde, wird ein Warnhinweis eingeblendet. Wenn Sie die bestehende Arbeitsmappe **nicht überschreiben** möchten, klicken Sie auf *Nein*.

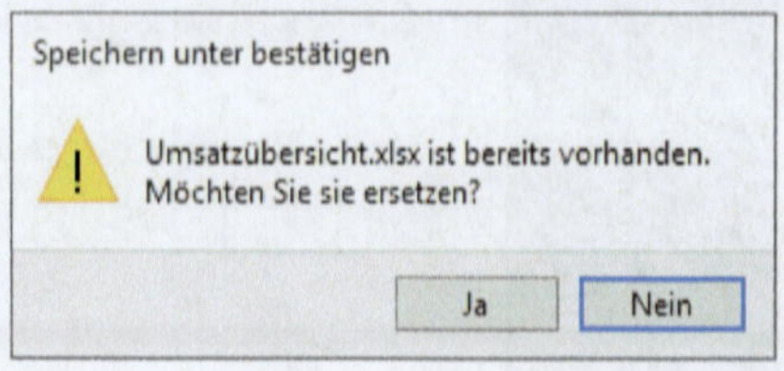


## Geänderte Arbeitsmappen speichern

So speichern Sie Änderungen, die Sie an einer bereits gespeicherten Arbeitsmappe vorgenommen haben:

- Klicken Sie in der Symbolleiste für den Schnellzugriff auf [Speichern-Symbol] oder drücken Sie Strg S.

Die ursprüngliche Version der Arbeitsmappe wird durch die aktuelle Version ersetzt.

## Arbeitsmappen unter neuem Namen speichern

Manchmal soll eine Arbeitsmappe sowohl in ihrer bisherigen als auch in ihrer überarbeiteten Fassung erhalten bleiben. Speichern Sie hierzu die geänderte Version unter einem neuen Namen.

- Klicken Sie auf das Register *Datei* und wählen Sie im linken Fensterbereich *Speichern unter*.
- Klicken Sie auf *Durchsuchen*.
- Vergeben Sie im Dialogfenster *Speichern unter* im Feld *Dateiname* einen anderen Namen für die Arbeitsmappe.
- Ändern Sie bei Bedarf den Speicherort und bestätigen Sie mit *Speichern*.

Mit F12 können Sie direkt das Dialogfenster *Speichern unter* öffnen, ohne zuvor die Backstage-Ansicht einzublenden.

### Arbeitsmappen schließen

- Klicken Sie am oberen rechten Rand des Excel-Fensters auf ×.

✔ Falls nur eine einzige Arbeitsmappe geöffnet ist, wird hierdurch auch Excel beendet.

✔ Wurde die Arbeitsmappe seit der letzten Änderung nicht mehr gespeichert, können Sie die aktuelle Version auf Rückfrage speichern.

## 2.12 Arbeitsmappen erzeugen und öffnen

### Neue Arbeitsmappen erzeugen

- Klicken Sie auf das Register *Datei*.

✔ Über Strg N erzeugen Sie direkt eine neue leere Arbeitsmappe.

✔ Sie können der Symbolleiste für den Schnellzugriff die Schaltfläche 🗋 hinzufügen, über die sich mit einem Klick eine neue leere Arbeitsmappe erzeugen lässt. Klicken Sie hierzu neben der Symbolleiste auf ▾ und wählen Sie *Neu*.

### Zuletzt verwendete Arbeitsmappen öffnen

- Klicken Sie auf das Register *Datei*.

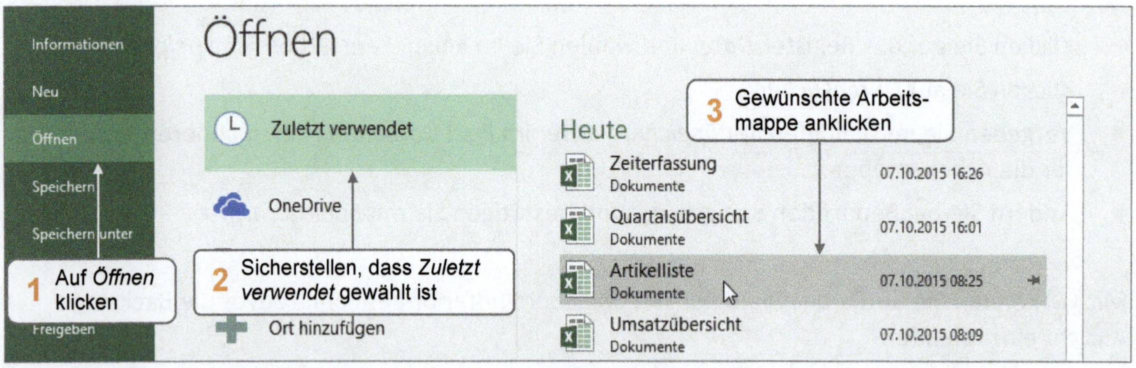

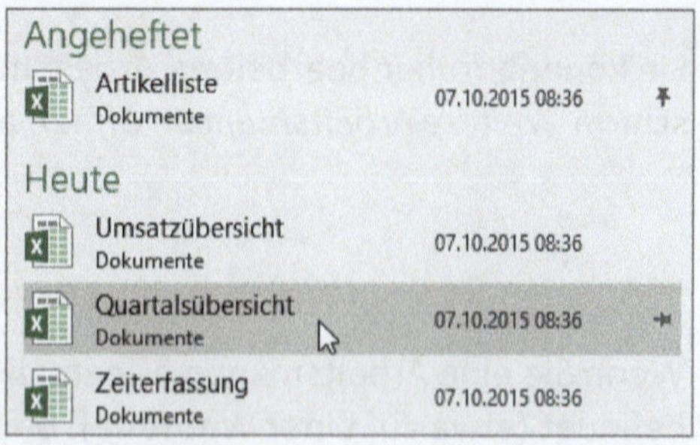


- Möchten Sie, dass eine Arbeitsmappe in der Liste der zuletzt verwendeten Arbeitsmappen verbleibt (dort angeheftet wird), zeigen Sie mit der Maus auf den betreffenden Eintrag und klicken Sie auf ⇥.
- Um die Fixierung des Eintrags in der Liste wieder aufzuheben, klicken Sie auf ⊥.
- Über den Kontextmenüpunkt *Aus Liste entfernen* können Sie Einträge aus der Liste entfernen.
- Sie können eine der zuletzt verwendeten Arbeitsmappen auch öffnen, indem Sie die Arbeitsmappe auf dem Excel-Startbildschirm im Bereich *Zuletzt verwendet* anklicken.

Die zuletzt bearbeiteten Arbeitsmappen lassen sich auch direkt im Register *Datei* anzeigen:

Klicken Sie hierzu im Register *Datei* auf *Optionen*. Wechseln Sie im geöffneten Dialogfenster *Excel-Optionen* zur Kategorie *Erweitert*. Aktivieren Sie im Bereich *Anzeige* das Kontrollfeld ① und ändern Sie bei Bedarf die Anzahl der Arbeitsmappen ②, die angezeigt werden sollen.

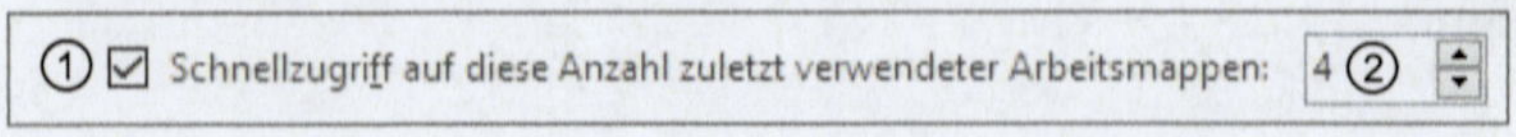


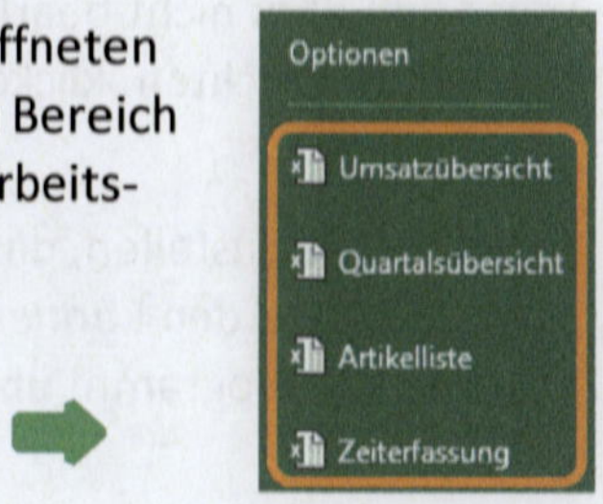


## Früher bearbeitete Arbeitsmappen öffnen

Falls die von Ihnen gewünschte Arbeitsmappe nicht in der Liste der zuletzt verwendeten Arbeitsmappen aufgeführt wird, können Sie sie über das Dialogfenster *Öffnen* laden.

▶ Wechseln Sie zum Register *Datei*.

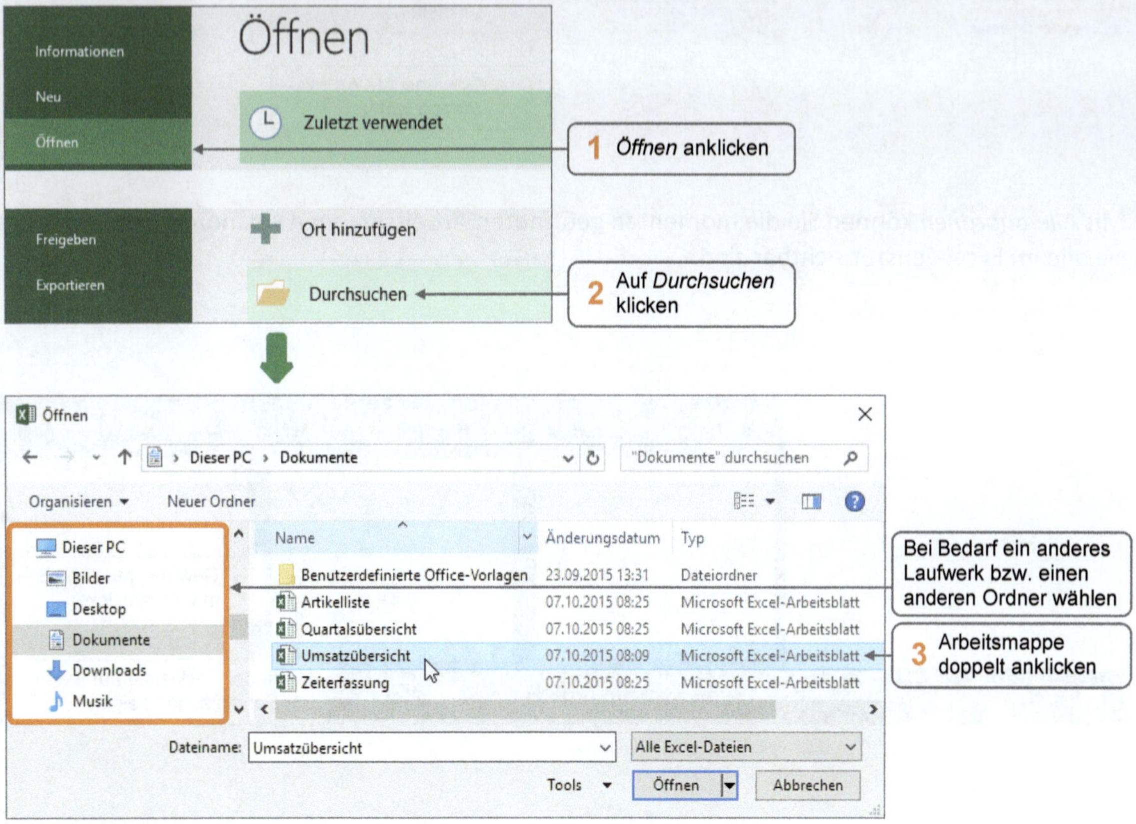

Sie können früher bearbeitete Arbeitsmappen auch öffnen, indem Sie auf dem Excel-Startbildschirm *Weitere Arbeitsmappen öffnen* anklicken.

### Mögliche Besonderheit beim Öffnen von Arbeitsmappen

Wenn Sie eine Arbeitsmappe öffnen, die sich z. B. an einem vermeintlich unsicheren Speicherort befindet (etwa auf einer Webseite), blendet Excel über der Bearbeitungsleiste die **Dokumentationsleiste** mit einer Warnung ein.

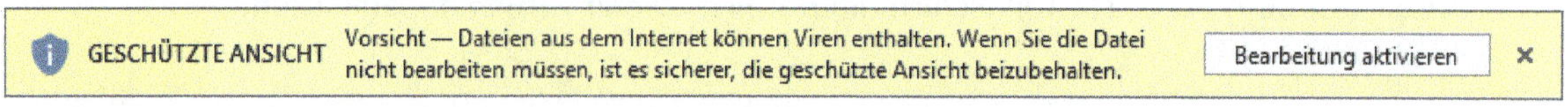


Die Arbeitsmappe wird in der **geschützten Ansicht** geöffnet, in der die Inhalte der Datei zwar angezeigt, aber nicht bearbeitet werden können. Wenn Sie die Inhalte der Arbeitsmappe bearbeiten möchten, klicken Sie in der Dokumentationsleiste auf *Bearbeitung aktivieren*.

! Um sicherzustellen, dass durch die Arbeitsmappe keine Schäden an Ihrem Computer verursacht werden können, sollten Sie die entsprechende Datei **vorher** mit einem aktuellen Antivirenprogramm **überprüfen**.

## Zwischen geöffneten Arbeitsmappen wechseln

### Variante 1

- Wechseln Sie zum Register *Ansicht*.

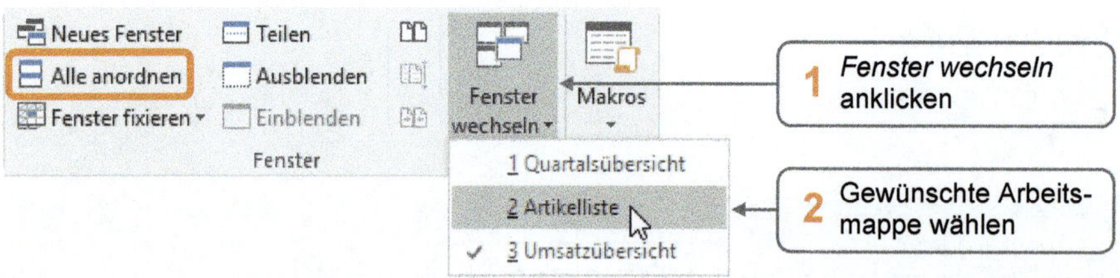


Mit *Alle anordnen* können Sie die momentan geöffneten Arbeitsmappen so anordnen lassen, dass sie alle im Excel-Fenster sichtbar sind.

### Variante 2

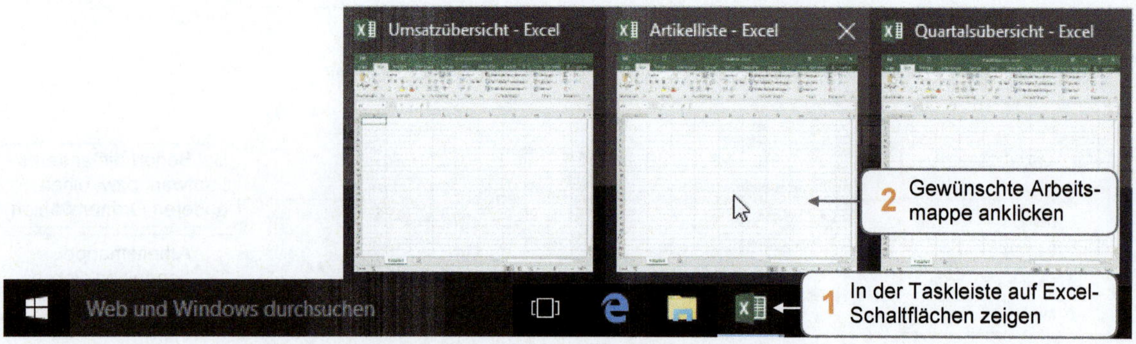

### Variante 3

▶ Drücken Sie so oft Strg F6 bis die gewünschte Arbeitsmappe im Excel-Fenster angezeigt wird.

## 2.13 Übung

### Umsätze eines Quartals eingeben

| | | | |
|---|---|---|---|
| Level | | Zeit | ca. 15 min |
| Übungsinhalte | ✔ Daten eingeben und Zellbereiche markieren<br>✔ Zellinhalte verändern und löschen<br>✔ Arbeitsmappen öffnen, speichern und schließen | | |
| Übungsdatei | -- | | |
| Ergebnisdatei | *Quartal-E.xlsx* | | |

1. Erzeugen Sie eine neue Arbeitsmappe und geben Sie die abgebildeten Daten ein.

| | A | B | C | D |
|---|---|---|---|---|
| 1 | | | | |
| 2 | | Frankfurt | Berlin | |
| 3 | Monat 1 | 1480 | 2500 | |
| 4 | Monat 2 | 2000 | 3400 | |
| 5 | Monat 3 | 1500 | 1200 | |
| 6 | | | | |

*Ergebnisdatei „Quartal-E.xlsx"*

2. Speichern Sie die Arbeitsmappe unter dem Namen *Quartal-E.xlsx*.
3. Schließen Sie die Datei und öffnen Sie sie anschließend wieder. Benutzen Sie hierfür die Liste der zuletzt verwendeten Arbeitsmappen.
4. Ändern Sie die Einträge in der Spalte A in *Januar, Februar* und *März* und löschen Sie anschließend die Zellinhalte A3 - A5.
5. Machen Sie das Löschen **und** die Änderungen in Spalte A wieder rückgängig.
6. Speichern Sie die Datei mit .

Plus **Zusätzliche Übungen:**

*Daten effizient eingeben.pdf*
*Datum und Uhrzeit eingeben.pdf*
*Neue Tabelle erstellen.pdf*
*Vereinsmitglieder erfassen.pdf*

# 3

# Mit Formeln arbeiten

## 3.1 Aufbau und Eingabe von Formeln

### Basiswissen Formeln

Plus **Beispieldatei:** *Basiswissen Formeln.xlsx*

Berechnungen werden mit Formeln durchgeführt. Eine Formel ist eine Berechnungsanweisung, die ein Ergebnis liefert. Eine einfache Formel, mit deren Hilfe Sie die Zahlen 2, 3 und 5 addieren können, lautet beispielsweise: =2+3+5

- Eine Formel beginnt **immer** mit einem **Gleichheitszeichen**.
- In der **Zelle**, in die Sie die Formel eingeben, erscheint nach dem Bestätigen mit ↵ das **Ergebnis**.
- Die **Formel** selbst wird in der **Bearbeitungsleiste** angezeigt.

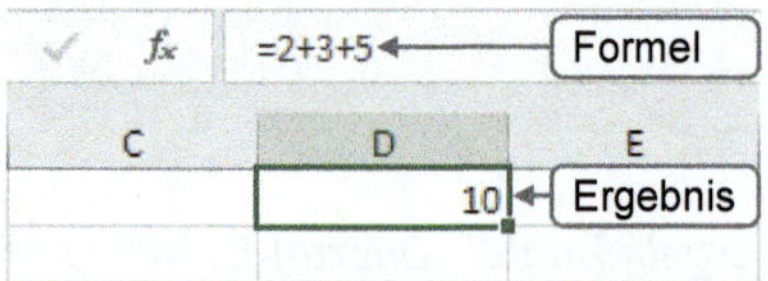


Sie sollten in einer Formel **anstelle von Zahlen** die **Zellbezüge** der Zellen angeben, in denen die jeweiligen Zahlen stehen.

Dies hat folgenden **Vorteil**: Bei einer Formel, die Zellbezüge nutzt, rechnet Excel immer mit den aktuellen Werten in den jeweiligen Zellen. Sobald Sie den Wert in einer solchen Zelle ändern, berechnet Excel automatisch alle Formeln neu, in denen der Zellbezug dieser Zelle verwendet wird.

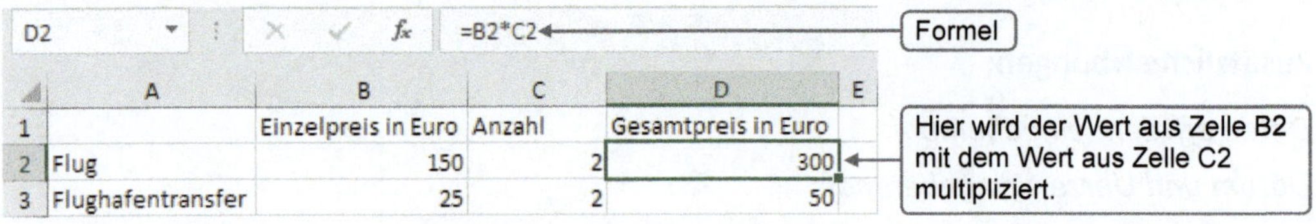


### Bestandteile einer Formel

Eine Formel kann u. a. folgende Bestandteile enthalten:

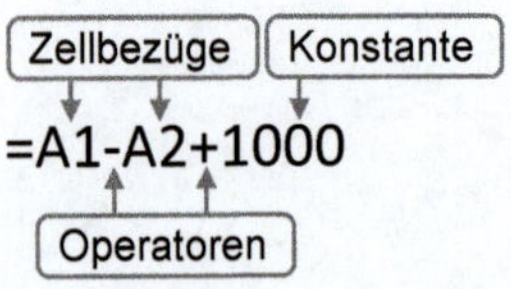

- **Zellbezüge** sind die Koordinaten der Zellen, mit deren Inhalt gerechnet wird. Bei Funktionen (einer besonderen Form von Formeln) können Sie Zellbezüge auch für Zellbereiche angeben, z. B. A1:A10 für den Bereich A1 bis A10.
- **Operatoren** legen die durchzuführenden Rechenoperationen fest.
- **Konstanten** sind feste Werte, die sich nicht aus einer Berechnung ergeben. Sie können in den Zellen, auf die die Formel Bezug nimmt, oder in der Formel selbst eingegeben werden.

### Operatoren im Überblick

| Operator | Wird erzeugt mit | Rechenoperation | Beispiel | Ergebnis |
|---|---|---|---|---|
| + | [+] | Addition | =2+3 | 5 |
| - | [-] | Subtraktion | =4-7 | -3 |
| * | [⇧] [+] oder [×] (Ziffernblock) | Multiplikation | =3*10 | 30 |
| / | [⇧] [7] oder [÷] (Ziffernblock) | Division | =30/3 | 10 |
| ^ | [^] | Potenz | =2^3 | 8 |

- Wie in der Mathematik gilt in Excel die Regel „Punkt- vor Strichrechnung".
- Um die Reihenfolge von mehreren Berechnungen innerhalb einer Formel festzulegen, werden – wie in der Mathematik üblich – Klammern () verwendet, z. B. =(A1+A2)*100.

### Besonderheiten bei der Eingabe von Rechenoperatoren

Wenn Sie in eine Zelle den Rechenoperator + oder - gefolgt von Text eingeben, geht Excel davon aus, dass eine Berechnung durchgeführt werden soll. Entsprechend fügt Excel automatisch ein Gleichheitszeichen vor dem Operator ein.

So wird beispielsweise die Eingabe *+ Gebühren* nach Bestätigen mit [↵] zu *=+ Gebühren* ①. In der Zelle erscheint ein Fehlerwert ②.

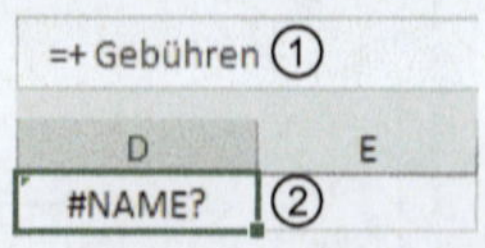


Wenn Sie möchten, dass der Rechenoperator + bzw. - zusammen mit dem Text in einer Zelle ③ angezeigt wird, beginnen Sie die Eingabe mit einem Hochkomma ' ([⇧] [#]), beispielsweise *'+ Gebühren*.

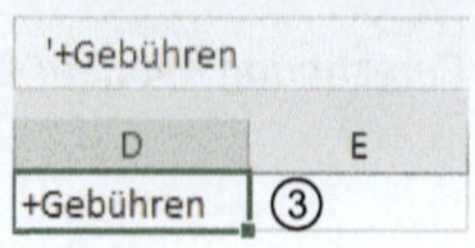


Soll in einer Zelle Text mit einem vorangestellten Gleichheitszeichen angezeigt werden, z. B. *= Ergebnis des Vorjahres*, müssen Sie ebenfalls zu Beginn ein Hochkomma ' eingeben, z. B. *'= Ergebnis des Vorjahres*.

## Formel eingeben

- Aktivieren Sie die Zelle, in der das Ergebnis der Formel angezeigt werden soll.
- Geben Sie ein Gleichheitszeichen (=) ein.
- Geben Sie die Formel ein und schließen Sie die Eingabe ab, z. B. mit [↵].

### Formel-AutoKorrektur

Excel erkennt bestimmte Fehler direkt bei der Eingabe einer Formel und bietet in einem Fenster einen Korrekturvorschlag an, beispielsweise bei der Eingabe ...

- von zwei Operatoren (z. B. =A1+*B1),
- von Zellbezügen mit Leerzeichen (z. B. =**A 1**+B1),
- von Zahlen mit Leerzeichen (z. B. =A1+**1 0**).

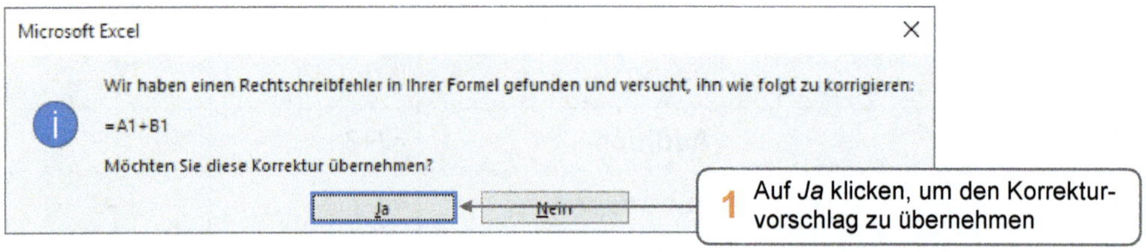


## 3.2 Funktion SUMME

**Plus** **Beispieldatei:** *Funktion SUMME.xlsx*

### Was ist die Funktion SUMME?

Die Funktion SUMME ist eine spezielle vorgefertigte Formel, mit der Sie schnell **Spalten**- und **Zeilensummen** erzeugen können.

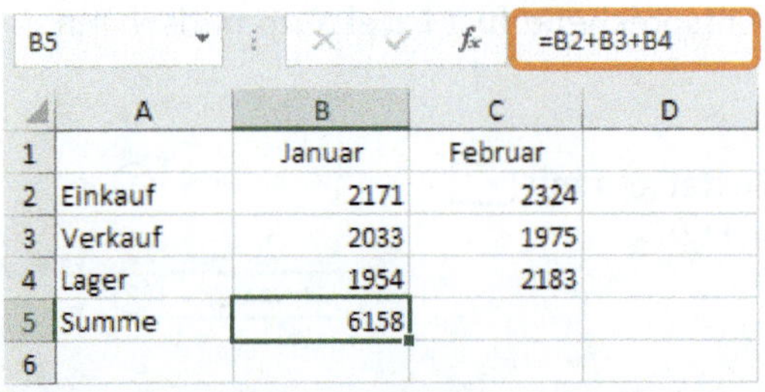


*Berechnung mit dem Operator +*

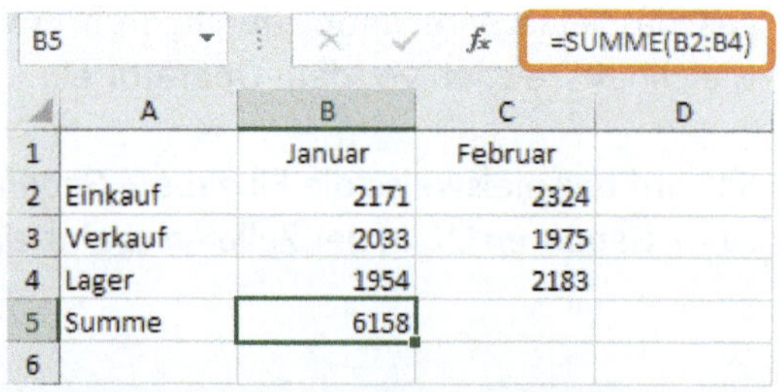


*Berechnung mit der Funktion SUMME*

### Funktion SUMME über das Menüband einfügen

- Aktivieren Sie die Zelle, in der das Ergebnis der Summenberechnung stehen soll.
- Klicken Sie im Register *Start*, Gruppe *Bearbeiten*, auf Σ.

  Excel schlägt einen Summenbereich vor und blendet eine Infobox mit der Beschreibung des Funktionsaufbaus ein.

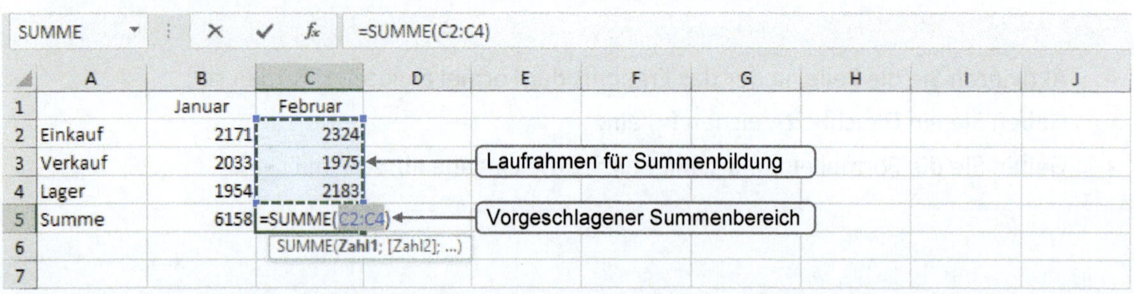

- Bestätigen Sie den Vorschlag mit ↵.

  *oder* Markieren Sie einen anderen Zellbereich und bestätigen Sie mit ↵.

✔ Excel erkennt einen zusammenhängenden Summenbereich nur, wenn **keine Leerzellen** ① vorhanden sind. Daher müssen Sie vor der Summenbildung leere Zellen mit Nullen ② versehen oder während der Summenbildung einen anderen als den vorgeschlagenen Bereich markieren.

✔ Fügen Sie nachträglich neue Zellen in den Summenbereich ein, werden diese automatisch in den Summenbereich übernommen. Die neue Summe wird sofort berechnet.

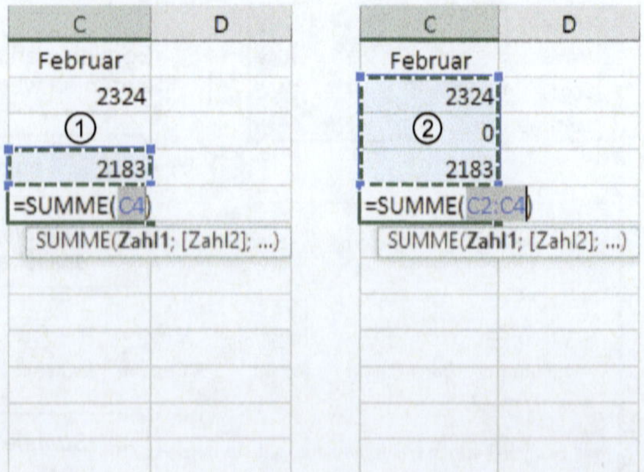


## Gleichzeitig Spalten- und Zeilensummen erzeugen

- Markieren Sie den Summenbereich **und** die angrenzenden leeren Zellen.
- Klicken Sie im Register *Start*, Gruppe *Bearbeiten*, auf Σ.

# Funktion SUMME über die Schnellanalyse einfügen

## Spaltensummen erzeugen

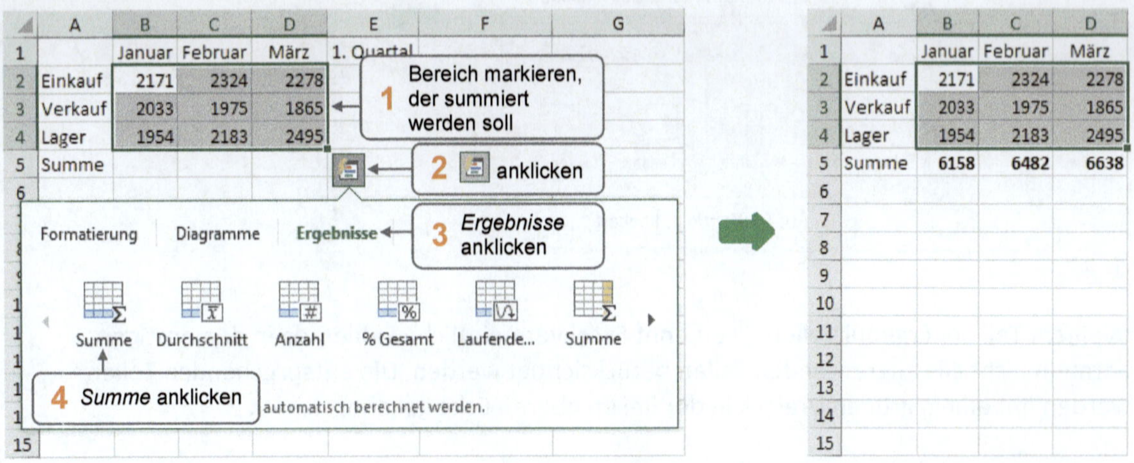


Haben Sie Berechnungen mithilfe der Schnellanalyse durchgeführt, werden die Ergebnisse automatisch fett formatiert.

### Zeilensummen erzeugen

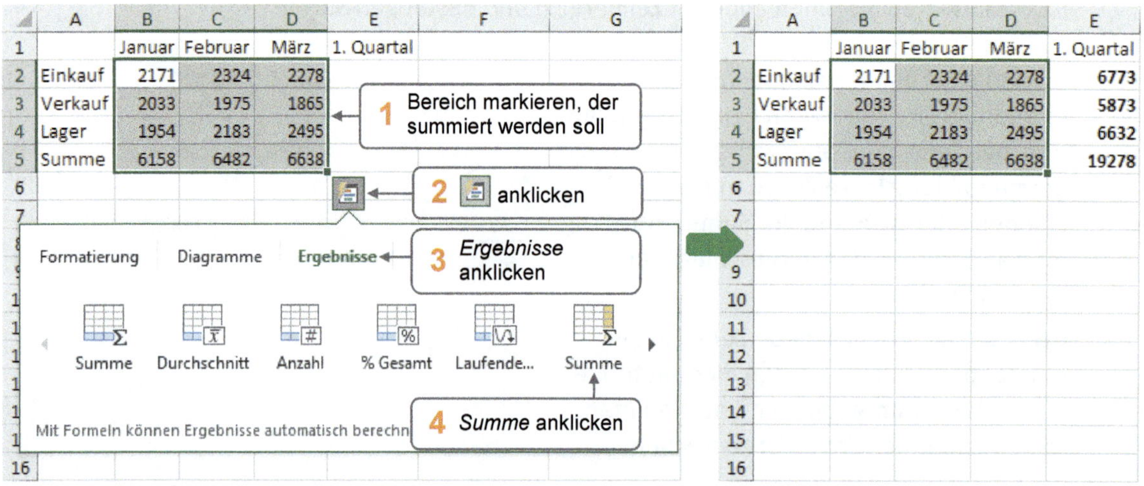


### Laufende Summen erzeugen

Sie haben beispielsweise in einer Tabelle für jeden Monat die Anzahl der Besucher Ihrer Webseite erfasst. Nun möchten Sie für die einzelnen Monate ermitteln, wie viele Besucher Ihre Webseite bis dato insgesamt hatte.

Die jeweiligen Werte kumulieren Sie mithilfe einer **laufenden Zeilensumme**:

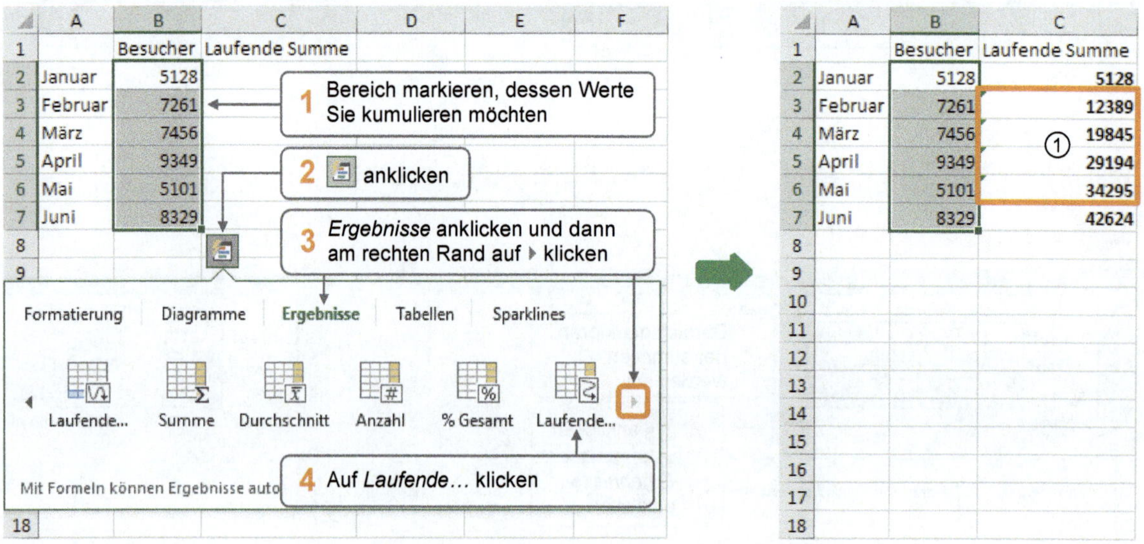


In einem Teil der Ergebniszellen ① erkennt Excel vermeintliche Fehler, da in den dortigen Formeln nicht alle angrenzenden Zellen berücksichtigt werden. Die entsprechenden Zellen werden mit einem grünen Dreieck in der linken oberen Ecke gekennzeichnet.

Entsprechend lassen sich mithilfe einer **laufenden Spaltensumme** Werte kumulieren, die Sie zeilenweise erfasst haben:

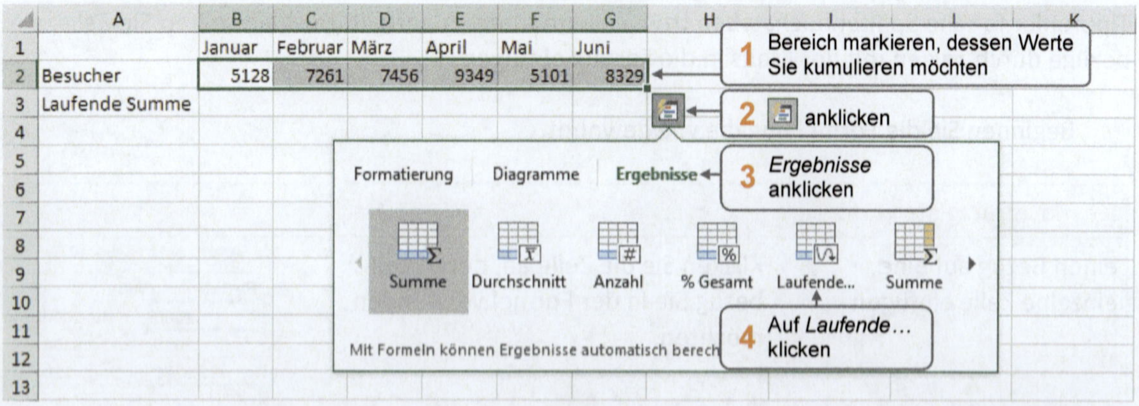


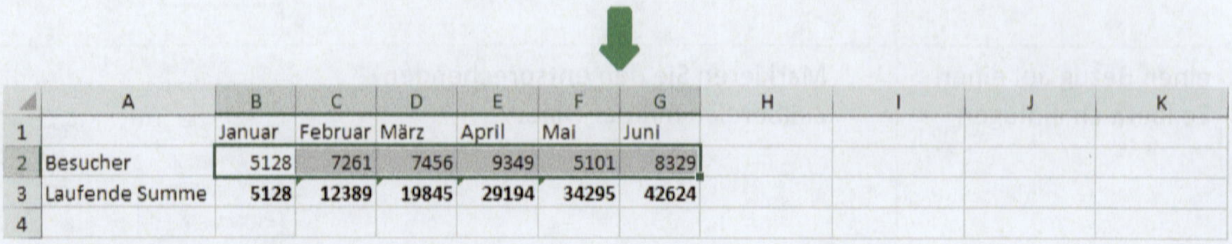


# 3.3 Zellbezüge durch Zeigen in Formeln einfügen

## Zellbezüge in Formeln verwenden

| | |
|---|---|
| **Zellbezug auf eine einzelne Zelle** | Ein Bezug auf eine Zelle wird durch den Spaltenbuchstaben und die Zeilennummer der betreffenden Zelle angegeben (z. B. C5, F9, A3, H38). |
| **Zellbezug auf einen Zellbereich** | Ein Bezug auf einen Zellbereich wird durch die erste und letzte Zelle, getrennt durch einen Doppelpunkt, dargestellt. Zellbereiche werden für Funktionen benötigt, beispielsweise zur Berechnung von Summen.<br>Beispiel für mehrere Zellen einer **Spalte**: A1:A3 ①<br>Beispiel für mehrere Zellen einer **Zeile**: A3:B3 ②<br>Beispiel für Zellen mehrerer **Zeilen und Spalten**: A1:B3 ③ |

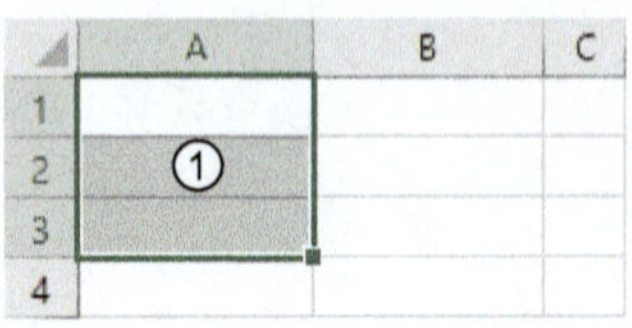


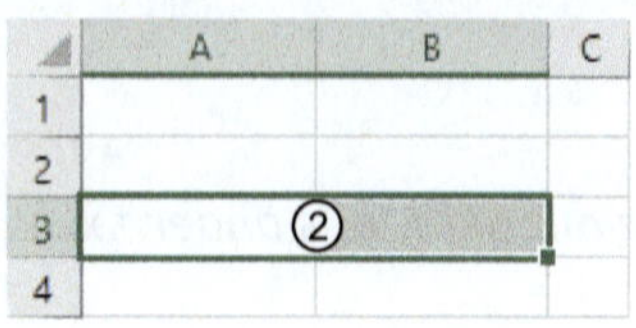


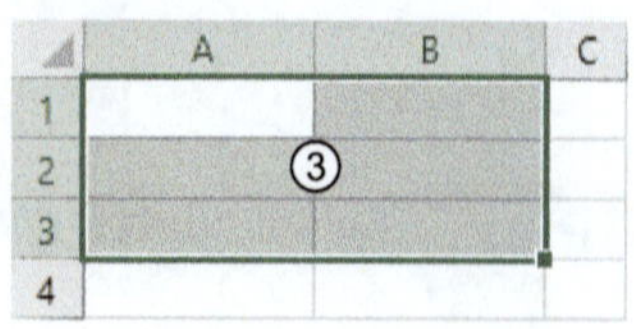

## Zellbezüge durch Zeigen eingeben

Bei der direkten Eingabe der Zellbezüge in Formeln besteht die Gefahr, dass eine Formel durch Tippfehler falsche Spaltenbuchstaben bzw. Zeilennummern enthält. Deshalb sollten Sie Zellbezüge durch Zeigen mit der Maus in die Formel einfügen.

- Beginnen Sie die Formeleingabe wie gewohnt.

<table>
<tr><th colspan="3">Sie möchten in die Formel ...</th></tr>
<tr><td>einen Bezug auf eine einzelne Zelle einfügen</td><td>▶ Klicken Sie die Zelle an, deren Zellbezug Sie in der Formel verwenden möchten.</td><td>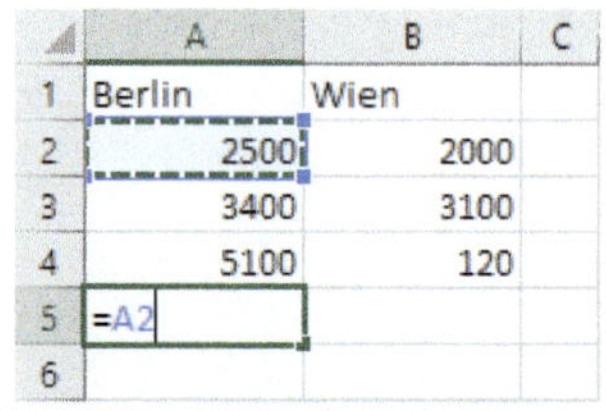
</td></tr>
<tr><td>einen Bezug auf einen Zellbereich einfügen</td><td>▶ Markieren Sie den entsprechenden Zellbereich mit der Maus.</td><td>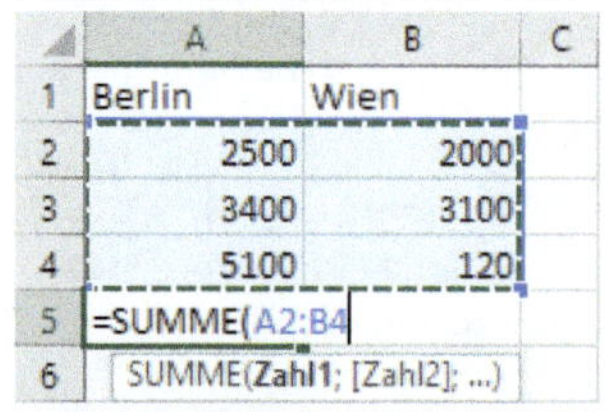
</td></tr>
<tr><td>Zellbezüge auf mehrere unabhängige Zellen einfügen</td><td>▶ Halten Sie Strg gedrückt und klicken Sie die gewünschten Zellen nacheinander an.</td><td>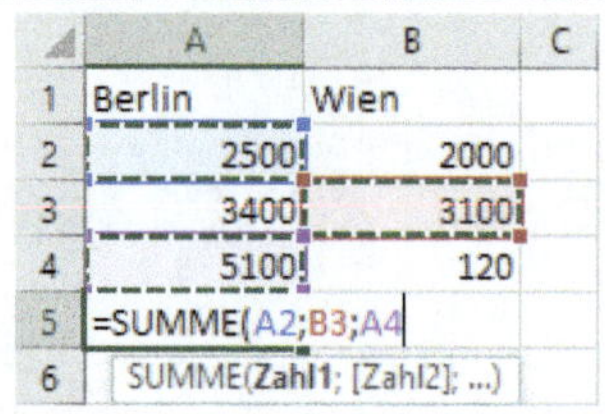
</td></tr>
</table>

- Vervollständigen Sie die Formel durch Eingabe der benötigten Operatoren und durch Zeigen weiterer Zellen und drücken Sie abschließend ↵.

Wenn Sie eine falsche Zelle markiert haben, können Sie den Zellbezug mit ⇐ wieder aus der Formel entfernen.

# 3.4 Formeln bearbeiten

## Formeln ändern

**Plus** **Beispieldatei:** *Zellbezüge mit der Maus ändern.xlsx*

- Klicken Sie doppelt auf die Zelle mit der Formel, die Sie bearbeiten möchten.
- Ändern Sie die Formel.

Sie können die Formel einer zuvor markierten Zelle auch in der Bearbeitungsleiste ändern.

### Zellbezüge in einer Formel schnell mit der Maus ändern

- Klicken Sie doppelt auf die Zelle mit der Formel, die Sie bearbeiten möchten.

 

Die **Größe eines** in der Formel verwendeten **Zellbereichs** ändern Sie folgendermaßen:

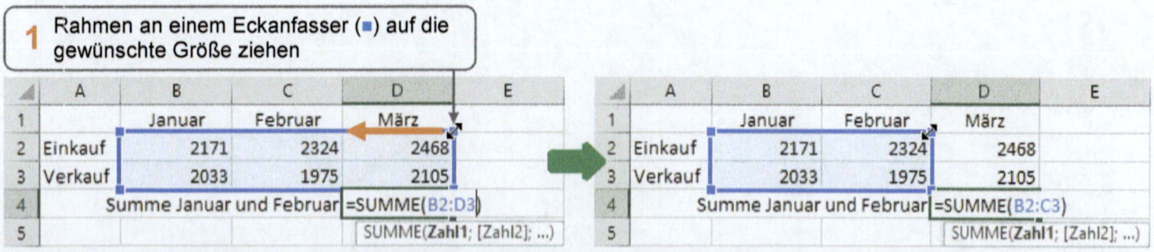


Vorhandene **Zellbezüge** lassen sich so **ersetzen**:

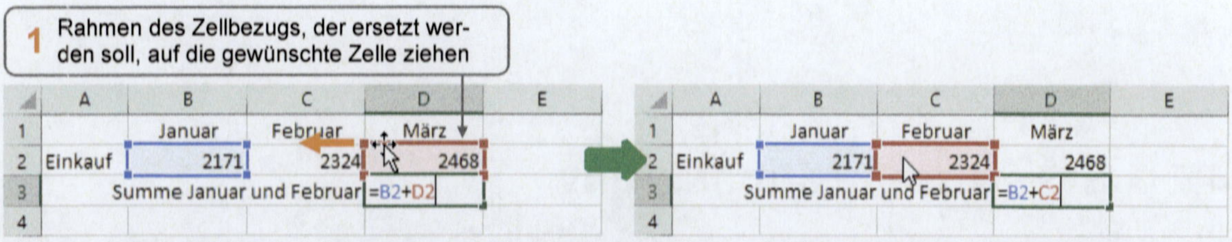


**Plus** **Wissenstest:** *Excel 2016 - Basiskompetenzen*

**Prüfen Sie mit dem oben angegebenen Wissenstest, ob Sie die wesentlichen Grundlagen von Excel verstanden haben und fit für weiterführende Techniken sind.**

# 3.5 Übung

## Umsatzzahlen auswerten

| Level | | Zeit | ca. 10 min |
|---|---|---|---|
| Übungsinhalte | ✔ Funktion SUMME und einfache Formeln einsetzen | | |
| Übungsdatei | *Umsatzzahlen.xlsx* | | |
| Ergebnisdatei | *Umsatzzahlen-E.xlsx* | | |

1. Öffnen Sie die Übungsdatei *Umsatzzahlen.xlsx*.
2. Ermitteln Sie den Jahresumsatz in der Zelle B6 mit der Funktion SUMME.
3. Berechnen Sie die Werte in Spalte C, indem Sie den Umsatz des jeweiligen Quartals durch den Jahresumsatz teilen und mit 100 multiplizieren. Fügen Sie dabei die Zellbezüge durch Zeigen in die entsprechenden Formeln ein.
4. Speichern Sie die Arbeitsmappe unter dem Namen *Umsatzzahlen-E.xlsx*.

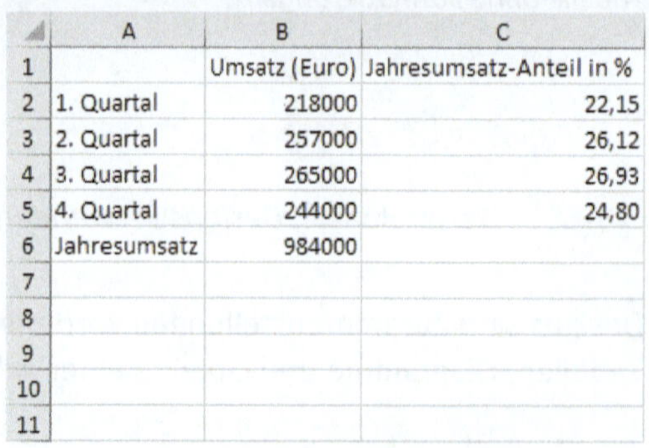

| | A | B | C |
|---|---|---|---|
| 1 | | Umsatz (Euro) | Jahresumsatz-Anteil in % |
| 2 | 1. Quartal | 218000 | 22,15 |
| 3 | 2. Quartal | 257000 | 26,12 |
| 4 | 3. Quartal | 265000 | 26,93 |
| 5 | 4. Quartal | 244000 | 24,80 |
| 6 | Jahresumsatz | 984000 | |
| 7 | | | |
| 8 | | | |
| 9 | | | |
| 10 | | | |
| 11 | | | |

*Ergebnisdatei „Umsatzzahlen-E.xlsx"*

**Plus** **Zusätzliche Übungen:**

*Fahrradrechnung erstellen.pdf*
*Neukundenübersicht.pdf*
*Summen berechnen.pdf*

# 4

# Zellen formatieren

## 4.1 Basiswissen Formatierung

### Formatierungsmöglichkeiten

Plus **Beispieldatei:** *Formatierungsmöglichkeiten.xlsx*

Mithilfe von Formatierungen lassen sich Ihre Tabellen optisch ansprechend gestalten und die Lesbarkeit der dort vorhandenen Daten verbessern. Hierzu können Sie beispielsweise

- Schriftarten, -größen, -farben ändern;
- Rahmen, Füllfarben und Muster verwenden;
- Zellinhalte ausrichten und Zahlenformate zuweisen.

| | A | B | C | D | E |
|---|---|---|---|---|---|
| 1 | Auswertung der Gewinnspanne | | | | |
| 2 | | | | | |
| 3 | Produkt | | Selbstkosten | Verkaufspreis | Gewinn in % |
| 4 | Monitor | Typ A | 99,8 | 175 | 0,753507014 |
| 5 | | Typ B | 149,85 | 287 | 0,915248582 |
| 6 | | Typ C | 170,25 | 295 | 0,732745962 |
| 7 | Durchschnitt | | 139,9666667 | 252,3333333 | 0,800500519 |

*Tabelle ohne Formatierungen*

| | A | B | C | D | E |
|---|---|---|---|---|---|
| 1 | Auswertung der Gewinnspanne | | | | |
| 2 | | | | | |
| 3 | Produkt | | Selbstkosten | Verkaufspreis | Gewinn in % |
| 4 | Monitor | *Typ A* | 99,80 € | 175,00 € | 75% |
| 5 | | *Typ B* | 149,85 € | 287,00 € | 92% |
| 6 | | *Typ C* | 170,25 € | 295,00 € | 73% |
| 7 | **Durchschnitt** | | 139,97 € | 252,33 € | 80% |

*Tabelle mit individuellen Formatierungen*

### Designs verwenden

Plus **Beispieldatei:** *Designs verwenden.xlsx*

Designs sind Zusammenstellungen vordefinierter Formatierungen, die das Erscheinungsbild der Tabellen, Diagramme und Objekte einer Arbeitsmappe bestimmen.

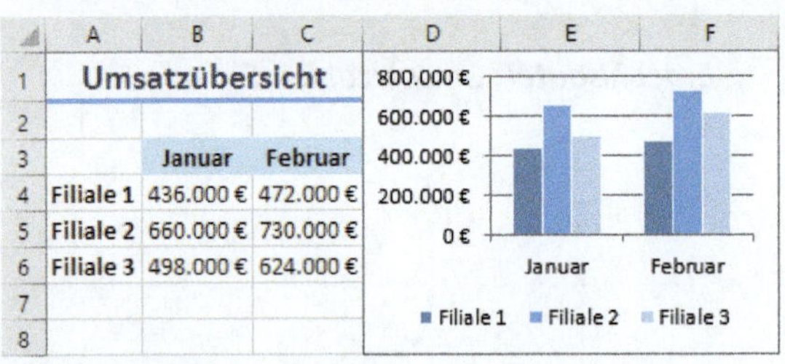


*Design „Office"*

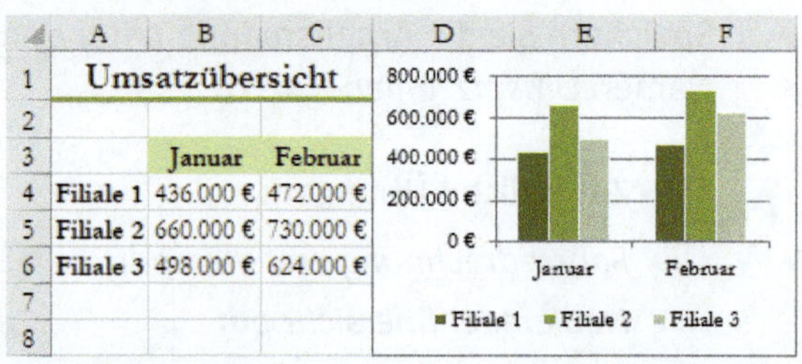


*Design „Organisch"*

Neu erstellte Arbeitsmappen nutzen standardmäßig das Design *Office*.

Jedes Design besteht aus bestimmten Designschriftarten, Designfarben und Designeffekten.

- **Designschriftarten** kombinieren bis zu zwei Schriften. Eine Schrift ist dabei für die Überschriften in Tabellenblättern, die andere für die restlichen Texte (Textkörper) vorgesehen.
- Jedes Design verwendet eine Farbpalette, die aus verschiedenen zueinander passenden **Designfarben** besteht. Diese Farben werden beispielsweise automatisch einzelnen Diagrammelementen zugewiesen.
- **Designeffekte** beinhalten eine Kombination von Effekten (z. B. von Fülleffekten), die sich unter anderem auf das Aussehen von gezeichneten Objekten auswirken.

### Design der Arbeitsmappe ändern

Möchten Sie das Aussehen aller in einer Arbeitsmappe vorhandenen Tabellen und Diagrammen schnell ändern, weisen Sie der Arbeitsmappe ein anderes Design zu. Zusätzlich haben Sie die Möglichkeit, einzelne Bestandteile des genutzten Designs zu ändern, z. B. die Designschriftarten.

Das in der aktuellen Arbeitsmappe verwendete **Design ändern** Sie so:

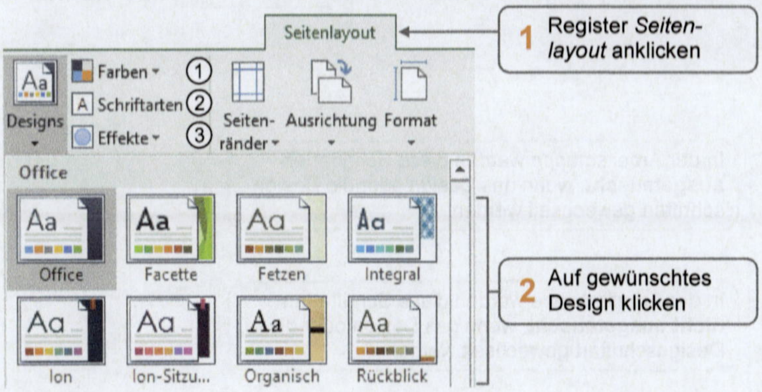


Möchten Sie nur einen einzelnen **Designbestandteil ändern**, klicken Sie auf die Schaltfläche ①, ② oder ③ und wählen Sie in der geöffneten Liste andere Designfarben, -schriftarten oder -effekte.

Viele Elemente, die Ihnen im Menüband zur Formatierung zur Verfügung stehen, bieten eine **Vorschau**. Mit ihrer Hilfe können Sie die Wirkung einer Formatierung prüfen, bevor Sie diese zuweisen. Zeigen Sie z. B. in der oben abgebildeten Liste auf ein Design, wird der Inhalt des aktuellen Tabellenblatts (vorübergehend) im entsprechenden Design dargestellt.

## Vorgehensweise beim Formatieren von Zellen

- Markieren Sie die Zelle oder den Zellbereich.

### Variante 1

- Erzeugen Sie die Formatierung über die abgebildeten Elemente im Register *Start*.

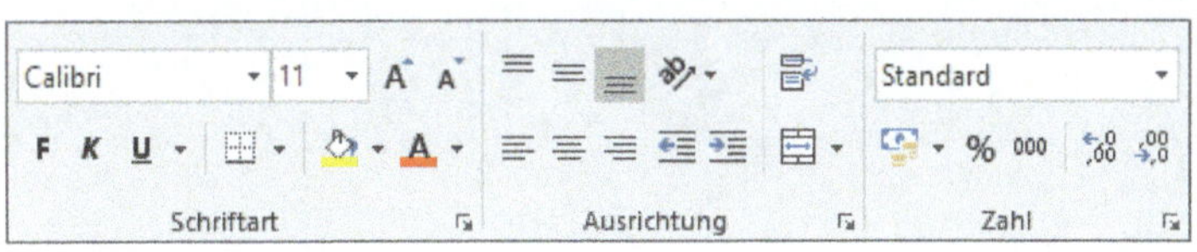

## Variante 2

- Klicken Sie im Register *Start* in der Gruppe *Schriftart*, *Ausrichtung* oder *Zahl* auf .
- Nehmen Sie die Formatierungen im Dialogfenster *Zellen formatieren* vor.

## Variante 3

- Klicken Sie mit der rechten Maustaste auf die markierte Zelle bzw. auf den markierten Bereich.
- Weisen Sie die Formatierungen über die Minisymbolleiste zu, die oberhalb des Kontextmenüs angezeigt wird.

# 4.2 Schriftarten und Schrifteigenschaften festlegen

## Schriftart bestimmen

- Klicken Sie im Register *Start*, Gruppe *Schriftart*, auf den Pfeil von Calibri und wählen Sie eine Schriftart.

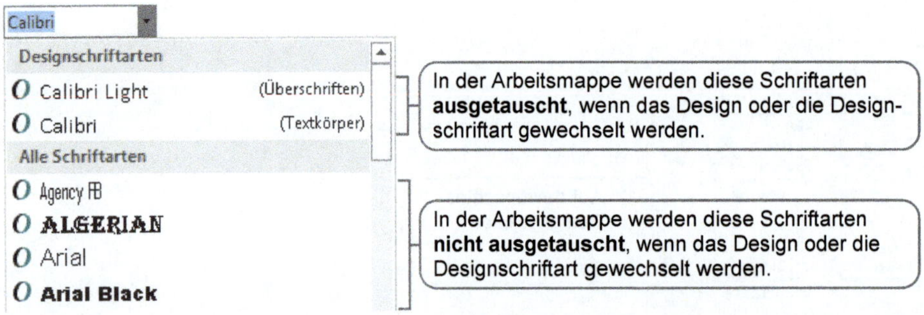


Schrifteigenschaften lassen sich auch einem Teil des Zellinhaltes zuweisen. Klicken Sie hierzu die Zelle **vor** Zuweisung der Formatierungen doppelt an und markieren Sie den gewünschten Zellinhalt.

## Schriftgrad festlegen

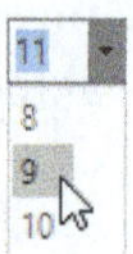

- Klicken Sie im Register *Start*, Gruppe *Schriftart*, auf den Pfeil von 11 und wählen Sie in der geöffneten Liste einen anderen Schriftgrad.

  *oder* Geben Sie den Schriftgrad direkt im Feld 11 ein und drücken Sie ↵.

## Schriftschnitt bestimmen

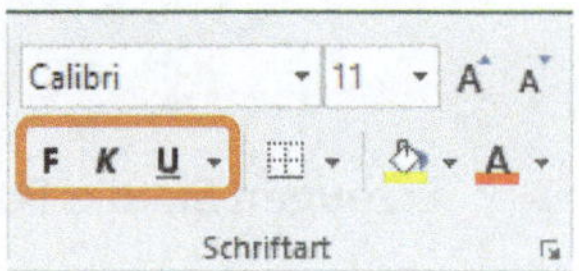

- Klicken Sie im Register *Start*, Gruppe *Schriftart*, auf **F**, *K* bzw. U, um die Inhalte zuvor markierter Zellen **fett**, *kursiv* bzw. <u>unterstrichen</u> zu formatieren.

| Tastenkombinationen | |
|---|---|
| **Fett** | Strg ⇧ F |
| *Kursiv* | Strg ⇧ K |
| Unterstrichen | Strg ⇧ U |

- Dass ein Schriftschnitt eingestellt ist, erkennen Sie an der farbigen Hervorhebung der zugehörigen Schaltfläche.
- Durch erneutes Anklicken von **F**, *K* bzw. U schalten Sie den Schriftschnitt wieder aus.
- Schriftschnitte lassen sich auch über die neben aufgeführten Tastenkombinationen zuweisen.

Möchten Sie Zellinhalte doppelt unterstreichen, klicken Sie auf den Pfeil von U und wählen Sie *Doppelt unterstrichen*. Die Schaltfläche ändert anschließend ihr Aussehen: D.

## Schriftfarbe bestimmen

- Klicken Sie im Register *Start*, Gruppe *Schriftart*, auf den Pfeil von A.
- Wählen Sie in der geöffneten Schriftfarbenpalette eine andere Farbe.

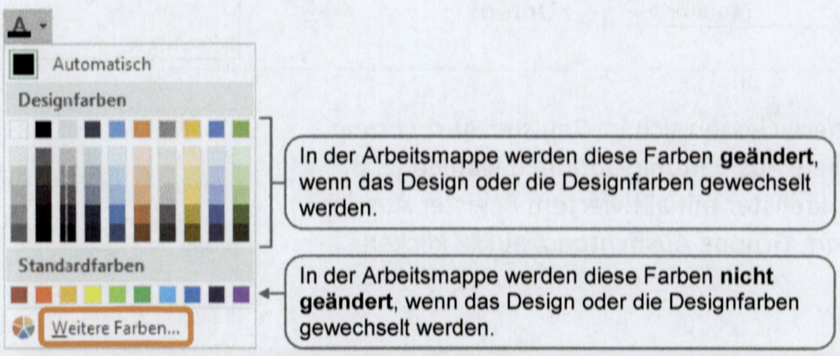


- Bei Bedarf können Sie zusätzliche Farben in einem separaten Dialogfenster wählen, das sich über den Eintrag *Weitere Farben* öffnen lässt.
- Wenn Sie direkt auf A klicken, weisen Sie die Schriftfarbe zu, die im Farbbalken der Schaltfläche angezeigt wird.

## Weitere Schrifteigenschaften festlegen

- Klicken Sie im Register *Start*, Gruppe *Schriftart*, auf ⧉.

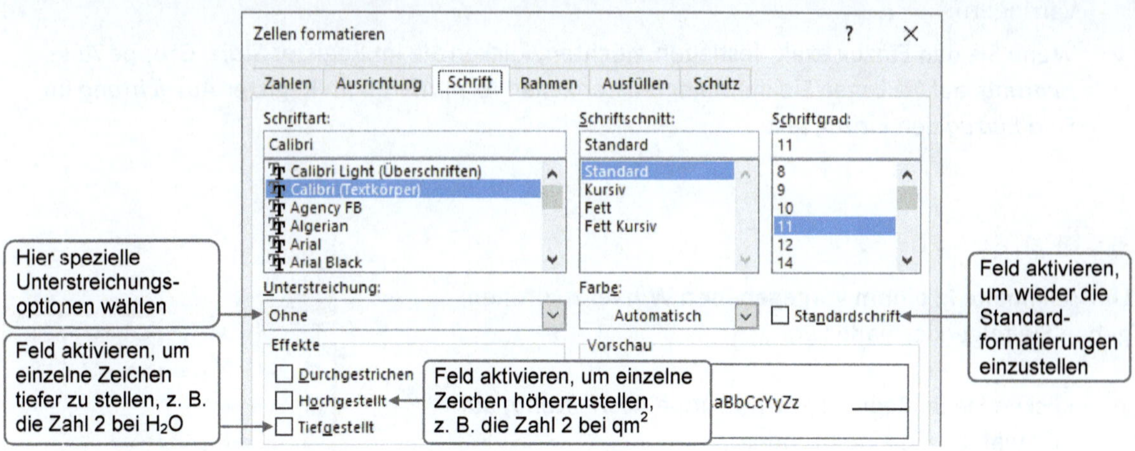


- Bestätigen Sie die Einstellungen mit *OK*.

# 4.3 Zellinhalte ausrichten, einrücken und drehen

## Zellinhalte ausrichten

Sie können die Ausrichtung von Zellinhalten über die neben abgebildeten Schaltflächen im Register *Start,* Gruppe *Ausrichtung,* ändern. Die gewählte Ausrichtung erkennen Sie am farbigen Hintergrund der jeweiligen Schaltfläche (Schalter).

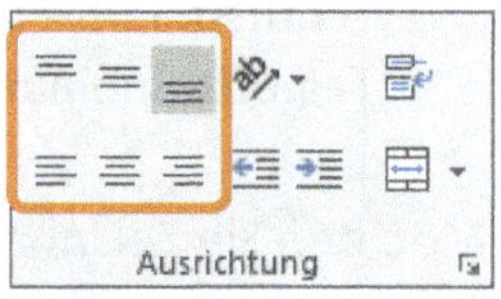


| Horizontal ausrichten | | |
|---|---|---|
| Linksbündig | | Monitor A |
| Zentriert | | Monitor A |
| Rechtsbündig | | Monitor A |

| Vertikal ausrichten | | |
|---|---|---|
| Oben | | Monitor A |
| Zentriert | | Monitor A |
| Unten | | Monitor A |

Im Dialogfenster *Zellen formatieren* lassen sich im Register *Ausrichtung* weitere horizontale bzw. vertikale Ausrichtungsoptionen wählen (z. B. Blocksatz). Sie öffnen das Dialogfenster mit aktiviertem Register *Ausrichtung*, indem Sie im Register *Start,* Gruppe *Ausrichtung*, auf klicken.

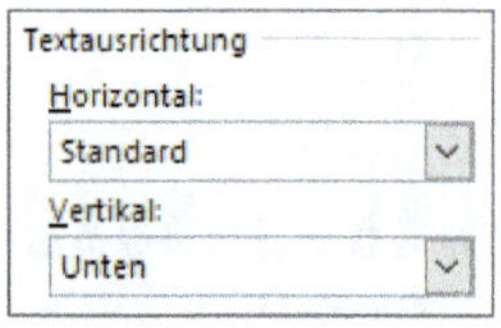


## Zellinhalte einrücken

Plus **Beispieldatei:** *Zellinhalte einrücken.xlsx*

- Markieren Sie die Zellen, deren Inhalte Sie einrücken möchten.
- Klicken Sie im Register *Start,* Gruppe *Ausrichtung,* auf , um den Zellinhalt einzurücken.

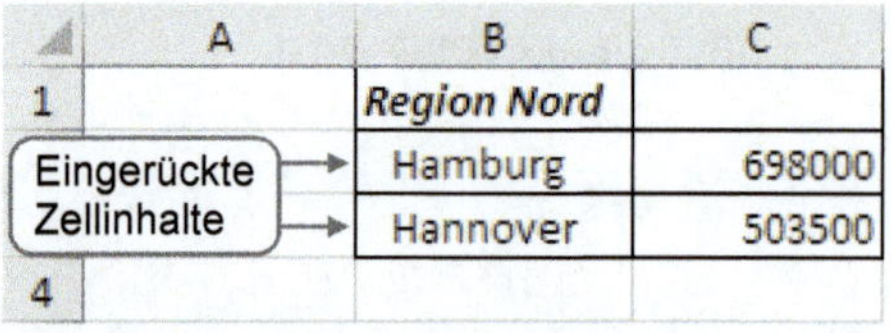


- ✔ Jeder weitere Klick auf vergrößert den Einzug. Über lässt sich der Einzug wieder verringern.
- ✔ Wenn Sie den Einzug exakt festlegen möchten, klicken Sie im Register *Start,* Gruppe *Ausrichtung*, auf . Legen Sie im Dialogfenster *Zellen formatieren* im Register *Ausrichtung* im Feld *Einzug* den Einzug fest.

## Zellinhalte drehen

Um Zellinhalte **in einem vorgegebenen Winkel** zu drehen, gehen Sie folgendermaßen vor:

- Klicken Sie im Register *Start,* Gruppe *Ausrichtung*, auf und wählen Sie eine Drehung.

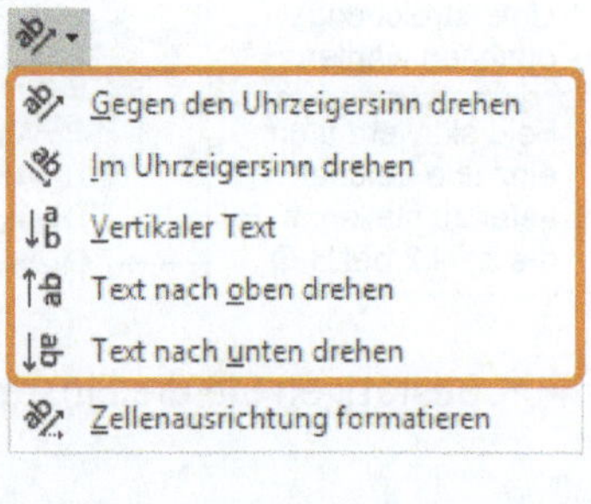

Um Zellinhalte **in einem beliebigen Winkel zwischen -90° und +90°** zu drehen, gehen Sie so vor:

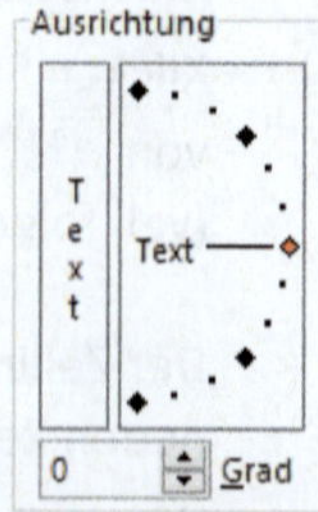


- Klicken Sie im Register *Start,* Gruppe *Ausrichtung*, auf und wählen Sie *Zellenausrichtung formatieren.*
- Stellen Sie durch Ziehen der roten Raute ◆ einen Winkel ein.

  *oder* Legen Sie den Drehwinkel im Feld *Grad* fest.
- Bestätigen Sie mit *OK.*

## 4.4 Zeilenumbrüche und verbundene Zellen

### Automatischen Zeilenumbruch verwenden

Plus **Beispieldatei:** *Automatischer Zeilenumbruch.xlsx*

Mithilfe des automatischen Zeilenumbruchs können Sie mehrere Zeilen in einer Zelle eingeben. Ist der Zellinhalt größer als die Spaltenbreite, wird er auf mehrere Zeilen der gleichen Zelle verteilt.

| | A | B | C | D |
|---|---|---|---|---|
| 1 | | Preise in EUR | Verkaufte Karten | Umsatz in EUR |
| 2 | Rock | 150 | 130 | 19500 |
| 3 | Jazz | 60 | 50 | 3000 |

- Markieren Sie die Zellen mit den umfangreichen Einträgen.
- Klicken Sie im Register *Start*, Gruppe *Ausrichtung,* auf .

Durch erneutes Anklicken von wird der automatische Zeilenumbruch für zuvor markierte Zellen wieder entfernt.

### Manuellen Zeilenumbruch einfügen

Wenn Sie lange Texte bearbeiten oder Zeilenumbrüche an bestimmten Stellen setzen möchten, können Sie manuelle Zeilenumbrüche einfügen.

- Klicken Sie doppelt auf die Zelle und positionieren Sie den Cursor an der Stelle, hinter der ein Zeilenumbruch erfolgen soll.
- Drücken Sie Alt ↵.

### Zellen zu einer Zelle verbinden

Plus **Beispieldatei:** *Zellen verbinden.xlsx*

Um Tabellentitel auszurichten oder Titel über mehrere Zeilen bzw. Spalten festzulegen, können Sie Zellen miteinander verbinden.

| | A | B | C | D |
|---|---|---|---|---|
| 1 | Auswertung der Gewinnspanne | | | |
| 2 | | | | |
| 3 | Produkt | Selbstkosten | Verkaufspreis | Gewinn in % |
| 4 | *Monitor A* | 99,80 € | 175,00 € | 75% |
| 5 | *Monitor B* | 149,85 € | 287,00 € | 92% |
| 6 | *Monitor C* | 170,25 € | 295,00 € | 73% |

Verbundene Zellen als Überschrift

- Markieren Sie den Zellbereich, den Sie zu einer Zelle verbinden möchten.
- Klicken Sie im Register *Start*, Gruppe *Ausrichtung*, auf den Pfeil von ⊟ ▾ und wählen Sie die gewünschte Art der Zellverbindung (vgl. folgende Tabelle).

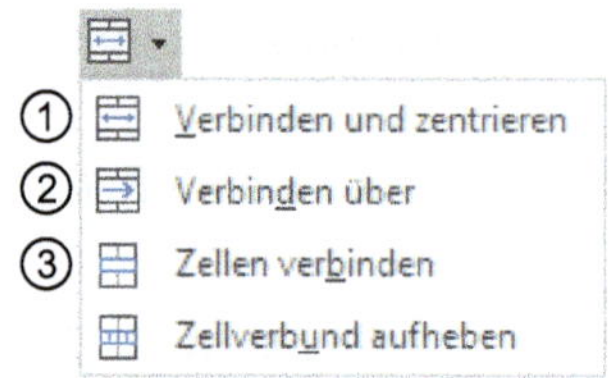


- ✓ Der Zellinhalt der linken oberen Zelle des markierten Bereichs wird zum Zellinhalt der neuen Zelle.
- ✓ Wenn die übrigen Zellen des Bereichs ebenfalls Daten enthalten, werden diese Daten nach einer Rückfrage gelöscht.

| | |
|---|---|
| ① Die Zellen werden horizontal und vertikal verbunden. Der Zellinhalt der neu entstandenen Zelle wird zusätzlich horizontal zentriert ausgerichtet. | 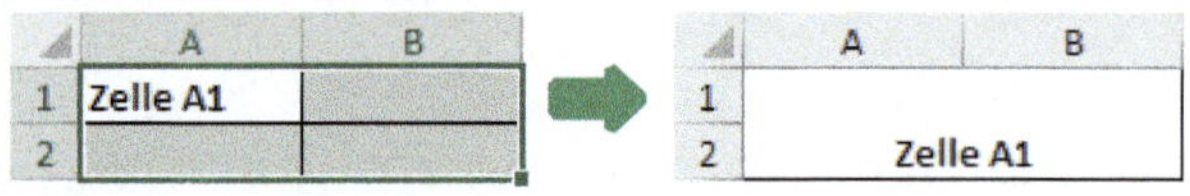 |
| ② Die Zellen werden horizontal (zeilenweise) verbunden. | 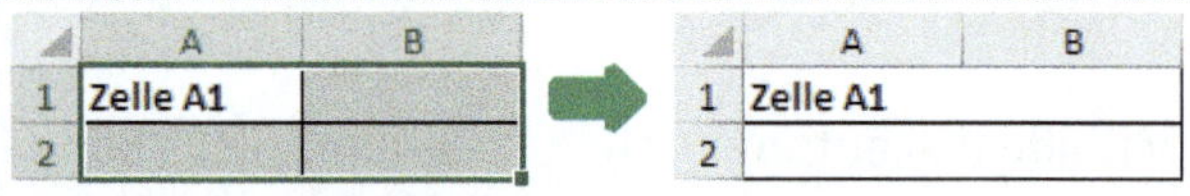 |
| ③ Die Zellen werden horizontal und vertikal verbunden. | 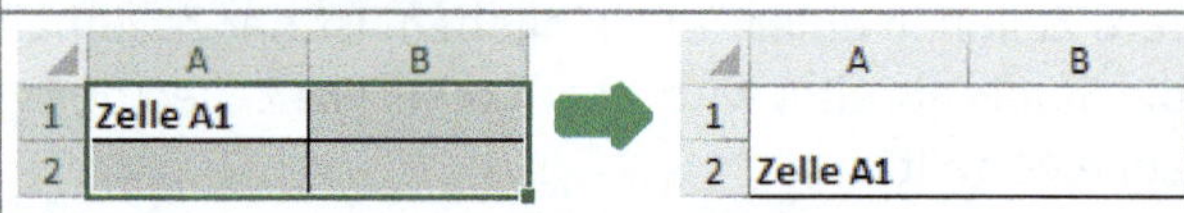 |

Statt den Eintrag ① zu wählen, können Sie markierte Zellen auch schnell zentrieren und verbinden, indem Sie direkt auf ⊟ klicken.

## Zellverbindung wieder aufheben

- Markieren Sie den verbundenen Zellbereich und klicken Sie direkt auf ⊟.

# 4.5 Rahmen und Linien nutzen

## Rahmen und Linien in Tabellen

**Plus** **Beispieldatei:** *Rahmen und Linien.xlsx*

Die Gitternetzlinien ①, die standardmäßig im Tabellenblatt zu sehen sind, dienen lediglich der Orientierung und werden normalerweise nicht gedruckt. Mit einer Umrahmung ② oder mit Linien ③ können Sie Ihre Tabelle oder Tabellenbereiche hervorheben.

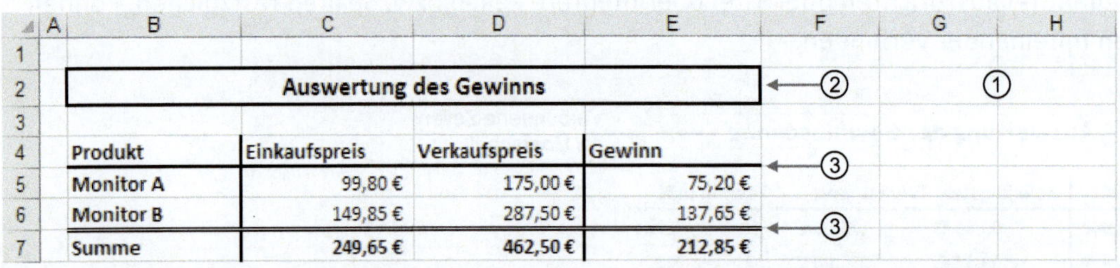


Sie können vordefinierte Rahmen/Linien zuweisen oder individuelle Rahmen/Linien zeichnen.

## Vordefinierte Rahmen und Linien nutzen

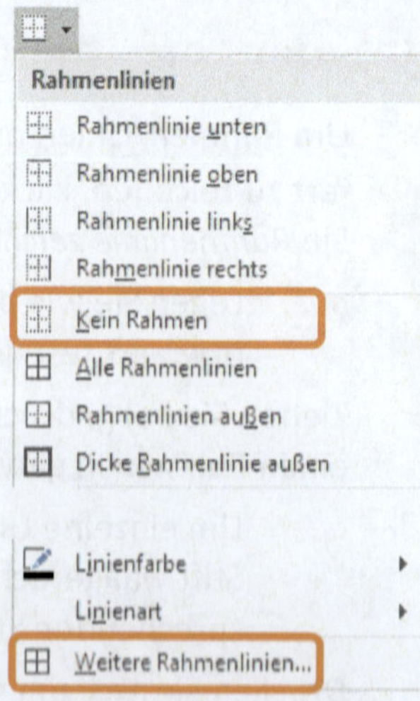


- ▶ Markieren Sie den Zellbereich, den Sie mit einem Rahmen oder mit Linien versehen möchten.
- ▶ Klicken Sie im Register *Start*, Gruppe *Schriftart*, auf den Pfeil von ⊞ ▾ und wählen Sie im Bereich *Rahmenlinien* eine Rahmenart.

- ✔ Über *Kein Rahmen* entfernen Sie vorhandene Linien bzw. Umrahmungen wieder.
- ✔ Rahmen und Linien lassen sich auch im Register *Rahmen* des Dialogfensters *Zellen formatieren* festlegen. Sie können das Dialogfenster öffnen, indem Sie auf den Pfeil von ⊞ ▾ klicken und *Weitere Rahmenlinien* wählen.

### Individuelle Linienfarbe bzw. -art festlegen

Standardmäßig verwendet Excel für vordefinierte Rahmen und Linien die Linienfarbe Schwarz und eine dünne Linienart. Sie können jedoch bei Bedarf die Linienfarbe und -art **vor** dem Einfügen der Rahmen/Linien individuell festlegen.

Um die **Linienfarbe** zu ändern, gehen Sie folgendermaßen vor:

- ▶ Klicken Sie auf den Pfeil von ⊞ ▾ und zeigen Sie auf *Linienfarbe*.
- ▶ Wählen Sie in der Farbpalette eine Farbe.

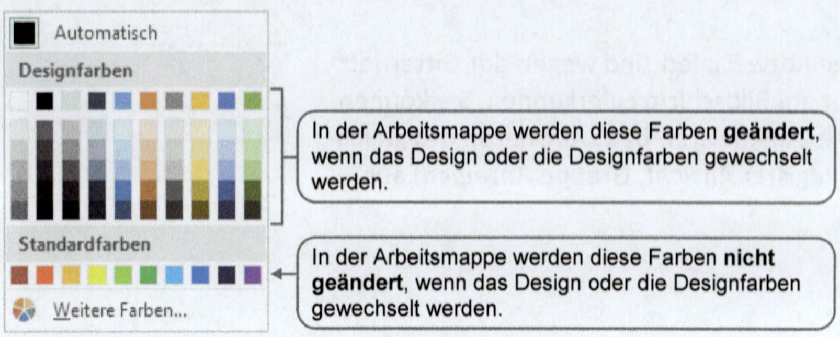


Der Mauszeiger verwandelt sich in einen Zeichenstift ✎.

- ▶ Drücken Sie Esc.
- ▶ Weisen Sie entsprechend der vorherigen Beschreibung die gewünschten vordefinierten Rahmen/Linien zu.

Um die **Linienart** zu ändern, gehen Sie folgendermaßen vor:

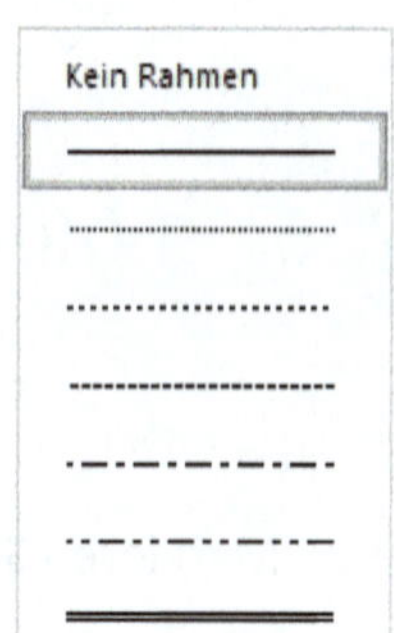


- ▶ Klicken Sie auf den Pfeil von ⊞ ▾ und zeigen Sie auf *Linienart*.
- ▶ Wählen Sie in der Liste eine andere Linienart.

  Der Mauszeiger verwandelt sich in einen Zeichenstift ✎.
- ▶ Drücken Sie Esc und weisen Sie wie zuvor beschrieben die gewünschten vordefinierten Rahmen/Linien zu.

## Rahmen und Linien zeichnen

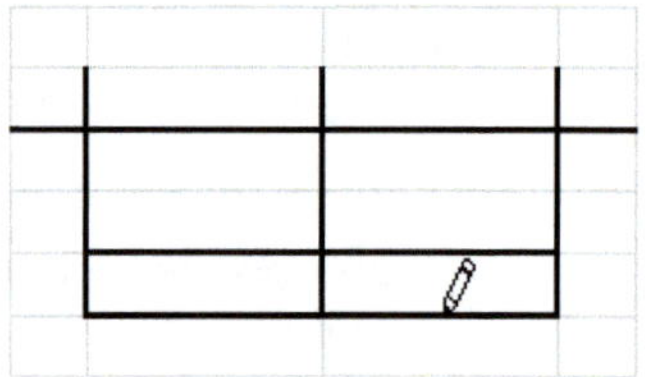

- Um Rahmen/Linien mit der voreingestellten Linienfarbe und -art zu zeichnen, klicken Sie auf den Pfeil von und wählen Sie *Rahmenlinie zeichnen*.

  *oder* Legen Sie wie beschrieben eine individuelle Linienfarbe bzw. -art fest, jedoch **ohne** im Anschluss Esc zu drücken.
- Ziehen Sie bei gedrückter linker Maustaste mit dem Stift einen Rahmen in gewünschter Größe auf.

  *oder* Um einzelne Linien hervorzuheben, ziehen Sie mit dem Stift waagerechte bzw. senkrechte Linien an den entsprechenden Stellen in der Tabelle.
- Drücken Sie Esc, um das Zeichnen zu beenden.

### Rahmenraster zeichnen

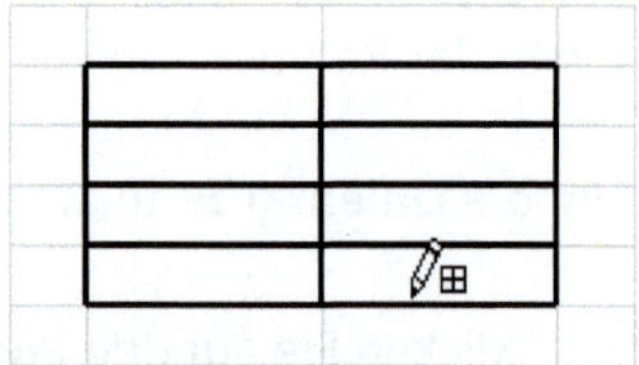

- Ändern Sie bei Bedarf die voreingestellte Linienfarbe bzw. -art.
- Klicken Sie auf den Pfeil von und wählen Sie *Rahmenraster zeichnen*.
- Ziehen Sie bei gedrückter linker Maustaste mit dem Stift einen Rahmen auf.

  Die Zellen innerhalb des Rahmens werden durch waagerechte und senkrechte Linien abgegrenzt.
- Drücken Sie Esc, um das Zeichnen zu beenden.

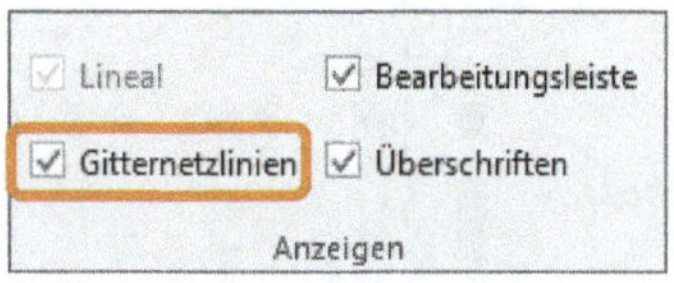


Die zugewiesenen Rahmen bzw. Linien sind wegen der Gitternetzlinien manchmal schlecht am Bildschirm zu erkennen. Sie können die Gitternetzlinien durch Deaktivieren bzw. Aktivieren des gleichnamigen Kontrollfelds (Register *Ansicht*, Gruppe *Anzeigen*) aus- bzw. wieder einblenden.

## Linien entfernen

- Klicken Sie auf den Pfeil von und wählen Sie *Rahmenlinie entfernen*.

  Der Mauszeiger verwandelt sich in einen Radiergummi.
- Ziehen Sie bei gedrückter linker Maustaste über die Linien, die Sie entfernen möchten.
- Drücken Sie abschließend Esc.

# 4.6 Füllfarbe bzw. -muster zuweisen

## Füllfarbe zuweisen

- Markieren Sie den Zellbereich, dem Sie eine Füllfarbe zuweisen möchten.
- Klicken Sie im Register *Start*, Gruppe *Schriftart*, auf den Pfeil von und wählen Sie in der eingeblendeten Farbpalette eine Farbe.

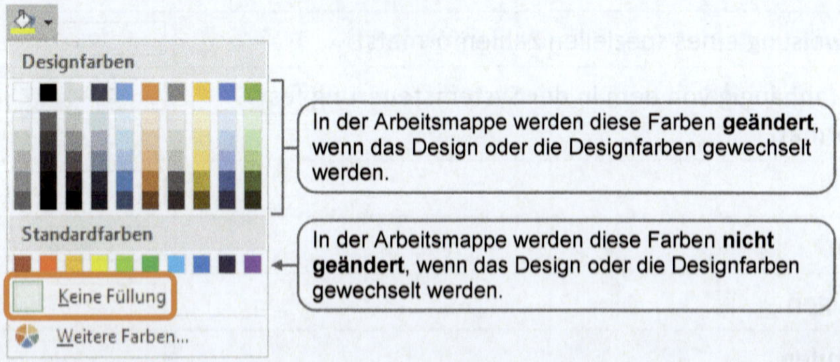


- Durch Anklicken von *Keine Füllung* lässt sich eine Füllfarbe wieder entfernen.
- Wenn Sie direkt auf klicken, weisen Sie den markierten Zellen die Füllfarbe zu, die im Farbbalken der Schaltfläche angezeigt wird.

## Füllmuster zuweisen

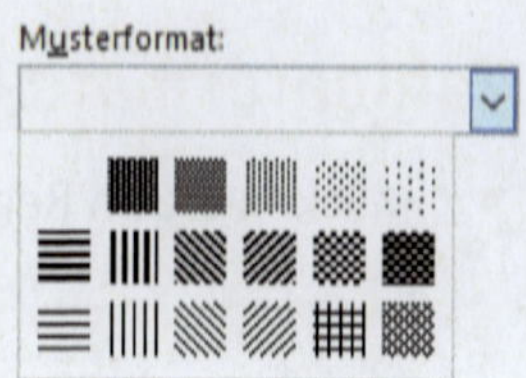


- Markieren Sie den entsprechenden Zellbereich.
- Öffnen Sie das Dialogfenster *Zellen formatieren*, indem Sie z. B. im Register *Start*, Gruppe *Schriftart*, auf klicken.
- Wechseln Sie im Dialogfenster zum Register *Ausfüllen*.
- Wählen Sie im Feld *Musterformat* das gewünschte Füllmuster und bestätigen Sie mit *OK*.

- Im Dialogfenster *Zellen formatieren* lassen sich im Register *Ausfüllen* markierten Zellen über *Fülleffekte* zweifarbige Füllungen zuweisen.
- Ein bestehendes Füllmuster können Sie für zuvor markierte Zellen wieder entfernen, indem Sie auf den Pfeil von klicken und *Keine Füllung* wählen.

# 4.7 Zahlen formatieren

**Plus** **Beispieldatei:** *Zahlen formatieren.xlsx*

## Welchen Vorteil bieten Zahlenformate?

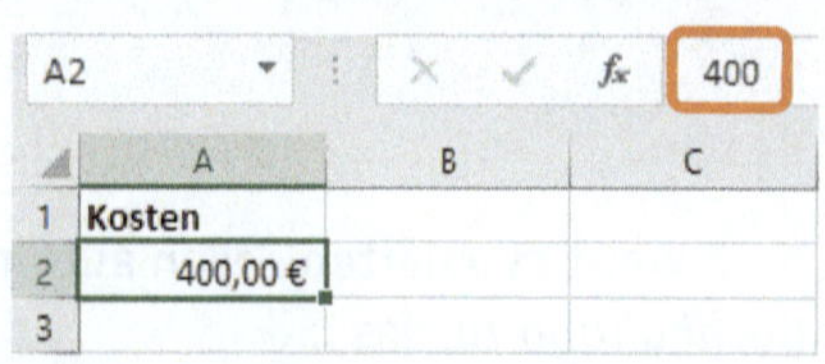


Durch das Zuweisen eines Zahlenformats können Sie auf einfache Weise die Darstellung einer Zahl ändern. Die Zahl selbst, mit der Excel auch rechnet, bleibt dabei **unverändert**.

Beispiel: In Zelle A2 wurde die Zahl 400 eingegeben. Danach wurde die Zelle im Buchhaltungsformat formatiert, sodass in der Tabelle der Wert 400,00 € angezeigt wird. Die eingegebene unformatierte Zahl ist in der Bearbeitungsleiste zu sehen.

## Zahlenformate schnell zuweisen

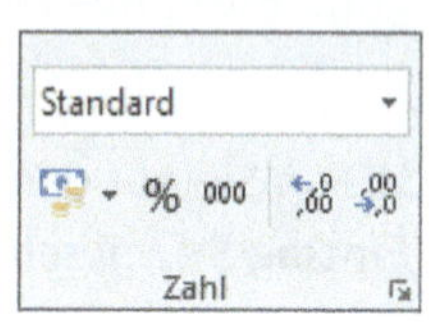


- Klicken Sie im Register *Start*, Gruppe *Zahl*, auf eine der rechts abgebildeten Schaltflächen (vgl. folgende Erläuterungen)

| | | |
|---|---|---|
| | **Standard** (vor der Zuweisung eines speziellen Zahlenformats) | 2640,856 |
| | **Buchhaltungsformat** (abhängig von dem in der Systemsteuerung festgelegten Währungsformat) | 2.640,86 € |
| % | **Prozentformat** | 264086% |
| 000 | **1.000er-Trennzeichen** | 2.640,86 |
| | **Dezimalstelle hinzufügen** | 2640,8560 |
| | **Dezimalstelle ausblenden** | 2640,86 |

Zahlenformate lassen sich markierten Zellen auch über das rechts abgebildete Feld im Register *Start*, Gruppe *Zahl*, zuweisen. Standardmäßig wird in diesem Feld das Zahlenformat der aktiven Zelle angezeigt.

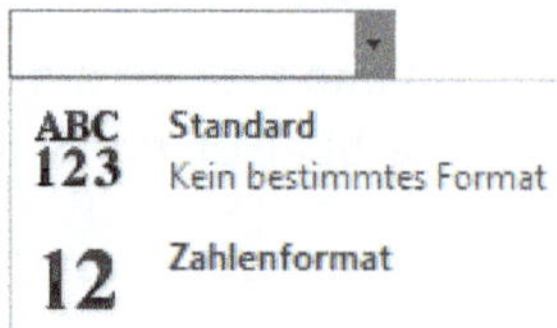


## Zahlenformate über das Dialogfenster *Zellen formatieren* festlegen

- Klicken Sie im Register *Start*, Gruppe *Zahl*, auf .

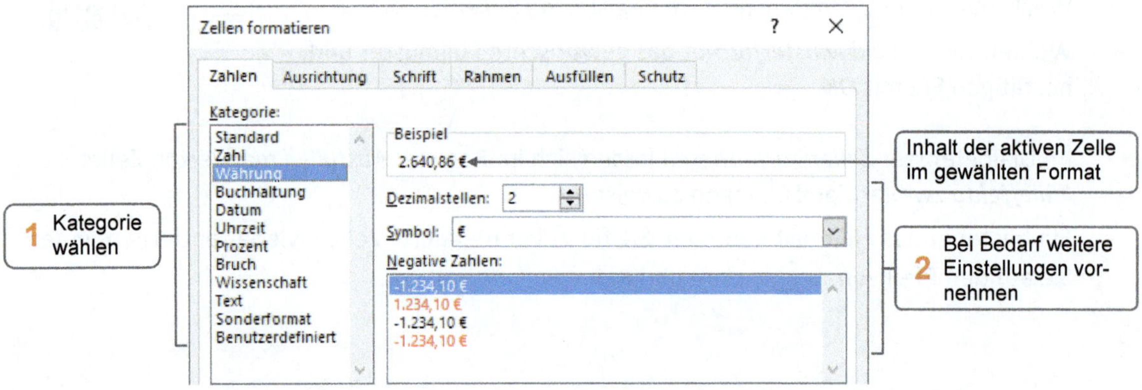


- Bestätigen Sie mit *OK*.

Über die Kategorie *Benutzerdefiniert* lassen sich individuelle Zellformate definieren. Mit ihrer Hilfe können Sie etwa in einer Zelle hinter einer Zahl die Einheit *kg* oder *km* anzeigen lassen.

### Besonderheiten bei der Anzeige von Währungen

weist markierten Zellen automatisch das Format *Buchhaltung* zu, das ...

- bei negativen Angaben die Minuszeichen ausrückt,
- Nullwerte anders darstellt.

| | A | B |
|---|---|---|
| 1 | Format *Buchhaltung* | Format *Währung* |
| 2 | 1.000,45 € | 1.000,45 € |
| 3 | - 2,50 € | -2,50 € |
| 4 | - € | 0,00 € |
| 5 | | |

Währungsangaben lassen sich auch im Format *Währung* anzeigen, das nicht über die oben genannten Besonderheiten verfügt.

Wenn Sie auf den Pfeil von klicken, können Sie Zahlen in zuvor markierten Zellen über den Eintrag *$ Englisch (Vereinigte Staaten)* mit dem Währungssymbol $ anzeigen.

### Besonderheiten bei der Verwendung des Prozentformats

Bei der Zuweisung des Prozentformats multipliziert Excel die Zahl in der Zelle automatisch mit 100 und ergänzt das Prozentzeichen.

| | A | B | C | D |
|---|---|---|---|---|
| 1 | Wie viel Prozent der Teilnehmer sind männlich? | | | |
| 2 | | | | |
| 3 | Männer | Frauen | Männeranteil | |
| 4 | 69 | 81 | 0,46 | |
| 5 | | | | |

%

| | A | B | C | D |
|---|---|---|---|---|
| 1 | Wie viel Prozent der Teilnehmer sind männlich? | | | |
| 2 | | | | |
| 3 | Männer | Frauen | Männeranteil | |
| 4 | 69 | 81 | 46% | |
| 5 | | | | |

Wenn Sie eine Zahl **direkt in eine Zelle eingeben**, der bereits das Prozentformat zugewiesen wurde, ändert Excel die eingegebene Zahl nicht. Wenn Sie für die entsprechende Zelle jedoch eine Zahl **in der Bearbeitungsleiste** eingeben, multipliziert Excel diese Zahl mit 100.

### Besonderheit beim Runden in der Anzeige

Zahlenformate wirken sich nur auf die **Anzeige** aus. Berechnungen erfolgen dagegen immer mit dem ursprünglichen ungerundeten Wert.

| | A | B | C | D | E | F | G | H | I |
|---|---|---|---|---|---|---|---|---|---|
| 1 | | Wert 1 | Wert 2 | Summe (Messreihe) | | | | | |
| 2 | Messreihe 1 | 0,9 | 0,6 | ① 2 | → | =SUMME(B2:C2) | | | |
| 3 | Messreihe 2 | 0,9 | 0,6 | ② 2 | → | =SUMME(B3:C3) | | | |
| 4 | | | Gesamtsumme | ③ 3 | → | =SUMME(D2:D3) | | | |

Im oberen Beispiel werden die Summenwerte in den Zellen ① und ② mit einem Zahlenformat ohne Dezimalstellen angezeigt. Excel rundet die Werte für die Anzeige. Die Berechnung der Gesamtsumme in Zelle ③ erfolgt jedoch mit den exakten Werten.

## Zahlen als Text formatieren

Manche Zahlen, z. B. Postleitzahlen oder Telefonnummern, sollen nicht als Zahlen behandelt werden, sondern als Text. So lassen sich z. B. führende Nullen anzeigen. Hierzu ist es notwendig, den entsprechenden Zellen das Format *Text* zuzuweisen, **bevor** Sie die Zahlen eingeben.

| | A | B |
|---|---|---|
| 1 | Telefonliste | |
| 2 | Vorwahl | Rufnummer |
| 3 | 06131 | 123456 |
| 4 | 06135 | 654321 |
| 5 | 06130 | 111111 |

- Markieren Sie die betreffenden Zellen.
- Wählen Sie im Register *Start*, Gruppe *Zahl*, im Feld *Zahlenformat* den Eintrag *Text*.
- Geben Sie die gewünschten Zahlen ein.

Haben Sie in eine Zelle, der das Format *Text* zugewiesen wurde, eine Zahl eingegeben, erkennt Excel einen vermeintlichen Fehler. In der linken oberen Ecke der Zelle erscheint ein kleines grünes Dreieck. Wenn Sie eine solche Zelle markieren, wird die Schaltfläche eingeblendet, mit deren Hilfe Sie die Eingabe z. B. als Zahl formatieren können.

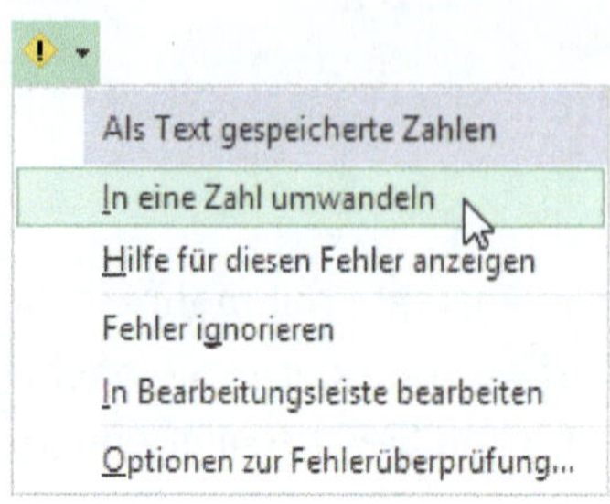

## 4.8 Datums- und Uhrzeitformate zuweisen

- Markieren Sie die Zellen, die Zeitangaben enthalten.
- Klicken Sie im Register *Start*, Gruppe *Zahl*, auf .

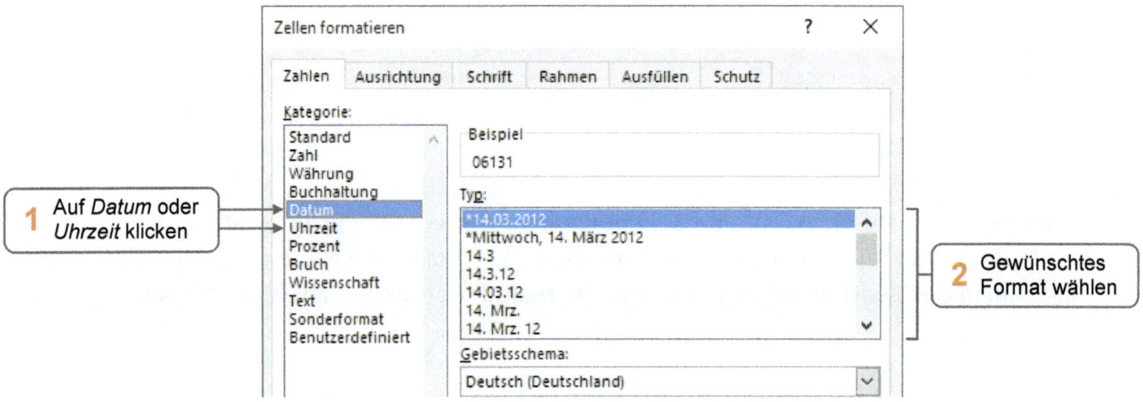


- Bestätigen Sie mit *OK*.

- ✓ Bei Zeitformaten, die im Feld *Typ* mit einem Sternchen gekennzeichnet sind, richtet sich die Darstellung nach den unter Windows in der Kategorie *Region* festgelegten Formaten.
- ✓ Mit Sternchen gekennzeichnete Formate können Sie auch schnell einer Zelle zuweisen, indem Sie im Register *Start*, Gruppe *Zahl*, das gewünschte Format im neben abgebildeten Feld wählen.

## 4.9 Tipps zum Formatieren

### Formatierungen übertragen

Plus **Lernvideo:** *Formatierungen übertragen.mp4*

- Markieren Sie die Zelle mit der Formatierung, die Sie übertragen möchten.
- Klicken Sie im Register *Start*, Gruppe *Zwischenablage*, auf .
- Klicken Sie auf eine Zelle oder ziehen Sie mit der Maus über den Bereich, auf den Sie das Format übertragen möchten.

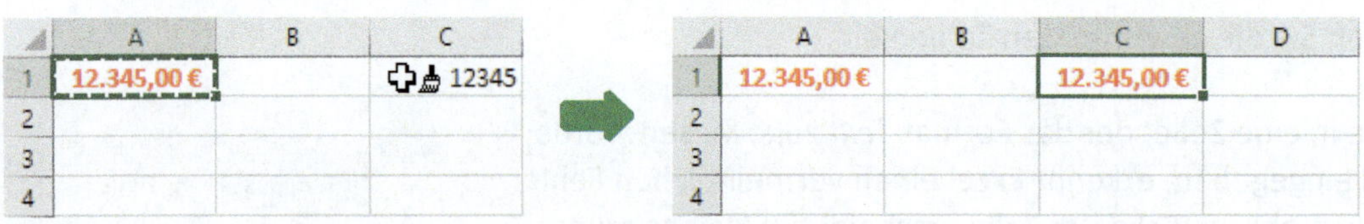


Um Formate auf mehrere nicht zusammenhängende Bereiche zu übertragen, klicken Sie **doppelt** auf . Markieren Sie nacheinander die Zellen, denen Sie das Format zuweisen möchten. Drücken Sie abschließend Esc, um die Formatübertragung auszuschalten.

## Formatierungen löschen

Haben Sie Zellen formatiert, können Sie **alle** zugewiesenen Formatierungen in einem Schritt zurücksetzen. Die Zellen erhalten so wieder alle Standardformatierungen, wie die Schriftart Calibri, Schriftgröße 11, Schriftfarbe Schwarz und keine Füllfarbe.

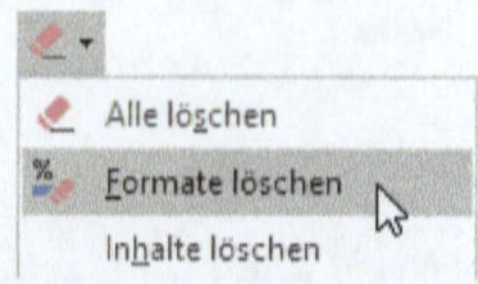


- Markieren Sie die betreffenden Zellen.
- Klicken Sie im Register *Start*, Gruppe *Bearbeiten*, auf und wählen Sie *Formate löschen*.

# 4.10 Übung

## Tabelle mit Auswertung von Gewinnspannen formatieren

| Level | | Zeit | ca. 10 min |
|---|---|---|---|
| Übungsinhalte | ✔ Zellen und Zahlen formatieren | | |
| Übungsdatei | *Gewinnspanne.xlsx* | | |
| Ergebnisdatei | *Gewinnspanne-E.xlsx* | | |

1. Öffnen Sie die Übungsdatei *Gewinnspanne.xlsx*.
2. Formatieren Sie die dort vorhandene Tabelle möglichst genau so wie auf der Abbildung.

| | A | B | C | D | E | F |
|---|---|---|---|---|---|---|
| 1 | Auswertung der Gewinnspanne | | | | | |
| 2 | | | | | | |
| 3 | Produkt | | Selbstkosten | Verkaufspreis | Gewinn in % | |
| 4 | Monitor | Typ A | 99,80 € | 175,00 € | 75% | |
| 5 | | Typ B | 149,85 € | 287,50 € | 92% | |
| 6 | | Typ C | 170,25 € | 295,00 € | 73% | |
| 7 | | Typ D | 249,90 € | 375,00 € | 50% | |
| 8 | Durchschnitt | | 167,45 € | 283,13 € | 69% | |
| 9 | | | | | | |
| 10 | | | | | | |

3. Speichern Sie die Datei unter dem Namen *Gewinnspanne-E.xlsx*.

Plus⁺ **Zusätzliche Übungen:**

*Finanzübersicht formatieren.pdf*
*Tabelle formatieren.pdf*
*Umsatzstatistik formatieren.pdf*
*Zellinhalte ausrichten.pdf*

# 5

# Ausfüllen, Kopieren und Verschieben

## 5.1 Wiederholen und automatisches Vervollständigen

### Befehle wiederholen

Der zuletzt aufgerufene Befehl kann beliebig oft wiederholt werden. Dies ist z. B. hilfreich, wenn Sie mehrere nicht zusammenhängende Zellen nacheinander fett formatieren möchten.

- Markieren Sie die Zelle bzw. den Zellbereich, den Sie mit dem zuletzt aufgerufenen Befehl bearbeiten möchten.
- Drücken Sie F4.

  Alternative: Strg Y

### Automatisches Vervollständigen nutzen

Wenn Sie in die Zellen einer Spalte Text eingeben, „merkt" sich Excel diese Einträge. Tragen Sie nun in die gleiche Spalte weiteren Text ein, wird der entsprechende Eintrag anhand des Anfangsbuchstabens und der bereits vorhandenen Spalteneinträge vervollständigt.

- Geben Sie die ersten Buchstaben in die Zelle ein.
- Bestätigen Sie den betreffenden Eintrag mit ↵.

  *oder* Tippen Sie weiter, um einen anderen Text einzugeben.

Standardmäßig ist das automatische Vervollständigen aktiviert. Möchten Sie es ausschalten, klicken Sie im Register *Datei* auf *Optionen*. Wechseln Sie zur Kategorie *Erweitert* und deaktivieren Sie im Bereich *Bearbeitungsoptionen* das Kontrollfeld *AutoVervollständigen für Zellwerte aktivieren*. Beachten Sie, dass hierdurch auch die Blitzvorschau deaktiviert wird.

Sie können mehrere Zellen auf einmal mit dem gleichen Eintrag füllen. Markieren Sie hierzu die Zellen, geben Sie in die aktive Zelle den gewünschten Zellinhalt ein und drücken Sie Strg ↵.

## 5.2 Verschieben und Kopieren mit der Maus

### Zellen mit der Maus verschieben oder kopieren

Plus+ **Beispieldatei:** *Zellen verschieben oder kopieren.xlsx*

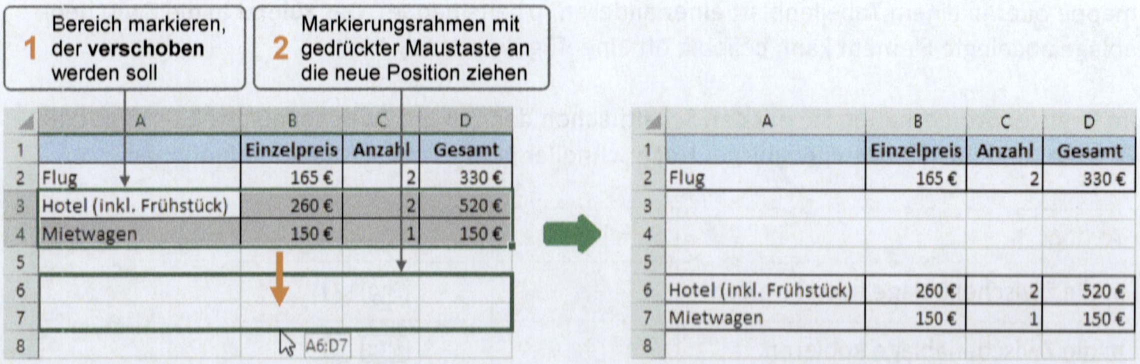


Sind im Zielbereich Daten vorhanden, erscheint eine Meldung. Klicken Sie auf *OK*, wenn die Daten überschrieben werden sollen.

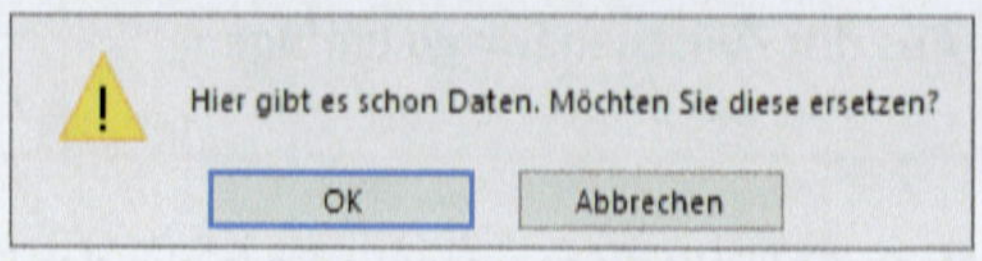


Um die markierten Zellen zu **kopieren**, halten Sie beim Ziehen des Markierungsrahmens zusätzlich Strg gedrückt (Mauszeiger). Im Zielbereich vorhandene Daten werden direkt überschrieben.

### Teile einer Tabelle schnell anders anordnen

Plus+ **Lernvideo:** *Tabellenstruktur ändern.mp4*
**Beispieldatei:** *Anordnung einer Tabelle schnell verändern.xlsx*

Häufig müssen Teile einer Tabelle neu angeordnet werden. Beim „normalen" Verschieben mit der Maus entstehen aber an der Ausgangsstelle Lücken, außerdem werden bereits existierende Daten im Zielbereich (nach Rückfrage) überschrieben.

Um dies zu vermeiden, gehen Sie folgendermaßen vor:

- Markieren Sie die Zeile bzw. Spalte oder den betreffenden Zellbereich.
- Klicken Sie auf den Markierungsrahmen, halten Sie ⇧ gedrückt und ziehen Sie den Bereich an die Einfügeposition.

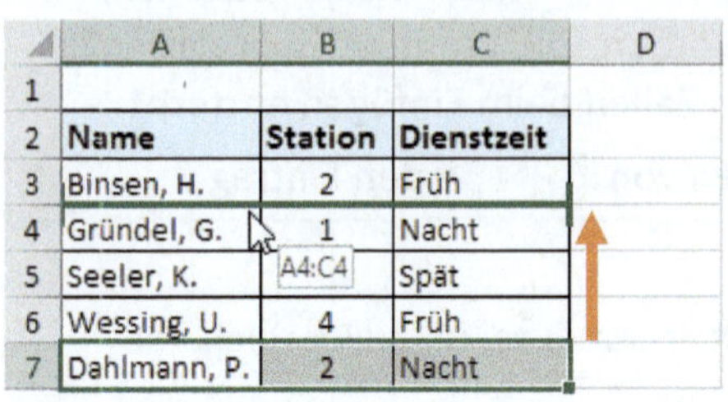


*Zeilenanordnung ändern*

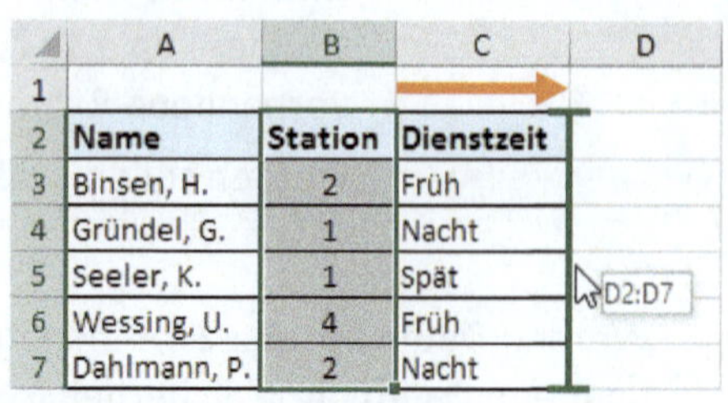


*Spaltenanordnung ändern*

Wenn Sie beim Ziehen Strg ⇧ drücken, wird der Zellbereich nicht verschoben, sondern **kopiert**.

## 5.3 Verschieben und Kopieren mittels Zwischenablage

### Element über die Zwischenablage verschieben oder kopieren

In der Zwischenablage werden Daten vorübergehend abgelegt, um sie an anderer Stelle wieder einzufügen (z. B. im gleichen Tabellenblatt, in einem anderen Tabellenblatt derselben Arbeitsmappe oder in einem Tabellenblatt einer anderen Arbeitsmappe). Das **zuletzt** in die Zwischenablage abgelegte Element kann beliebig oft eingefügt werden.

Im Register *Start* erhalten Sie mit den Schaltflächen der Gruppe *Zwischenablage* Zugriff auf die Befehle rund um die Zwischenablage. Noch schneller geht es mit Tastenkombinationen.

| Aktion | Schaltfläche | Tastenkombination |
|---|---|---|
| In die Zwischenablage ausschneiden | | Strg X |
| In die Zwischenablage kopieren | | Strg C |
| Aus der Zwischenablage einfügen | | Strg V |

Nach Anklicken des unteren Bereichs der Schaltfläche *Einfügen* stehen Ihnen in einer Liste spezielle Möglichkeiten für das Einfügen kopierter Inhalte zur Verfügung. Möchten Sie etwa kopierte **Formelergebnisse** beim Einfügen **in feste Werte umwandeln**, klicken Sie in der Liste auf .

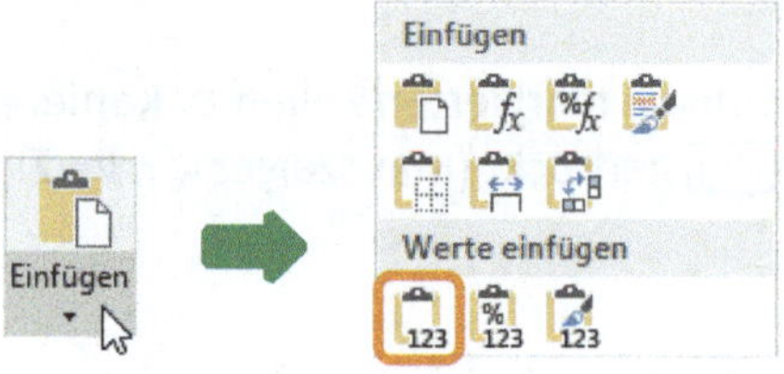


| Sie möchten einen Zellbereich... | |
|---|---|
| verschieben | ▶ Markieren Sie den Zellbereich und schneiden Sie ihn z. B. mit in die Zwischenablage aus.<br>▶ Fügen Sie ihn anschließend an der gewünschten Stelle wieder ein, indem Sie auf klicken. |
| kopieren | ▶ Markieren Sie den Zellbereich und kopieren Sie ihn beispielsweise mit in die Zwischenablage.<br>▶ Fügen Sie die Kopie an der gewünschten Stelle wieder ein, indem Sie auf klicken.<br>Mithilfe der nun angezeigten Schaltfläche (Strg) können Sie festlegen, wie der kopierte Zellbereich eingefügt werden soll. Wenn etwa ursprünglich vorhandene Rahmenlinien der kopierten Zellen beim Einfügen entfernt werden sollen, wählen Sie nach Anklicken von (Strg) den Eintrag . |

! Werden Daten aus der Zwischenablage eingefügt, überschreibt Excel im Zielbereich vorhandene Daten **ohne** Sicherheitsrückfrage.

## Zeilen und Spalten vertauschen (transponieren)

Plus **Lernvideo:** *Tabellen transponieren.mp4*
**Beispieldatei:** *Transponieren.xlsx*

Mit der Funktion *Transponieren* lassen sich die Zeilen und Spalten kopierter Zellbereiche beim Einfügen aus der Zwischenablage vertauschen. Damit Daten transponiert werden können, dürfen sich der kopierte Bereich und der Zielbereich **nicht** überlappen.

**Beispiel:** Sie haben eine Tabelle für Lieferanten-Kontaktdaten vorbereitet. Die Rubriken der einzelnen Kontaktdaten haben Sie als Zeilenüberschriften eingegeben. Sie möchten die Rubriken jedoch stattdessen als Spaltenüberschriften verwenden. Hierzu transponieren Sie die Tabelle:

▶ Öffnen Sie die Beispieldatei *Transponieren* und kopieren Sie im Tabellenblatt *Ursprüngliche Tabelle* den Bereich A1:D7 ① in die Zwischenablage.

| | A | B | C | D | E | F | G |
|---|---|---|---|---|---|---|---|
| 1 | **Firma** | Alusia GmbH | Holz-Meyer | Klemm-Schließanlagen | | | |
| 2 | **PLZ** | 65205 | 60313 | 60311 | | | |
| 3 | **Ort** | Wiesbaden | Frankfurt | Frankfurt | | | |
| 4 | **Straße** | In der Au 98 | Straße des 17. Juni | Fliederweg 59 | ① | | |
| 5 | **Ansprechpartner** | Frau Emilia Wegner | Herr Peter Busch | Frau Agnes Berschelt | | | |
| 6 | **Telefon** | 0611 7777777 | 069 6666666 | 069 1111111 | | | |
| 7 | **Fax** | 0611 7777778 | 069 6666667 | 069 1111112 | | | |
| 8 | | | | | | | |
| 9 | ② | | | | | | |
| 10 | | | | | | | |

▶ Aktivieren Sie die linke obere Zelle des vorgesehenen Zielbereichs, z. B. die Zelle A9 ②.

▶ Klicken Sie im Register *Start*, Gruppe *Zwischenablage*, auf Einfügen und wählen Sie in der geöffneten Liste .

▶ Löschen Sie die ursprünglichen Daten im Bereich A1:D7 ① und verschieben Sie die Daten des Zielbereichs A9:G12 in den Bereich A1:G4 ③.

| | A | B | C | D | E | F | G | H |
|---|---|---|---|---|---|---|---|---|
| 1 | **Firma** | **PLZ** | **Ort** | **Straße** | **Ansprechpartner** | **Telefon** | **Fax** | |
| 2 | Alusia GmbH | 65205 | Wiesbaden | In der Au 98 | Frau Emilia Wegner | 0611 7777777 | 0611 7777778 | |
| 3 | Holz-Meyer | 60313 | Frankfurt | Straße des 17. Juni | Herr Peter Busch | 069 6666666 | 069 6666667 | ③ |
| 4 | Klemm-Schließanlagen | 60311 | Frankfurt | Fliederweg 59 | Frau Agnes Berschelt | 069 1111111 | 069 1111112 | |

*Transponierte Daten mit nachträglich angepasster Spaltenbreite*

## 5.4 Ausfüllfunktion nutzen

Plus **Lernvideo:** *Ausfüllfunktion.mp4*

Mithilfe der Ausfüllfunktion können Sie schnell ...

- **Datenreihen erzeugen**, beispielsweise aus Zahlen oder Datumsangaben,
- **Inhalte einzelner Zellen** in benachbarte Zellen **kopieren**.

## Datenreihen aus Zahlen erzeugen

Um mit der Ausfüllfunktion Datenreihen aus Zahlen zu erzeugen, geben Sie zunächst die ersten beiden Werte der gewünschten Reihe ein. Excel verwendet beim Ausfüllen die Differenz zwischen diesen Werten als Schrittweite für die Zahlenreihe.

So lassen sich auch Zahlenreihen in nebeneinander liegenden Zellen ...

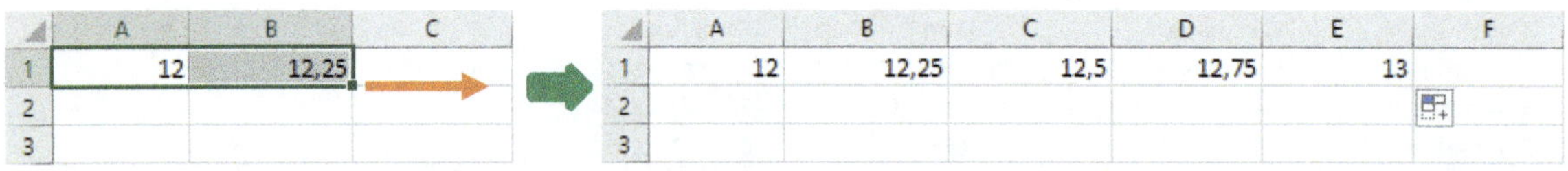


... bzw. absteigende Zahlenreihen erzeugen.

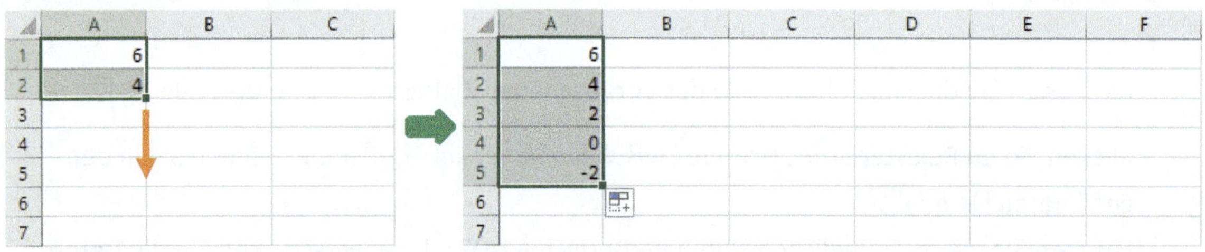


## Datenreihen aus Tagen, Monaten bzw. Datumsangaben erzeugen

Auf die zuvor erläuterte Weise können Sie auch Datenreihen aus Wochentagen, Monaten oder Datumsangaben erstellen. Hierfür brauchen Sie nur den ersten Tag bzw. Monat oder das erste Datum einzugeben.

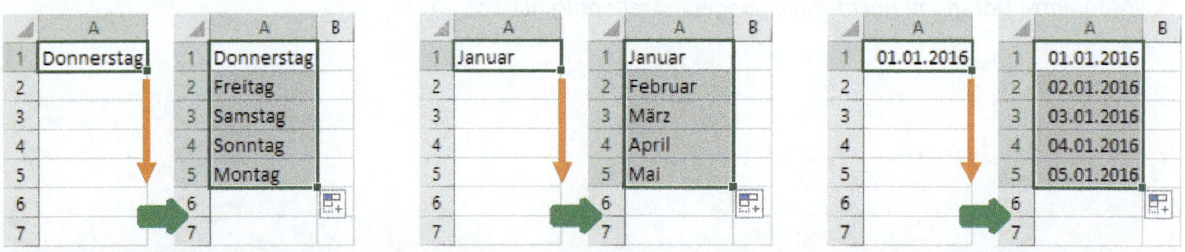


Bei Datenreihen aus Tagen bzw. Datumsangaben können Sie **direkt nach dem Erstellen** der Datenreihe über die Schaltfläche festlegen, ob in der Reihe nur die Werktage oder alle Tage aufgeführt werden sollen.

 

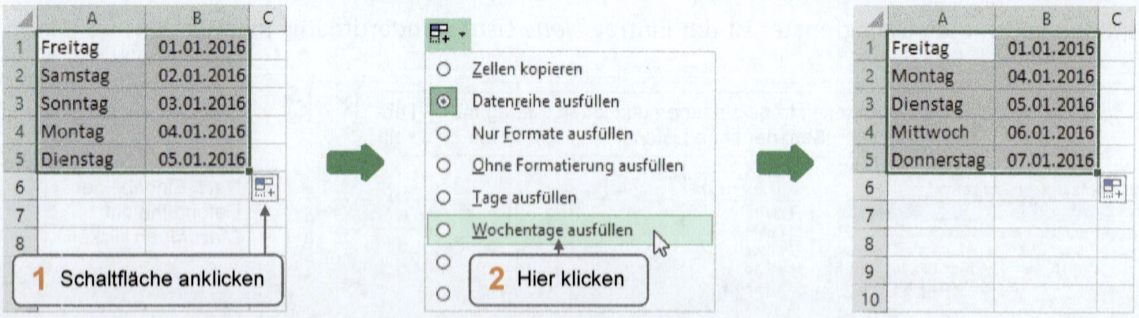


*Festlegen, dass nur Werktage in der Datenreihe aufgelistet werden*

### Weitere Beispiele für Datenreihen

Plus **Beispieldatei:** *Datenreihen.xlsx*

In der folgenden Abbildung sehen Sie weitere Beispiele für Datenreihen. Die jeweiligen Ausgangswerte der einzelnen Reihen sind blau hinterlegt. Kann Excel keine Reihe erstellen, z. B. bei Personennamen wie im abgebildeten Beispiel in Spalte H, werden die vorhandenen Zellinhalte durch die Ausfüllfunktion kopiert.

| | A | B | C | D | E | F | G | H |
|---|---|---|---|---|---|---|---|---|
| 1 | 1. Monat | Jahr 2010 | Do | Jan | 01.01.2014 | 01.01.2016 | 07:00 | Horst |
| 2 | 2. Monat | Jahr 2011 | Fr | Feb | 01.01.2015 | 01.02.2016 | 07:20 | Bernhard |
| 3 | 3. Monat | Jahr 2012 | Sa | Mrz | 01.01.2016 | 01.03.2016 | 07:40 | Thorsten |
| 4 | 4. Monat | Jahr 2013 | So | Apr | 01.01.2017 | 01.04.2016 | 08:00 | Horst |
| 5 | 5. Monat | Jahr 2014 | Mo | Mai | 01.01.2018 | 01.05.2016 | 08:20 | Bernhard |
| 6 | 6. Monat | Jahr 2015 | Di | Jun | 01.01.2019 | 01.06.2016 | 08:40 | Thorsten |

## Inhalte einzelner Zellen in benachbarte Zellen kopieren

- Erzeugen Sie zunächst entsprechend der vorherigen Beschreibung eine Datenreihe aus den gewünschten Ausgangswerten und gehen Sie dann folgendermaßen vor:

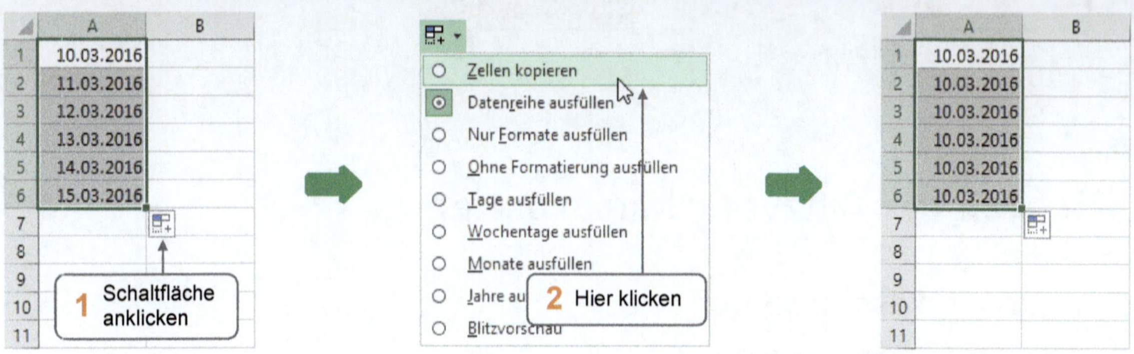


## Individuelle Liste für die Ausfüllfunktion definieren

Sie haben die Möglichkeit, eigene Listen zu definieren, deren Einträge Excel automatisch als Ausgangswerte für Datenreihen erkennt.

- Wechseln Sie zum Register *Datei* und klicken Sie im linken Fensterbereich auf *Optionen*.
- Aktivieren Sie im Dialogfenster *Excel-Optionen* die Kategorie *Erweitert* und klicken Sie im Bereich *Allgemein* auf *Benutzerdefinierte Listen bearbeiten*.

Im nun geöffneten Dialogfenster ist der Eintrag *Neue Liste* standardmäßig markiert.

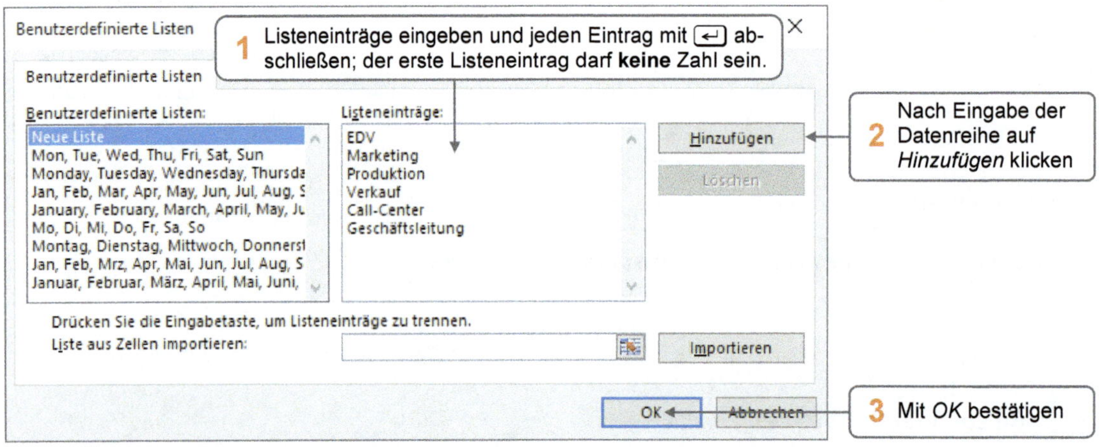


▶ Schließen Sie das Dialogfenster *Excel-Optionen* mit *OK*.

Möchten Sie eine bereits in Ihrer Tabelle vorhandene Datenreihe als individuelle Liste definieren, klicken Sie im zuvor abgebildeten Dialogfenster auf [Symbol] und markieren Sie die Datenreihe auf dem Tabellenblatt. Klicken Sie nun auf [Symbol] und übernehmen Sie die Liste mit *Importieren*.

### Individuelle Liste in eine Tabelle einfügen

Zur Erzeugung einer Datenreihe genügt es, einen beliebigen Eintrag der selbst erstellten Liste als Ausgangswert in eine Zelle einzugeben und anschließend die Ausfüllfunktion anzuwenden.

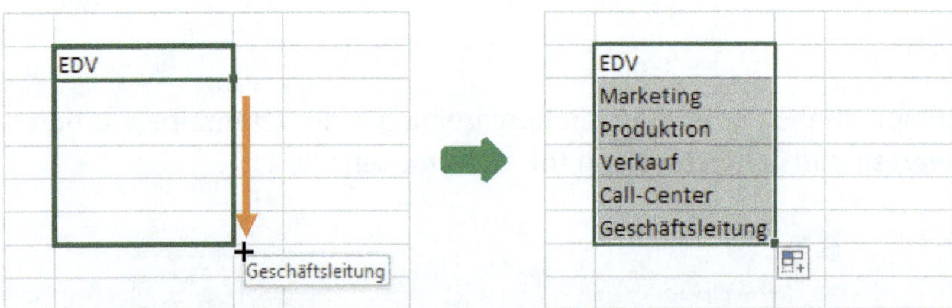


## 5.5 Mit der Blitzvorschau arbeiten

### Basiswissen Blitzvorschau

Plus
**Lernvideo:** *Blitzvorschau.mp4*
**Beispieldatei:** *Blitzvorschau.xlsx*

Mithilfe der Blitzvorschau können Sie automatisch Teile von Zellinhalten einer Spalte in benachbarte Spalten übertragen.

Liegen Ihnen beispielsweise Adressdaten vor, bei denen (wie in Spalte A in der folgenden Abbildung) Anrede und Name jeweils innerhalb einer Zelle erfasst wurden, können Sie so schnell und problemlos die einzelnen Bestandteile in die Nachbarspalten eintragen. In der abgebildeten Tabelle wurden die Einträge in den farbig unterlegten Zellen mit der Blitzvorschau erzeugt.

 

| | A | B | C | D | E | F | G |
|---|---|---|---|---|---|---|---|
| 1 | Anrede und Name | Anrede | Vorname | Nachname | Initialen | Nachname, Vorname | "Nachname:", "Vorname:" |
| 2 | Frau Elvira Bauer | Frau | Elvira | Bauer | E. B. | Bauer, Elvira | Nachname: Bauer, Vorname: Elvira |
| 3 | Herr Bernd Bender | Herr | Bernd | Bender | B. B. | Bender, Bernd | Nachname: Bender, Vorname: Bernd |
| 4 | Herr Stephan Guth | Herr | Stephan | Guth | S. G. | Guth, Stephan | Nachname: Guth, Vorname: Stephan |
| 5 | Frau Kirstin Heyerdal | Frau | Kirstin | Heyerdal | K. H. | Heyerdal, Kirstin | Nachname: Heyerdal, Vorname: Kirstin |
| 6 | Frau Maria Maurer | Frau | Maria | Maurer | M. M. | Maurer, Maria | Nachname: Maurer, Vorname: Maria |
| 7 | Herr Otto Zott | Herr | Otto | Zott | O. Z. | Zott, Otto | Nachname: Zott, Vorname: Otto |

Mit der Blitzvorschau lassen sich nicht nur vorhandene Teile von Zellinhalten in benachbarte Spalten übertragen. Sie können mit ihr auch ähnliche Einträge aus vorhandenen Daten generieren (z. B. Initialen aus den Einträgen in Spalte A). Voraussetzung hierfür ist, dass Excel ein übereinstimmendes Muster in den jeweiligen Zeilen erkennt.

## Daten mit der Blitzvorschau in andere Zellen übertragen

Um etwa in der oben abgebildeten Tabelle die jeweilige Anrede aus Spalte A in Spalte B zu übertragen, gehen Sie folgendermaßen vor:

- Öffnen Sie die Beispieldatei *Blitzvorschau* und wechseln Sie zum Tabellenblatt *Blitzvorschau*.

### Variante 1

- Tragen Sie in Zelle B2 die Anrede aus Zelle A2 ein und aktivieren Sie die Zelle B3.
- Klicken Sie im Register *Start*, Gruppe *Bearbeiten*, auf und wählen Sie in der geöffneten Liste *Blitzvorschau*.

  Alternativen: Register *Daten*, Gruppe *Datentools*, oder Strg E

| | A | B | C |
|---|---|---|---|
| 1 | Anrede und Name | Anrede | Vorname |
| 2 | Frau Elvira Bauer | Frau | Elvira |
| 3 | Herr Bernd Bender | | |
| 4 | Herr Stephan Guth | | |
| 5 | Frau Kirstin Heyerdal | | |
| 6 | Frau Maria Maurer | | |

| | A | B | C |
|---|---|---|---|
| 1 | Anrede und Name | Anrede | Vorname |
| 2 | Frau Elvira Bauer | Frau | Elvira |
| 3 | Herr Bernd Bender | Herr | |
| 4 | Herr Stephan Guth | Herr | |
| 5 | Frau Kirstin Heyerdal | Frau | |
| 6 | Frau Maria Maurer | Frau | |

### Variante 2

- Tragen Sie in Zelle B2 die Anrede aus Zelle A2 ein.
- Geben Sie anschließend in Zelle B3 die Anrede aus Zelle A3 ein.
- Übernehmen Sie die eingeblendeten Vorschläge mit ↵.

  *oder* Tippen Sie weiter, wenn Sie keine Daten mit der Blitzvorschau eintragen möchten.

| | A | B | C |
|---|---|---|---|
| 1 | Anrede und Name | Anrede | Vorname |
| 2 | Frau Elvira Bauer | Frau | Elvira |
| 3 | Herr Bernd Bender | Herr | |
| 4 | Herr Stephan Guth | Herr | |
| 5 | Frau Kirstin Heyerdal | Frau | |
| 6 | Frau Maria Maurer | Frau | |

| | A | B | C |
|---|---|---|---|
| 1 | Anrede und Name | Anrede | Vorname |
| 2 | Frau Elvira Bauer | Frau | Elvira |
| 3 | Herr Bernd Bender | Herr | |
| 4 | Herr Stephan Guth | Herr | |
| 5 | Frau Kirstin Heyerdal | Frau | |
| 6 | Frau Maria Maurer | Frau | |

Wenn Daten mit der Blitzvorschau übertragen wurden, wird die Schaltfläche eingeblendet. Mit ihrer Hilfe können Sie z. B. die entsprechenden Daten wieder entfernen ① oder die Zellen markieren, in die neue Daten eingetragen wurden ②.

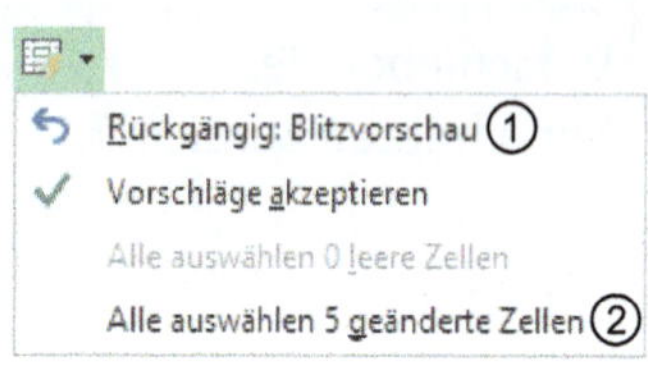

## 5.6 Relative, absolute und gemischte Bezüge

### Relative Bezüge

Plus

**Lernvideo:** *Relative und absolute Bezüge.mp4*

**Beispieldatei:** *Relative Bezüge.xlsx*

Beim Kopieren von Formeln bietet Excel einen besonderen Vorteil: Wird eine Zelle kopiert, die eine Formel enthält, werden die Formel und deren Bezüge an der Zielposition eingefügt. Die Zellbezüge der Formel passen sich automatisch an die neue Position an und werden dabei **relativ** zur Ausgangsposition verändert. Deshalb werden diese Zellbezüge als **relative Bezüge** bezeichnet.

- Für die Anpassung der Zellbezüge beim Kopieren einer Formel ist es unerheblich, ob die Formel über die Zwischenablage oder mithilfe der Ausfüllfunktion kopiert wird.
- Sie haben auch beim Kopieren von Formeln die Möglichkeit, über die Schaltfläche zwischen verschiedenen Optionen beim Ausfüllen der Zellen zu wählen.

### Wie werden relative Bezüge beim Ausfüllen von Formeln angepasst?

- Excel „merkt sich" die **Positionen** der Zellbezüge relativ zur Formelzelle, beispielsweise die der Zellbezüge A1 und A2 zur Formelzelle A3.
- Durch das Ausfüllen erscheint die neue kopierte Formel **eine** Zelle weiter **rechts**, **links**, **oben** oder **unten**. Die Werte der relativen Zellbezüge werden daher auch **um 1** erhöht/verringert.
- Beim Ausfüllen nach rechts bzw. links werden die Spaltenangaben an die neue Spalte angepasst, beispielsweise von A nach B. Das Ausfüllen nach unten bzw. oben bewirkt eine Anpassung der Zeilenbezüge, z. B. von 1 nach 2.

| Was geschieht mit relativen Zellbezügen von Formeln beim ... | |
|---|---|
| Kopieren/Ausfüllen einer Formel? | Relative Zellbezüge werden an die neuen Zeilen und Spalten angepasst. |
| Verschieben einer Formel? | Relative Zellbezüge werden **nicht** an die neue Position angepasst. |
| Verschieben des berechneten Bereichs? | Die Formel bleibt über relative Bezüge mit dem Bereich verbunden, die Bezüge werden automatisch an die neue Position des Berechnungsbereichs angepasst. |

## Absolute Bezüge

Plus **Lernvideo:** *Relative und absolute Bezüge.mp4*
**Beispieldatei:** *Absolute Bezüge.xlsx*

Manchmal ist es wichtig, dass beim Kopieren von Formeln Zellbezüge **nicht** verändert werden.

- Im abgebildeten Beispiel treten beim Kopieren der Formel ① in den Bereich C5:C7 durch die Anpassung aller Bezüge falsche Ergebnisse auf. In Zelle C5 ändert sich so etwa der Zellbezug von B8 auf B9. Da der Jahresumsatz **fest** in der Zelle B8 eingetragen ist, darf sich der Bezug auf diese Zelle jedoch beim Kopieren der Formel nicht ändern.
- Sie können dies erreichen, indem Sie wie in der rechten Abbildung in der Formel ② einen absoluten Bezug auf die Zelle B8 verwenden.

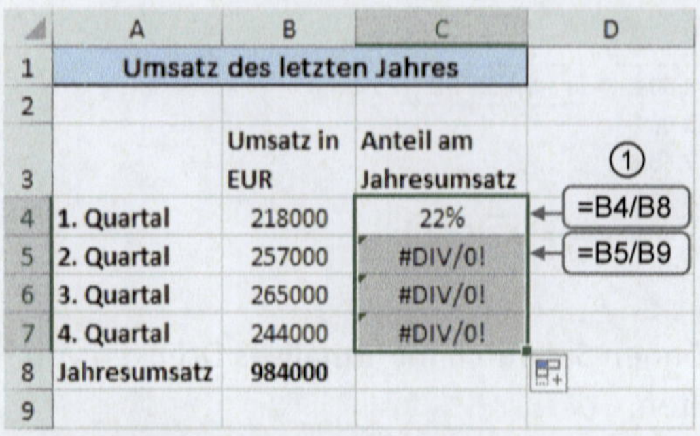

*Fehler beim Kopieren einer Formel*

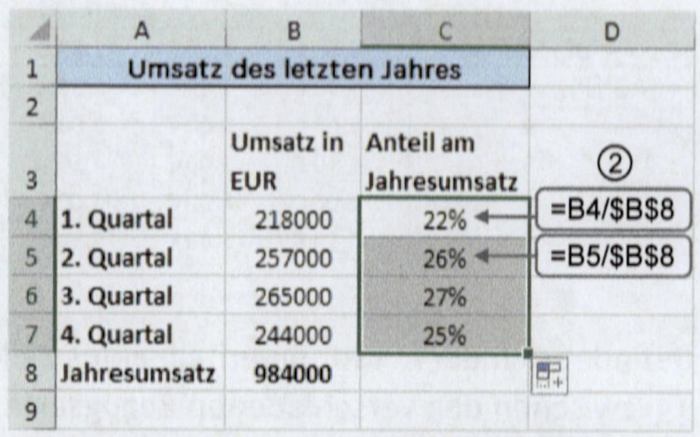

*Korrekte Formeln mit absoluten Bezügen*

**Absolute Bezüge** bleiben beim Kopieren von Formeln mit den ursprünglichen Zellbezügen erhalten. Absolute Bezüge erhalten vor der Spalten- und Zeilenbezeichnung ein Dollarzeichen ($).

### Absolute Bezüge erzeugen

| | | |
|---|---|---|
| Bei der Eingabe von Zellbezügen durch Zeigen | ▶ | Klicken Sie bei der Formeleingabe auf die Zelle, deren Zellbezug Sie in der Formel einfügen möchten, und drücken Sie anschließend F4. |
| Bei der manuellen Eingabe | ▶ | Geben Sie den Zellbezug manuell ein. Wenn sich der Cursor im Zellbezug befindet, drücken Sie F4. |
| Nachträglich | ▶ | Setzen Sie innerhalb der Formel den Cursor in den betreffenden Zellbezug und drücken Sie F4. |

Sie können die Dollarzeichen ($) auch über die Tastatur eingeben.

## Gemischte Bezüge

Plus **Beispieldatei:** *Gemischte Bezüge.xlsx*

Neben relativen und absoluten Bezügen können Sie **gemischte Bezüge** in Formeln verwenden. Bei gemischten Bezügen bleibt beim Kopieren von Formeln derjenige Teil des Zellbezugs unverändert, vor dem sich ein Dollarzeichen befindet.

Im abgebildeten Beispiel wurde zunächst in Zelle B3 die Formel =$A3*B$2 eingetragen und in den Bereich C3:F3 kopiert. Anschließend wurden die Formeln aus dem Bereich B3:F3 in den Bereich B4:F7 kopiert.

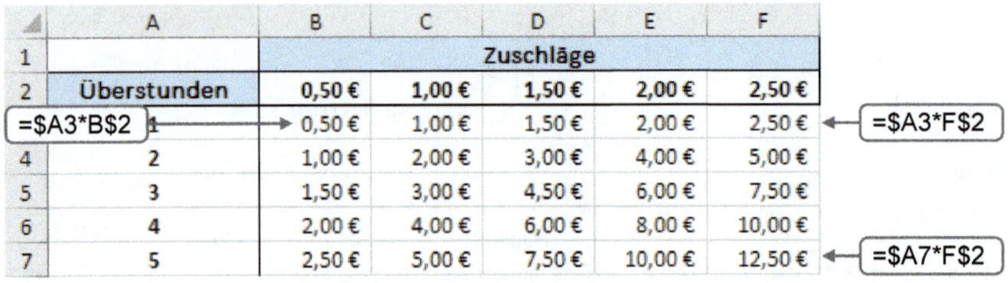

| | A | B | C | D | E | F |
|---|---|---|---|---|---|---|
| 1 | | Zuschläge | | | | |
| 2 | Überstunden | 0,50 € | 1,00 € | 1,50 € | 2,00 € | 2,50 € |
| 3 | 1 | 0,50 € | 1,00 € | 1,50 € | 2,00 € | 2,50 € |
| 4 | 2 | 1,00 € | 2,00 € | 3,00 € | 4,00 € | 5,00 € |
| 5 | 3 | 1,50 € | 3,00 € | 4,50 € | 6,00 € | 7,50 € |
| 6 | 4 | 2,00 € | 4,00 € | 6,00 € | 8,00 € | 10,00 € |
| 7 | 5 | 2,50 € | 5,00 € | 7,50 € | 10,00 € | 12,50 € |



Befindet sich der Cursor innerhalb eines Zellbezugs, können Sie durch mehrmaliges Drücken von F4 zwischen den verschiedenen Bezugsarten umschalten.

# 5.7 Übungen

## Übung 1: Darlehensberechnung mit der Ausfüllfunktion erstellen

| Level | | Zeit | ca. 10 min |
|---|---|---|---|
| Übungsinhalte | ✔ Verschiedene Bezugsarten verwenden<br>✔ Zellinhalte und Formeln mit der Ausfüllfunktion kopieren<br>✔ Einfache Formeln einsetzen | | |
| Übungsdatei | *Darlehen.xlsx* | | |
| Ergebnisdatei | *Darlehen-E.xlsx* | | |

Sie möchten einen Kredit über 50.000 € mit einem Zinssatz von 2 % aufnehmen. Am Ende jedes Jahres möchten Sie 5.000 € bezahlen, um den Kredit inklusive der aufgelaufenen Zinsen zu tilgen. Nun möchten Sie sehen, wie sich das Darlehen in den nächsten 10 Jahren entwickelt.

1. Öffnen Übungsdatei *Darlehen.xlsx*.

| | A | B | C | D | E | F | G | H | I | J |
|---|---|---|---|---|---|---|---|---|---|---|
| 1 | | Kreditsumme | 50.000,00 € | | | | | | | |
| 2 | | Zinssatz | 2% | | | | | | | |
| 3 | | Zahlung | 5.000,00 € | | | | | | | |
| 4 | | | | | | | | | | |
| 5 | | Anfangsbetrag | Zinsen | Zahlung | Restdarlehen | | | | | |
| 6 | 1. Jahr | 50.000,00 € | | 5.000,00 € | | | | | | |

*Übungsdatei „Darlehen.xlsx"*

2. In Spalte A sollen die Bezeichnungen *1. Jahr*, *2. Jahr* etc. stehen. Ziehen Sie die Reihe bis zum *10. Jahr* mit der Ausfüllfunktion nach unten.
3. Kopieren Sie den Inhalt der Zelle D6 in den Bereich D7:D15.
4. Berechnen Sie die Zinsen in Zelle C6 mit der Formel:

   *=Anfangsbetrag*Zinssatz*.

   Achten Sie dabei auf die Verwendung geeigneter Bezugsarten, damit die Formel problemlos kopiert werden kann.
5. Berechnen Sie das Restdarlehen in Zelle E6 mit der Formel:

   *=Anfangsbetrag+Zinsen-Zahlung*.

   Auch diese Formel soll sich anschließend kopieren lassen.
6. Übernehmen Sie den Wert aus Zelle E6 als Verknüpfung in die Zelle B7. Geben Sie hierzu in Zelle B7 ein Gleichheitszeichen ein, klicken Sie auf die Zelle E6 und schließen Sie die Eingabe mit ↵ ab.
7. Kopieren Sie den Inhalt der Zelle B7 sowie die Formeln in den Zellen C6 und E6 mit der Ausfüllfunktion bis in die Zeile 15.
8. Speichern Sie die Datei unter dem Namen *Darlehen-E.xlsx*.

| | A | B | C | D | E | F | G | H | I | J |
|---|---|---|---|---|---|---|---|---|---|---|
| 1 | | Kreditsumme | 50.000,00 € | | | | | | | |
| 2 | | Zinssatz | 2% | | | | | | | |
| 3 | | Zahlung | 5.000,00 € | | | | | | | |
| 4 | | | | | | | | | | |
| 5 | | Anfangsbetrag | Zinsen | Zahlung | Restdarlehen | | | | | |
| 6 | 1. Jahr | 50.000,00 € | 1.000,00 € | 5.000,00 € | 46.000,00 € | | | | | |
| 7 | 2. Jahr | 46.000,00 € | 920,00 € | 5.000,00 € | 41.920,00 € | | | | | |
| 8 | 3. Jahr | 41.920,00 € | 838,40 € | 5.000,00 € | 37.758,40 € | | | | | |
| 9 | 4. Jahr | 37.758,40 € | 755,17 € | 5.000,00 € | 33.513,57 € | | | | | |
| 10 | 5. Jahr | 33.513,57 € | 670,27 € | 5.000,00 € | 29.183,84 € | | | | | |
| 11 | 6. Jahr | 29.183,84 € | 583,68 € | 5.000,00 € | 24.767,52 € | | | | | |
| 12 | 7. Jahr | 24.767,52 € | 495,35 € | 5.000,00 € | 20.262,87 € | | | | | |
| 13 | 8. Jahr | 20.262,87 € | 405,26 € | 5.000,00 € | 15.668,12 € | | | | | |
| 14 | 9. Jahr | 15.668,12 € | 313,36 € | 5.000,00 € | 10.981,49 € | | | | | |
| 15 | 10. Jahr | 10.981,49 € | 219,63 € | 5.000,00 € | 6.201,12 € | | | | | |
| 16 | | | | | | | | | | |

*Ergebnisdatei „Darlehen-E.xlsx"*

## Übung 2: Quartalsumsätze berechnen

| Level | | Zeit | ca. 10 min |
|---|---|---|---|
| Übungsinhalte | ✔ Einfache Formeln und die Funktion SUMME nutzen<br>✔ Formeln kopieren | | |
| Übungsdatei | *Umsätze im ersten Quartal.xlsx* | | |
| Ergebnisdatei | *Umsätze im ersten Quartal-E.xlsx* | | |

1. Öffnen Sie die Übungsdatei *Umsätze im ersten Quartal.xlsx*.

| | A | B | C | D | E | F | G | H | I |
|---|---|---|---|---|---|---|---|---|---|
| 1 | | Produkte | Januar | Februar | März | Umsatz | Prozent | | |
| 2 | Fertigung A | Besucherstühle | 121.520 € | 169.785 € | 182.525 € | | | | |
| 3 | Stühle | Bürostühle | 109.140 € | 100.470 € | 101.490 € | | | | |
| 4 | | Stehhilfen | 41.940 € | 35.640 € | 47.160 € | | | | |
| 5 | Gesamt | | | | | | | | |
| 6 | Fertigung B | Schreibtische | 240.640 € | 202.240 € | 176.640 € | | | | |
| 7 | Tische | Stehpulte | 28.350 € | 25.200 € | 27.090 € | | | | |
| 8 | | PC-Tische | 96.250 € | 104.300 € | 102.200 € | | | | |
| 9 | | Kombi-Tische | 32.400 € | 37.800 € | 42.660 € | | | | |
| 10 | Gesamt | | | | | | | | |
| 11 | | Gesamtumsatz | | | | | | | |
| 12 | | | | | | | | | |
| 13 | | | | | | | | | |
| 14 | | | | | | | | | |

*Übungsdatei „Umsätze im ersten Quartal.xlsx"*

Nutzen Sie bei den folgenden Berechnungen (wo dies möglich ist) die Ausfüllfunktion.

2. Ermitteln Sie in den Spalten C, D und E in den blau hinterlegten Zellen die monatlichen Gesamtumsätze für die beiden Fertigungslinien.
3. Berechnen Sie in Spalte F die Quartalsumsätze der einzelnen Produkte und Fertigungslinien.
   Um beim Ausfüllen die ursprüngliche Formatierung in den ausgefüllten Zellen beizubehalten, wählen Sie über die Schaltfläche *Ohne Formatierung ausfüllen*.
4. Berechnen Sie in Zeile 11 die Gesamtumsätze für die einzelnen Monate und für das erste Quartal.

5. Ermitteln Sie in der Spalte G die prozentualen Umsätze der einzelnen Produkte bzw. Fertigungslinien am Gesamtumsatz (in Zelle F11).

   Achten Sie dabei auf die Verwendung der richtigen Bezugsarten, damit die Formeln problemlos kopiert werden können. Um beim Ausfüllen die ursprüngliche Formatierung in den ausgefüllten Zellen beizubehalten, wählen Sie erneut über die Schaltfläche *Ohne Formatierung ausfüllen*.

6. Speichern Sie die Datei unter dem Namen *Umsätze im ersten Quartal-E.xlsx*.

| | A | B | C | D | E | F | G | H | I |
|---|---|---|---|---|---|---|---|---|---|
| 1 | | Produkte | Januar | Februar | März | Umsatz | Prozent | | |
| 2 | Fertigung A | Besucherstühle | 121.520 € | 169.785 € | 182.525 € | 473.830 € | 23,4% | | |
| 3 | Stühle | Bürostühle | 109.140 € | 100.470 € | 101.490 € | 311.100 € | 15,4% | | |
| 4 | | Stehhilfen | 41.940 € | 35.640 € | 47.160 € | 124.740 € | 6,2% | | |
| 5 | Gesamt | | 272.600 € | 305.895 € | 331.175 € | 909.670 € | 44,9% | | |
| 6 | Fertigung B | Schreibtische | 240.640 € | 202.240 € | 176.640 € | 619.520 € | 30,6% | | |
| 7 | Tische | Stehpulte | 28.350 € | 25.200 € | 27.090 € | 80.640 € | 4,0% | | |
| 8 | | PC-Tische | 96.250 € | 104.300 € | 102.200 € | 302.750 € | 14,9% | | |
| 9 | | Kombi-Tische | 32.400 € | 37.800 € | 42.660 € | 112.860 € | 5,6% | | |
| 10 | Gesamt | | 397.640 € | 369.540 € | 348.590 € | 1.115.770 € | 55,1% | | |
| 11 | | Gesamtumsatz | 670.240 € | 675.435 € | 679.765 € | 2.025.440 € | 100,0% | | |
| 12 | | | | | | | | | |
| 13 | | | | | | | | | |
| 14 | | | | | | | | | |

*Ergebnisdatei „Umsätze im ersten Quartal-E.xlsx"*

Plus

**Zusätzliche Übungen:**

*Benzinkosten ermitteln.pdf*

*Benzinverbrauch ermitteln.pdf*

*Mit der Blitzvorschau arbeiten.pdf*

*Mit der Maus verschieben und kopieren.pdf*

*Über die Zwischenablage verschieben und kopieren.pdf*

# 6

# Tabellenansicht und -struktur bearbeiten

## 6.1 Spalten bzw. Zeilen aus- oder einblenden

Plus **Beispieldatei:** *Ausblenden_Einblenden.xlsx*

Ausgeblendete Zeilen und Spalten sind weder am Bildschirm noch im Ausdruck sichtbar. Excel kennzeichnet die Stellen, an denen sich ausgeblendete Spalten bzw. Zeilen befinden, mit zwei Linien im Spalten- bzw. Zeilenkopf.

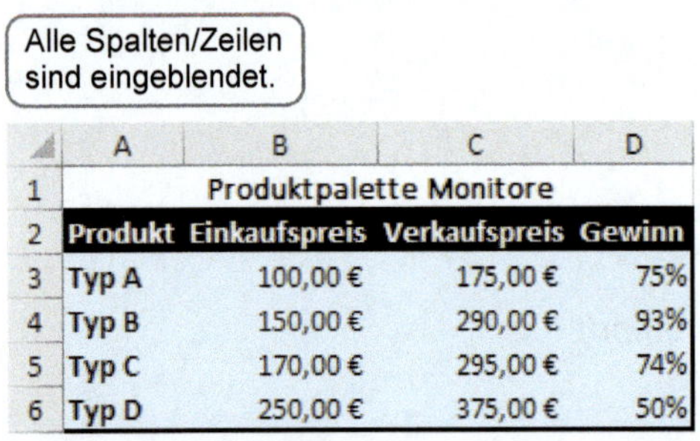

*Interne Firmendarstellung*

*Preisliste*

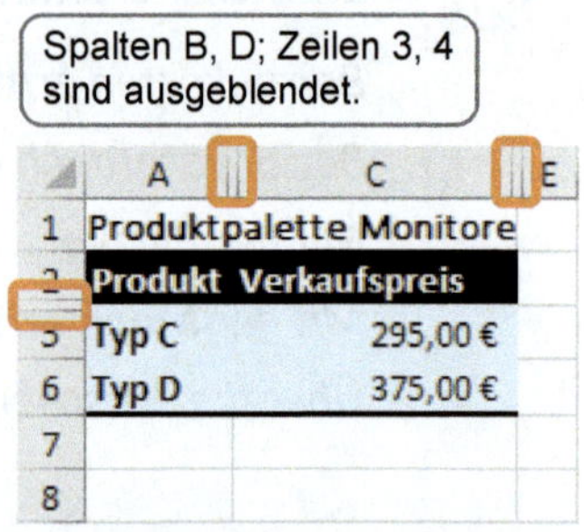

*Daten für eine Kundenanfrage*

### Spalten bzw. Zeilen ausblenden

- Markieren Sie die Spalten bzw. Zeilen, die Sie ausblenden möchten.

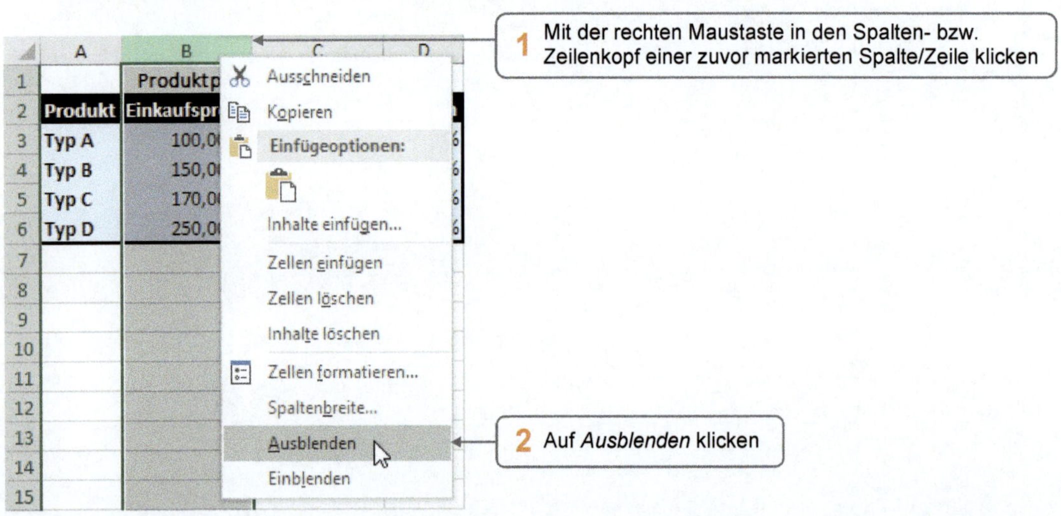

## Ausgeblendete Spalten bzw. Zeilen wieder anzeigen

- Markieren Sie die beiden Spalten, die an die ausgeblendete Spalte grenzen, durch Ziehen mit der Maus.

  *oder* Markieren Sie die beiden Zeilen, die an die ausgeblendete Zeile grenzen, durch Ziehen mit der Maus.

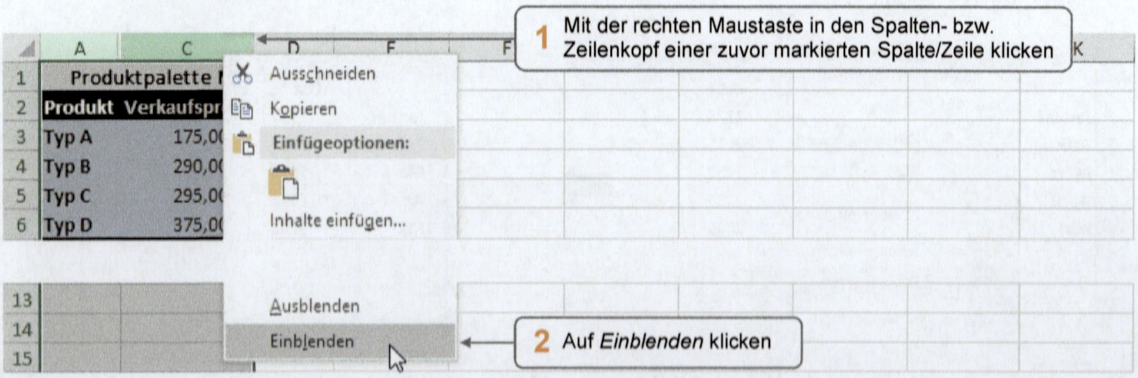


Haben Sie **Spalte A bzw. Zeile 1** ausgeblendet und möchten diese **wieder einblenden**, markieren Sie die gesamte Tabelle. Klicken Sie anschließend mit der rechten Maustaste auf den Zeilen- bzw. Spaltenkopf einer beliebigen Spalte bzw. Zeile und wählen Sie *Einblenden*.

# 6.2 Spalten bzw. Zeilen einfügen oder löschen

Plus **Beispieldatei:** *Spalten_Zeilen einfügen_löschen.xlsx*

## Spalten bzw. Zeilen einfügen

Wenn Sie eine bestimmte Anzahl Spalten bzw. Zeilen markieren, können Sie die gleiche Anzahl leerer Spalten bzw. Zeilen **vor** dem markierten Bereich einfügen.

- Markieren Sie die Spalten- bzw. Zeilenköpfe.
- Klicken Sie mit der rechten Maustaste in den markierten Spalten- bzw. Zeilenkopfbereich und wählen Sie *Zellen einfügen*.

  Alternative: Strg +

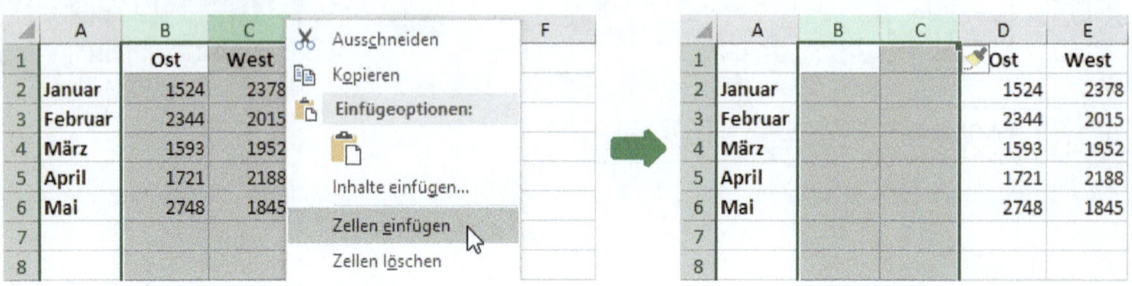


Sie können mithilfe der Schaltfläche bestimmen, wie die eingefügten Spalten bzw. Zeilen formatiert werden sollen.

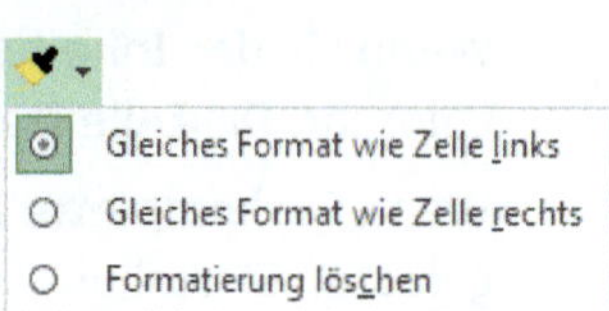

## Spalten bzw. Zeilen löschen

- Markieren Sie die Spalten- bzw. Zeilenköpfe der zu löschenden Spalten bzw. Zeilen.
- Klicken Sie mit der rechten Maustaste in den markierten Spalten- bzw. Zeilenkopfbereich und wählen Sie *Zellen löschen*.

  Alternative: Strg -

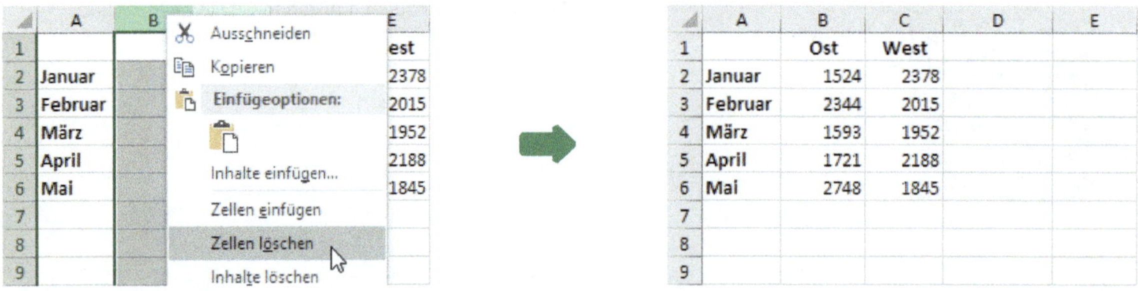


Die Zeilen und Spalten werden **ohne Rückfrage** entfernt. Sie können das Löschen mithilfe von ↶ in der Symbolleiste für den Schnellzugriff wieder rückgängig machen.

# 6.3 Zellen einfügen oder löschen

**Plus** **Beispieldatei:** *Zellen einfügen_löschen.xlsx*

## Zellen einfügen

- Markieren Sie den Bereich, in dem Sie neue Zellen einfügen möchten.
- Klicken Sie mit der rechten Maustaste in die Markierung und wählen Sie *Zellen einfügen*.

  Alternative: Strg +

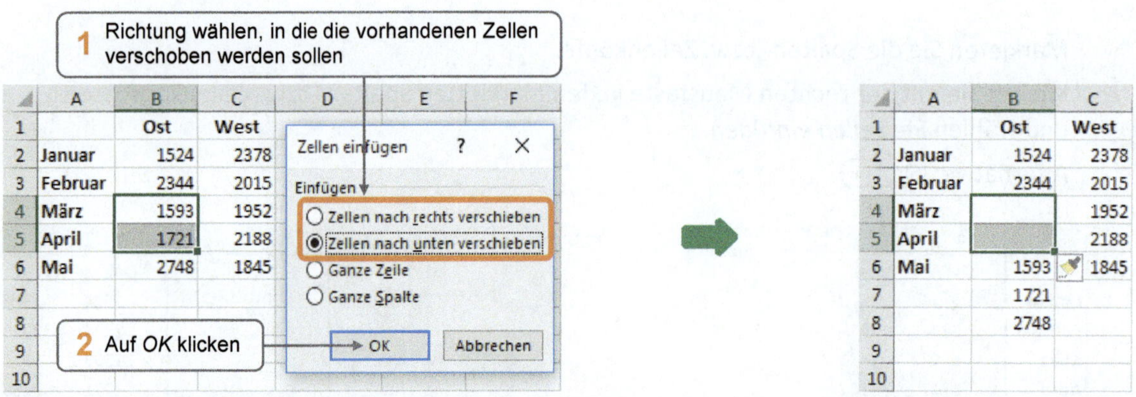


## Komplette Zellen löschen

- ✔ Wenn Sie den **Inhalt einer Zelle** löschen, z. B. mit Entf, wird lediglich der Eintrag der Zelle gelöscht. Die Zelle steht weiterhin für andere Eingaben zur Verfügung.
- ✔ Wenn Sie **komplette Zellen** löschen, werden die Zellen (entsprechend den von Ihnen festgelegten Einstellungen) von rechts oder von unten aufgerückt.

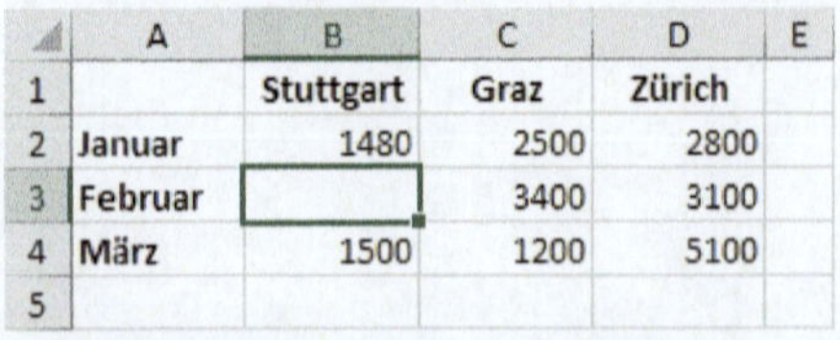

| | A | B | C | D | E |
|---|---|---|---|---|---|
| 1 | | Stuttgart | Graz | Zürich | |
| 2 | Januar | 1480 | 2500 | 2800 | |
| 3 | Februar | | 3400 | 3100 | |
| 4 | März | 1500 | 1200 | 5100 | |
| 5 | | | | | |

*Zellinhalt in Zelle B3 wurde gelöscht*

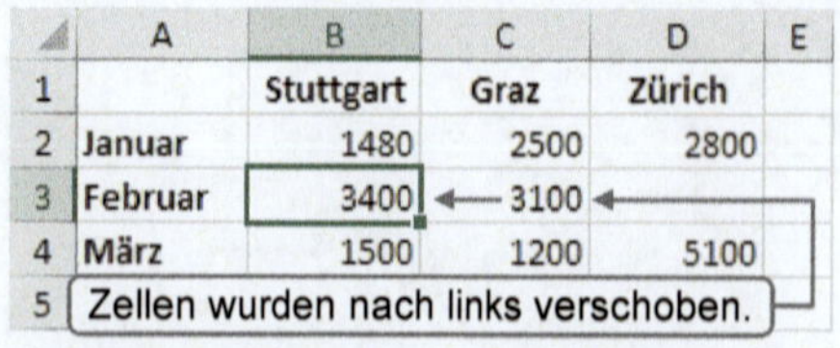

| | A | B | C | D | E |
|---|---|---|---|---|---|
| 1 | | Stuttgart | Graz | Zürich | |
| 2 | Januar | 1480 | 2500 | 2800 | |
| 3 | Februar | 3400 | 3100 | | |
| 4 | März | 1500 | 1200 | 5100 | |
| 5 | | | | | |



*Komplette Zelle B3 wurde gelöscht*

- Markieren Sie die Zellen, die gelöscht werden sollen.
- Klicken Sie mit der rechten Maustaste in die Markierung und wählen Sie *Zellen löschen*.
  Alternative: Strg -

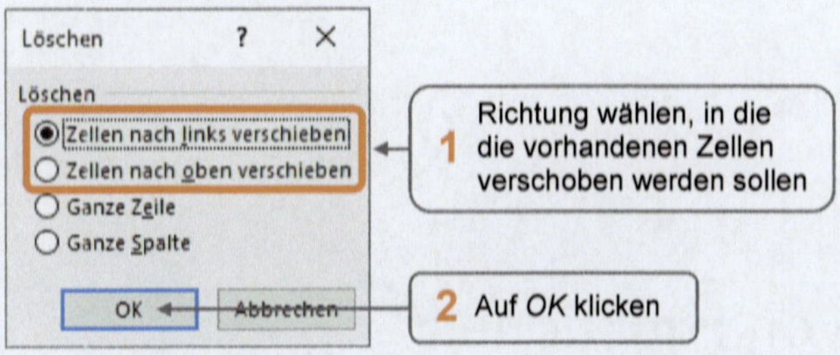


## 6.4 Übung

### Daten eines Kurierdienstes aufbereiten

| Level | | Zeit | ca. 10 min |
|---|---|---|---|
| Übungsinhalte | ✔ Zeilen bzw. Spalten einfügen und ausblenden | | |
| Übungsdatei | *Kurierdienst.xlsx* | | |
| Ergebnisdatei | *Kurierdienst-E.xlsx* | | |

1. Öffnen Sie die Übungsdatei *Kurierdienst.xlsx*.
2. Fügen Sie am Anfang der Tabelle zwei Zeilen ein und ergänzen Sie in Zeile 1 die Überschrift *Kurierdienst Bern* (13 pt, fett).
3. Fügen Sie zwischen den Spalten B und C eine neue Spalte ein und weisen Sie dieser die gleiche Formatierung wie der rechten Nachbarspalte zu.

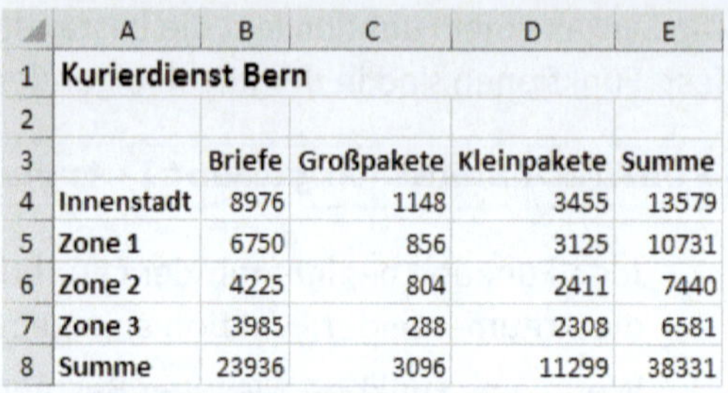

| | A | B | C | D | E |
|---|---|---|---|---|---|
| 1 | Kurierdienst Bern | | | | |
| 2 | | | | | |
| 3 | | Briefe | Großpakete | Kleinpakete | Summe |
| 4 | Innenstadt | 8976 | 1148 | 3455 | 13579 |
| 5 | Zone 1 | 6750 | 856 | 3125 | 10731 |
| 6 | Zone 2 | 4225 | 804 | 2411 | 7440 |
| 7 | Zone 3 | 3985 | 288 | 2308 | 6581 |
| 8 | Summe | 23936 | 3096 | 11299 | 38331 |

*Ergebnisdatei „Kurierdienst-E.xlsx"*

4. Schreiben Sie in die Zelle C3 den Spaltentitel *Großpakete* und tragen Sie im Bereich C4:C7 die abgebildeten Werte ein.
5. Addieren Sie die hinzugefügten Werte in Zelle C8 mit einer Summenfunktion.
6. Speichern Sie die Datei unter dem Namen *Kurierdienst-E.xlsx*.
7. Blenden Sie die Spalte D aus und drucken Sie die gesamte Tabelle.

Plus **Zusätzliche Übungen:**

*Spalten bzw. Zeilen einfügen und löschen.pdf*
*Teilnehmerliste aktualisieren.pdf*

# 7

# Mit einfachen Funktionen arbeiten

Plus **Beispieldatei:** *Funktionen.xlsx*

## 7.1 Aufbau und Eingabe von Funktionen

Funktionen sind spezielle vorgefertigte Formeln. Mit ihrer Hilfe lassen sich schnell Standardberechnungen durchführen, etwa um Summen oder Mittelwerte zu ermitteln.

| | A | B | C | D | E | F | G | H | I |
|---|---|---|---|---|---|---|---|---|---|
| 1 | | Umsätze im ersten Quartal | | | | | | | |
| 2 | | Januar | Februar | März | | Gesamtumsatz | 107.047 € | ⟵ | =SUMME(B3:D5) |
| 3 | Müller | 12.988 € | 13.318 € | 9.062 € | | Höchster Umsatz | 14.268 € | ⟵ | =MAX(B3:D5) |
| 4 | Jaeschke | 13.135 € | 10.718 € | 8.870 € | | Niedrigster Umsatz | 8.870 € | ⟵ | =MIN(B3:D5) |
| 5 | Winter | 14.268 € | 10.930 € | 13.758 € | | Durchschnittl. Umsatz | 11.894 € | ⟵ | =MITTELWERT(B3:D5) |
| 6 | | | | | | Anzahl der erfassten Umsätze | 9 | ⟵ | =ANZAHL(B3:D5) |

*Umsatzauswertung mithilfe einfacher Funktionen*

### Bestandteile einer Funktion

Die **Syntax** einer Funktion legt die Bestandteile und die Schreibweise der betreffenden Funktion fest. Funktionen sind in der Regel folgendermaßen aufgebaut:

```
FUNKTIONSNAME(Argument1;Argument2;...)
```

- Jede Funktion beginnt mit dem **Funktionsnamen**. Dahinter werden in runden Klammern die **Argumente** der Funktion angegeben.
- Wenn eine Funktion alleiniger Bestandteil einer Formel ist oder am Anfang einer Formel steht, müssen Sie vor dem Funktionsnamen ein Gleichheitszeichen eingeben.

Funktionsname → Argument

E3 | =MITTELWERT(B3:D3)

| | A | B | C | D | E | F |
|---|---|---|---|---|---|---|
| 1 | | Umsätze im ersten Quartal | | | | |
| 2 | | Januar | Februar | März | Mittelwert | |
| 3 | Müller | 12.988 € | 13.318 € | 9.062 € | **11.789 €** | |
| 4 | Jaeschke | 13.135 € | 10.718 € | 8.870 € | **10.908 €** | |
| 5 | Winter | 14.268 € | 10.930 € | 13.758 € | **12.985 €** | |

*Berechnung des Mittelwertes mit einer Funktion*

| | |
|---|---|
| Funktionsname | Jede Funktion besitzt einen eindeutigen Funktionsnamen. Viele Funktionsnamen, wie z. B. SUMME, stehen für das Resultat der Funktion.<br>✔ Den Funktionsnamen können Sie in Groß- oder Kleinbuchstaben eingeben. Excel wandelt jeden Funktionsnamen automatisch in Großbuchstaben um.<br>✔ Zwischen dem Funktionsnamen und der geöffneten Klammer dürfen keine Leerzeichen stehen. |
| Argumente | Die meisten Funktionen benötigen bestimmte Informationen (Argumente), um Berechnungen durchführen zu können.<br>✔ Anzahl, Art und Reihenfolge der Argumente sind für jede Funktion durch deren Syntax festgelegt.<br>✔ Mehrere Argumente werden durch Semikolons (;) voneinander getrennt.<br>✔ Als Argumente können z. B. Zahlen, Text (in Anführungszeichen), Wahrheitswerte (*Wahr* oder *Falsch*) oder andere Funktionen verwendet werden.<br>✔ Sie können als Argumente auch Zellbezüge nutzen, die auf die entsprechenden Zellinhalte (z. B. Zahlen oder Text) verweisen.<br>✔ Manche Funktionen benötigen **keine** Argumente, z. B. die Funktion HEUTE(). Sie müssen jedoch auch bei diesen Funktionen hinter dem Funktionsnamen die beiden runden Klammern eingeben. |

## Funktionen manuell eingeben

Kennen Sie den Namen der benötigten Funktion, können Sie den Funktionsnamen manuell in die jeweilige Zelle bzw. in die Bearbeitungsleiste eingeben. Excel unterstützt Sie dabei durch die sogenannte **AutoVervollständigen-Formel**. Sobald Sie die Anfangsbuchstaben einer Funktion eintippen, zeigt Excel eine Liste aller infrage kommenden Funktionsnamen an.

### Beispiel: Mittelwert mehrerer Messergebnisse berechnen

- Aktivieren Sie die Zelle, in der das Ergebnis der Funktion ausgegeben werden soll, und geben Sie ein Gleichheitszeichen (=) ein.
- Tippen Sie die ersten Buchstaben des Funktionsnamens ein.

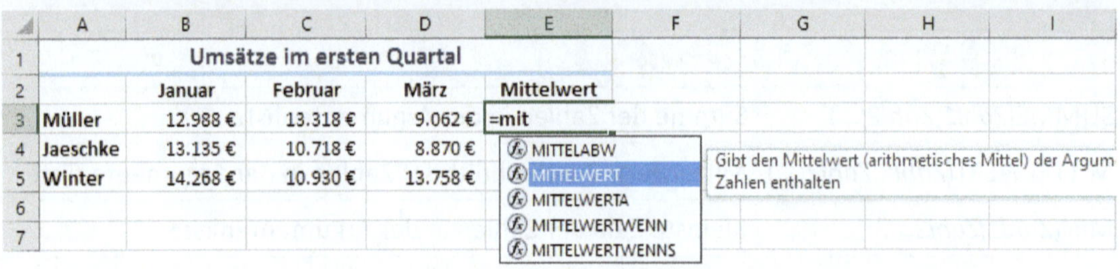


- Wählen Sie die gewünschte Funktion; im Beispiel wählen Sie die Funktion MITTELWERT.
- Drücken Sie ⇆, um den Funktionsnamen und die geöffnete Klammer in die Zelle einzutragen.

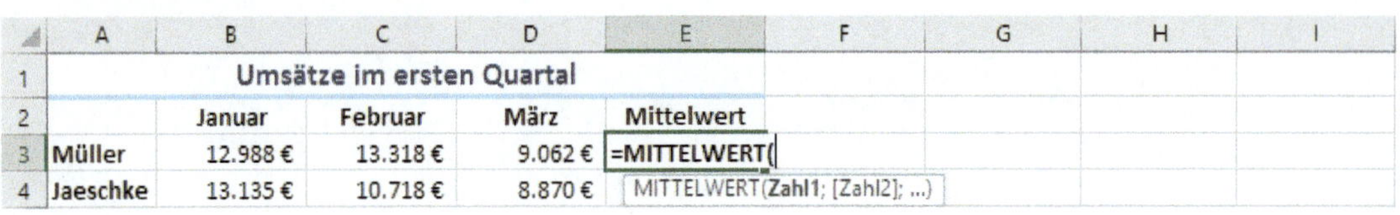

- Tragen Sie nun die Argumente der Funktion ein.

  Möchten Sie, wie im Beispiel, einen Zellbereich als Argument eingeben, markieren Sie die betreffenden Zellen. Im Beispiel markieren Sie den Bereich B3:D3.

- Beenden Sie die Eingabe mit ↵.

  Die schließende Klammer wird automatisch ergänzt und in der Zelle wird das berechnete Ergebnis angezeigt.

E3 =MITTELWERT(B3:D3)

| | A | B | C | D | E | F | G | H | I |
|---|---|---|---|---|---|---|---|---|---|
| 1 | | Umsätze im ersten Quartal | | | | | | | |
| 2 | | Januar | Februar | März | Mittelwert | | | | |
| 3 | Müller | 12.988 € | 13.318 € | 9.062 € | **11.789 €** | | | | |
| 4 | Jaeschke | 13.135 € | 10.718 € | 8.870 € | | | | | |
| 5 | Winter | 14.268 € | 10.930 € | 13.758 € | | | | | |

# 7.2 Auswahl einfacher Funktionen

## Häufig benötigte Funktionen

Eine Galerie vertreibt einen Teil ihrer Kunstobjekte mithilfe eines Onlineshops. Für die Shop-Webseite wird automatisch jeden Tag erfasst, wie oft die Seite aufgerufen wurde und wie viele Artikel je Aufruf bestellt wurden. Die Bestellungen und Seitenaufrufe werden mit einfachen Funktionen in Excel ausgewertet.

| | A | B | C | D | E | F | G |
|---|---|---|---|---|---|---|---|
| 1 | Seitenaufrufe | Bestellte Artikel | | | | | |
| 2 | 01.03. 11:00 | 7 | | Gesamtzahl der Bestellungen | ① 30 | ← | =SUMME(B2:B9) |
| 3 | 01.03. 12:15 | keine Bestellung | | Durchschnittliche Menge bestellter Artikel | ② 6 | ← | =MITTELWERT(B2:B9) |
| 4 | 01.03. 14:30 | keine Bestellung | | Kleinste Menge bestellter Artikel | ③ 2 | ← | =MIN(B2:B9) |
| 5 | 01.03. 18:23 | 3 | | Größte Menge bestellter Artikel | ④ 13 | ← | =MAX(B2:B9) |
| 6 | 02.03. 08:14 | 2 | | Anzahl der Seitenaufrufe mit Bestellungen | ⑤ 5 | ← | =ANZAHL(B2:B9) |
| 7 | 02.03. 10:53 | 13 | | Gesamtanzahl der Seitenaufrufe | ⑥ 8 | ← | =ANZAHL2(B2:B9) |
| 8 | 02.03. 14:41 | 5 | | | | | |
| 9 | 02.03. 16:20 | keine Bestellung | | | | | |

| | Syntax der Funktion | Erläuterung |
|---|---|---|
| ① | SUMME(*Zahl1;Zahl2;...*) | Summe der Zahlen in der Argumentenliste |
| ② | MITTELWERT(*Zahl1;Zahl2;...*) | Mittelwert/Durchschnitt der Zahlen in der Argumentenliste |
| ③ | MIN(*Zahl1;Zahl2;...*) | Kleinste Zahl der Zahlen in der Argumentenliste |
| ④ | MAX(*Zahl1;Zahl2;...*) | Größte Zahl der Zahlen in der Argumentenliste |
| ⑤ | ANZAHL(*Wert1;Wert2;...*) | Anzahl der Zahlen in der Argumentenliste |
| ⑥ | ANZAHL2(*Wert1;Wert2;...*) | Anzahl der **Werte** (= beliebige Daten) in der Argumentenliste |

## Zahlen runden

`RUNDEN(Zahl;Anzahl_Stellen)`

Die Funktion RUNDEN rundet den Wert *Zahl* auf die im Argument *Anzahl_Stellen* angegebene Stelle nach den Regeln des kaufmännischen Rundens:

- Bei einer Nachkommastelle, die kleiner als **fünf** ist, wird abgerundet ①. Ziffern, die größer oder gleich fünf sind, werden aufgerundet.
- Ein **negativer** Wert im Argument *Anzahl_Stellen* bewirkt ein Runden an der entsprechenden Stelle **vor** dem Komma ②.
- Wenn Sie als Argument *Anzahl_Stellen* 0 angeben, wird die entsprechende Zahl auf die nächste ganze Zahl auf- bzw. abgerundet ③.

| | A | B | C | D |
|---|---|---|---|---|
| 1 | Ausgangswert | Gerundet | | |
| 2 | 17,214 | ① 17,2 | ⟵ | =RUNDEN(A2;1) |
| 3 | 17,214 | ① 17,21 | ⟵ | =RUNDEN(A3;2) |
| 4 | 17,214 | ② 20 | ⟵ | =RUNDEN(A4;-1) |
| 5 | 17,214 | ③ 17 | ⟵ | =RUNDEN(A5;0) |
| 6 | | | | |
| 7 | | | | |
| 8 | | | | |
| 9 | | | | |
| 10 | | | | |

### Weitere Funktionen zum Runden von Zahlen

- Die Funktionen ABRUNDEN und AUFRUNDEN benötigen die gleichen Argumente wie die Funktion RUNDEN. Mit diesen Funktionen können Sie festlegen, ob eine Zahl an der angegebenen Stelle generell abgerundet bzw. aufgerundet werden soll.
- Mithilfe der Funktion GANZZAHL(*Zahl*) können Sie eine Dezimalzahl auf die nächste ganze Zahl abrunden. Die Funktion GANZZAHL(31,446) liefert z. B. als Ergebnis 31.

# 7.3 Mit einfachen Funktionen rechnen

## Einfache Funktionen über die Schaltfläche *Summe* einfügen

Über Σ lassen sich neben der Funktion SUMME auch schnell die Funktionen MITTELWERT, ANZAHL, MAX und MIN einfügen.

- Markieren Sie die Zelle, in die das Ergebnis der Funktion eingetragen werden soll.
- Klicken Sie im Register *Start*, Gruppe *Bearbeiten*, auf den Pfeil von Σ.
- Wählen Sie im geöffneten Feld eine Funktion, z. B. die Funktion MITTELWERT.

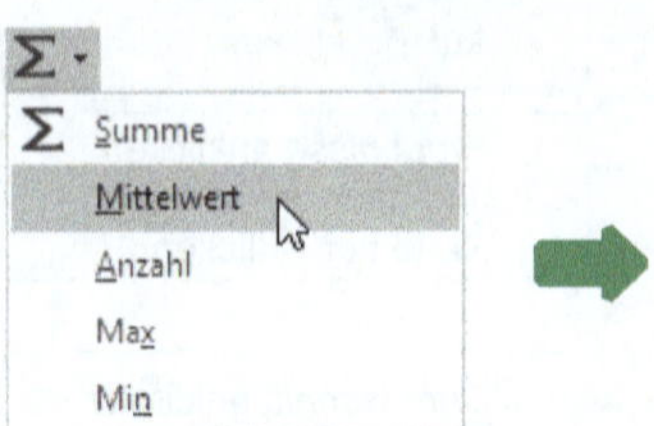


| | A | B | C | D | E | F | G |
|---|---|---|---|---|---|---|---|
| 1 | Umsätze im ersten Quartal | | | | | | |
| 2 | | Januar | Februar | März | Mittelwert | | |
| 3 | Müller | 12.988 € | 13.318 € | 9.062 € | =MITTELWERT(B3:D3) | | |
| 4 | Jaeschke | 13.135 € | 10.718 € | 8.870 € | MITTELWERT(Zahl1; [Zahl2]; ...) | | |
| 5 | Winter | 14.268 € | 10.930 € | 13.758 € | | | |

Die Funktion wird in die Ergebniszelle übernommen. Excel trägt dabei automatisch den zusammenhängenden gefüllten Zellbereich, der direkt an die Ergebniszelle anschließt, als Argument ein.

- Übernehmen Sie den eingetragenen Zellbereich mit (Enter).

  *oder* Markieren Sie einen anderen Zellbereich und bestätigen Sie mit (Enter).

  *oder* Möchten Sie zusätzlich weitere Zellbereiche als Argumente angeben, halten Sie (Strg) gedrückt, markieren Sie die betreffenden Bereiche und drücken Sie (Enter).

  Excel trennt die entsprechenden Argumente automatisch durch Semikolons.

## Einfache Funktionen über die Schnellanalyse einfügen

### MITTELWERT

Sie möchten im folgenden Beispiel mithilfe der Funktion MITTELWERT für das erste Quartal die durchschnittlichen monatlichen Umsätze in Zeile 6 bzw. Spalte E ermitteln. Hierzu nutzen Sie die Schnellanalyse.

So berechnen Sie in **Zeile** 6 die durchschnittlichen monatlichen Umsätze für **alle** Mitarbeiter:

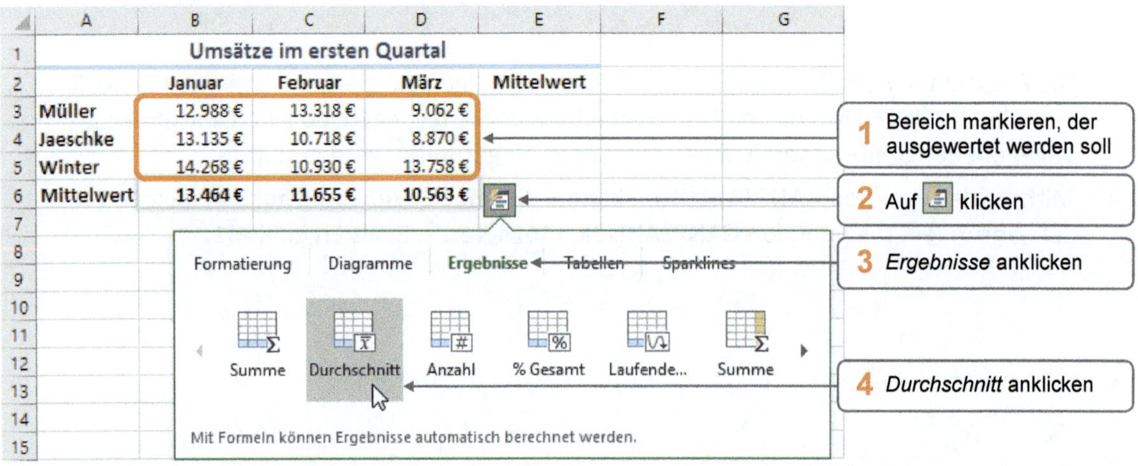


Um in **Spalte** E die durchschnittlichen monatlichen Umsätze für die **einzelnen** Mitarbeiter zu berechnen, gehen Sie folgendermaßen vor:

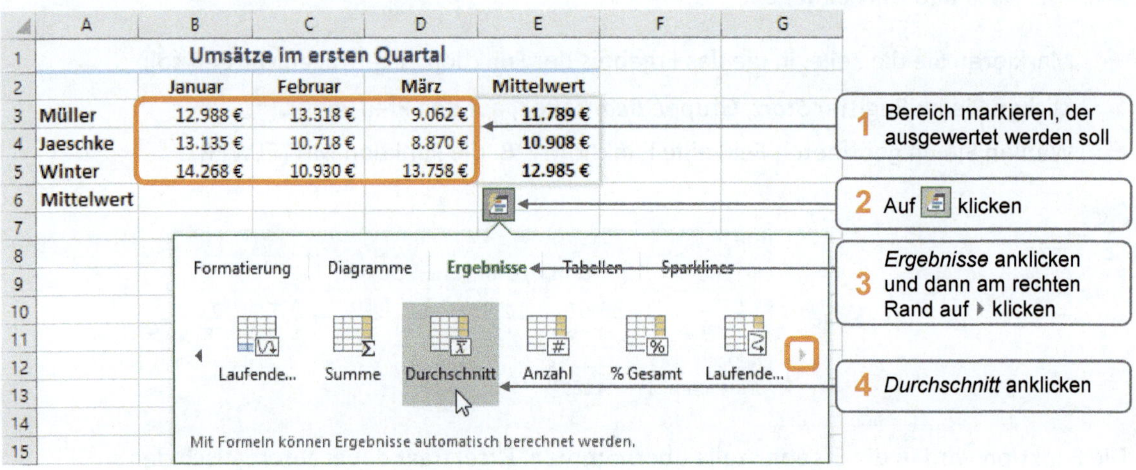

## ANZAHL2

Sie möchten in Zelle B10 mit der Funktion ANZAHL2 ermitteln, wie oft die Webseite eines Onlineshops im angegebenen Zeitraum aufgerufen wurde. Sie nutzen hierzu die Schnellanalyse:

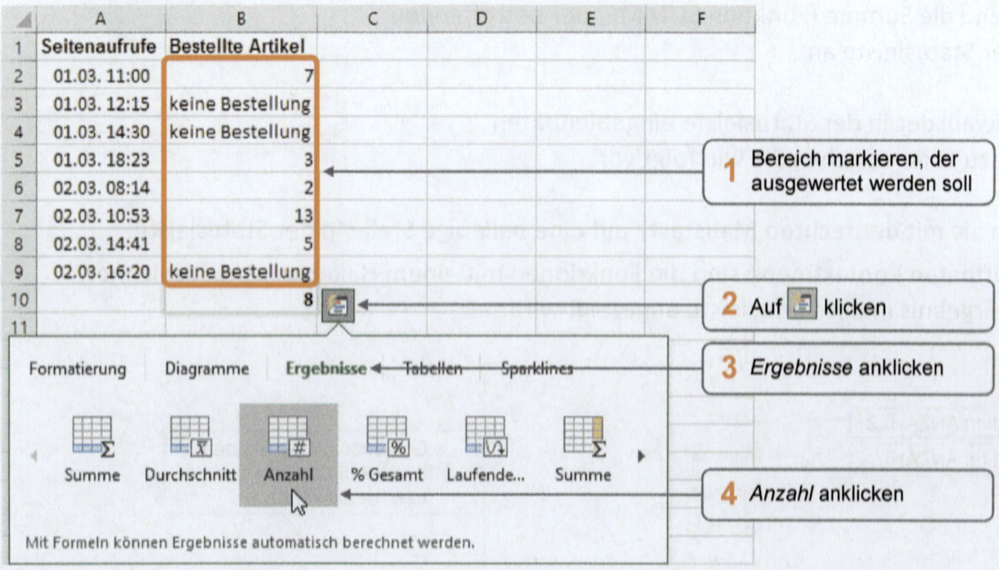


Wenn Sie einen Zellbereich markiert haben, können Sie mithilfe der Schnellanalyse auch die Anzahl der Werte in den einzelnen **Zeilen** des Bereichs mit der Funktion ANZAHL2 berechnen. Klicken Sie hierzu auf . Wählen Sie *Ergebnisse*, klicken am rechten Rand der Liste auf ▸ und danach auf die die neben abgebildete Schaltfläche.

## Prozentuale Anteile am Gesamtergebnis berechnen

So berechnen Sie in **Zeile** 6 die jeweiligen prozentualen Anteile am Gesamtergebnis:

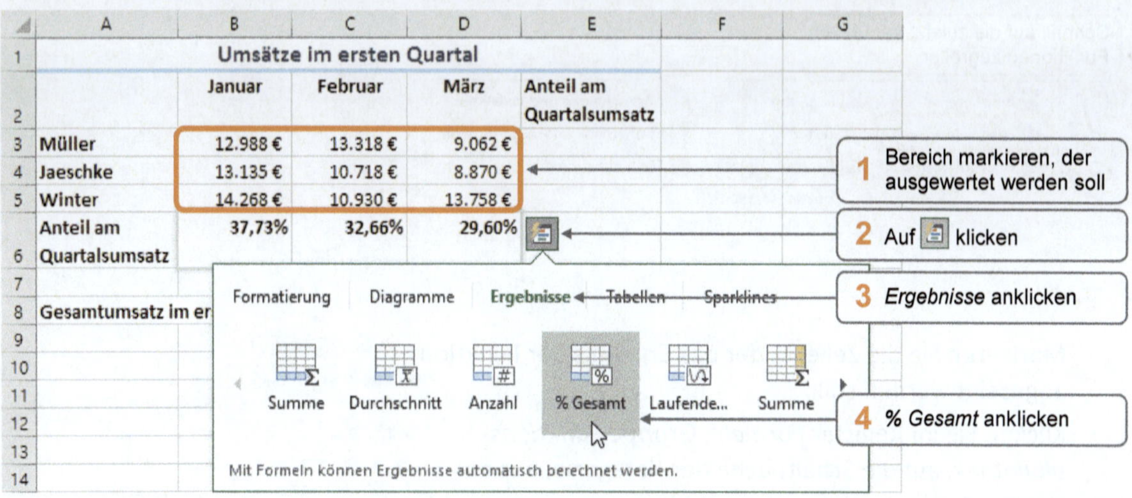


Um die entsprechende Anteile am Gesamtergebnis in **Spalte** E zu ermitteln, verfahren Sie so:

- Markieren Sie den gewünschten Zellbereich. Im Beispiel markieren Sie den Bereich B3:D5.
- Klicken Sie auf  und wählen Sie *Ergebnisse*.
- Klicken Sie am rechten Rand der Liste auf ▸ und anschließend auf die die neben abgebildete Schaltfläche.

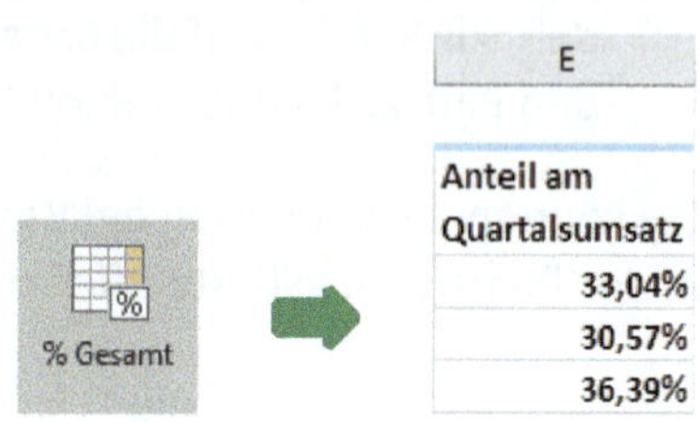

## Zellbereiche schnell in der Statusleiste berechnen

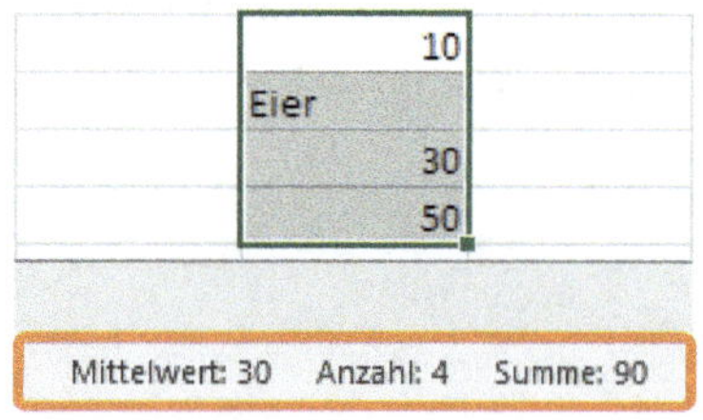


Haben Sie einen Zellbereich markiert, zeigt Excel automatisch den Mittelwert (Funktion MITTELWERT), die Anzahl (Funktion ANZAHL2) und die Summe (Funktion SUMME) der betreffenden Werte in der Statusleiste an.

Um die Auswahl der in der Statusleiste eingeblendeten Funktionen zu ändern, gehen Sie wie folgt vor:

- Klicken Sie mit der rechten Maustaste auf eine beliebige Stelle in der Statusleiste.

  Im geöffneten Kontextmenü sind die Funktionen mit einem Haken ✓ gekennzeichnet, deren Ergebnis in der Statusleiste angezeigt wird.

# 7.4 Funktionsbibliothek verwenden

In Excel lassen sich mehr als 400 Funktionen nutzen. Damit Sie eine bestimmte Funktion rasch finden, sind die Funktionen in der Funktionsbibliothek nach Kategorien zusammengefasst. Sie finden die Funktionsbibliothek im Register *Formeln*.

## Funktion wählen

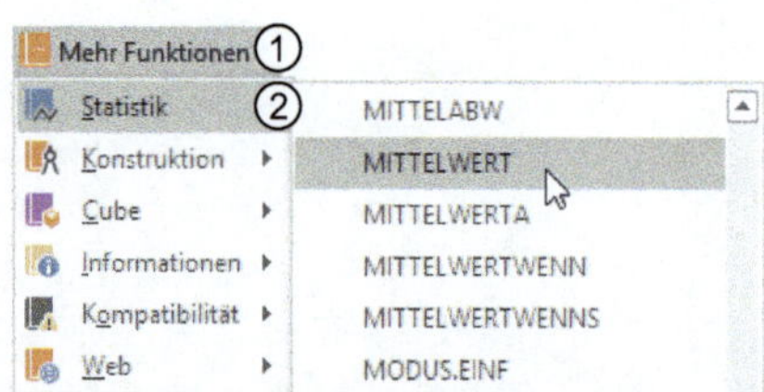


- Markieren Sie die Zelle, in der das Ergebnis der Funktion angezeigt werden soll.
- Klicken Sie im Register *Formeln*, Gruppe *Funktionsbibliothek*, auf die Schaltfläche der Kategorie, aus der Sie eine Funktion einfügen möchten.

  Möchten Sie z. B. die Funktion MITTELWERT verwenden, klicken Sie auf die Schaltfläche ①, zeigen Sie auf den Eintrag ② und wählen Sie *MITTELWERT*.

Sie können eine Funktion bei Bedarf auch im Funktions-Assistenten wählen, der sich über *fx* in der Bearbeitungsleiste öffnen lässt.

 

## Funktionsargumente eingeben

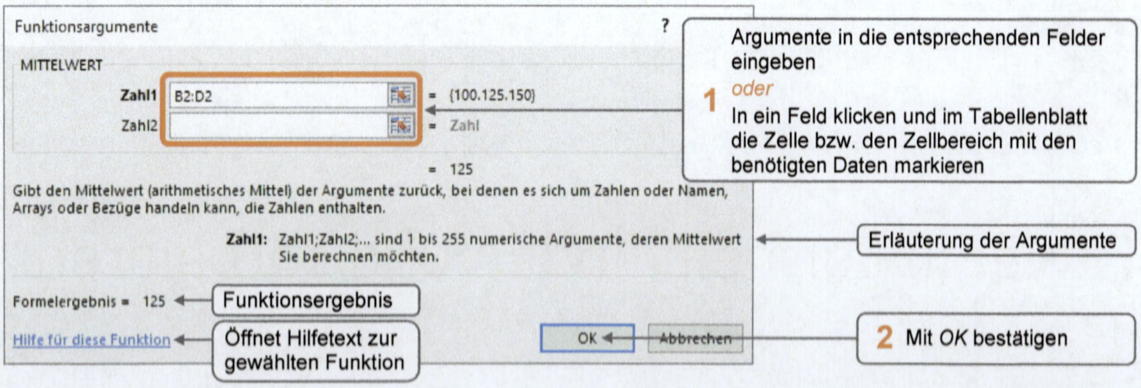


# 7.5 Übung

## Kaufgebote auswerten

| | | | |
|---|---|---|---|
| Level | | Zeit | ca. 15 min |
| Übungsinhalte | ✔ Einfache Formeln und Funktionen einsetzen | | |
| Übungsdatei | *Immobilien.xlsx* | | |
| Ergebnisdatei | *Immobilien-E.xlsx* | | |

1. Öffnen Sie die Übungsdatei *Immobilien.xlsx*.
2. Erstellen Sie in Zelle C5 eine Formel, die die Provision zum Angebotsbetrag hinzuaddiert. Die Provision errechnet sich aus dem Provisionssatz in Zelle E10 und dem Gebot. Achten Sie dabei auf die richtigen Bezugsarten, damit die Formel im Anschluss problemlos kopiert werden kann. Erzeugen Sie mit der Ausfüllfunktion die restlichen Ergebnisse der Spalte C.
3. Berechnen Sie in Spalte E das höchste, niedrigste und durchschnittliche Gebot und führen Sie in Spalte F die gleichen Berechnungen für die Gebote inklusive Provision durch. Verwenden Sie hierfür die Schaltfläche *Summe*.
4. Ermitteln Sie die Anzahl der Angebote in Zelle E8. Geben Sie die betreffende Funktion mithilfe der Funktionsbibliothek ein (*Mehr Funktionen - Statistisch*).
5. Speichern Sie die Datei unter dem Namen *Immobilien-E.xlsx*.

| | A | B | C | D | E | F |
|---|---|---|---|---|---|---|
| 4 | Interessenten | Gebote | inkl. Provision | | ohne Provision | inkl. Provision |
| 5 | Kurt Schneider | 480.000,00 € | 504.000,00 € | Höchstes Gebot | 600.000,00 € | 630.000,00 € |
| 6 | Heinz Semmel | 430.000,00 € | 451.500,00 € | Niedrigstes Gebot | 350.000,00 € | 367.500,00 € |
| 7 | Lorenz Braun | 350.000,00 € | 367.500,00 € | Mittelwert | 466.000,00 € | 489.300,00 € |
| 8 | Margarete Krüge | 600.000,00 € | 630.000,00 € | Anzahl der Gebote | 5 | |
| 9 | Karl Knepel | 470.000,00 € | 493.500,00 € | | | |
| 10 | | | | Provisionssatz | 5% | |

*Ergebnisdatei „Immobilien-E.xlsx"*

Plus+ **Zusätzliche Übungen:**

*Löhne berechnen.pdf*
*Wasserverbrauch auswerten.pdf*
*Wetterdaten auswerten.pdf*

# 8

# Fehler in Formeln finden und korrigieren

## 8.1 Fehler in Formeln finden

**Plus** **Beispieldatei:** *Fehler in Formeln.xlsx*

Nach der Eingabe von Formeln oder der Änderung von Zellen, die in einer Formel verwendet werden, können verschiedene Fehler auftreten: z. B. Zirkelbezüge, Syntaxfehler oder logische Fehler. Excel hilft Ihnen in den meisten Fällen bei der Fehlersuche bzw. -korrektur. Hierzu werden spezifische Dialogfenster eingeblendet oder Fehlerwerte in den betreffenden Zellen angezeigt.

### Zirkelbezüge

Ein Zirkelbezug entsteht, wenn sich eine Formel bzw. Funktion auf sich selbst bezieht. Beispielsweise enthält die Formel =A1+1, wenn sie in die Zelle A1 eingegeben wird, einen Zirkelbezug.

Oft entstehen Zirkelbezüge durch Änderungen in der Tabellenstruktur, etwa wenn Zellbereiche, Spalten, Zeilen oder Zellinhalte gelöscht bzw. neu eingefügt werden.

Im Folgenden wird die Entstehung eines Zirkelbezugs exemplarisch dargestellt:

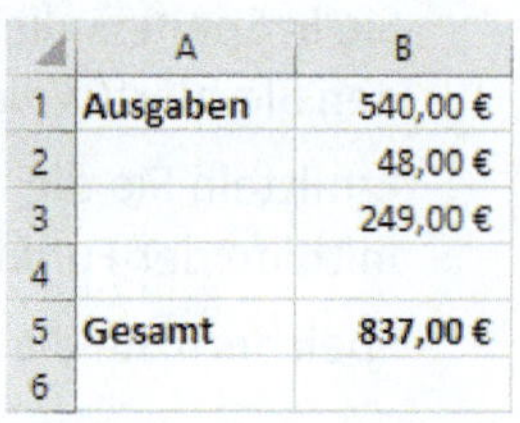


- In der abgebildeten Tabelle werden in Zelle B5 die Werte des Bereichs B1:B4 mit einer Summenfunktion addiert.
- Verschieben Sie nun den Inhalt der Ergebniszelle nach oben, um die Leerzeile zu füllen, entsteht ein Zirkelbezug. Die Funktion befindet sich nun nämlich in einer Zelle, deren Zellbezug (B4) Teil der Argumente (B1:B4) derselben Funktion ist. Dadurch kann keine Berechnung durchgeführt werden.

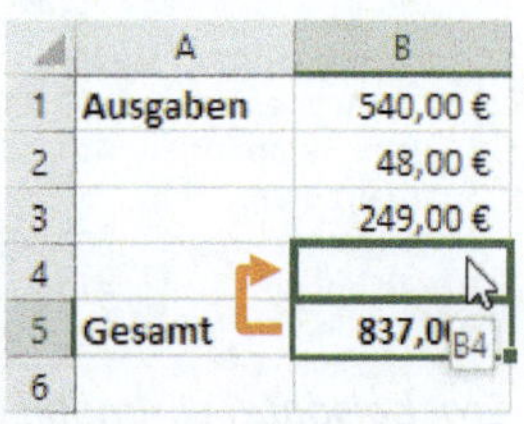


Excel blendet eine entsprechende Warnmeldung ein:

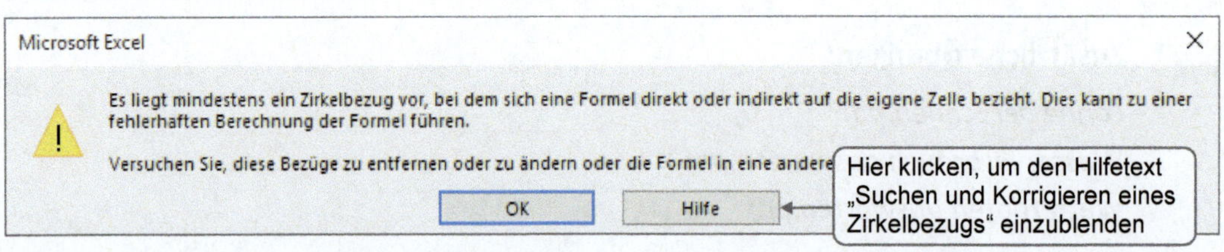

### Zirkelbezüge aufheben

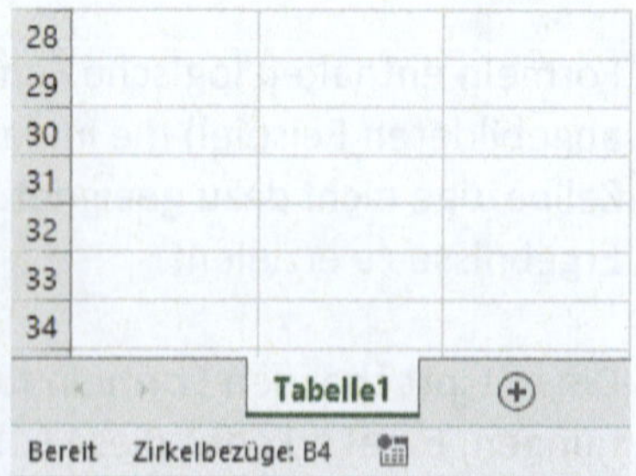


- Bestätigen Sie die Warnmeldung mit *OK*.
  In der Statusleiste werden der Text *Zirkelbezüge* und der Zellbezug innerhalb der Formel angezeigt, die den Zirkelbezug enthält.
- Markieren Sie in der fehlerhaften Formel die **Bereichsangabe**, die den Zirkelbezug verursacht, im Beispiel *B1:B4*.
- Markieren Sie den neuen korrekten Zellbereich und bestätigen Sie mit ↵.

Befindet sich ein Zirkelbezug auf einem anderen als dem aktiven Tabellenblatt, wird nur der Text *Zirkelbezüge* in der Statusleiste eingeblendet.

## Syntaxfehler

Syntaxfehler beruhen auf Eingabefehlern (z. B. der Verwendung eines Kommas anstelle eines Semikolons) und werden sofort nach Beendigung der Eingabe von Excel erkannt.

- ✔ Enthält eine Funktion einen Syntaxfehler, wird der Fehler nach Bestätigen der Meldung mit *OK* in der Formel markiert.
- ✔ Die Syntax der betreffenden Funktion wird automatisch eingeblendet. Sie können den Fehler nun manuell korrigieren.

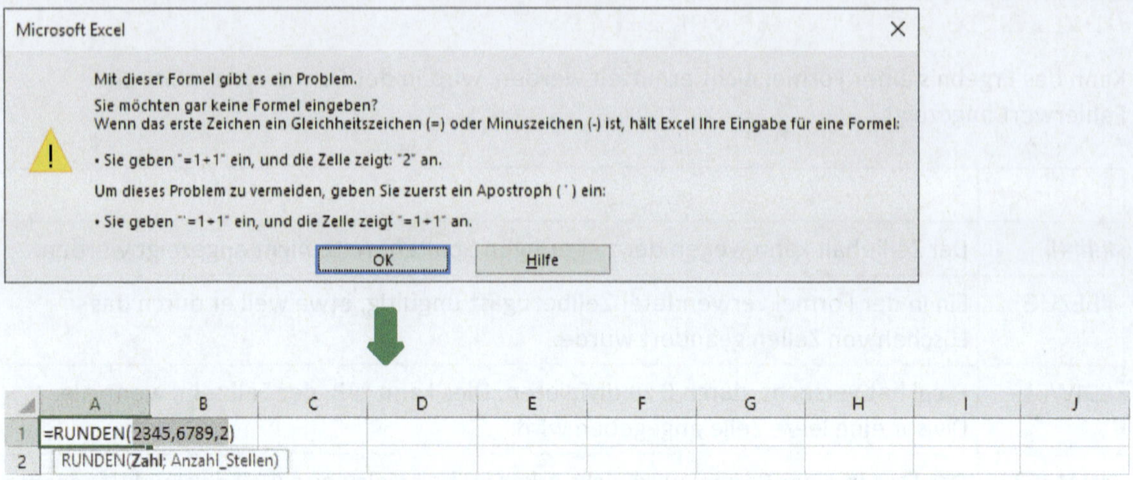


Bei einigen Fehlern blendet Excel über die Formel-AutoKorrektur ein zusätzliches Dialogfenster ein, in dem ein Korrekturvorschlag angeboten wird:

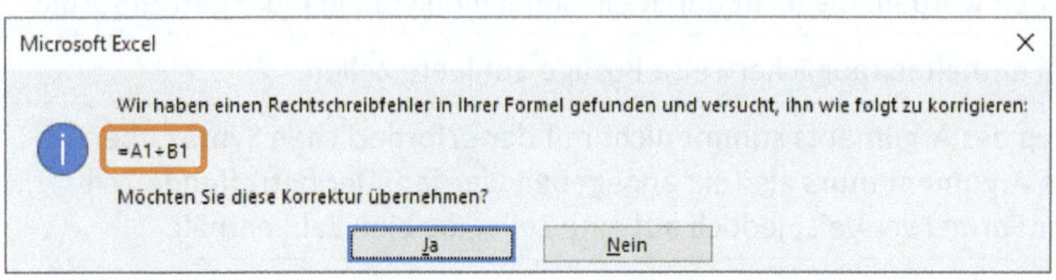


- ✔ Enthält der Vorschlag die gewünschte Lösung, können Sie die Formel mit *Ja* verbessern.
- ✔ Andernfalls müssen Sie die Formel manuell korrigieren.

## Logische Fehler

Formeln enthalten logische Fehler, wenn etwa (wie im abgebildeten Beispiel) die in der Formel verwendeten Zellbezüge nicht dazu geeignet sind, die gewünschten Ergebnisse zu erzielen.

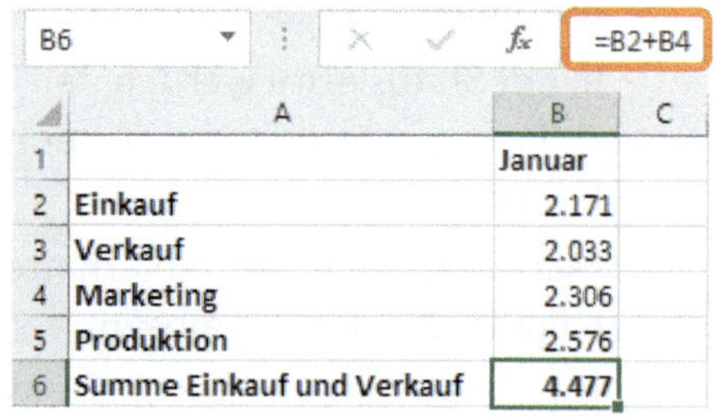


Die entsprechenden Formeln führen zu falschen Berechnungen. Excel erkennt diese Fehler meist **nicht**.

### Zellbezüge innerhalb einer Formel schnell kontrollieren

- Klicken Sie doppelt auf die Formelzelle (im Beispiel auf die Zelle B6).

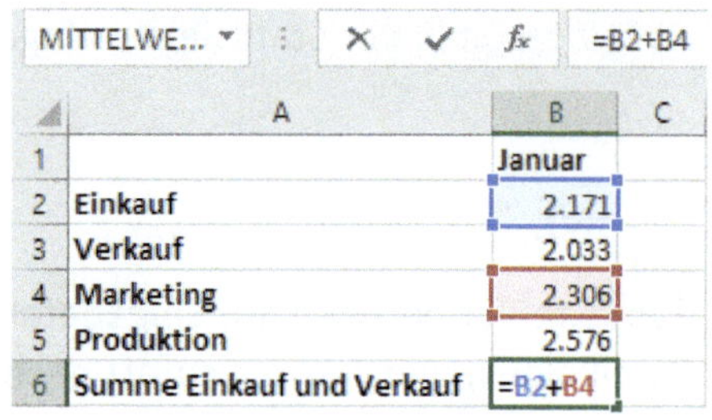


Anschließend werden die entsprechenden Zellen auf dem Tabellenblatt durch farbige Rahmen gekennzeichnet. Die zugehörigen Zellbezüge bzw. werden in der Formel in denselben Farben angezeigt.

# 8.2 Fehlerwerte in Formelzellen

## Angezeigte Fehlerwerte verstehen

Kann das Ergebnis einer Formel nicht ermittelt werden, wird in der Formelzelle meist ein Fehlerwert angezeigt.

| Fehlerwert | Mögliche Fehlerursachen |
|---|---|
| ##### | Der Zellinhalt kann wegen der zu geringen Spaltenbreite nicht angezeigt werden. |
| #BEZUG! | Ein in der Formel verwendeter Zellbezug ist ungültig, etwa weil er durch das Löschen von Zellen geändert wurde. |
| #DIV/0! | Excel hat versucht, durch 0 zu dividieren. Dies kann z. B. der Fall sein, wenn als Divisor eine leere Zelle angegeben wird. |
| #NAME? | Der Text in einer Formel wird nicht erkannt, beispielsweise weil der Funktionsname falsch geschrieben wurde. |
| #NULL! | Zellbezüge können nicht gefunden werden, z. B. weil als Argumente mehrere Bereiche angegeben werden, die nicht durch ein Semikolon voneinander getrennt sind. |
| #NV | Die Formeln enthalten möglicherweise Bezüge auf leere Zellen. |
| #WERT! | Der Datentyp des Arguments stimmt nicht mit der erforderlichen Syntax überein. Beispiel: Ein Argument muss als Text angegeben werden. Der betreffende Zellbezug in der Formel verweist jedoch auf eine Zelle, die eine Zahl enthält. |
| #ZAHL! | Die Formel enthält ungültige numerische Werte. Kontrollieren Sie, ob die Argumente in den vorgeschriebenen Zahlenbereichen (z. B. zwischen 0 und 1) liegen. |

 

## Schaltfläche zur Fehlerkorrektur nutzen

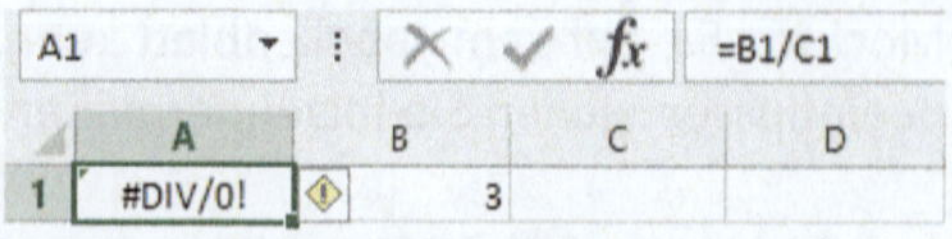


In der Zelle, in der ein Fehlerwert eingeblendet wird, wird auch ein kleines grünes Dreieck in der linken oberen Ecke angezeigt (außer beim Fehlerwert #####).

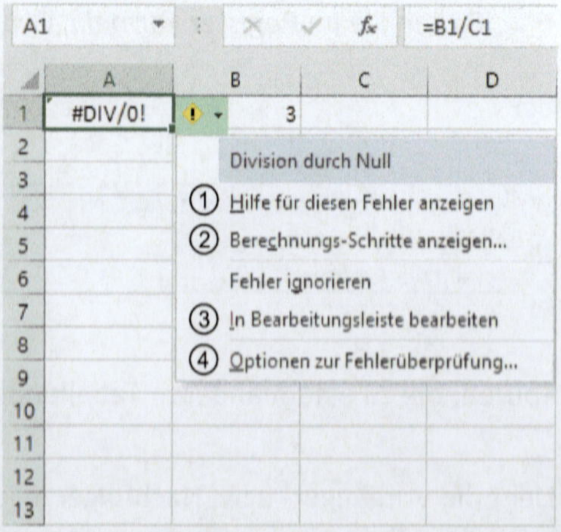


Wenn Sie eine solche Zelle aktivieren, erscheint die Schaltfläche. Durch Anklicken der Schaltfläche lässt sich eine Liste einblenden, in der Ihnen verschiedene Möglichkeiten zur Fehlerprüfung bzw. -korrektur zur Verfügung stehen.

Sie können beispielsweise ...

- weitere Informationen zum Fehler aus der Excel-Hilfe anzeigen ①,
- die Formel schrittweise auswerten ②,
- den Fehler direkt in der Bearbeitungsleiste verbessern ③.

Wenn Sie den Eintrag ④ anklicken, können Sie im Dialogfenster *Excel-Optionen* kontrollieren, welche Regeln Excel zur Fehlerüberprüfung verwendet. Hier lassen sich die betreffenden Regeln auch direkt durch Aktivieren bzw. Deaktivieren der unten abgebildeten Kontrollfelder ändern.

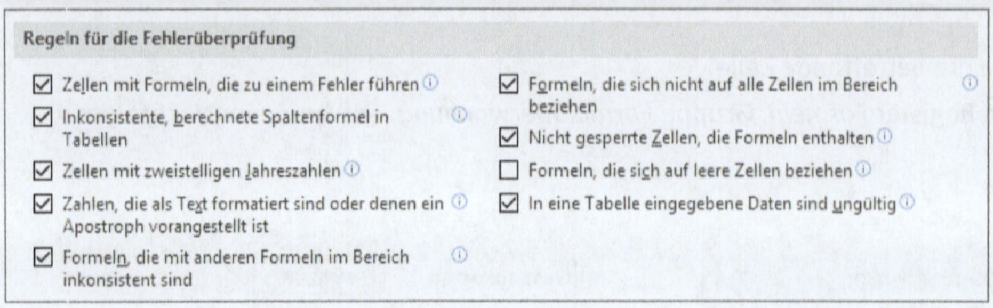


# 8.3 Formelüberwachung verwenden

**Plus** **Beispieldatei:** *Formelüberwachung.xlsx*

## Beziehungen zwischen Formel und Zellen anzeigen

Die Formelüberwachung bietet die Möglichkeit, vorhandene Beziehungen zwischen Formel und einzelnen Zellen anzuzeigen.

So lassen sich etwa die Zellen durch blaue **Spurpfeile** mit der Formelzelle verbinden, auf die die Formel für ihre Berechnungen zugreift.

## Spur zum Vorgänger einblenden

Möchten Sie auf dem Tabellenblatt kennzeichnen, welche Zellen das Ergebnis einer Formelzelle beeinflussen, gehen Sie folgendermaßen vor:

- Markieren Sie die Formelzelle.
- Klicken Sie im Register *Formeln*, Gruppe *Formelüberwachung*, auf *Spur zum Vorgänger*.

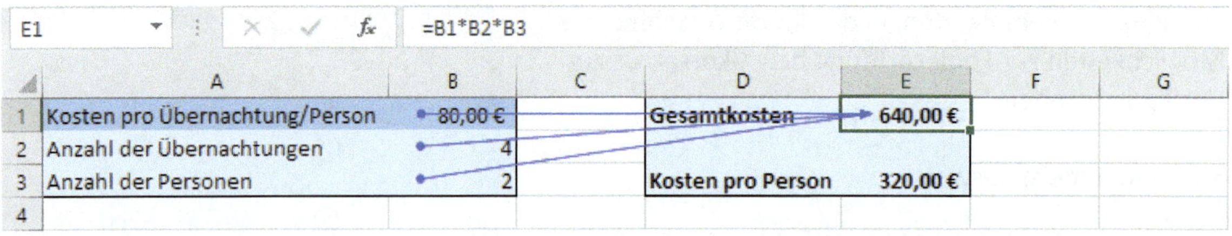


Spuren, die zu einem anderen Tabellenblatt führen, werden mit dem Symbol gekennzeichnet.

Liegt die Vorgänger- bzw. Nachfolgerzelle außerhalb des sichtbaren Tabellenbereichs, können Sie schnell zu diesen Zellen wechseln, indem Sie den betreffenden Spurpfeil doppelt anklicken.

## Spur zum Nachfolger einblenden

Sie können auf dem Tabellenblatt auch durch Spurpfeile darstellen, welche Zellen vom Wert einer markierten Zelle beeinflusst werden:

- Markieren Sie die betreffende Zelle.
- Klicken Sie im Register *Formeln*, Gruppe *Formelüberwachung*, auf *Spur zum Nachfolger*.

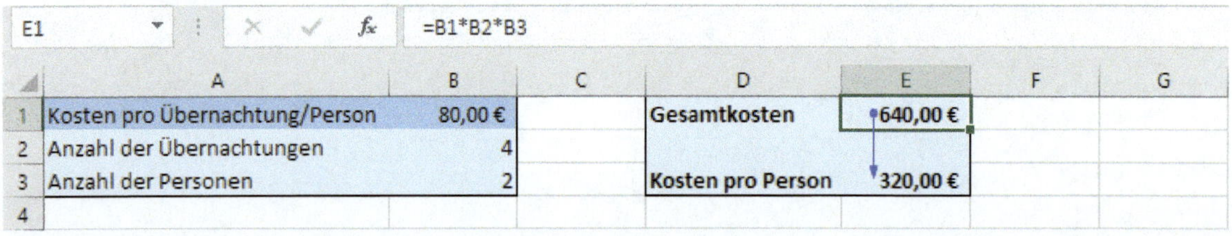


## Spur zum Fehler anzeigen

Enthält eine Zelle einen Fehlerwert, können Sie mithilfe von Spurpfeilen die Fehlerquelle suchen. Die Vorgängerzellen werden dabei durch Pfeile gekennzeichnet:

- Markieren Sie die Zelle mit dem Fehlerwert.
- Klicken Sie im Register *Formeln*, Gruppe *Formelüberwachung*, auf den Pfeil von *Fehlerüberprüfung* und wählen Sie in der geöffneten Liste *Spur zum Fehler*.

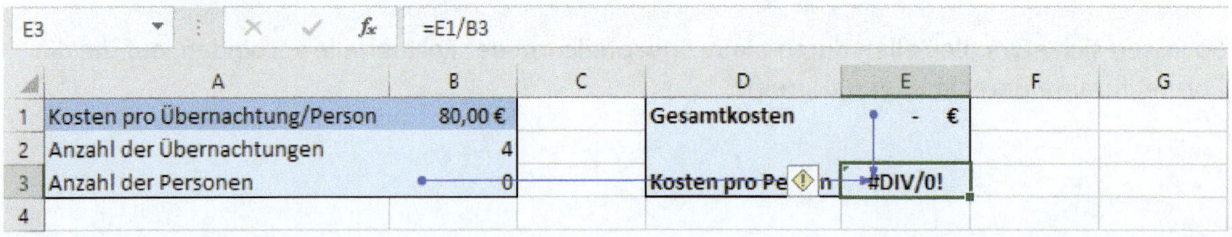


 

### Spurpfeile löschen

Beim Speichern einer Arbeitsmappe löscht Excel automatisch sämtliche vorhandenen Spurpfeile. Möchten Sie die Spurpfeile löschen, ohne die Arbeitsmappe zu speichern, gehen Sie so vor:

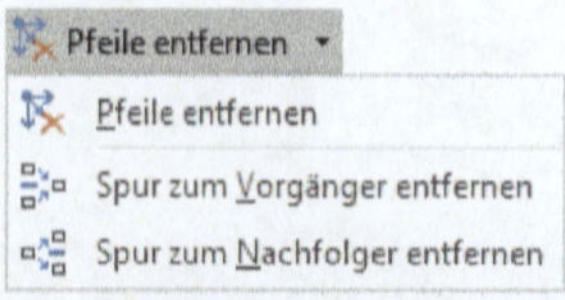


- Um alle Spurpfeile in einer Arbeitsmappe zu entfernen, klicken Sie im Register *Formeln*, Gruppe *Formelüberwachung*, direkt auf *Pfeile entfernen*.
- Möchten Sie einzelne Spuren zum Vorgänger bzw. Nachfolger entfernen, klicken Sie auf den Pfeil von *Pfeile entfernen* und wählen Sie in der geöffneten Liste den betreffenden Eintrag.

## 8.4 Übung

### Fuhrpark-Auswertung verbessern

| Level | | Zeit | ca. 10 min |
|---|---|---|---|
| Übungsinhalte | ✔ Fehler in Formeln korrigieren | | |
| Übungsdatei | *Fuhrpark-Auswertung.xlsx* | | |
| Ergebnisdatei | *Fuhrpark-Auswertung-E.xlsx* | | |

1. Öffnen Sie die Übungsdatei *Fuhrpark-Auswertung.xlsx*.
2. Korrigieren Sie die in den rot umrandeten Zellen vorhandenen Formelfehler.
3. Speichern Sie die Datei unter dem Namen *Fuhrpark-Auswertung-E.xlsx*.

| | A | B | C | D | E | F | G | H | I | J |
|---|---|---|---|---|---|---|---|---|---|---|
| 1 | Typ | Bezeichnung | Kennzeichen | Anfangsstand km | 1. Quartal km | 2. Quartal km | 3. Quartal km | 4. Quartal km | km pro Jahr | Schnitt (Quartal) |
| 2 | Lkw | Fiat 1,5 t | MZ-LL-132 | 45.670 | 8.567 | 12.378 | 8.420 | 9.100 | 38.465 | 9.616,25 |
| 3 | Lkw | MAN 2 t | MZ-EV-265 | 123.678 | 1.300 | 14.670 | 16.900 | 17.839 | 50.709 | 12.677,25 |
| 4 | Lkw | IVECO 13 t | MZ-PE-309 | 67.920 | 12.670 | 10.899 | 13.098 | 15.680 | 52.347 | 13.086,75 |
| 5 | Pkw | VW Golf | MZ-JU-433 | 34.567 | 1.087 | 889 | 658 | 1.102 | 3.736 | 934,00 |
| 6 | Pkw | VW Golf | MZ-TG-931 | 22.900 | 2.304 | 3.088 | 2.789 | 2.556 | 10.737 | 2.684,25 |
| 7 | Pkw | Mercedes 200 | MZ-SK-387 | 90.650 | 2.045 | 2.045 | 2.045 | 2.045 | 141.521 | 2.045,00 |
| 8 | | | | | | | | | | |
| 9 | Quartalsumme Lkw | | | | 22.537 | 37.947 | 38.418 | 42.619 | 141.521,00 | 35.380,25 |
| 10 | Quartalsumme Pkw | | | | 5.436 | 6.022 | 5.492 | 5.703 | 22.653,00 | 5.663,25 |

*Ergebnisdatei „Fuhrpark-Auswertung-E.xlsx"*

Plus **Zusätzliche Übungen:**

*Fehlerhafte Formeln korrigieren.pdf*

*Steuerberechnung überprüfen.pdf*

# 9

# Spezielle Funktionen einsetzen

## 9.1 Verschachtelte Funktionen erstellen

Plus **Beispieldatei:** *Verschachtelte Funktionen.xlsx*

### Basiswissen verschachtelte Funktionen

Als Argument einer Funktion können Sie auch das Ergebnis einer anderen Funktion, einer sogenannten verschachtelten Funktion, nutzen.

**Beispiel:** Sie möchten den Mittelwert des Bereichs B2:B5 ermitteln und das Ergebnis auf eine ganze Zahl runden. Diese Berechnungen lassen sich in einer einzigen Formel durchführen. Hierzu nutzen Sie die Funktionen RUNDEN(*Zahl;Anzahl_Stellen*) und MITTELWERT(*Zahl1;Zahl2;...*).

| | A | B | C |
|---|---|---|---|
| 1 | Klassenstufe | Anzahl Kinder | |
| 2 | 1. Klasse | 75 | |
| 3 | 2. Klasse | 89 | |
| 4 | 3. Klasse | 62 | |
| 5 | 4. Klasse | 71 | |
| 6 | Mittelwert (gerundet) | 74 | |
| 7 | | ↑ | |
| 8 | | =RUNDEN(MITTELWERT(B2:B5);0) | |
| 9 | | | |
| 10 | | | |

*Verschachtelte Funktion MITTELWERT*

Wichtig für die korrekte Berechnung ist die richtige Reihenfolge der Funktionen: Beschreiben Sie **zuerst** die Funktion, die **zuletzt** ausgeführt werden soll:

| | |
|---|---|
| 1. Der Wert soll gerundet werden, z. B. auf eine ganze Zahl. | =RUNDEN(*Zahl*;0) |
| 2. Der Mittelwert aus dem Bereich B2:B5 soll berechnet und anschließend auf eine ganze Zahl gerundet werden. | =RUNDEN(MITTELWERT(B2:B5);0)<br>Verschachtelte Funktion |

### Verschachtelte Funktionen manuell eingeben

| | A | B | C |
|---|---|---|---|
| 1 | Klassenstufe | Anzahl Kinder | |
| 2 | 1. Klasse | 75 | |
| 3 | 2. Klasse | 89 | |
| 4 | 3. Klasse | 62 | |
| 5 | 4. Klasse | 71 | |
| 6 | Mittelwert (gerundet) | =ru | |
| 7 | | RUNDEN | |

1. Zelle aktivieren, Gleichheitszeichen = und anschließend erste(n) Buchstaben des Namens der Funktion eingeben, die zuletzt ausgeführt werden soll
2. *RUNDEN* anklicken und Tab drücken

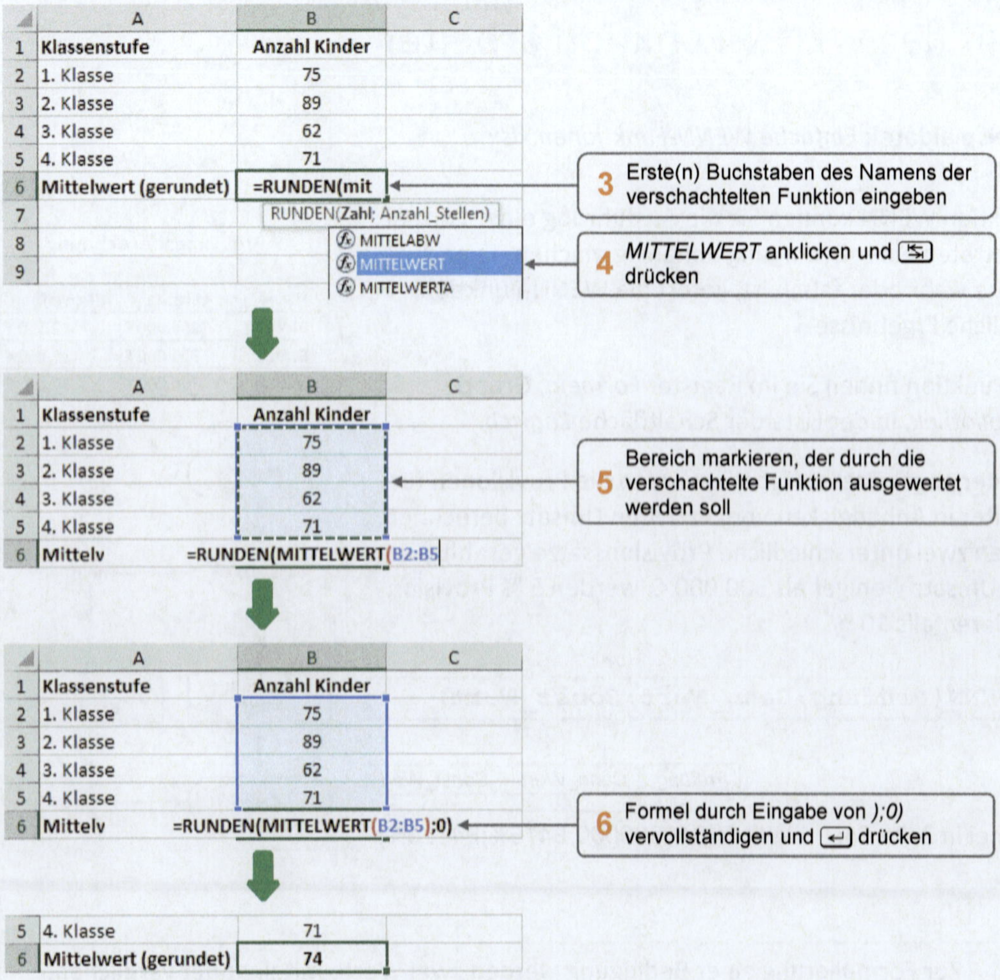


Um komplexere Berechnungen innerhalb einer Zelle durchzuführen, lassen sich Funktionen bei Bedarf auch mehrfach verschachteln. Dabei können Sie bei den verschachtelten Funktionen wiederum andere Funktionen als Argumente einsetzen.

## Berechnungen innerhalb (verschachtelter) Funktionen kontrollieren

Mit der Formelauswertung lassen sich Berechnungen von Funktionen Schritt für Schritt prüfen.

- Markieren Sie die Formelzelle und klicken Sie im Register *Formeln*, Gruppe *Formelüberwachung*, auf *Formelauswertung*.
- Klicken Sie im abgebildeten Dialogfenster auf *Auswerten*, um den im Bereich *Auswertung* unterstrichenen Teil der Formel zu berechnen.
- Wiederholen Sie die Auswertung bei Bedarf für weitere Bestandteile der übergeordneten Funktion und beenden Sie die Formelauswertung mit *Schließen*.

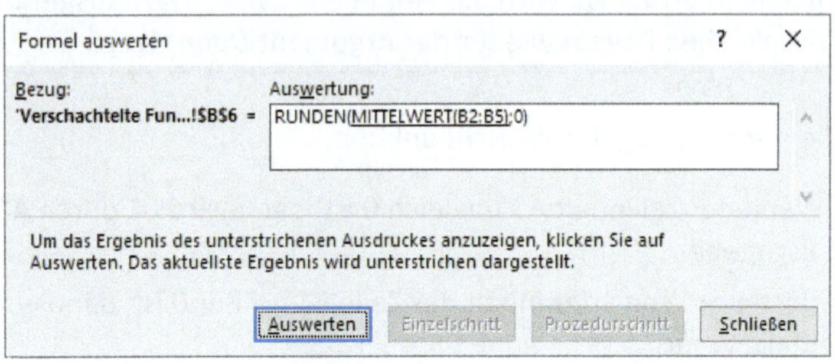

## 9.2 Mit der WENN-Funktion arbeiten

Plus **Beispieldatei:** *Einfache WENN-Funktionen.xlsx*

Mit der Funktion WENN können Sie die Ausführung einer Formel von dem Eintreten einer Bedingung abhängig machen. Je nachdem, ob diese wahr oder falsch ist, liefert die WENN-Funktion unterschiedliche Ergebnisse.

| | A | B | C |
|---|---|---|---|
| 1 | Provisionsberechnung | | |
| 2 | | | |
| 3 | Name | Umsatz | Provision |
| 4 | Blohme | 250.000 € | 12.500 € |
| 5 | Schulz | 350.000 € | 35.000 € |
| 6 | Müller | 300.000 € | 30.000 € |

Die WENN-Funktion finden Sie im Register *Formeln*, Gruppe *Funktionsbibliothek*, in der Liste der Schaltfläche *Logisch*.

**Beispiel:** In der abgebildeten Tabelle werden die Provisionen für die Mitarbeiter in Abhängigkeit vom erzielten Umsatz berechnet. Dabei werden zwei unterschiedliche Provisionssätze gezahlt: Beträgt der Umsatz weniger als 300.000 €, werden 5 % Provision gezahlt, anderenfalls 10 %.

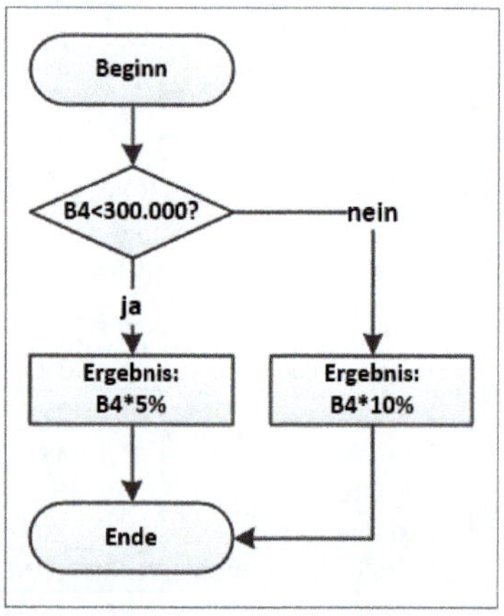


Syntax: **WENN(*Prüfung;Dann_Wert;Sonst_Wert*)**

Prüfung | Dann_Wert | Sonst_Wert

Beispielformel in Zelle C4: =WENN(B4<300000;B4*5%;B4*10%)

| Argument | Erläuterung |
|---|---|
| *Prüfung* (Bedingung) | Zur Formulierung einer Bedingung werden zwei Werte miteinander verglichen. Hierzu verwenden Sie Vergleichsoperatoren:<br>✔ = (gleich) ✔ < (kleiner) ✔ <= (kleiner oder gleich)<br>✔ <> (ungleich) ✔ > (größer) ✔ >= (größer oder gleich)<br>Das Ergebnis einer Prüfung wird mit den Wahrheitswerten *Wahr* (= Bedingung erfüllt) bzw. *Falsch* (Bedingung nicht erfüllt) ausgedrückt. |
| *Dann_Wert* | Wenn die Bedingung erfüllt ist, wird das Argument *Dann_Wert* ausgeführt.<br>✔ Als Argument *Dann_Wert* können Sie einen Wert (z. B. eine Zahl oder Text) oder eine Formel einsetzen.<br>✔ Soll in der Ergebniszelle ein Text ausgegeben werden, müssen Sie diesen im Argument *Dann_Wert* in Anführungszeichen setzen (z. B. "keine Provision").<br>✔ Soll das Ergebnis eine leere Zelle sein, tragen Sie als Argument *Dann_Wert* zwei Anführungszeichen direkt hintereinander ein (""). |
| *Sonst_Wert* | Wenn die Bedingung nicht erfüllt ist, wird das Argument *Sonst_Wert* ausgeführt. Für dieses gelten die gleichen Regeln wie für das Argument *Dann_Wert*. |

Hier zwei **weitere Beispiele** für die Verwendung der WENN-Funktion:

- =WENN(A1<>0;B1/A1;0) → Wenn der Zellinhalt A1 ungleich 0 ist, dann wird B1 durch A1 dividiert; ansonsten wird 0 ausgegeben.
- =WENN(B1>0;"Gewinn";"Verlust") → Wenn der Inhalt der Zelle B1 größer 0 ist, dann wird *Gewinn* ausgegeben, anderenfalls *Verlust*.

 

## 9.3 Verschachtelte WENN-Funktionen einsetzen

**Plus** **Beispieldatei:** *Verschachtelte WENN-Funktionen.xlsx*

### WENN-Funktionen verschachteln

Manche Problemstellungen erfordern mehrere Bedingungen. In solchen Fällen müssen WENN-Funktionen ineinander verschachtelt werden.

| | A | B | C |
|---|---|---|---|
| 1 | Provisionsberechnung | | |
| 2 | | | |
| 3 | Name | Umsatz | Provision |
| 4 | Blohme | 250.000 € | 25.000 € |
| 5 | Schulz | 150.000 € | 7.500 € |
| 6 | Müller | 30.000 € | 0 € |

Zur Berechnung der nebenstehend abgebildeten Provisionen werden beispielsweise folgende Bedingungen aufgestellt:

| | | | |
|---|---|---|---|
| **WENN** | Umsatz kleiner 50.000 € | → **DANN** | keine Provision |
| → **SONST WENN** | Umsatz kleiner 200.000 € | → **DANN** | 5 % des Umsatzes |
| → **SONST** | 10 % des Umsatzes | | |

*Prüfung 1* | *Dann_Wert 1* | *Prüfung 2* | *Dann_Wert 2* | *Sonst_Wert 2*

Beispielformel in Zelle C4: =WENN(B4<50000;0;WENN(B4<200000;B4*5%;B4*10%))

*Sonst_Wert 1*

- Die äußere WENN-Funktion stellt die Bedingung B4<50000. Ist die Bedingung erfüllt, wird eine 0 ausgegeben.
- Wenn die Bedingung B4<50000 nicht erfüllt ist, wird das Argument *Sonst_Wert* durchgeführt, das aus einer weiteren WENN-Funktion besteht.
- Die zweite WENN-Funktion stellt die Bedingung B4<200000.

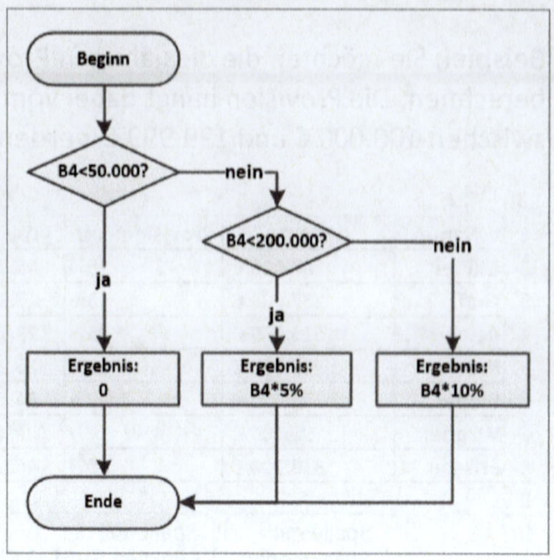


Zwei mögliche Ergebnisse erfordern eine Bedingung (eine WENN-Funktion); drei mögliche Ergebnisse erfordern zwei Bedingungen (zwei verschachtelte WENN-Funktionen). Sie können bei Bedarf bis zu 64 WENN-Funktionen ineinander verschachteln.

### Mehrere Bedingungen verknüpfen

Mithilfe der Funktionen UND bzw. ODER lassen sich mehrere Bedingungen miteinander verknüpfen. Die Funktionen werden dabei als Argument *Prüfung* in die WENN-Funktion eingefügt.

Die Funktion **UND** liefert als Ergebnis den Wahrheitswert *Wahr*, wenn **alle** Bedingungen erfüllt sind.

Syntax: **UND(*Wahrheitswert1;Wahrheitswert2;...*)**

Beispiel: Wenn der Wert in Zelle A1 zwischen 20.000 und 30.000 liegt, soll in die Ergebniszelle *Ok*, ansonsten *Nachfragen* eingetragen werden.

| | A | B | C | D | E | F | G | H |
|---|---|---|---|---|---|---|---|---|
| 1 | 19.999 | Nachfragen | ← | =WENN(**UND(A1>=20000;A1<=30000)**;"Ok";"Nachfragen") | | | | |

Die Funktion **ODER** liefert als Ergebnis den Wahrheitswert *Wahr*, wenn **mindestens eine** der Bedingungen erfüllt ist.

Syntax: `ODER(Wahrheitswert1;Wahrheitswert2;...)`

Beispiel: Wenn in Zelle A1 nichts oder eine 0 eingetragen ist, soll in der Ergebniszelle *Keine Werte eingetragen* ausgegeben werden, ansonsten soll die Ergebniszelle leer bleiben.

| | A | B | C | D | E | F | G | H |
|---|---|---|---|---|---|---|---|---|
| 1 | 0 | Keine Werte eingetragen | ⟵ | =WENN(**ODER(A1="";A1=0)**;"Keine Werte eingetragen";"") | | | | |

# 9.4 SVERWEIS und WVERWEIS

**Plus** **Beispieldatei:** *SVERWEIS_WVERWEIS.xlsx*

Manchmal hängt das Ergebnis einer Berechnung von einer **Vielzahl verschiedener Kriterien** ab. Für solche Berechnungen setzen Sie die Funktion SVERWEIS bzw. WVERWEIS ein. Sie finden die Funktionen im Register *Formeln*, Gruppe *Funktionsbibliothek*, unter *Nachschlagen und Verweisen*.

## SVERWEIS

**Beispiel:** Sie möchten die diesjährigen Provisionen für die Außendienstmitarbeiter Ihrer Firma berechnen. Die Provision hängt dabei vom jeweils erzielten Umsatz ab. Bei einem Umsatz zwischen 100.000 € und 199.999 € werden z. B. 5 % des erzielten Umsatzes als Provision gezahlt.

| | A | B | C | D | E | F | G | H | I |
|---|---|---|---|---|---|---|---|---|---|
| 1 | Name | Umsatz | Provisionssatz | Provision | | Provisionstabelle | | | |
| 2 | Müller | 300.000 € | 15% | 45.000 € | | Umsatz | Provisionssatz | | |
| 3 | Graf | 157.000 € | 5% | 7.850 € | | 100.000 € | 5% | | |
| 4 | Reich | 515.000 € | 25% | 128.750 € | | 200.000 € | 10% | | |
| 5 | Klos | 262.000 € | 10% | 26.200 € | | 300.000 € | 15% | | |
| 6 | Bieber | 473.000 € | 20% | 94.600 € | | 400.000 € | 20% | | |
| 7 | Wagner | 98.000 € | #NV | #NV | | 500.000 € | 25% | | |
| 8 | Erikson | 310.000 € | 15% | 46.500 € | | | | | |
| 9 | | | | | | | | | |
| 10 | | | | | | | | | |
| 11 | | | | | | | | | |

Spalte mit *Suchkriterien* (Spalte B)
Spalte mit der Funktion SVERWEIS (Spalte C)
*Matrix* (Suchbereich) (F3:G7)
*Spaltenindex*

Syntax: `SVERWEIS(Suchkriterium;Matrix;Spaltenindex;Bereich_Verweis)`

*Suchkriterium* | *Matrix* | *Spaltenindex*

Beispielformel (in Zelle C2): =SVERWEIS(B2;$F$3:$G$7;2)

- Die Funktion SVERWEIS durchsucht die **erste Spalte** der *Matrix* (Bereich $F$3:$G$7) nach dem *Suchkriterium* (Wert in Zelle B2).
- Als Ergebnis liefert die Funktion den zugehörigen Wert in der – im Argument *Spaltenindex* angegebenen – Spalte der Matrix (Spalte Nr. 2).
- Das Argument *Matrix* wird hier als absoluter Bezug angegeben, damit die Formel problemlos kopiert werden kann.

| Argument | Erläuterung |
|---|---|
| *Suchkriterium* | Der Wert, der in der **ersten Spalte** des im Argument *Matrix* festgelegten Bereichs ermittelt werden soll |
| *Matrix* | Bereich, in dem die gesuchten Informationen (Suchkriterium und korrespondierender Wert) nachgeschlagen werden |
| *Spaltenindex* | Gibt innerhalb des im Argument *Matrix* festgelegten Bereichs die Nummer der Spalte an, aus welcher der entsprechende Wert als Ergebnis übernommen werden soll |
| *Bereich_Verweis* (muss nicht angegeben werden) | Legt fest, wie die Werte im zu durchsuchenden Bereich (Argument *Matrix*) angeordnet sein müssen:<br>**Fall 1:** Das Argument wird **nicht** angegeben bzw. der Wahrheitswert *Wahr* wird als Argument eingesetzt.<br>✔ Die **Einträge in der ersten Spalte** der Matrix müssen **aufsteigend sortiert** sein.<br>✔ Findet die Funktion keinen Wert, der exakt mit dem Suchkriterium (z. B. 262.000 €) übereinstimmt, wird automatisch der nächstkleinere Wert (z. B. 200.000 €) genutzt und der hierzu korrespondierende Wert in der Indexspalte (z. B. 10 %) als Ergebnis ausgegeben.<br>✔ Ist das Suchkriterium kleiner als der erste Eintrag der Matrix, erscheint der Fehlerwert #NV. Diesen Fehler können Sie mit einem sehr kleinen ersten Wert in der ersten Spalte der Matrix (z. B. 0) vermeiden.<br>**Fall 2:** Als Argument wird der Wahrheitswert *Falsch* eingesetzt.<br>✔ Die **Einträge in der ersten Spalte** der Matrix können **unsortiert** sein.<br>✔ Excel durchsucht die Matrix in diesem Fall nach einer exakten Übereinstimmung mit dem Suchkriterium.<br>✔ Wird der identische Wert nicht gefunden, erscheint der Fehlerwert #NV. |

## WVERWEIS

Die Funktion WVERWEIS arbeitet ähnlich wie die Funktion SVERWEIS. Der einzige Unterschied besteht darin, dass bei der Funktion WVERWEIS die **erste Zeile** einer Matrix nach einem festgelegten Suchkriterium durchsucht wird.

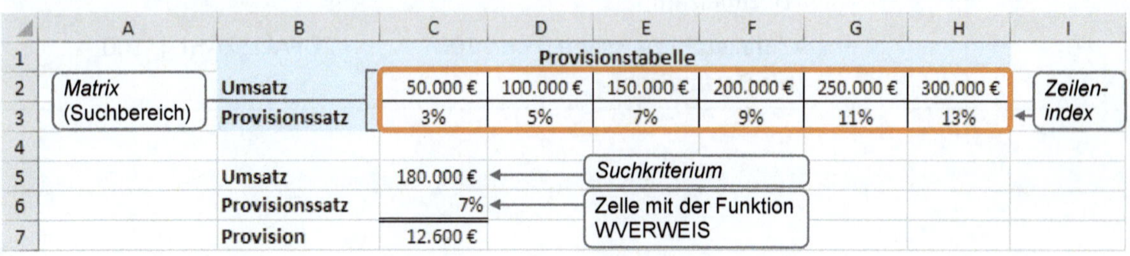


Syntax: **WVERWEIS(*Suchkriterium*;*Matrix*;*Zeilenindex*;**Bereich_Verweis**)**

*Suchkriterium* *Matrix* *Zeilenindex*

Beispielformel (in Zelle C6): =WVERWEIS(C5;$C$2:$H$3;2)

## 9.5 Nützliche mathematische Funktionen

Sie finden die mathematischen Funktionen im Register *Formeln*, Gruppe *Funktionsbibliothek*, unter *Mathematik und Trigonometrie*.

| Funktion | Argumente | Erläuterung | Beispielformel | Ergebnis |
|---|---|---|---|---|
| EXP | *Zahl* | Exponentialfunktion: e hoch Zahl | =EXP(8) | 2980,96 |
| FAKULTÄT | *Zahl* | Fakultät der Zahl | =FAKULTÄT(4) | 24 |
| GERADE | *Zahl* | Die Zahl wird auf die nächste gerade ganze Zahl gerundet. Ganze gerade Zahlen werden dabei nicht verändert. | =GERADE(2)<br>=GERADE(2,5)<br>=GERADE(-2,5) | 2<br>4<br>-4 |
| UNGERADE | *Zahl* | Die Zahl wird auf die nächste ungerade ganze Zahl gerundet. Ganze gerade Zahlen werden dabei nicht verändert. | =UNGERADE(2)<br>=UNGERADE(2,5)<br>=UNGERADE(-2,5) | 3<br>3<br>-3 |
| KÜRZEN | *Zahl;Anzahl_Stellen* | Schneidet die Nachkommastellen ab | =KÜRZEN(15,8) | 15 |
| LN | *Zahl* | Natürlicher Logarithmus zur Basis e | =LN(45) | 3,81 |
| LOG | *Zahl;Basis* | Logarithmus der Zahl zur angegebenen Basis; ohne Angabe der Basis wird 10 als Basiswert genommen. | =LOG(33;5)<br>=LOG(33) | 2,17<br>1,52 |
| PI | *Keine* | Die Kreiszahl Pi (3,1415926 ...) | =PI() | 3,14 |
| WURZEL | *Positive Zahl* | Quadratwurzel der Zahl | =WURZEL(4) | 2 |
| ZUFALLS-BEREICH | *Untere_Zahl; Obere_Zahl* | Liefert nach jeder Neuberechnung eine ganzzahlige Zufallszahl in dem Bereich zwischen den angegebenen Zahlen | =ZUFALLSBEREICH(0;100)<br>=ZUFALLSBEREICH(30;50) | |
| ZUFALLS-ZAHL | *Keine* | Liefert nach jeder Neuberechnung eine ...<br>Zufallszahl zwischen 0 und 1 als Dezimalzahl<br>Zufallszahl zwischen 0 und 100 als Dezimalzahl | <br>=ZUFALLSZAHL()<br>=ZUFALLSZAHL()*100 | |

# 9.6 Übungen

## Übung 1: Bonus für erfolgreiche Mitarbeiter ermitteln

| Level | | Zeit | ca. 10 min |
|---|---|---|---|
| Übungsinhalte | ✔ WENN-Funktion einsetzen | | |
| Übungsdatei | *Bonus.xlsx* | | |
| Ergebnisdatei | *Bonus-E.xlsx* | | |

1. Öffnen Sie die Übungsdatei *Bonus.xlsx*.

| | A | B | C | D | E | F | G | H |
|---|---|---|---|---|---|---|---|---|
| 1 | Bonus für erzielte Umsätze | | | | | | | |
| 2 | | | | | | | | |
| 3 | Filiale | Filialleiter/in | Jahresumsatz | Bonus | | Bonusstaffel | | |
| 4 | Berlin | Fr. Heine | 280.000 € | | | | Betrag | Bonus |
| 5 | Frankfurt | Hr. Schrenk | 549.000 € | | | unter | 300.000 € | 0% |
| 6 | Innsbruck | Hr. Wulf | 310.000 € | | | ab | 300.000 € | 2% |
| 7 | Ludwigshafen | Hr. Böning | 250.000 € | | | | | |
| 8 | München | Fr. Seifert | 405.000 € | | | | | |
| 9 | Zürich | Fr. Warnecke | 647.000 € | | | | | |
| 10 | | | | | | | | |

*Übungsdatei „Bonus.xlsx"*

2. Bei einem Jahresumsatz von mindestens 300.000 € soll der Bonus 2 % betragen. Bei einem geringeren Jahresumsatz soll kein Bonus (0 %) bezahlt werden. Berechnen Sie in Spalte D mithilfe der WENN-Funktion den Prozentsatz, den die Filialleiter erhalten.
3. Speichern Sie die Datei unter dem Namen *Bonus-E.xlsx*.

Sie können die Prozentzahl auch direkt in die Formel schreiben. Warum ist es von Vorteil, dass die Prozentzahl in einer gesonderten Zelle steht?

| | A | B | C | D | E | F | G | H |
|---|---|---|---|---|---|---|---|---|
| 1 | Bonus für erzielte Umsätze | | | | | | | |
| 2 | | | | | | | | |
| 3 | Filiale | Filialleiter/in | Jahresumsatz | Bonus | | Bonusstaffel | | |
| 4 | Berlin | Fr. Heine | 280.000 € | 0% | | | Betrag | Bonus |
| 5 | Frankfurt | Hr. Schrenk | 549.000 € | 2% | | unter | 300.000 € | 0% |
| 6 | Innsbruck | Hr. Wulf | 310.000 € | 2% | | ab | 300.000 € | 2% |
| 7 | Ludwigshafen | Hr. Böning | 250.000 € | 0% | | | | |
| 8 | München | Fr. Seifert | 405.000 € | 2% | | | | |
| 9 | Zürich | Fr. Warnecke | 647.000 € | 2% | | | | |
| 10 | | | | | | | | |

*Ergebnisdatei „Bonus-E.xlsx"*

## Übung 2: Gestaffelten Bonus ermitteln

| | | | |
|---|---|---|---|
| Level | | Zeit | ca. 15 min |
| Übungsinhalte | ✔ WENN-Funktion verschachteln<br>✔ Funktion UND einsetzen | | |
| Übungsdatei | *Bonus2.xlsx* | | |
| Ergebnisdatei | *Bonus2-E.xlsx* | | |

1. Öffnen Sie die Übungsdatei *Bonus2.xlsx* und aktivieren Sie das Tabellenblatt *Umsatz*.
2. Bei einem Jahresumsatz von mindestens 300.000 € soll der Bonus 2 % betragen. Bei einem Jahresumsatz von mindestens 500.000 € soll der Bonus 3 % betragen. Ansonsten soll kein Bonus (0 %) bezahlt werden. Berechnen Sie in Spalte D mithilfe einer verschachtelten WENN-Funktion den Prozentsatz, den die Filialleiter erhalten.
3. Speichern Sie die Datei unter dem Namen *Bonus2-E.xlsx*.

| | A | B | C | D | E | F | G | H |
|---|---|---|---|---|---|---|---|---|
| 1 | Bonus für erzielte Umsätze | | | | | | | |
| 2 | | | | | | | | |
| 3 | **Filiale** | **Filialleiter/in** | **Jahresumsatz** | **Bonus** | | **Bonusstaffel** | | |
| 4 | Berlin | Fr. Heine | 280.000 € | 0% | | | Betrag | Bonus |
| 5 | Frankfurt | Hr. Schrenk | 549.000 € | 3% | | unter | 300.000 € | 0% |
| 6 | Innsbruck | Hr. Wulf | 310.000 € | 2% | | ab | 300.000 € | 2% |
| 7 | Ludwigshafen | Hr. Böning | 250.000 € | 0% | | ab | 500.000 € | 3% |
| 8 | München | Fr. Seifert | 405.000 € | 2% | | | | |
| 9 | Zürich | Fr. Warnecke | 647.000 € | 3% | | | | |

*Ergebnisdatei „Bonus2-E.xlsx", Tabellenblatt „Umsatz"*

4. Aktivieren Sie in der Datei *Bonus2-E.xlsx* das Tabellenblatt *Alter*.
5. Neuerdings erhalten die Filialleiter nur noch einen Bonus, wenn sie die bisherigen Kriterien erfüllen und mindestens 45 Jahre alt sind. Um die entsprechenden Bedingungen abzufragen, können Sie diese innerhalb einer WENN-Funktion mit der Funktion UND verknüpfen.
6. Speichern Sie die Datei erneut unter dem Namen *Bonus2-E.xlsx*.

| | A | B | C | D | E | F | G | H | I |
|---|---|---|---|---|---|---|---|---|---|
| 1 | Bonus für erzielte Umsätze | | | | | | **Bonusstaffel** | | |
| 2 | | | | | | | | Betrag | Bonus |
| 3 | **Filiale** | **Filialleiter/in** | **Alter** | **Jahresumsatz** | **Bonus** | | unter | 300.000 € | 0% |
| 4 | Berlin | Fr. Heine | 37 | 280.000 € | 0% | | ab | 300.000 € | 2% |
| 5 | Frankfurt | Hr. Schrenk | 55 | 549.000 € | 3% | | ab | 500.000 € | 3% |
| 6 | Innsbruck | Hr. Wulf | 48 | 310.000 € | 2% | | | | |
| 7 | Ludwigshafen | Hr. Böning | 42 | 250.000 € | 0% | | **Bonusstaffel** | | |
| 8 | München | Fr. Seifert | 34 | 405.000 € | 0% | | | Alter | |
| 9 | Zürich | Fr. Warnecke | 51 | 647.000 € | 3% | | ab | 45 | |

*Ergebnisdatei „Bonus2-E.xlsx", Tabellenblatt „Alter"*

Plus **Zusätzliche Übungen:**

*Bearbeitungsgebühr anmahnen.pdf*

*Endnoten ermitteln.pdf*

*Prämien berechnen.pdf*

*Preistabelle auslesen.pdf*

 

# 10 Zeitberechnungen durchführen

## 10.1 Basiswissen Zeitberechnungen

Plus **Beispieldatei:** *Einfache Zeitberechnungen.xlsx*

Um mit Datumsangaben rechnen zu können, zählt Excel intern jeden Tag mit einer fortlaufenden ganzen Zahl. Die App geht dabei standardmäßig von dem 01.01.1900 aus, dem die Zahl 1 zugeordnet ist. Folglich wird bei Berechnungen z. B. für den 05.01.1900 die Zahl 5 bzw. für den 12.01.2016 die Zahl 42381 verwendet.

| | A | B | C |
|---|---|---|---|
| 1 | Zeitangabe | Anzeige (Zeitformat) | Interne Zahl (Standardformat) |
| 2 | Datum | 12.01.2016 | 42381 |
| 3 | Uhrzeit | 16:02 | 0,668055556 |
| 4 | Datum und Uhrzeit | 12.01.2016 16:02 | 42381,66806 |

Damit Excel mit Uhrzeiten rechnen kann, nutzt die App für diese Zeitangaben Dezimalzahlen.

### Einfache Berechnungen mit Zeitangaben durchführen

Für einfache Berechnungen mit Zeitangaben müssen Sie in Formeln ...

- **Datumsangaben** in Anführungszeichen setzen,
- **Stunden** und **Minuten** in Anführungszeichen setzen,
- **Tage** als Zahl eingeben (ohne Anführungszeichen).

Sie können in den Formeln auch wie gewohnt Zellbezüge auf die Zellen verwenden, in denen sich die Zeitangaben befinden.

<table>
<tr><th>Sie möchten ...</th><th>Beispiel</th><th>Berechnung</th></tr>
<tr><td rowspan="2">einen Zeitpunkt ermitteln</td><td>Sie möchten in 17 Tagen eine Überweisung tätigen.<br><br>Formel: ="Datum"+Tage</td><td><table><tr><th></th><th>A</th><th>B</th></tr><tr><td>1</td><td>Heute</td><td>Tag der Überweisung</td></tr><tr><td>2</td><td>04.01.2016</td><td>21.01.2016</td></tr><tr><td>3</td><td></td><td>↑</td></tr><tr><td>4</td><td></td><td>=A2+17</td></tr></table></td></tr>
<tr><td>Wann endet eine 2,5-stündige Konferenz, die um 15:35 Uhr beginnt?<br><br>Formel: ="Uhrzeit"+"Stunden"</td><td><table><tr><th></th><th>A</th><th>B</th></tr><tr><td>1</td><td>Beginn</td><td>15:35</td></tr><tr><td>2</td><td>Dauer</td><td>02:30</td></tr><tr><td>3</td><td>Ende</td><td>18:05</td></tr><tr><td>4</td><td></td><td>↑</td></tr><tr><td>5</td><td></td><td>=B1+B2</td></tr></table></td></tr>
</table>

| Sie möchten ... | Beispiel | Berechnung |
|---|---|---|
| eine **Zeitspanne** berechnen | Wie viele Tage liegen zwischen dem 19. Mai und dem 15. Oktober 2016?<br>Formel: =*"Späteres Datum"-"Früheres Datum"* | 1 Anzahl der Tage zwischen dem<br>2 19. Mai 2016 und dem 15. Oktober 2016<br>3 149<br>4 ↑<br>5 ="15.10.16"-"19.05.16" |

Möchten Sie wie im oberen Beispiel eine Zeitspanne berechnen, müssen Sie vom jüngeren Datum (größere interne Zahl) das ältere Datum (kleinere interne Zahl) abziehen.

Haben Sie ein Datum mit zweistelliger Jahreszahl in eine Formel eingegeben, können Sie über die Schaltfläche ◇ festlegen, ob in die Formel die Jahreszahl 19XX oder 20XX eingesetzt werden soll. Enthält die Formel mehrere Datumsangaben mit zweistelliger Jahreszahl, steht die Schaltfläche so lange zur Verfügung, bis Sie für alle Datumsangaben eine Entscheidung getroffen haben.

## 10.2 Mit Datums- und Uhrzeitfunktionen arbeiten

Plus **Beispieldatei:** *Datums- und Uhrzeitfunktionen.xlsx*

### Argumente von Datums- und Uhrzeitfunktionen

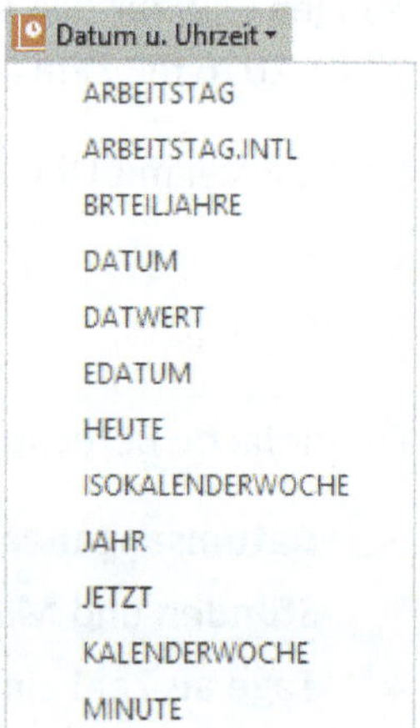


Für Berechnungen mit Datums- und Uhrzeitangaben bietet Excel vielfältige Funktionen. Sie finden die Funktionen im Register *Formeln*, Gruppe *Funktionsbibliothek*, in der Liste der Schaltfläche *Datum u. Uhrzeit*.

Erlaubte Argumente für die Datums- und Uhrzeitfunktionen sind:

- die interne Zahl eines Datums bzw. die Dezimalzahl einer Uhrzeit,
- eine Zeitangabe in Anführungszeichen,
- Bezüge auf Zellen, die Zeitangaben enthalten.

### Beispiele für Datumsfunktionen

| | A | B | C | D | E | F | G |
|---|---|---|---|---|---|---|---|
| 1 | Aktuelles Datum | Dienstag, 13. Oktober 2015 | → | =HEUTE() | | | |
| 2 | | | | | | | |
| 3 | Jahr | 2015 | → | =JAHR(B1) | | | |
| 4 | Monat | 10 | → | =MONAT(B1) | | | |
| 5 | Kalenderwoche | 42 | → | =ISOKALENDERWOCHE(B1) | | | |
| 6 | Tag | 13 | → | =TAG(B1) | | | |
| 7 | Wochentag | 2 | → | =WOCHENTAG(B1;2) | | | |

| | |
|---|---|
| HEUTE() | Ermittelt das heutige Datum; bei jedem Öffnen der Arbeitsmappe wird das Datum aktualisiert. |
| JAHR(*Zahl*) | Ermittelt die Jahreszahl eines Datums |

| | |
|---|---|
| MONAT(*Zahl*) | Ermittelt die Monatszahl eines Datums |
| ISOKALENDERWOCHE (*Datum*) | Ermittelt die Kalenderwoche |
| TAG(*Zahl*) | Ermittelt den Tag eines Datums |
| WOCHENTAG (*Zahl*;*Typ*) | Den Wochentag ermitteln; *Typ* legt den Wochenanfang fest:<br>*Typ* = *1* → Ergebnis: 1 = Sonntag, 2 = Montag ... 7 = Samstag<br>*Typ* = *2* → Ergebnis: 1 = Montag, 2 = Dienstag ... 7 = Sonntag<br>*Typ* = *3* → Ergebnis: 0 = Montag, 1 = Dienstag ... 6 = Sonntag |

## Beispiele für Uhrzeitfunktionen

| | A | B | C | D | E | F | G |
|---|---|---|---|---|---|---|---|
| 1 | **Heutiges Datum und aktuelle Uhrzeit** | 13.10.2015 08:49 | → | =JETZT() | | | |
| 2 | | | | | | | |
| 3 | **Stunde** | 8 | → | =STUNDE(B1) | | | |
| 4 | **Minute** | 49 | → | =MINUTE(B1) | | | |
| 5 | **Sekunde** | 36 | → | =SEKUNDE(B1) | | | |

| | |
|---|---|
| JETZT() | Ermittelt das heutige Datum und die aktuelle Uhrzeit. Die Zeitangabe wird bei jedem Öffnen der Arbeitsmappe aktualisiert. |
| STUNDE(*Zahl*) | Ermittelt die Jahreszahl einer Zeitangabe |
| MINUTE(*Zahl*) | Ermittelt die Minute einer Zeitangabe |
| SEKUNDE(*Zahl*) | Ermittelt die Sekunde einer Zeitangabe |

## Weitere Zeitfunktionen

| | |
|---|---|
| TAGE360(*Ausgangsdatum*;*Enddatum*;*Methode*) | Ermittelt die Anzahl der Tage, die zwischen zwei Datumsangaben liegen; hierbei gilt (wie bei der Zinsrechnung üblich), dass ein Jahr aus 360 Tagen – 12 Monate à 30 Tage – besteht.<br>Das Argument *Methode* muss nicht angegeben werden.<br>Beispiel: =TAGE360("21.10.2015";"9.11.2015") → Ergebnis: 18 |
| DATUM(*Jahr*;*Monat*;*Tag*) | Erzeugt ein vollständiges Datum<br>Beispiel: =DATUM(2015;10;1) → Ergebnis: 01.10.2015 |
| ZEIT(*Stunde*;*Minute*;*Sekunde*) | Erzeugt eine vollständige Uhrzeit<br>Beispiel: =ZEIT(16;38;27) → Ergebnis: 4:38 PM |
| DATWERT(*Datumstext*) | Ermittelt die interne Zahl eines Datums<br>Beispiel: =DATWERT("21.1.2016") → Ergebnis: 42390 |
| ZEITWERT(*Zeit*) | Ermittelt die interne Dezimalzahl einer Uhrzeit<br>Beispiel: =ZEITWERT("16:38:27") → Ergebnis: 0,69336806 |

### Fehler bei Berechnungen mit Datumsfunktionen vermeiden

Plus **Beispieldatei:** *Fehler bei Berechnungen mit Datumsfunktionen.xlsx*

Differenzen zwischen zwei Datumsangaben lassen sich nur in Tagen berechnen.

Versuche, die Anzahl der Jahre, Monate und Tage einer Zeitdifferenz mithilfe der zuvor erläuterten Datumsfunktionen zu ermitteln, führen deshalb zu Fehlern.

| | A | B | C | D |
|---|---|---|---|---|
| 1 | 1. Datum: | 10.04.2016 | | |
| 2 | 2. Datum: | 28.02.2016 | | |
| 3 | **Richtige Differenz:** | 42 Tage | → | =B1-B2 |
| 4 | | | | |
| 5 | Formeln, die zu falschen Ergebnissen führen: | | | |
| 6 | Differenz in Monaten: | 2 | → | =MONAT(B1-B2) |
| 7 | Differenz in Tagen: | 11 | → | =TAG(B1-B2) |
| 8 | | | | |
| 9 | Differenz in Monaten: | 2 | → | =MONAT(B1)-MONAT(B2) |
| 10 | Differenz in Tagen: | -18 | → | =TAG(B1)-TAG(B2) |

## 10.3 Praktische Anwendungen

Plus **Beispieldatei:** *Praktische Anwendungen.xlsx*

### Beispiel: Berechnung über mehr als 24 Stunden durchführen

Sie möchten erfassen, wie lange ein Vorgang bearbeitet wurde. Dabei sollen sowohl die tägliche Arbeitszeit am Vorgang als auch die Gesamtarbeitszeit berechnet werden.

| | A | B | C | D | E | F | |
|---|---|---|---|---|---|---|---|
| 1 | **Arbeitsbeginn** | **Pause** | | **Arbeitsende** | **Arbeitszeit pro Tag** | **Gesamtarbeitszeit** | |
| 2 | 08:00 | 12:30 | 13:00 | 17:45 | 09:15 | | ← =(B2-A2)+(D2-C2) |
| 3 | 07:30 | 13:00 | 13:15 | 16:00 | 08:15 | | |
| 4 | 08:00 | | | 17:10 | 09:10 | | |
| 5 | | | | | | 26:40:00 | ← =SUMME(E2:E4) |

Arbeitsbeginn, Pausenzeiten und Arbeitsende werden in der Tabelle in den Spalten A bis D manuell eingegeben.

> ! Excel zeigt bei einer Addition von Zeitangaben, bei der das Ergebnis größer als 24 Stunden ist, einen falschen Wert an. So wird etwa im oberen Beispiel in einer **unformatierten** Zelle als Ergebnis der Addition der Arbeitszeiten anstelle des korrekten Werts 26:40:00 der Wert 02:40 angezeigt.
>
> Damit in der entsprechenden Zelle (im Beispiel in Zelle F5) der richtige Wert erscheint, markieren Sie die Zelle und wählen Sie im Dialogfenster *Zellen formatieren* (Register *Start*, Gruppe *Zahl*, ) im Feld *Kategorie* den Eintrag *Uhrzeit* und im Feld *Typ* das Format *37:30:55*.

### Beispiel: Alter berechnen

Sie planen eine eintägige Klassenfahrt. Die minderjährigen Teilnehmer benötigen hierfür eine Einverständniserklärung ihrer Eltern. Damit Sie wissen, für wen eine solche Bescheinigung notwendig ist, berechnen Sie das Alter der Jugendlichen am Tag der Klassenfahrt.

Hierzu nutzen Sie die **Funktion DATEDIF**.

 

Die Funktion DATEDIF ermittelt die Differenz zwischen zwei Datumsangaben.

Syntax: `DATEDIF(Ausgangsdatum;Enddatum;Einheit)`

Über das Argument *Einheit* legen Sie fest, in welchen Zeiteinheiten die Differenz angegeben wird:

| Argument *Einheit* | Ergebnis |
|---|---|
| *"Y"* | Ermittelt im festgelegten Zeitraum die Anzahl der **vollständigen** Jahre |
| *"M"* | Ermittelt im festgelegten Zeitraum die Anzahl der **vollständigen** Monate |
| *"D"* | Ermittelt im festgelegten Zeitraum die Anzahl der Tage |

| | A | B | C | D |
|---|---|---|---|---|
| 1 | **Tag der Klassenfahrt** | | **13.06.2016** | |
| 2 | | | | |
| 3 | **Name** | **Geburtstag** | **Alter** | |
| 4 | Binsen | 03.12.1998 | 17 | Bescheinigung notwendig |
| 5 | Braun | 14.12.1997 | 18 | OK |
| 6 | Galan | 01.07.1998 | 17 | Bescheinigung notwendig |
| 7 | Hark | 01.01.1998 | 18 | OK |
| 8 | Seeler | 31.05.1998 | 18 | OK |
| 9 | Thomann | 14.12.1997 | 18 | OK |

=DATEDIF(B4;$C$1;"Y")

=WENN(C4<18;"Bescheinigung notwendig";"Ok")

! Die Funktion DATEDIF steht nicht in der Funktionsbibliothek zur Verfügung und **muss** deshalb **manuell eingegeben werden.**

## Beispiel: Tage und Stunden ermitteln

Sie erstellen Rechnungen für Hotelaufenthalte. Sofern die Gäste während ihres Aufenthalts den Tennisplatz genutzt haben, müssen Sie auf der Rechnung (wie im Beispiel) auch die jeweilige Platzmiete aufführen. Jede angefangene Stunde wird dabei mit 10 € berechnet.

| | A | B | C | D | E | F | G | H |
|---|---|---|---|---|---|---|---|---|
| 1 | **Aufenthaltsdauer** | | **Anreise** | **Abreise** | **Übernachtungen** | **Preis pro Übern.** | **Betrag** | |
| 2 | | | 09.10.2015 | 12.10.2015 | 3 | 70,00 € | 210,00 € | |
| 3 | | | | | | | | |
| 4 | **Besuch der Tennisanlage** | | **Beginn** | **Ende** | **Angef. Stunden** | **Preis pro Stunde** | | |
| 5 | | 10.10.2015 | 14:15 | 16:20 | 3 | 10,00 € | 30,00 € | |
| 6 | | | | | | | | |
| 7 | | | | | | **Rechnungsbetrag** | **240,00 €** | |
| 8 | | | | | | | | |

- Die Zelle E2 enthält die Formel =D2-C2.
- Die Formel in Zelle E5 lautet: =AUFRUNDEN(STUNDE(D5-C5)+MINUTE(D5-C5)/60;0)

  Minuten, die eine angefangene Stunde anzeigen, werden vor der Addition durch 60 geteilt. Bei jeder gezählten Minute ist das Ergebnis ungleich 0 und wird der Stundenzahl hinzuaddiert. Die Funktion AUFRUNDEN gibt dann die nächsthöhere Stundenzahl an.

Plus **Wissenstest:** *Excel 2016 - Funktionen*

## 10.4 Übung

### Einfache Zeitberechnungen durchführen

| Level | | Zeit | ca. 15 min |
|---|---|---|---|
| Übungsinhalte | ✔ Einfache Zeitberechnungen durchführen<br>✔ Datums- und Uhrzeitfunktionen einsetzen | | |
| Übungsdatei | *Zeitberechnung.xlsx* | | |
| Ergebnisdatei | *Zeitberechnung-E.xlsx* | | |

1. Öffnen Sie die Übungsdatei *Zeitberechnung.xlsx.*
2. Berechnen Sie die vom Anfangsdatum (01.01.2005) bis zum Enddatum (12.03.2016) …

   a) vergangenen Tage mit einer einfachen Formel;

   b) vergangenen Jahre mit einer einfachen Formel; hier soll 1 Jahr 365 Tagen entsprechen;

   c) vollständig vergangenen Jahre mithilfe der Funktion DATEDIF.
3. Ermitteln Sie mit einfachen Formeln aus Ihrem Geburtsdatum und dem aktuellen Datum (HEUTE) Ihr Alter in Tagen und in Jahren. Auch hier soll ein Jahr 365 Tagen entsprechen.
4. Ermitteln Sie aus dem aktuellen Datum (HEUTE) den Tag, den Monat und das Jahr als Zahl.
5. Tragen Sie die aktuelle Uhrzeit mithilfe von Strg ⇧ . als Konstante ein. Berechnen Sie die seit der angegebenen Anfangsuhrzeit (05:23) vergangene Zeit.
6. Testen Sie in allen Übungsteilen verschiedene Eingabewerte, um die Korrektheit Ihrer Formeln zu überprüfen.
7. Speichern Sie die Datei unter dem Namen *Zeitberechnung-E.xlsx.*

| | A | B | C | D | E | F |
|---|---|---|---|---|---|---|
| 1 | **Übungsschritt 2** | | | | | |
| 2 | Anfangsdatum | Enddatum | | a) Anzahl der Tage | b) Anzahl der Jahre | c) Anzahl der Jahre (ganzzahlig) |
| 3 | 01.01.2005 | 12.03.2016 | | 4088 | 11,2 | 11 |
| 4 | | | | | | |
| 5 | **Übungsschritt 3** | | | | | |
| 6 | Geburtsdatum | Aktuelles Datum | | Alter in Tagen | Alter in Jahren | |
| 7 | 09.04.1967 | 13.10.2015 | | 17719 | 48,54520548 | |
| 8 | | | | | | |
| 9 | **Übungsschritt 4** | | | | | |
| 10 | Aktuelles Datum | | | Tag (numerisch) | Monat (numerisch) | Jahr (numerisch) |
| 11 | 13.10.2015 | | | 13 | 10 | 2015 |
| 12 | | | | | | |
| 13 | **Übungsschritt 5** | | | | | |
| 14 | Anfangs-Uhrzeit | Aktuelle Uhrzeit | | Vergangene Zeit | | |
| 15 | 05:23 | 12:25 | | 07:02 | | |

*Ergebnisdatei „Zeitberechnung-E.xlsx“ (aktuelles Datum: Dienstag, 13. Oktober 2015)*

Plus **Zusätzliche Übungen:**

*Alter berechnen.pdf*

*Alter von Gebrauchtwagen berechnen.pdf*

*Verbindungsdauer überwachen.pdf*

# 11

# Diagramme erstellen und gestalten

## 11.1 Basiswissen Diagramme

**Plus** **Beispieldatei:** *Diagrammtypen.xlsx*

### Wozu dienen Diagramme?

Mithilfe von Diagrammen lassen sich Zahlenwerte einer Tabelle übersichtlich grafisch darstellen.

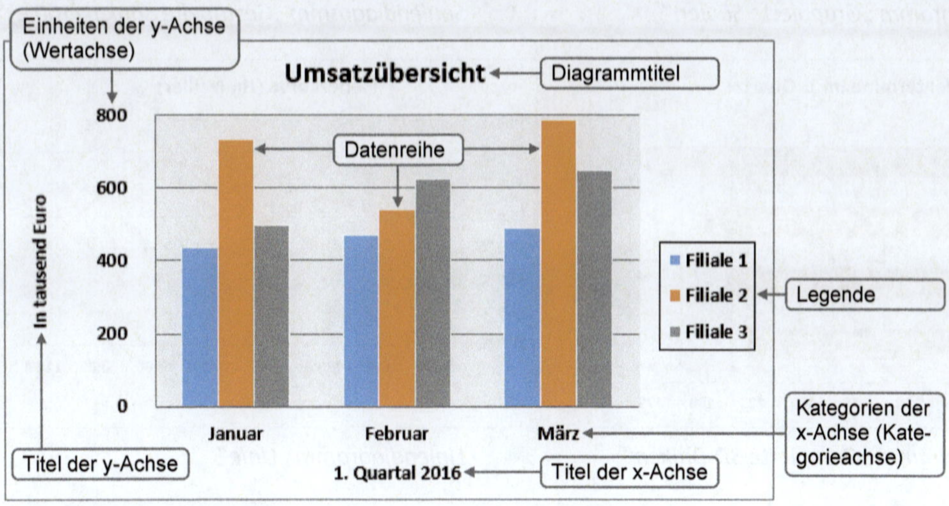


*Elemente eines Diagramms*

- Zusammengehörige Daten werden im Diagramm in einer **Datenreihe** abgebildet. Alle Elemente einer Datenreihe (Datenpunkte) besitzen die gleiche Farbe.
- Zwischen dem Diagramm und den zugrunde liegenden Tabellendaten (Quelldaten) besteht eine **Verknüpfung**. Ändern sich die Quelldaten des Diagramms, wird das Diagramm automatisch angepasst.

Wenn Sie mit der Maus auf ein Diagrammelement zeigen, blendet Excel eine Infobox mit dem Namen des entsprechenden Elements ein.

## Diagrammtypen

Sie können eine Vielzahl verschiedener **Diagrammtypen** nutzen, um aus den Zahlen Ihrer Tabellen aussagekräftige Diagramme zu erstellen. Für jeden Diagrammtyp lassen sich zusätzlich verschiedene Varianten (**Diagrammuntertypen**) wählen.

So haben Sie die Möglichkeit, genau die passende Darstellung für Ihre Daten auszusuchen.

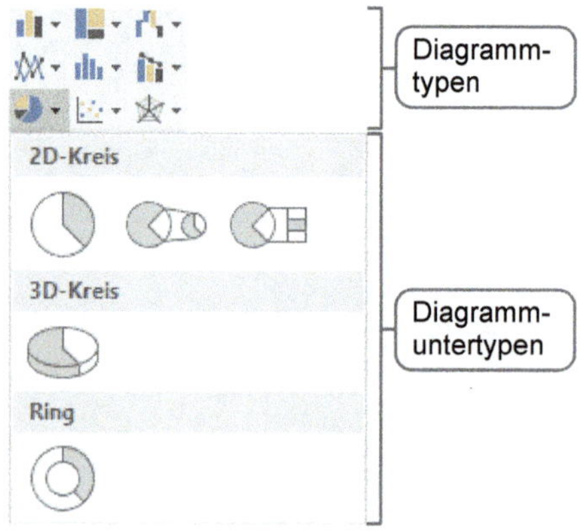


### Auswahl wichtiger Diagrammtypen

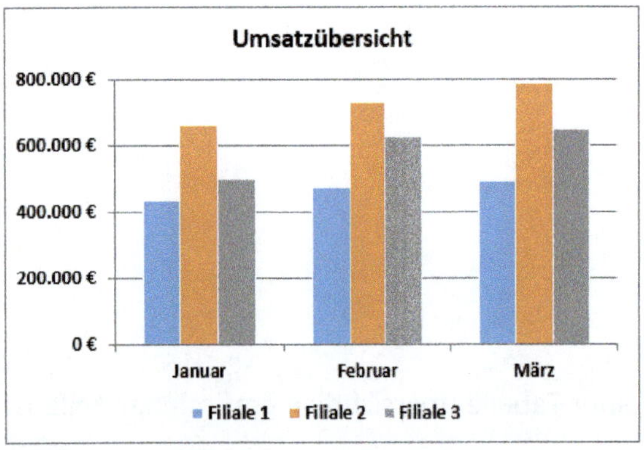


*- Säulendiagramm „Gruppierte Säulen"*

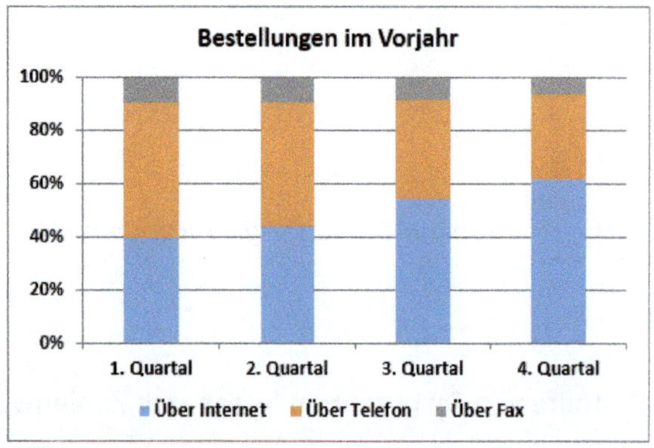


*- Säulendiagramm „Gestapelte Säulen (100%)"*

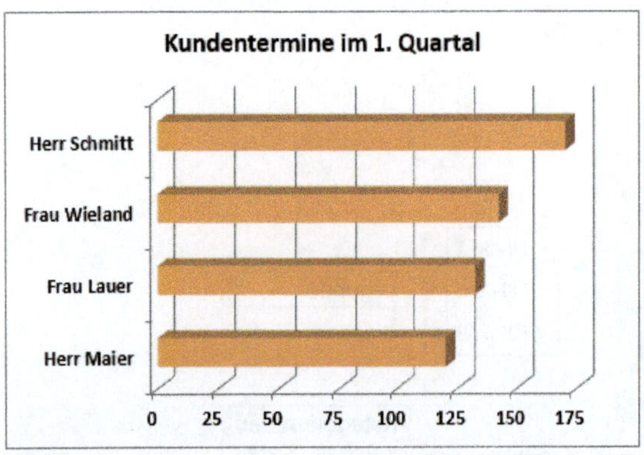


*- Balkendiagramm „Gruppierte 3D-Balken"*

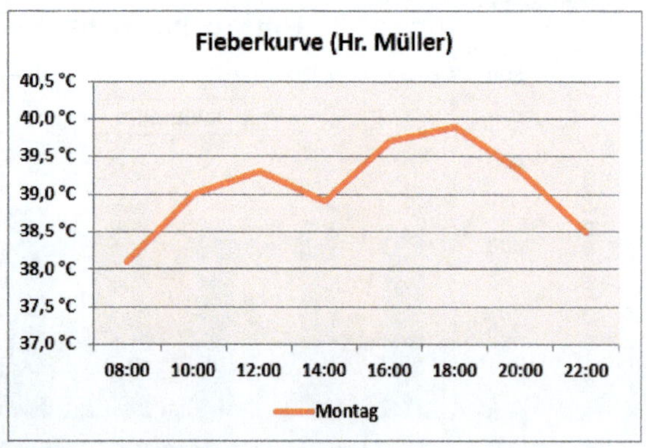


*- Liniendiagramm „Linie"*

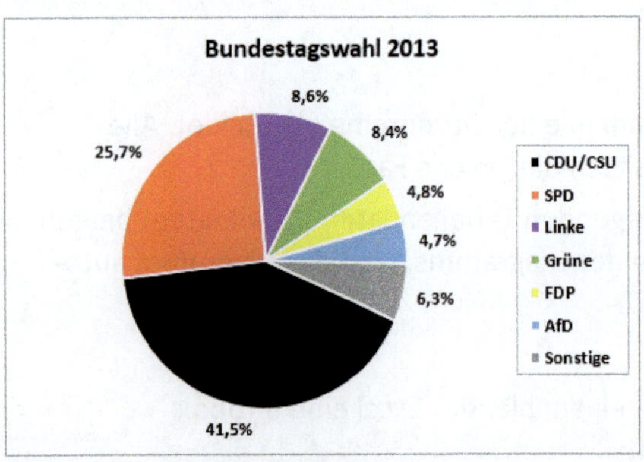


*- Kreisdiagramm „Kreis"*
*(In einem Kreisdiagramm kann nur eine Spalte bzw. Zeile der Quelltabelle abgebildet werden.)*

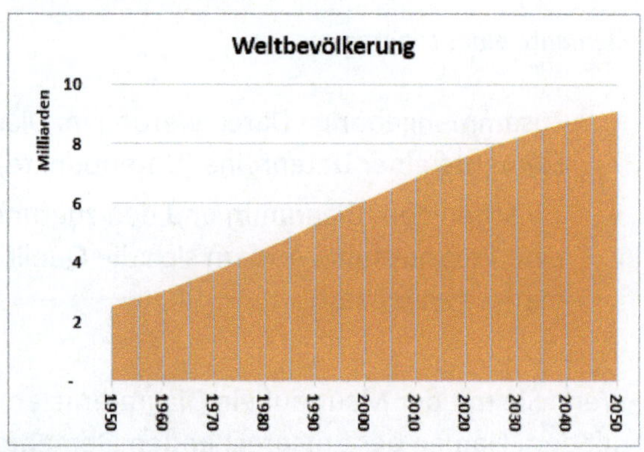


*- Flächendiagramm „Fläche"*

## 11.2 Empfohlene Diagramme erstellen

**Plus** **Beispieldatei:** *Empfohlene Diagramme.xlsx*

### Empfohlenes Diagramm einfügen

**Wenn Sie nicht sicher sind, wie sich Ihre Daten optimal grafisch darstellen lassen, können Sie sich verschiedene Diagramm(unter)typen vorschlagen lassen, die gut zu Ihren Daten passen.**

- Markieren Sie den Bereich, der als Diagramm dargestellt werden soll - inklusive der Zeilen-/Spaltenüberschriften. Im Beispiel markieren Sie den Bereich A3:D7.

  Sollen im Diagramm mehrere nicht zusammenhängende Bereiche angezeigt werden, markieren Sie die Bereiche bei gedrückter Strg-Taste.
- Klicken Sie im Register *Einfügen*, Gruppe *Diagramme*, auf *Empfohlene Diagramme*.

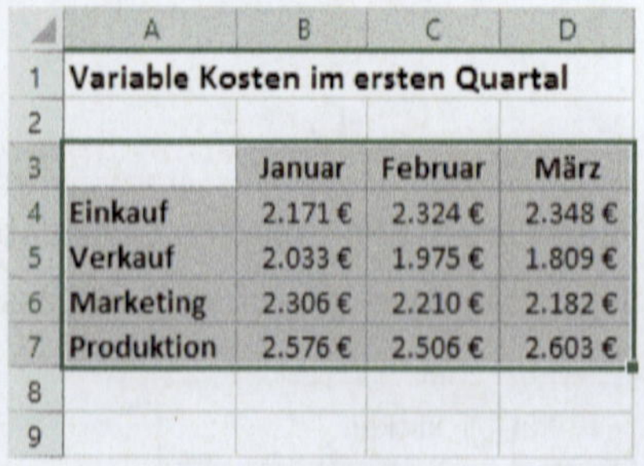

| | A | B | C | D |
|---|---|---|---|---|
| 1 | Variable Kosten im ersten Quartal | | | |
| 2 | | | | |
| 3 | | Januar | Februar | März |
| 4 | Einkauf | 2.171 € | 2.324 € | 2.348 € |
| 5 | Verkauf | 2.033 € | 1.975 € | 1.809 € |
| 6 | Marketing | 2.306 € | 2.210 € | 2.182 € |
| 7 | Produktion | 2.576 € | 2.506 € | 2.603 € |
| 8 | | | | |
| 9 | | | | |

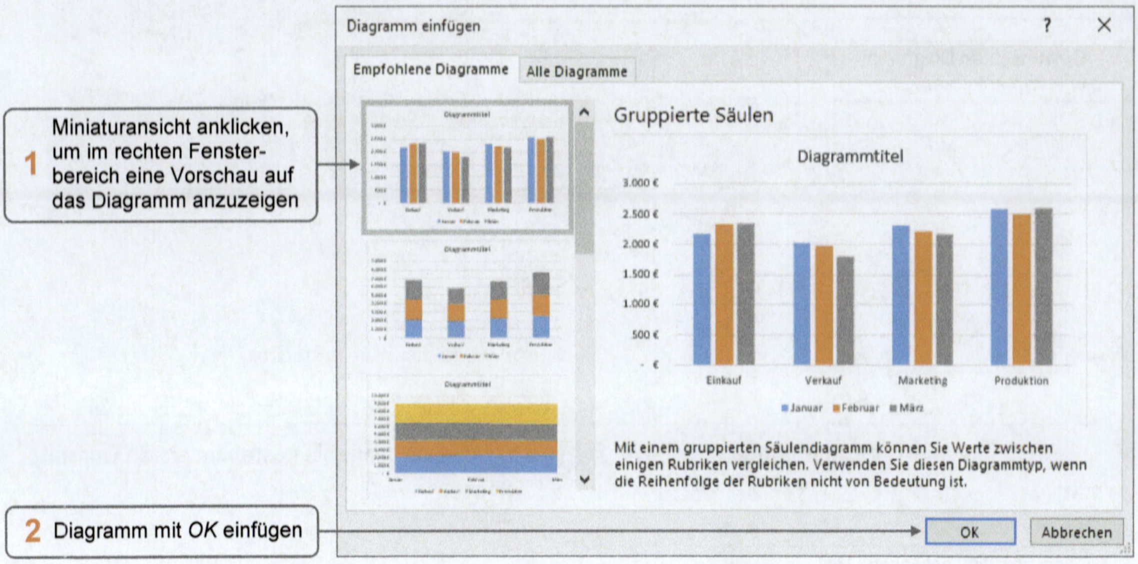


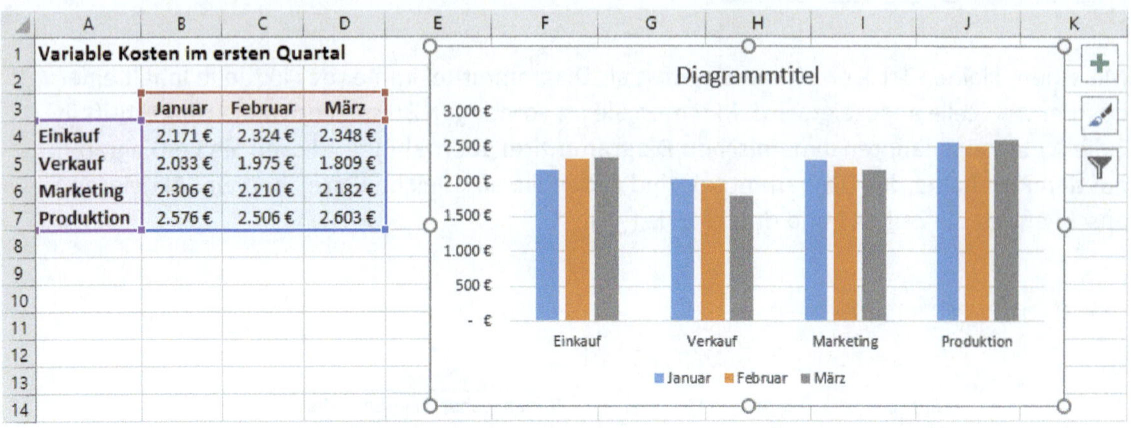


Das Diagramm wird als **Diagrammobjekt** auf dem aktuellen Tabellenblatt eingefügt.

Nach dem Einfügen befindet sich das Diagramm im **Bearbeitungsmodus** (Rahmen mit Anfassern). Rechts neben dem (markierten) Diagramm erscheinen die Schaltflächen , und und im Menüband werden die zusätzlichen Register *Entwurf* und *Format* angezeigt. Über die Schaltflächen bzw. zusätzlichen Register können Sie das Diagramm gemäß Ihren Wünschen anpassen bzw. formatieren.

Möchten Sie (wie im vorherigen Beispiel) die gesamte Tabelle als Diagramm darstellen, genügt es, vor Einfügen des Diagramms eine beliebige Zelle innerhalb der Quelldaten zu markieren. Voraussetzung hierfür ist, dass die Tabelle keine leeren Zeilen bzw. Spalten enthält.

### Empfohlenes Diagramm über die Schnellanalyse einfügen

Wenn Sie die kompletten Quelldaten eines Diagramms markiert haben, können Sie auch über die Schnellanalyse schnell ein passendes Diagramm erstellen:

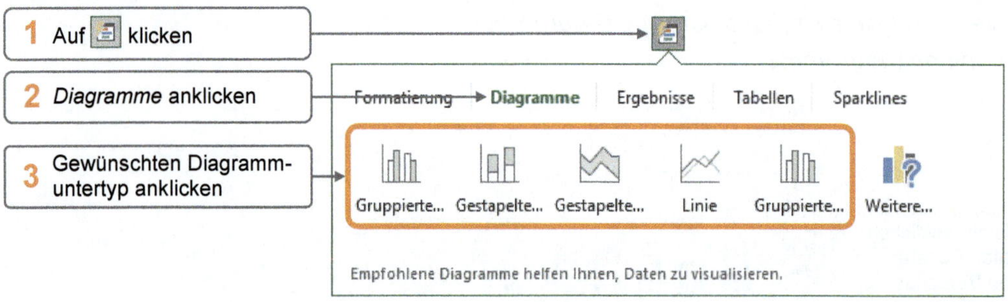


## Individuellen Diagrammtitel eingeben

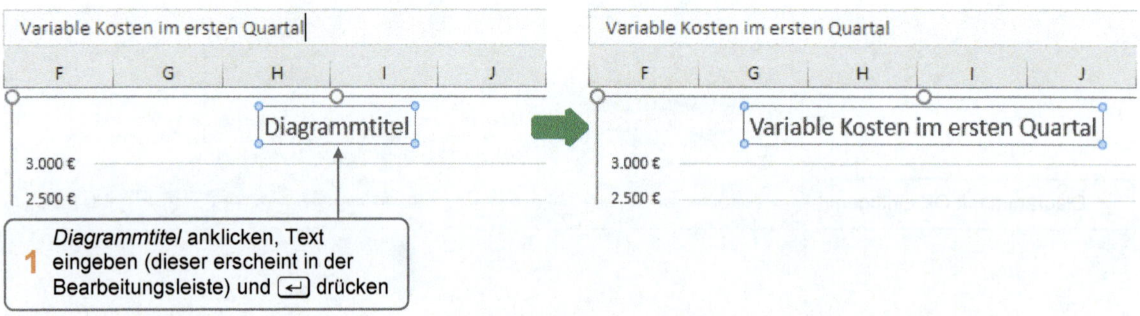


Mit einem kleinen Trick erreichen Sie, dass als Diagrammtitel immer der aktuelle Inhalt einer bestimmten Zelle angezeigt wird. Möchten Sie im vorherigen Beispiel etwa die Überschrift in Zelle A1 als sogenannten **dynamischen Diagrammtitel** übernehmen, klicken Sie im Diagramm auf den Platzhalter des Diagrammtitels und geben Sie ein Gleichheitszeichen ein. Aktivieren Sie anschließend die Zelle A1 und drücken Sie ↵.

# 11.3 Diagramm mit bestimmtem Diagrammtyp erstellen

## Beispiel: Gruppiertes Balkendiagramm erstellen

Plus **Beispieldatei:** *Balkendiagramm erstellen.xlsx*

Wenn Sie schon wissen, mit welchem Diagramm(unter)typ Sie Ihre Daten darstellen möchten, können Sie das Diagramm auch direkt über eine Schaltfläche im Register *Einfügen*, Gruppe *Diagramme*, erstellen.

Sie möchten beispielsweise ein gruppiertes Balkendiagramm erstellen, um die Verteilung der variablen Kosten für das erste Quartal zu veranschaulichen:

- Markieren Sie Zellbereich, der als Diagramm dargestellt werden soll – inklusive der Zeilen- und Spaltenüberschriften. Im Beispiel markieren Sie den Bereich A3:D7.

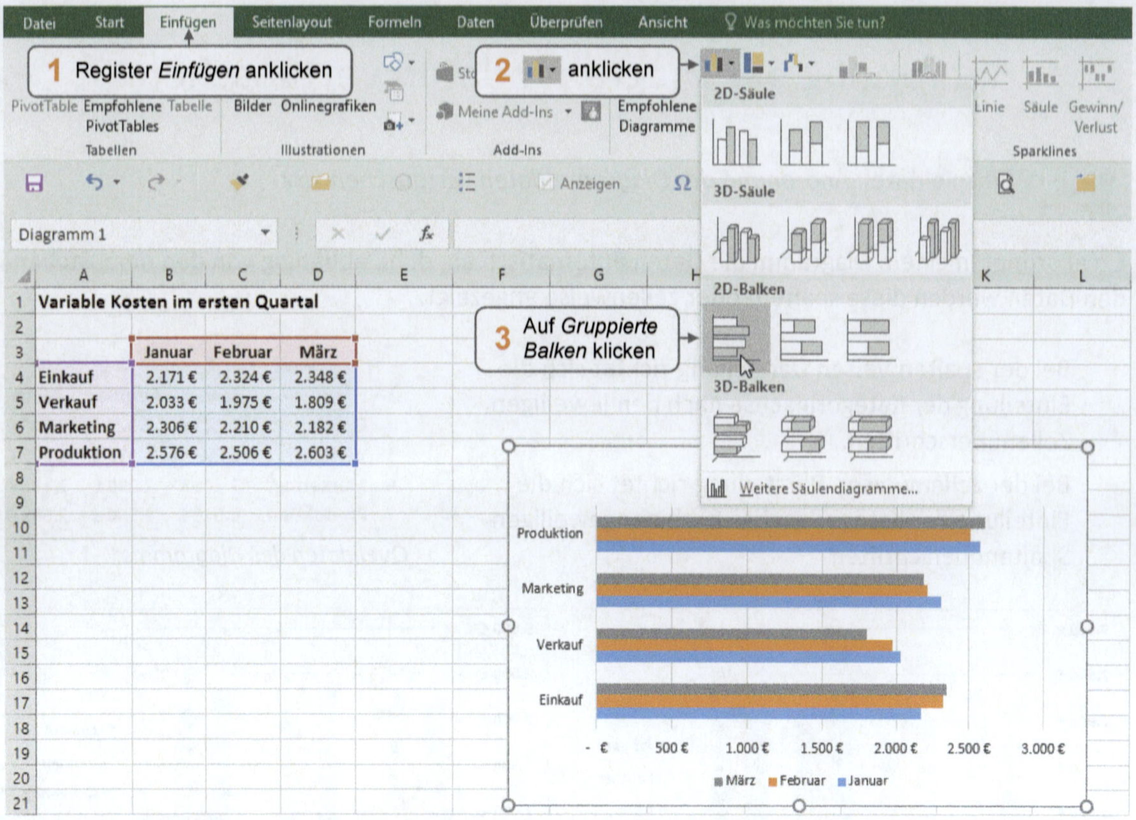


Sie können nun wie zuvor erläutert einen individuellen Diagrammtitel eingeben.

Um herauszufinden, welcher Diagrammtyp sich am besten zur Darstellung Ihrer Daten eignet, können Sie einem bereits erstellten Diagramm nacheinander verschiedene Diagrammtypen zuweisen. Klicken Sie hierzu auf eine leere Stelle des Diagramms und klicken Sie anschließend im Register *Einfügen*, Gruppe *Diagramme*, nacheinander auf verschiedene Schaltflächen und Diagrammuntertypen.

### Mögliche unerwünschte Effekte bei der Diagrammerstellung vermeiden

Befinden sich in der ersten Spalte der Quelldaten Zahlen **und** eine Überschrift, werden diese Werte im Diagramm in der Regel als eigene Datenreihe dargestellt ①.

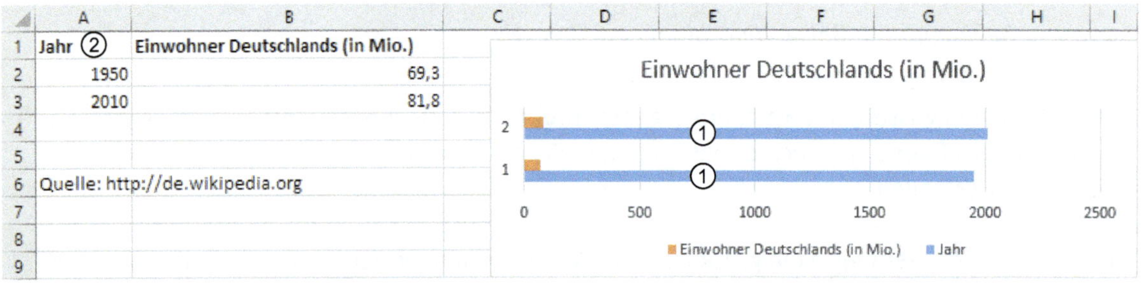


Möchten Sie dies vermeiden, löschen Sie die entsprechende Spaltenüberschrift ② **vor** Erstellung des Diagramms.

## 11.4 Anordnung der Diagrammdaten vertauschen

Plus **Beispieldatei:** *Anordnung der Diagrammdaten vertauschen.xlsx*

Excel ordnet in einem Diagramm die Daten automatisch an, d. h., abhängig von den darzustellenden Daten werden diese spalten- oder zeilenweise angezeigt.

- Bei der **spaltenweisen** Darstellung richtet sich die Einteilung der Kategorieachse nach den jeweiligen Zeilenüberschriften.
- Bei der **zeilenweisen** Darstellung richtet sich die Einteilung der Kategorieachse nach den jeweiligen Spaltenüberschriften.

| | A | B | C | D |
|---|---|---|---|---|
| 3 | | Januar | Februar | März |
| 4 | Einkauf | 2.171 € | 2.324 € | 2.348 € |
| 5 | Verkauf | 2.033 € | 1.975 € | 1.809 € |
| 6 | Marketing | 2.306 € | 2.210 € | 2.182 € |
| 7 | Produktion | 2.576 € | 2.506 € | 2.603 € |

*Quelldaten des Diagramms*

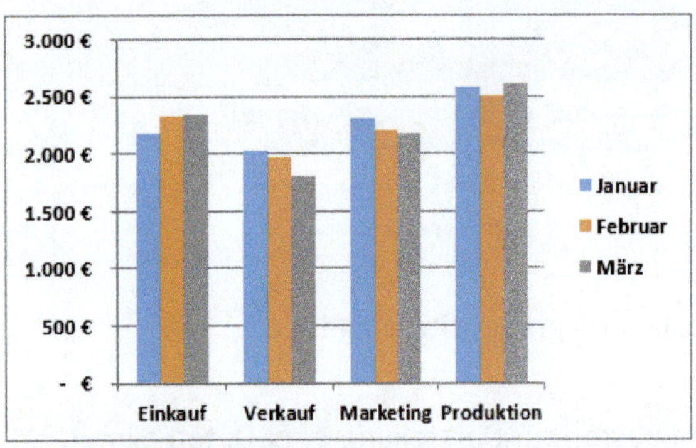


*Spaltenweise Anordnung*

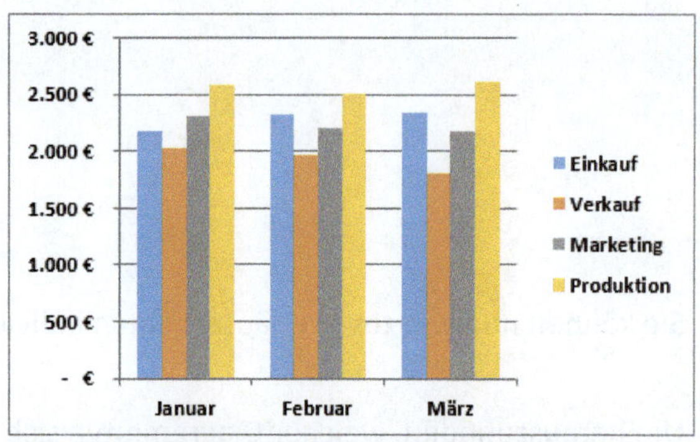


*Zeilenweise Anordnung*

Sie können die Anordnung der Daten innerhalb eines Diagramms folgendermaßen ändern:

- Markieren Sie das Diagramm, indem Sie auf eine freie Stelle des Diagramms klicken.
- Klicken Sie im Register *Entwurf*, Gruppe *Daten*, auf *Zeile/Spalte wechseln*.

# 11.5 Größe und Position eines Diagrammobjekts ändern

## Diagrammobjekt vergrößern bzw. verkleinern

### Variante 1: Diagrammobjekt mit der Maus vergrößern bzw. verkleinern

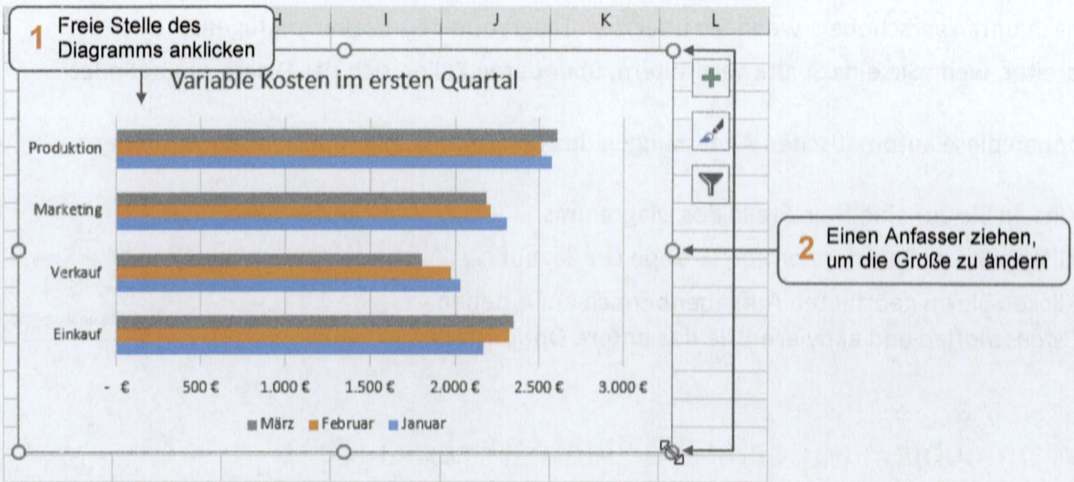


- Durch Ziehen eines Eckanfassers bei gedrückter ⇧-Taste wird das Diagrammobjekt proportional vergrößert bzw. verkleinert.
- Halten Sie beim Ziehen eines Eckanfassers Alt gedrückt, wird das Diagrammobjekt so vergrößert bzw. verkleinert, dass die Objektränder an den Gitternetzlinien einrasten.

### Variante 2: Größe des Diagrammobjekts exakt festlegen

- Klicken Sie auf eine freie Stelle des Diagramms, um den Bearbeitungsmodus zu aktivieren.
- Klicken Sie im Register *Format*, Gruppe *Größe*, auf ⧉.

  Am rechten Fensterrand wird ein Aufgabenbereich eingeblendet, mit dessen Hilfe sich das zuvor markierte Diagramm bearbeiten und formatieren lässt.

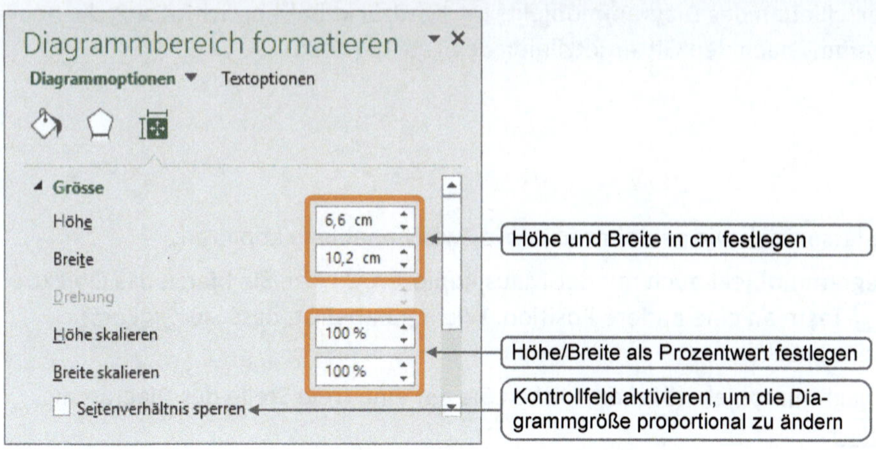

### Automatische Positions- und Größenanpassung verhindern

Standardmäßig ist ein Diagrammobjekt abhängig von der Position bzw. der Größe der Zellen, die sich „hinter“ dem Diagramm befinden. Dies kann eventuell zu unerwünschten Effekten führen.

So wird das Diagramm beispielsweise ...

- nach unten verschoben, wenn Sie über dem Diagramm neue Zeilen einfügen,
- breiter, wenn Sie eine Spalte verbreitern, über deren Zellen sich das Diagramm befindet.

Sie können diese automatischen Anpassungen des Diagramms folgendermaßen verhindern:

- Klicken Sie auf eine freie Stelle des Diagramms.
- Klicken Sie im Register *Format*, Gruppe *Größe*, auf .
- Klicken Sie im geöffneten Aufgabenbereich auf ▷ neben *Eigenschaften* und aktivieren Sie das untere Optionsfeld.

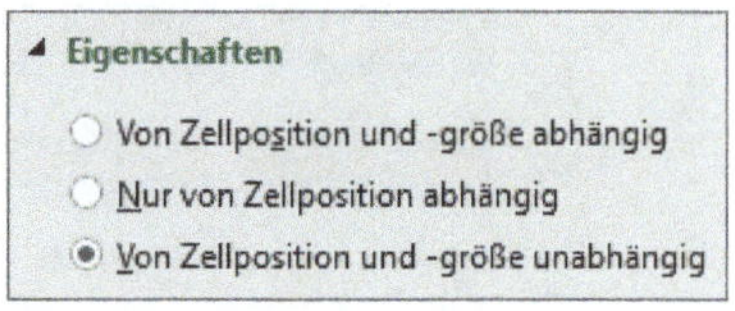


## Diagrammobjekt auf dem Tabellenblatt verschieben

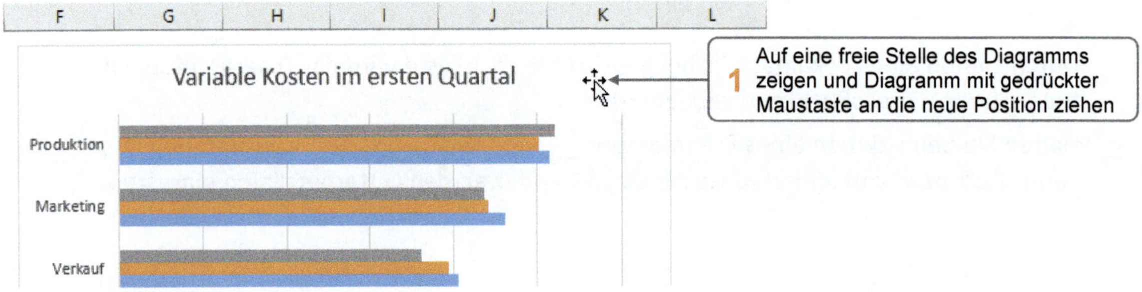


Zum Verschieben eines Diagramms muss der Bearbeitungsmodus nicht aktiviert sein. Jedoch lässt sich ein Diagramm auch im Bearbeitungsmodus verschieben.

- Halten Sie beim Ziehen ⇧ gedrückt, lässt sich das Diagrammobjekt nur horizontal oder vertikal verschieben.
- Wenn Sie beim Verschieben des Diagrammobjekts Alt gedrückt halten, richtet sich die neue Position des Diagramms nach den Gitternetzlinien des Tabellenblatts.

## Diagrammobjekt kopieren bzw. löschen

- Diagrammobjekte lassen sich wie gewohnt über die Zwischenablage kopieren.
- Sie können ein Diagrammobjekt auch mit der Maus **kopieren**. Ziehen Sie hierzu das Objekt bei gedrückter Strg-Taste an eine andere Position. Wichtig dabei ist, dass Sie Strg erst während des Ziehens drücken.
- Möchten Sie ein Diagrammobjekt **löschen**, klicken Sie auf eine freie Stelle des Diagramms und drücken Sie Entf.

## 11.6 Diagramm auf ein Diagrammblatt verschieben

Plus **Beispieldatei:** *Diagrammblatt.xlsx*

Diagramme werden standardmäßig als Objekt auf dem aktuellen Tabellenblatt eingefügt. Möchten Sie das Diagramm fensterfüllend anzuzeigen, können Sie es auf ein eigenes **Diagrammblatt** verschieben. So lassen sich etwa Diagramme mit vielen Datenreihen übersichtlicher darstellen.

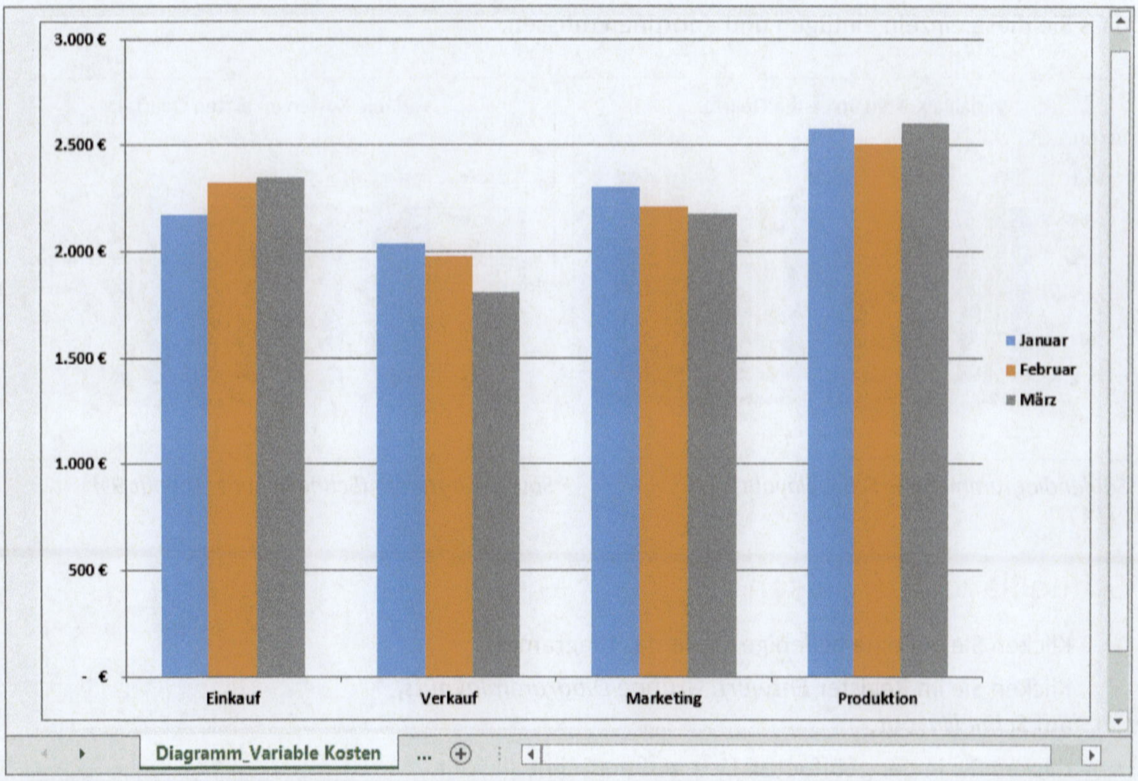


*Säulendiagramm auf einem separaten Diagrammblatt*

- Klicken Sie auf eine beliebige Stelle des Diagrammobjekts.
- Klicken Sie im Register *Entwurf*, Gruppe *Ort*, auf *Diagramm verschieben*.

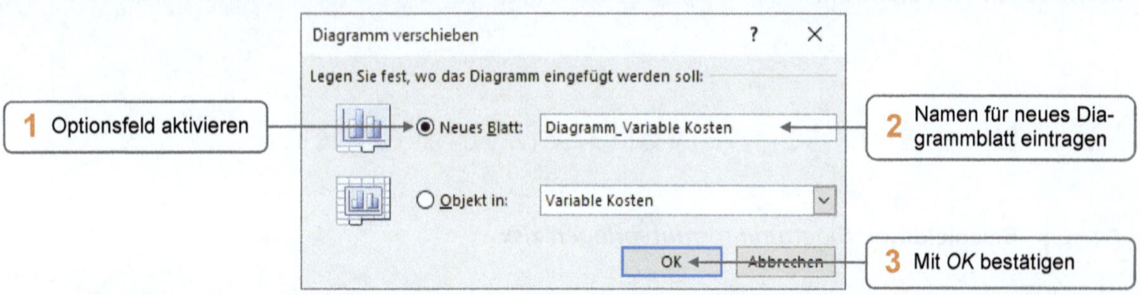


- Sie können das betreffende Diagramm über das oben abgebildete Dialogfenster wieder als Diagrammobjekt auf das vorherige Tabellenblatt verschieben. Aktivieren Sie hierzu das Optionsfeld *Objekt in* und wählen Sie im zugehörigen Feld das Tabellenblatt.
- Ein Diagrammblatt lässt sich über das Blattregister genauso wie ein Tabellenblatt umbenennen, kopieren, verschieben oder löschen.

## 11.7 Diagramm mit einem Schnelllayout gestalten

**Plus** **Beispieldatei:** *Schnelllayout.xlsx*

Je nach Diagrammtyp stehen Ihnen unterschiedliche vorgefertigte Gestaltungsvorlagen (Schnelllayouts) zur Verfügung. In einem Schnelllayout ist festgelegt, ob bzw. wo bestimmte Diagrammelemente, z. B. Legende oder Diagrammtitel, angezeigt werden. Wenn Sie ein Schnelllayout zuweisen, können Sie Ihr Diagramm schnell mit den gewünschten Elementen versehen, ohne dass Sie diese einzeln einfügen und anordnen müssen.

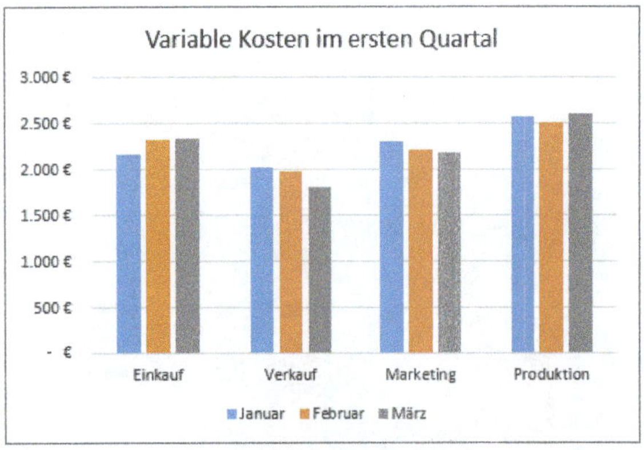


*Säulendiagramm (ohne Schnelllayout)*

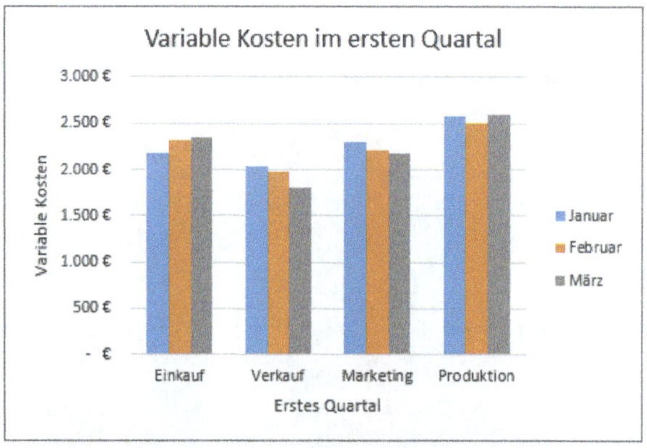


*Säulendiagramm (Schnelllayout „Layout 9")*

### Schnelllayout zuweisen

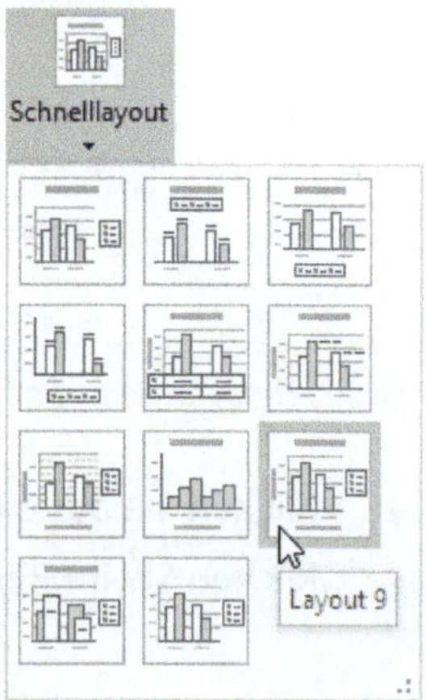


- Klicken Sie auf eine beliebige Stelle des Diagramms.
- Klicken Sie im Register *Entwurf*, Gruppe *Diagrammlayouts*, auf *Schnelllayout*.
- Klicken Sie in der geöffneten Liste auf ein Schnelllayout.

Nachdem Sie das Schnelllayout zugewiesen haben, werden gegebenenfalls Achsentitel eingeblendet. Die dort vorgegebenen Standardtexte lassen sich auf die gleiche Weise wie beim Diagrammtitel durch einen individuellen Text ersetzen.

## 11.8 Diagrammformatvorlagen verwenden

**Plus** **Beispieldatei:** *Diagrammformatvorlagen.xlsx*

Mit Diagrammformatvorlagen können Sie Diagramme mit einem Klick ansprechend gestalten.

Diagrammformatvorlagen beinhalten unter anderem Gestaltungsmerkmale ...

- für Datenreihen (z. B. Kombinationen von Farben, Fülleffekten oder Formkonturen),
- für den Diagrammhintergrund,
- für die vorhandenen Beschriftungselemente.

 

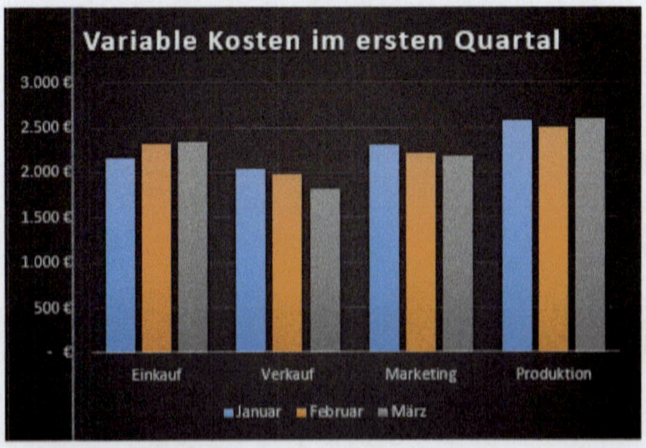

*„Formatvorlage 8“*

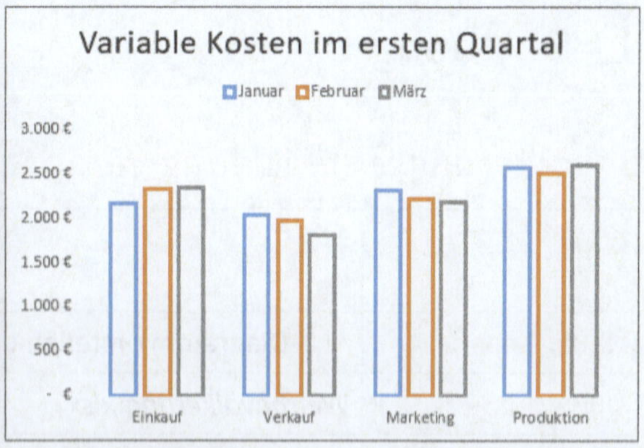

*„Formatvorlage 10“*

## Diagrammformatvorlage zuweisen

▶ Klicken Sie auf eine beliebige Stelle des Diagramms.

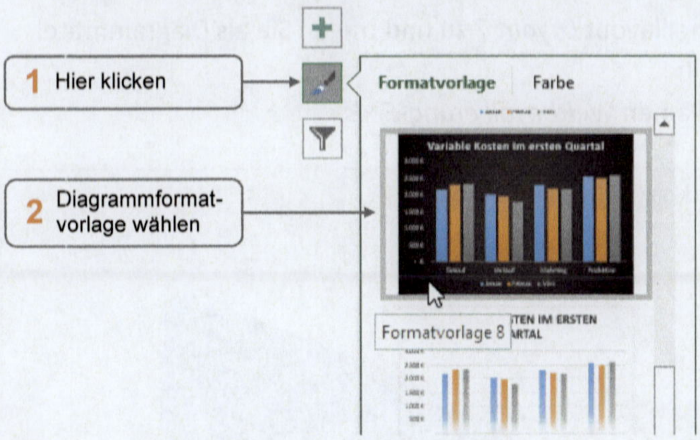


Standardmäßig werden durch die Zuweisung einer Diagrammformatvorlage sämtliche individuellen Formatierungen entfernt, die zuvor im Diagramm vorgenommen wurden.

## Andere Farben im Diagramm verwenden

Bei Bedarf lassen sich auch die im Diagramm verwendeten Farben schnell ändern.

▶ Klicken Sie auf eine beliebige Stelle des Diagramms.

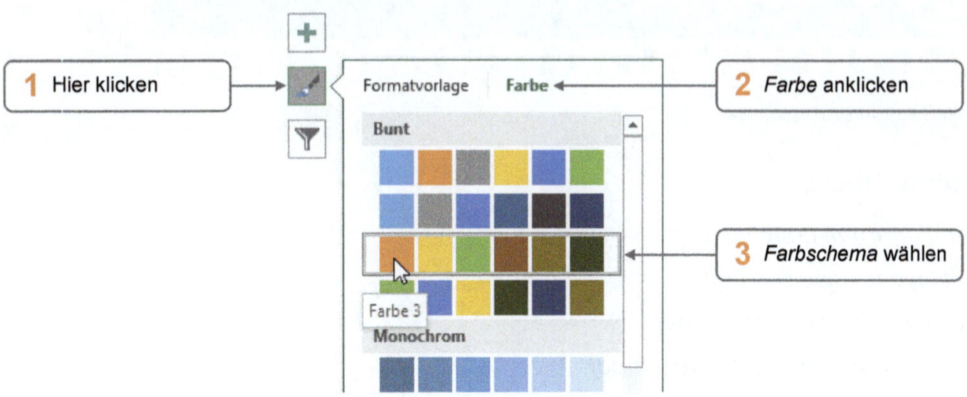

# 11.9 Übung

## Bevölkerungsentwicklung veranschaulichen

| Level | | Zeit | ca. 10 min |
|---|---|---|---|
| Übungsinhalte | ✔ Diagramm erstellen und formatieren | | |
| Übungsdatei | *Weltbevölkerung.xlsx* | | |
| Ergebnisdatei | *Weltbevölkerung-E.xlsx* | | |

1. Öffnen Sie die Übungsdatei *Weltbevölkerung.xlsx*.
2. Erstellen Sie aus dem Bereich A4:B25 ein Flächendiagramm (Diagrammuntertyp *Fläche*).
3. Verschieben Sie das Diagrammobjekt auf ein Diagrammblatt und vergeben Sie für das Diagrammblatt den Namen *Weltbevölkerung (Diagramm)*.
4. Weisen Sie dem Diagramm das Schnelllayout *Layout 7* zu und tragen Sie als Diagrammtitel *Entwicklung der Weltbevölkerung* ein.
5. Speichern Sie die Datei unter dem Namen *Weltbevölkerung-E.xlsx*.

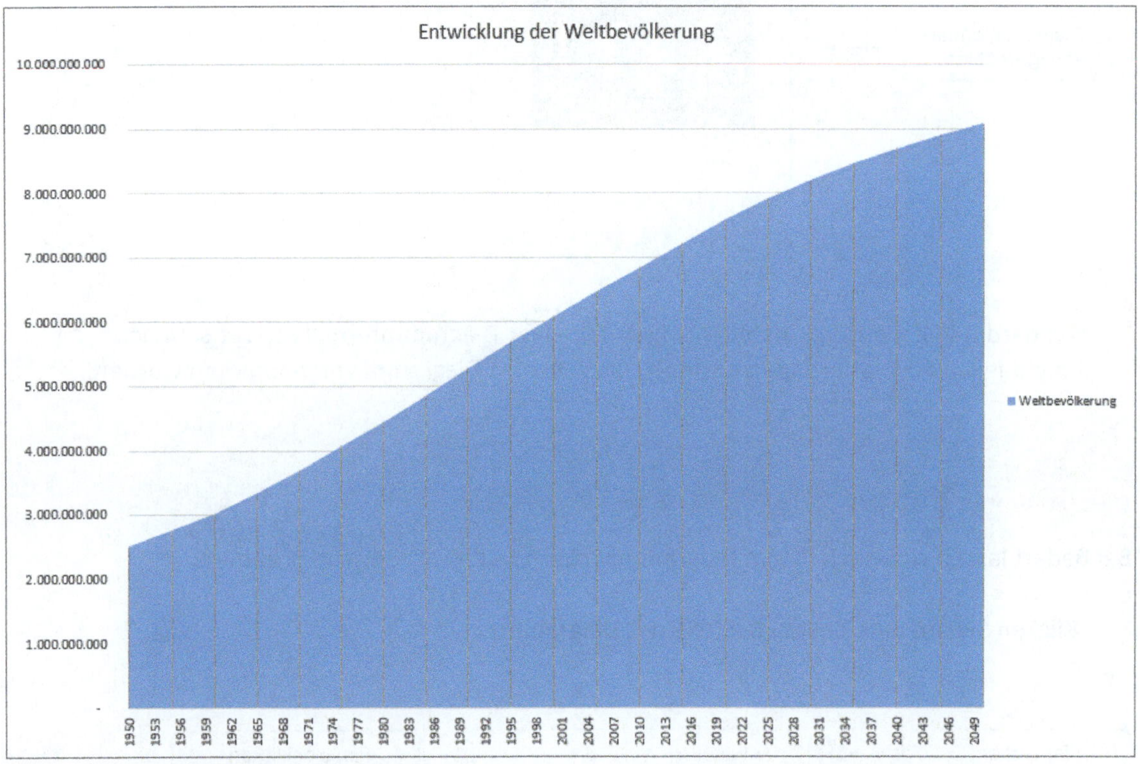


*Ergebnisdatei „Weltbevölkerung-E.xlsx"*

**Zusätzliche Übungen:**

*Säulendiagramm erstellen.pdf*
*Schnelllayout zuweisen.pdf*
*Umsätze grafisch darstellen.pdf*
*Umsätze im Diagramm darstellen.pdf*

 

# 12 Diagramme individuell bearbeiten

## 12.1 Basiswissen Diagrammbearbeitung

**Es gibt mehrere Möglichkeiten, Diagramme zu formatieren bzw. zu bearbeiten. Sie können hierzu unter anderem das Menüband, Schaltflächen oder einen speziellen Aufgabenbereich nutzen.**

### Variante 1: Diagramme über das Menüband bearbeiten

Bei aktiviertem Diagramm-Bearbeitungsmodus werden im Menüband die zusätzlichen Register *Entwurf* und *Format* angezeigt. Über die dortigen Elemente haben Sie Zugriff auf fast alle Befehle zur Formatierung bzw. Bearbeitung von Diagrammen.

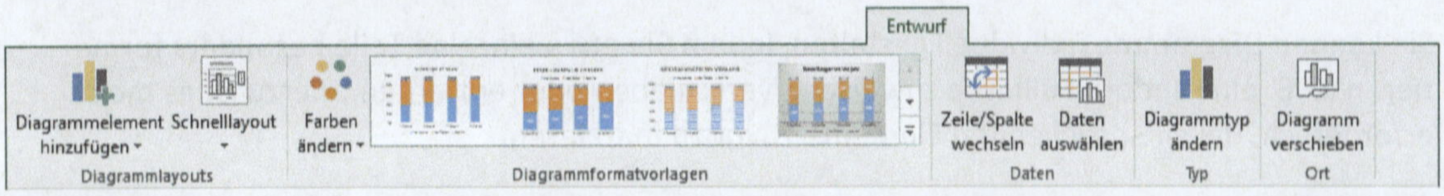


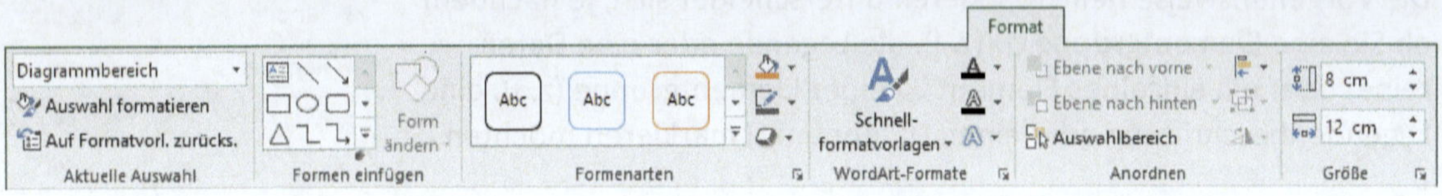


### Variante 2: Diagramme über Schaltflächen bearbeiten

Im Bearbeitungsmodus werden rechts neben dem Diagramm spezielle Schaltflächen angezeigt, über die sich das Erscheinungsbild bzw. der Inhalt des Diagramms anpassen lassen.

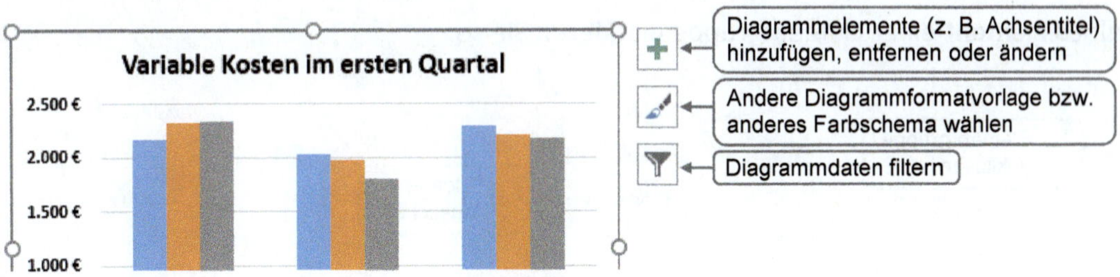

### Variante 3: Diagramme über einen Aufgabenbereich bearbeiten

Sie können den Aufgabenbereich einblenden, indem Sie z. B.

- ein Diagrammelement doppelt anklicken,
- im Register *Format* auf eine der dort vorhandenen Schaltflächen klicken.

Der Aufgabenbereich bietet unterschiedliche Bearbeitungsoptionen, abhängig vom zuvor gewählten Diagrammelement. Da er so lange angezeigt wird, bis Sie ihn schließen, können Sie in einem Arbeitsgang nacheinander mehrere Diagrammelemente formatieren bzw. bearbeiten.

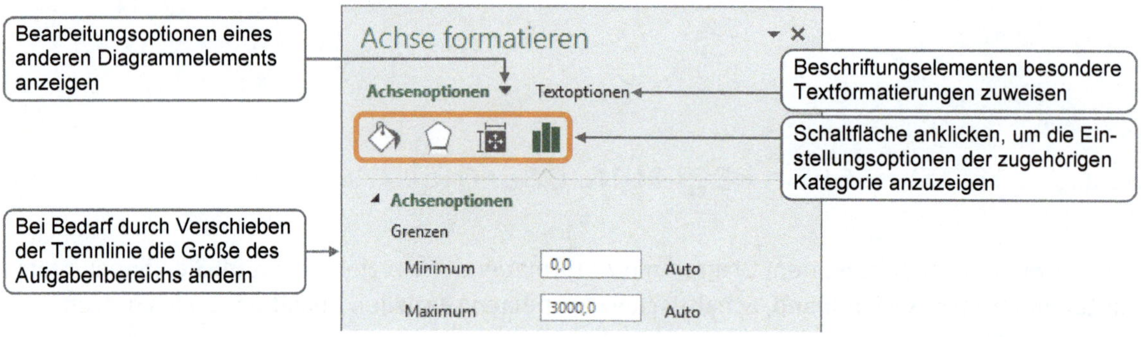


## 12.2 Diagrammelemente markieren und bearbeiten

### Elementgruppen und einzelne Diagrammelemente markieren

Sie können Diagramme individuell gestalten, indem Sie etwa einzelne Teile besonders formatieren (z. B. eine andere Füllfarbe zuweisen), verschieben oder entfernen. Hierzu ist es meist erforderlich, die entsprechenden Elemente zuvor zu markieren.

Die Vorgehensweise beim Markieren unterscheidet sich, je nachdem ob Sie eine **Elementgruppe** ① (z. B. die Legende oder eine Datenreihe) oder ein **einzelnes Element** ② einer Elementgruppe (z. B. eine Legendenbeschriftung oder einen Datenpunkt) markieren möchten.

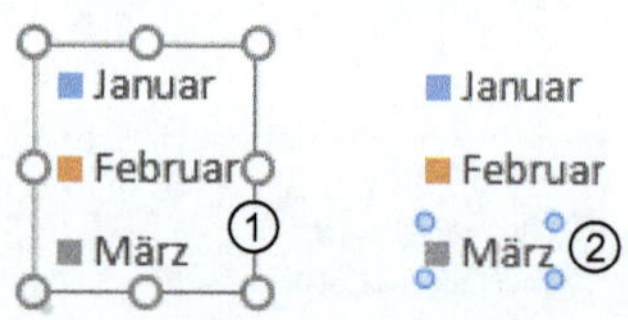


Um eine **Elementgruppe** zu markieren, gehen Sie folgendermaßen vor:

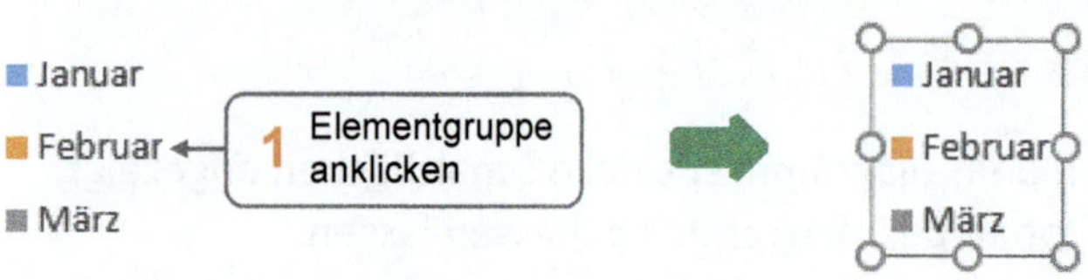


Ein **einzelnes Element** einer Elementgruppe markieren Sie so:

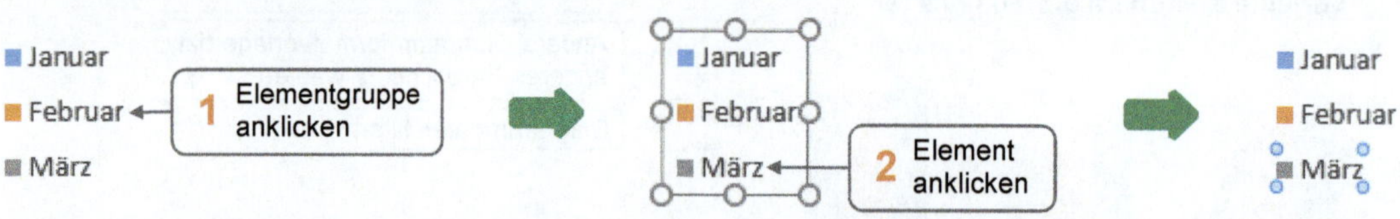


Möchten Sie eine **Markierung** wieder **aufheben**, drücken Sie Esc.

- Bestimmte Diagrammelemente lassen sich über das abgebildete Feld im Register *Format*, Gruppe *Aktuelle Auswahl*, markieren.
- Möchten Sie das **komplette Diagramm** markieren, wählen Sie in der geöffneten Liste *Diagrammbereich*.

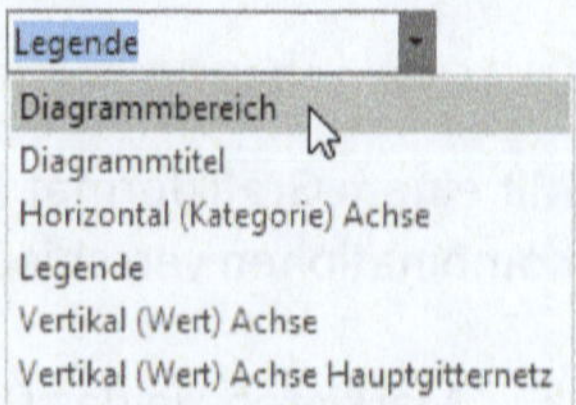


## Diagrammelemente verschieben

- Ziehen Sie das Element mit der Maus (Mauszeiger: ✥) an eine andere Stelle im Diagramm.

## Legende bzw. Zeichnungsfläche vergrößern bzw. verkleinern

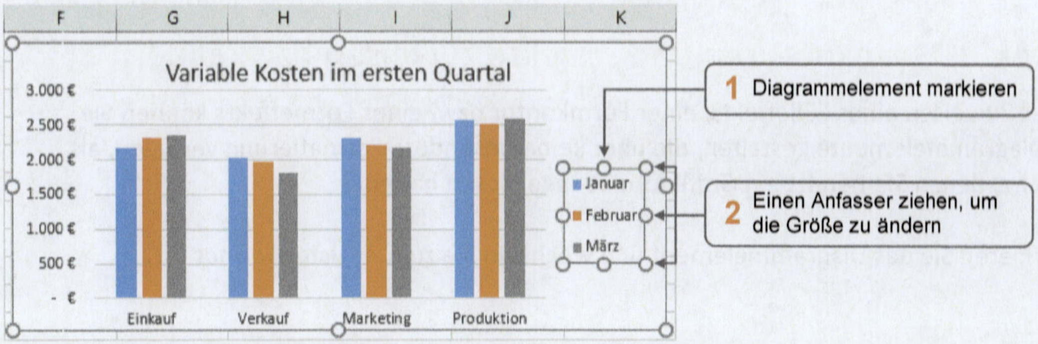


Durch Ziehen eines Eckanfassers bei gedrückter ⇧-Taste wird das Diagrammelement proportional vergrößert bzw. verkleinert.

## Diagrammelemente löschen

- Markieren Sie das Diagrammelement und drücken Sie Entf.

# 12.3 Diagrammelemente formatieren

**Plus** **Beispieldatei:** *Diagramme formatieren.xlsx*

Um das Erscheinungsbild von Diagrammelementen individuell anzupassen, stehen Ihnen im Register *Format* in der Gruppe *Formenarten* vielfältige Möglichkeiten zur Verfügung.

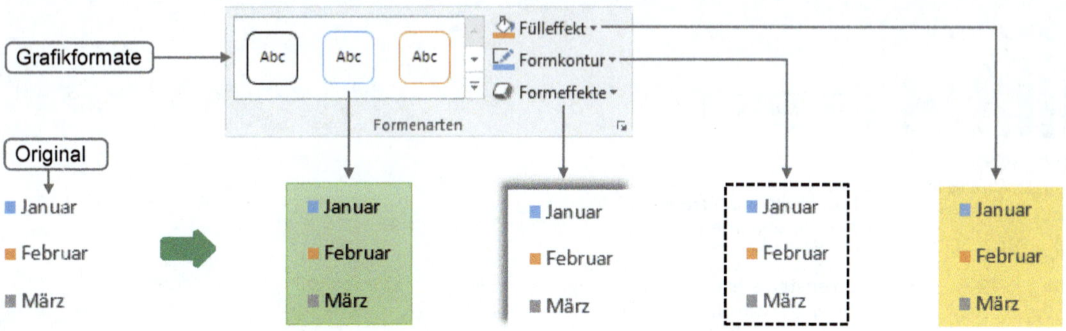


*Unterschiedlich formatierte Legende*

## Einem Diagrammelement ein Grafikformat zuweisen

Mit einem Grafikformat können Sie markierten Diagrammelementen mit einem Klick Kombinationen verschiedener Fülleffekte, Formkonturen und Formeffekte zuweisen.

▶ Markieren Sie das Diagrammelement und wechseln Sie zum Register *Format*.

## Fülleffekte, Formkonturen und -effekte zuweisen bzw. ändern

Durch das Zuweisen eines Fülleffekts, einer Formkontur bzw. eines Formeffekts können Sie sowohl Diagrammelemente gestalten, die über keine besondere Formatierung verfügen, als auch solche, denen Sie bereits ein Grafikformat zugewiesen haben.

▶ Markieren Sie das Diagrammelement und wechseln Sie zum Register *Format*.

### Fülleffekt zuweisen

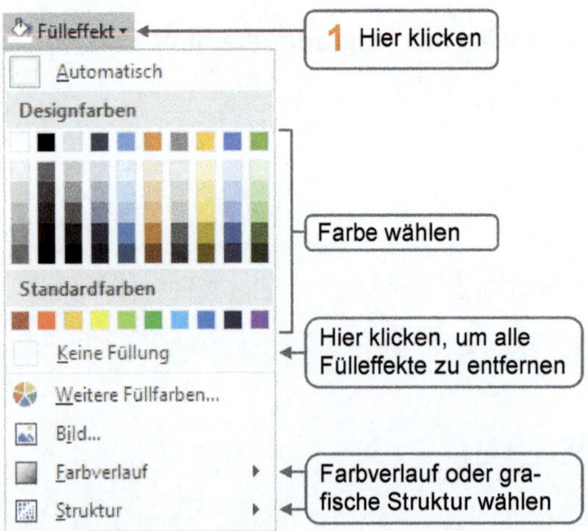


### Formkontur (Rahmen) zuweisen

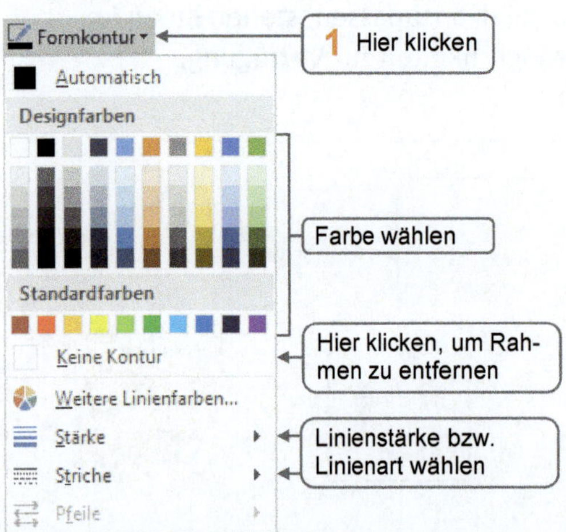

## Formeffekt zuweisen

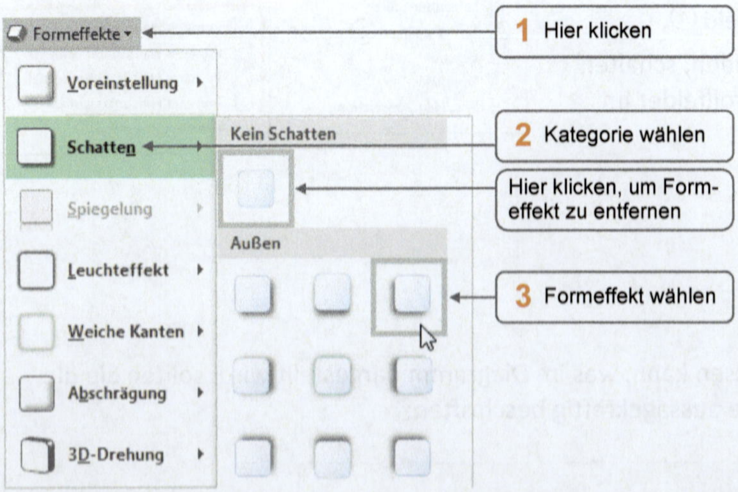


Durch Auswahl weiterer Effekte können Sie verschiedene Effekte miteinander kombinieren.

Möchten Sie für ein markiertes Diagrammelement sämtliche individuell vorgenommenen Formatierungen in einem Schritt entfernen, klicken Sie im Register *Format*, Gruppe *Aktuelle Auswahl,* auf die Schaltfläche *Auf Formatvorl. zurücks.*

## Gitternetzlinien ein-/ausblenden

Gitternetzlinien, die bei manchen Diagrammtypen automatisch angezeigt werden, können die Auswertung eines Diagramms erleichtern.

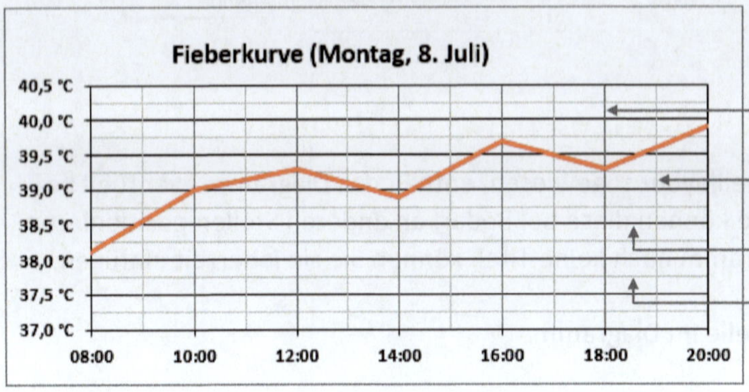


▶ Klicken Sie auf eine beliebige Stelle im Diagramm.

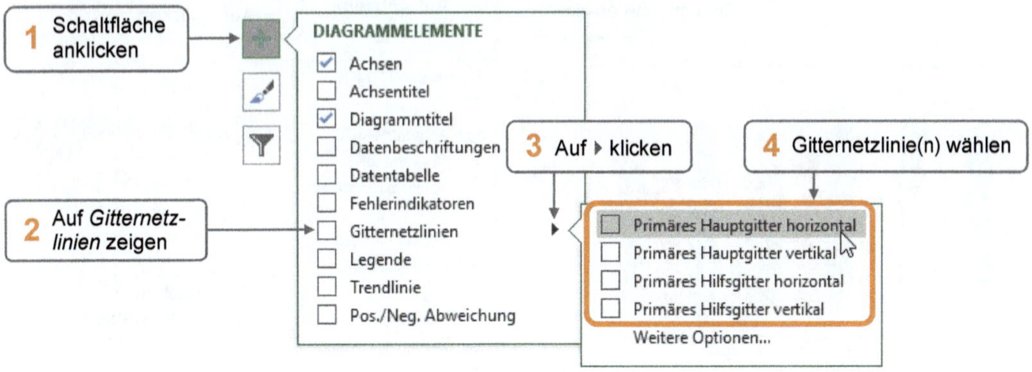

- Möchten Sie alle Gitternetzlinien ausblenden, deaktivieren Sie das Kontrollfeld ①.
- Um nur bestimmte auszublenden, schalten Sie die entsprechenden Kontrollfelder im Bereich ② aus.

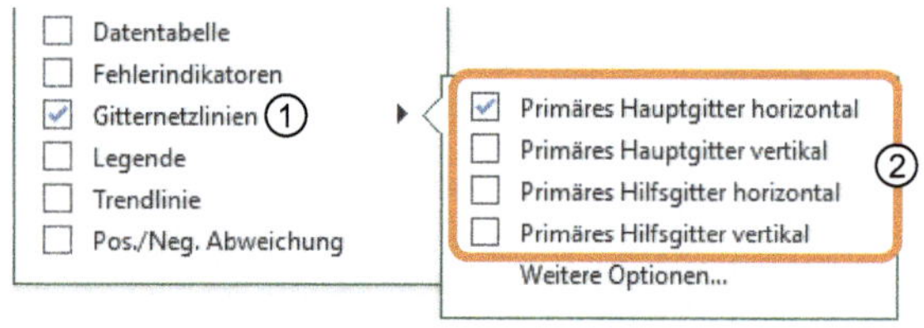


## 12.4 Diagramme beschriften

Damit der Betrachter schnell erfassen kann, was im Diagramm dargestellt wird, sollten Sie die wichtigsten Diagrammbestandteile aussagekräftig beschriften:

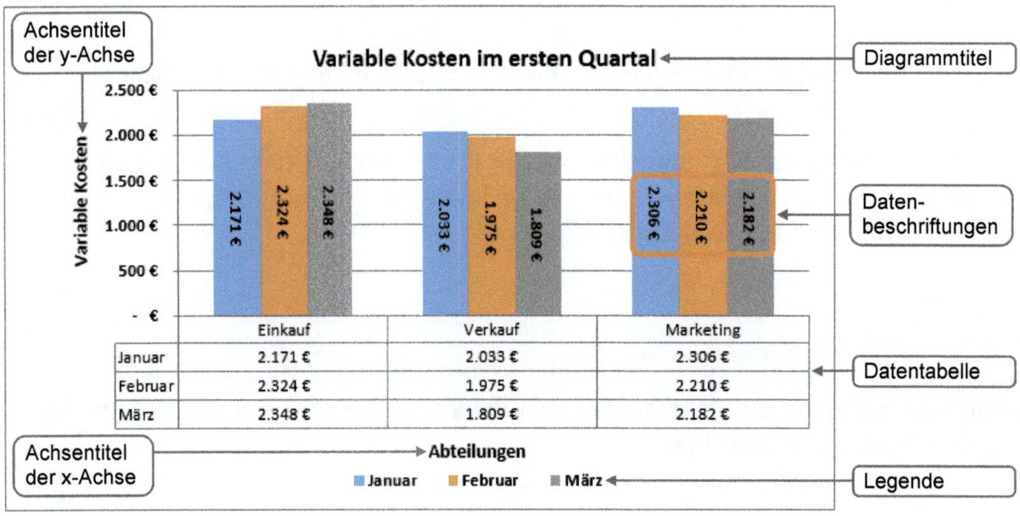


### Achsen- und Diagrammtitel anzeigen bzw. ausblenden

Haben Sie Ihrem Diagramm ein Schnelllayout zugewiesen, enthält das Diagramm eventuell bereits Achsen- bzw. Diagrammtitel. Sie können diese bei Bedarf an anderen Stellen positionieren oder ausblenden. Existieren im Diagramm noch keine Titel, können Sie sie jederzeit einfügen.

▶ Klicken Sie auf eine beliebige Stelle im Diagramm.

#### Anzeige der Achsentitel festlegen

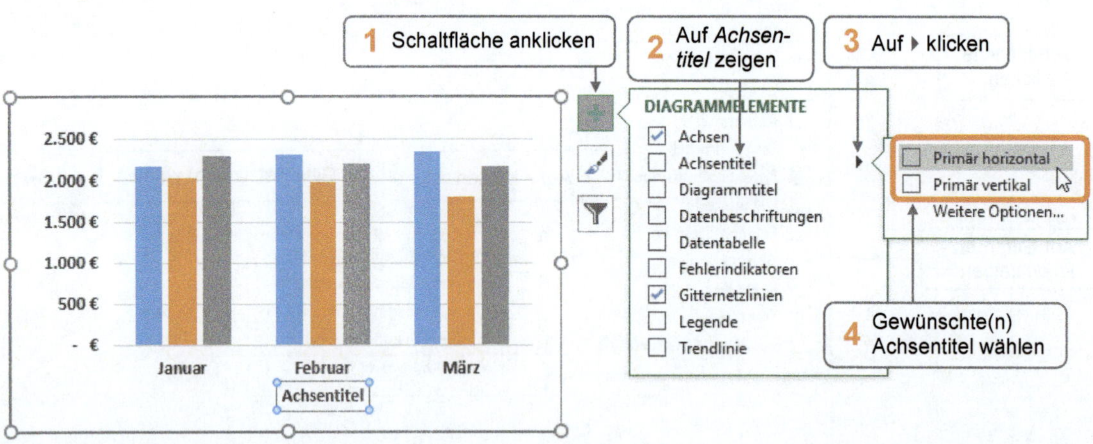

Möchten Sie in einem Arbeitsschritt einen Achsentitel für die x-Achse **und** die y-Achse einblenden, klicken Sie auf [+] und aktivieren Sie das Kontrollfeld *Achsentitel*.

Um bestimmte **Diagrammelemente** im Diagramm **auszublenden**, klicken Sie auf [+] und deaktivieren Sie in der eingeblendeten Liste die entsprechenden Kontrollfelder.

### Anzeige des Diagrammtitels festlegen

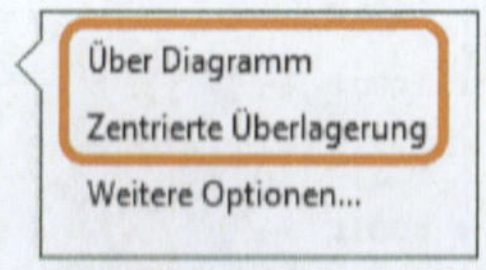


- Klicken Sie auf eine beliebige Stelle im Diagramm.
- Klicken Sie auf [+] und zeigen Sie auf *Diagrammtitel*.
- Klicken Sie auf ▸ und wählen Sie eine Position für den Diagrammtitel.

## Datentabelle an das Diagramm anfügen

Bei einigen Diagrammtypen lassen sich die Ausgangsdaten als kleine Tabelle an das Diagramm anfügen. Dadurch wird etwa die Aussagekraft von Diagrammen erhöht, die sich auf separaten Diagrammblättern befinden.

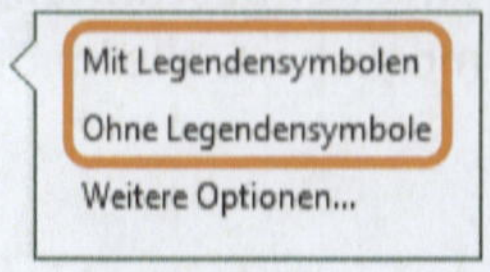


- Klicken Sie auf eine beliebige Stelle im Diagramm.
- Klicken Sie auf [+] und zeigen Sie auf *Datentabelle*.
- Klicken Sie auf ▸ und wählen Sie den gewünschten Datentabellentyp.

## Anzeige der Legende festlegen

Nach dem Erstellen eines Diagramms wird standardmäßig eine Legende angezeigt. Möchten Sie die Position der Legende ändern, gehen Sie so vor:

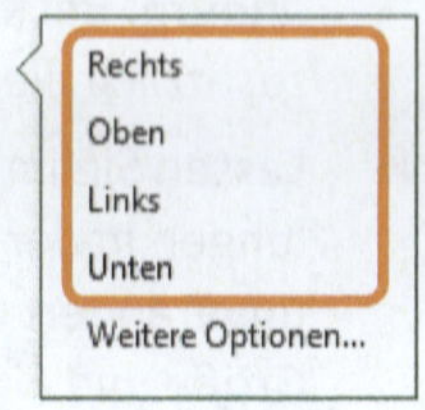


- Klicken Sie auf eine beliebige Stelle im Diagramm.
- Klicken Sie auf [+] und zeigen Sie auf *Legende*.
- Klicken Sie auf ▸ und wählen Sie eine Position für die Legende.

# 12.5 Datenreihen bzw. Datenpunkte beschriften

Plus **Beispieldatei:** *Datenbeschriftungen.xlsx*

### Datenbeschriftungen einfügen

Datenreihen und Datenpunkte lassen sich etwa mit den jeweiligen Werten oder Kategorienamen beschriften.

Sie möchten beispielsweise die Werte der einzelnen Datenpunkte wie im abgebildeten Diagramm innerhalb der entsprechenden Säulen anzeigen und ausrichten.

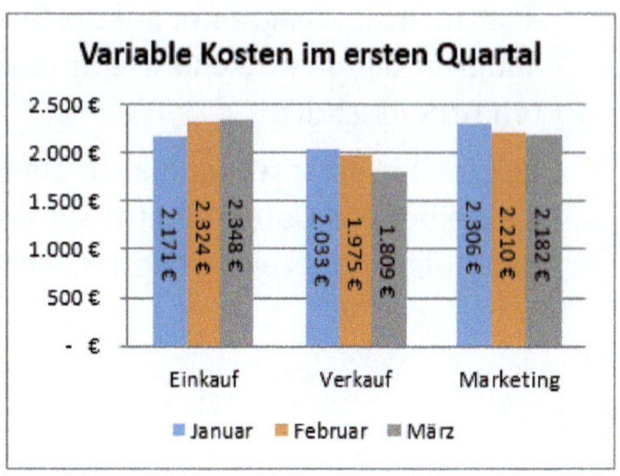

- Um wie im zuvor abgebildeten Beispiel **alle Datenreihen** mit den jeweiligen Werten zu beschriften, klicken Sie auf eine freie Stelle des Diagramms.

  *oder* Möchten Sie lediglich eine **einzelne Datenreihe** oder einen **Datenpunkt** mit den jeweiligen Werten beschriften, markieren Sie das entsprechende Diagrammelement.

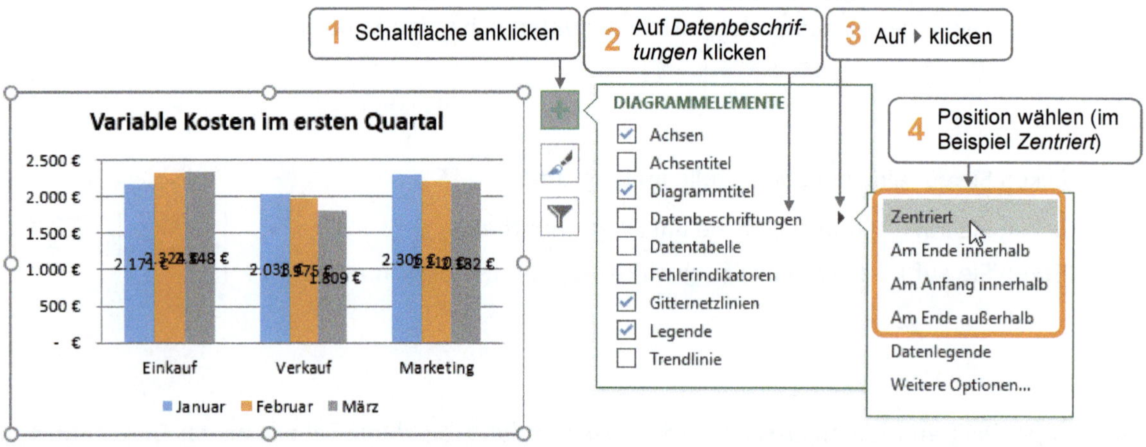


Da sich im Beispiel die einzelnen Datenbeschriftungen überlappen, ändern Sie nun die Ausrichtung der Beschriftungen. Dies müssen Sie für jede Datenreihe einzeln erledigen, da es nicht möglich ist, alle im Diagramm eingefügten Datenbeschriftungen auf einmal zu bearbeiten.

## Art und Ausrichtung der Datenbeschriftungen festlegen

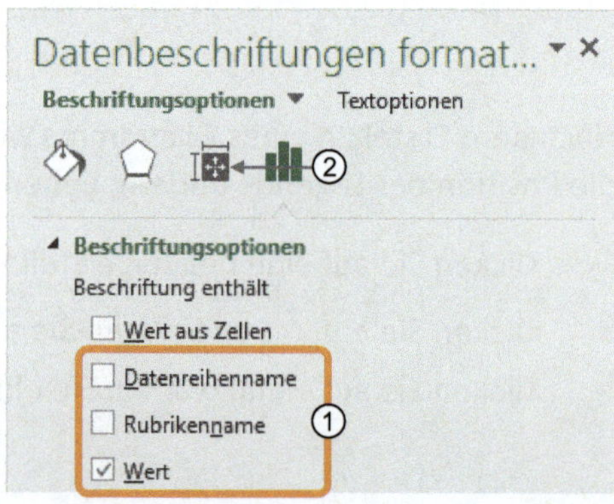


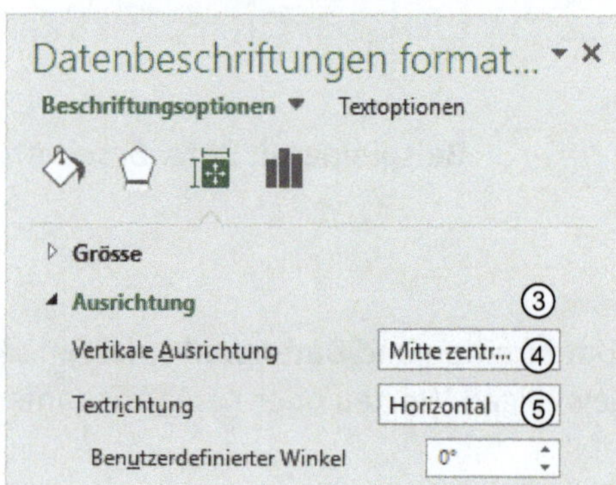


- Klicken Sie doppelt auf die Beschriftung einer Datenreihe, um den Aufgabenbereich mit aktivierter Kategorie *Beschriftungsoptionen* zu öffnen.

  Sie können hier z. B. die **Art der Beschriftungen** ① **ändern**. Bei Kreisdiagrammen steht Ihnen hier zusätzlich die Option *Prozentsatz* zur Verfügung.

- Lassen Sie im vorliegenden Beispiel die Einstellungen in der Kategorie *Beschriftungsoptionen* unverändert und wechseln Sie zur Kategorie *Größe und Eigenschaften* ②.

  Hier können Sie z. B. die vertikale **Ausrichtung** ③ **und** die **Textrichtung** ④ **ändern** sowie den Text in einem beliebigen Winkel drehen ⑤.

- Im vorliegenden Beispiel wählen Sie im Feld ④ *Text um 90 Grad drehen*.
- Klicken Sie im Diagramm auf die Beschriftung einer anderen Datenreihe und wiederholen Sie den letzten Arbeitsschritt.
- Richten Sie entsprechend auch die Beschriftung der verbleibenden Datenreihe(n) aus und blenden Sie den Aufgabenbereich über das Schließfeld × aus.

Auf die zuvor beschriebene Weise können Sie auch die **Ausrichtung von Achsenbeschriftungen** ändern. Klicken Sie hierzu doppelt auf die Achse, deren Beschriftung Sie anders ausrichten möchten. Wechseln Sie im Aufgabenbereich zur Kategorie *Größe und Eigenschaften* und nehmen Sie im Bereich *Ausrichtung* die gewünschten Einstellungen vor.

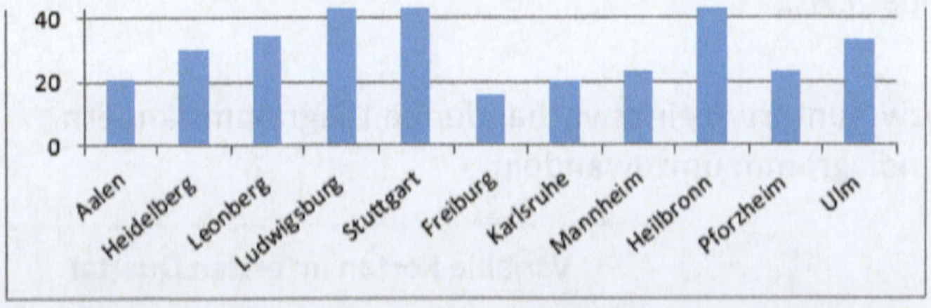


*Gedrehte Achsenbeschriftung, benutzerdefinierter Winkel -40°*

## 12.6 Inhalt/Formatierung von Beschriftungen ändern

### Beschriftungselemente inhaltlich verändern

Um beispielsweise den Diagramm-/Achsentitel zu ändern, gehen Sie folgendermaßen vor:

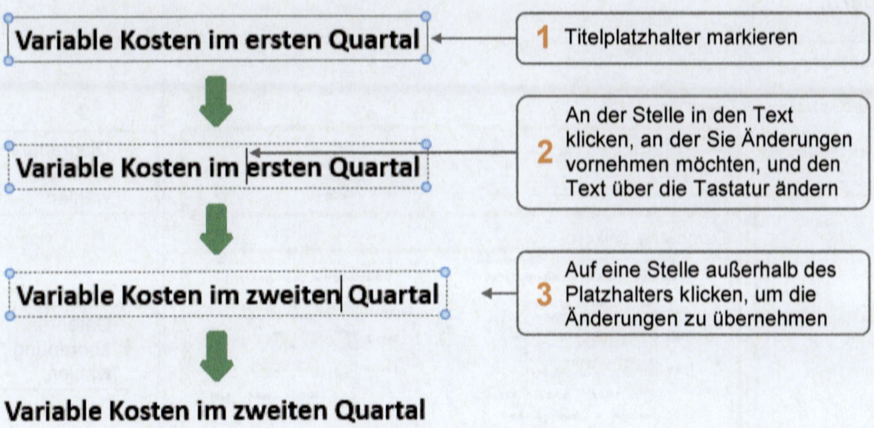


Möchten Sie **Achsen- und Legendenbeschriftungen inhaltlich ändern**, nehmen Sie die Änderungen in den entsprechenden Zellen der Tabelle vor, auf der das Diagramm basiert.

### Beschriftungen innerhalb des Diagramms formatieren

Sie können sämtliche Beschriftungen innerhalb eines Diagramms individuell formatieren.

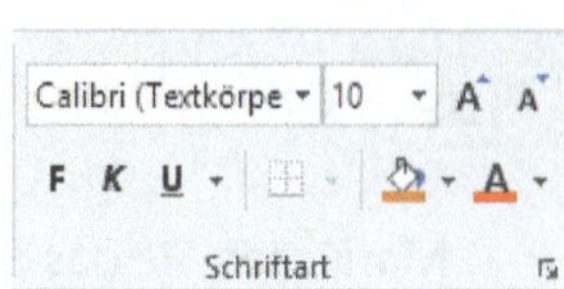


- Markieren Sie das zu formatierende Diagrammelement, z. B. die Legende.
- Weisen Sie dem Element wie beim Formatieren von Zellinhalten die gewünschten Schrifteigenschaften zu, z. B. über die abgebildeten Elemente der Gruppe *Schriftart* im Register *Start*.

## 12.7 Diagrammdarstellung bzw. -struktur ändern

### Diagrammtyp bzw. Diagrammuntertyp ändern

Plus **Beispieldatei:** *Diagrammtyp ändern.xlsx*

Sie können jederzeit den Diagrammtyp bzw. -untertyp eines vorhandenen Diagramms ändern, z. B. um ein Säulendiagramm in ein Balkendiagramm umzuwandeln.

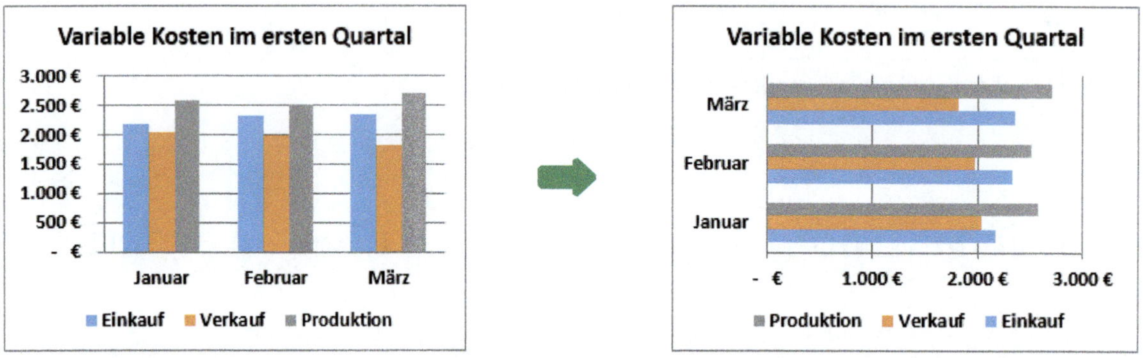


- Markieren Sie das Diagramm und klicken Sie im Register *Entwurf*, Gruppe *Typ*, auf *Diagrammtyp ändern*.

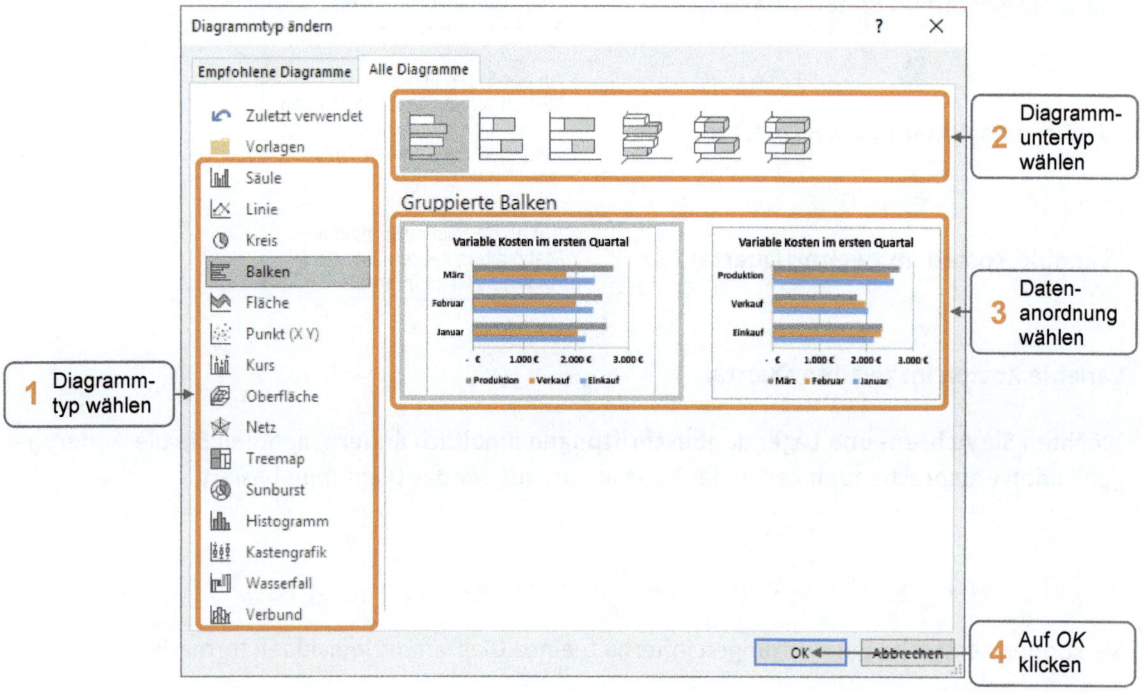


### Anderen Quelldatenbereich im Diagramm darstellen

Plus **Beispieldatei:** *Anderen Datenbereich darstellen.xlsx*

- Markieren Sie das Diagramm und klicken Sie im Register *Entwurf*, Gruppe *Daten*, auf *Daten auswählen*.
- Markieren Sie in der Tabelle einen neuen Zellbereich.

Dadurch überschreiben Sie im geöffneten Dialogfenster im Feld *Diagrammdatenbereich* den vorhandenen Eintrag – und ändern so den im Diagramm dargestellten Quelldatenbereich.

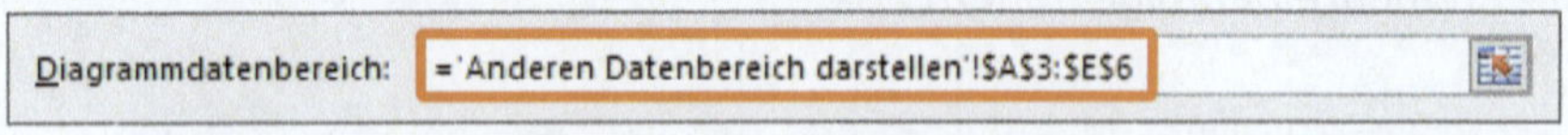


- Bestätigen Sie mit *OK*.

## Diagrammdaten filtern

**Plus** **Beispieldatei:** ***Diagrammdaten filtern.xlsx***

Mithilfe der Schaltfläche lassen sich die im Diagramm angezeigten Daten filtern.

Auf diese Weise können Sie schnell bestimmte Daten im Diagramm (vorübergehend) ausblenden, ohne dass Sie hierzu den Quelldatenbereich des Diagramms ändern müssen.

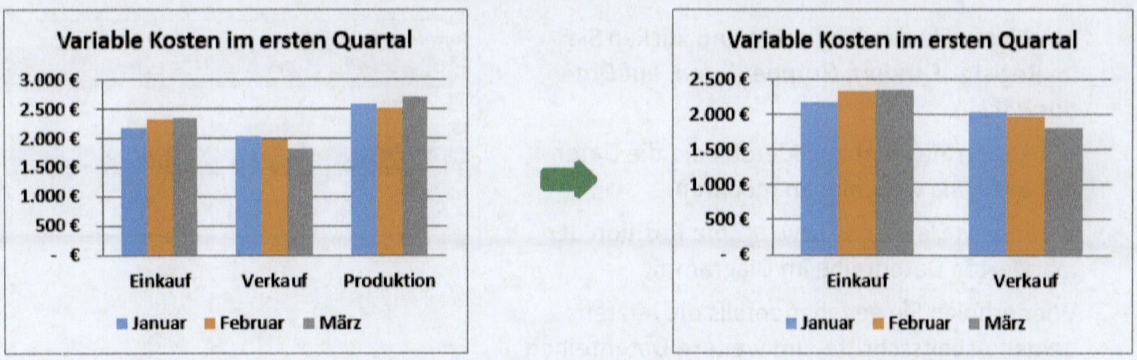


Um beispielsweise im oben links abgebildeten Diagramm die Daten der Abteilung Produktion auszublenden, gehen Sie folgendermaßen vor:

- Klicken Sie eine beliebige Stelle im Diagramm an.

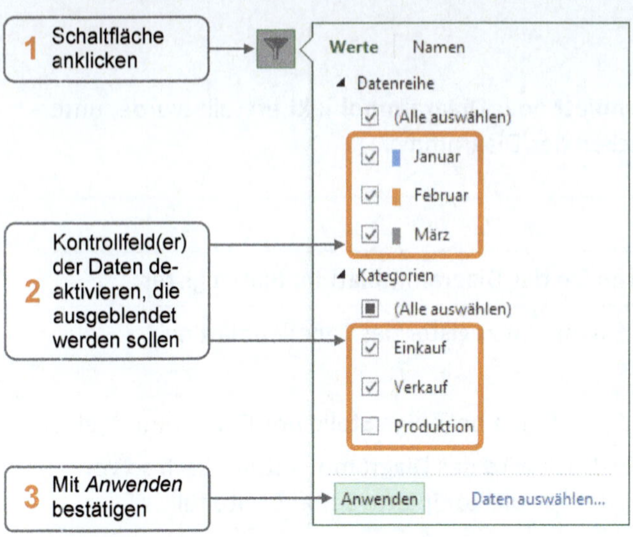


Um ausgeblendete Daten im Diagramm wieder anzuzeigen, aktivieren Sie in der Liste der Schaltfläche die entsprechenden Kontrollfelder und bestätigen Sie mit *Anwenden*.

### Anordnung der Datenreihen in einem Diagramm ändern

**Plus** **Beispieldatei:** *Datenreihenreihenfolge ändern.xlsx*

Sie können die Anordnung ändern, in der die einzelnen Datenreihen im Diagramm angezeigt werden. So lässt sich vermeiden, dass in einem Flächendiagramm mit dem Diagrammuntertyp *Fläche* oder *3D-Fläche* Datenreihen durch andere verdeckt werden (wie in der linken Abbildung).

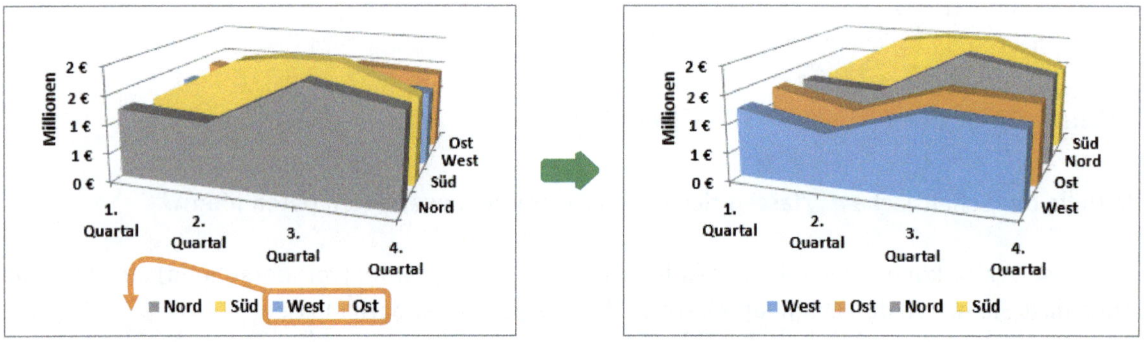


- Markieren Sie das Diagramm und klicken Sie im Register *Entwurf*, Gruppe *Daten*, auf *Daten auswählen*.
- Markieren Sie im abgebildeten Feld die Datenreihe, die Sie verschieben möchten.
- Verändern Sie mit ▲ bzw. ▼ die Position der markierten Datenreihe im Diagramm.
- Wiederholen Sie gegebenenfalls die letzten beiden Arbeitsschritte, um weitere Datenreihen zu verschieben.
- Bestätigen Sie mit *OK*.

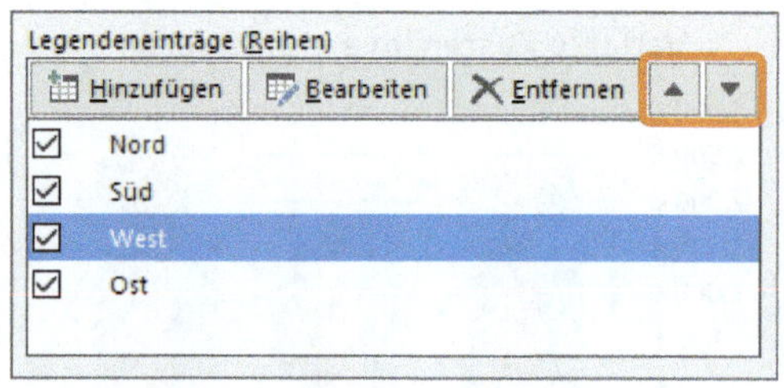


## 12.8 Diagramme drucken

Je nachdem, ob das Diagramm als **Diagrammblatt** oder **Diagrammobjekt** erstellt wurde, unterscheidet sich die Vorgehensweise beim Drucken des Diagramms.

| Sie möchten ... | |
|---|---|
| ein Diagrammblatt drucken | ▶ Aktivieren Sie das Diagrammblatt im Blattregister. |
| ein Diagrammobjekt **und** die Ausgangstabelle drucken | ▶ Klicken Sie im Blattregister das Tabellenblatt an. |
| ein Diagrammobjekt **ohne** die Ausgangstabelle drucken | ▶ Klicken Sie auf eine beliebige Stelle des Diagrammobjekts.<br>Beim Ausdruck wird das Diagramm automatisch so vergrößert, dass es die komplette Seitenbreite füllt. |

- Klicken Sie auf das Register *Datei* und wählen Sie im linken Fensterbereich *Drucken*.
- Nehmen Sie die gewünschten Einstellungen vor und starten Sie den Ausdruck mit *Drucken*.

**Wissenstest:** *Excel 2016 - Diagramme*

# 12.9 Übung

## Säulendiagramm mit Umweltdaten beschriften

| Level | | Zeit | ca. 10 min |
|---|---|---|---|
| Übungsinhalte | ✓ Diagramm beschriften und formatieren | | |
| Übungsdatei | *Feinstaub.xlsx* | | |
| Ergebnisdatei | *Feinstaub-E.xlsx* | | |

1. Öffnen Sie die Übungsdatei *Feinstaub.xlsx* und wechseln Sie zum Diagrammblatt *Feinstaubbelastung (Diagramm)*.
2. Beschriften und formatieren Sie das Diagramm entsprechend der folgenden Abbildung.
3. Speichern Sie die Datei unter dem Namen *Feinstaub-E.xlsx*.

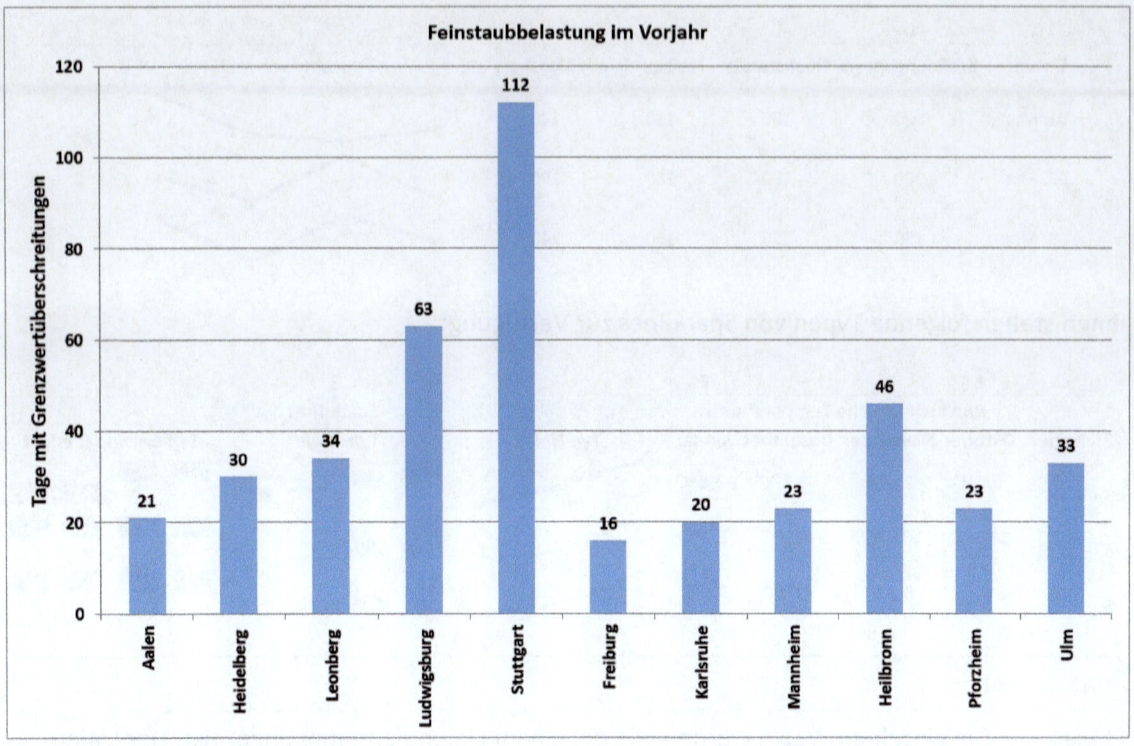


*Ergebnisdatei „Feinstaub-E.xlsx"*

**Zusätzliche Übungen:**

*Kreisdiagramm beschriften.pdf*

*Kreisdiagramm formatieren.pdf*

*Kriminalstatistik als Diagramm.pdf*

*Punkteverteilung übersichtlich darstellen.pdf*

# 13

# Daten mit Sparklines veranschaulichen

Plus **Beispieldatei:** *Sparklines.xlsx*

## 13.1 Basiswissen Sparklines

Sparklines sind kleine **Diagramme**, die **in Zellen** als Zellhintergrund angezeigt werden. Mit ihrer Hilfe lassen sich Werte grafisch darstellen, die sich innerhalb einer Spalte bzw. Zeile befinden.

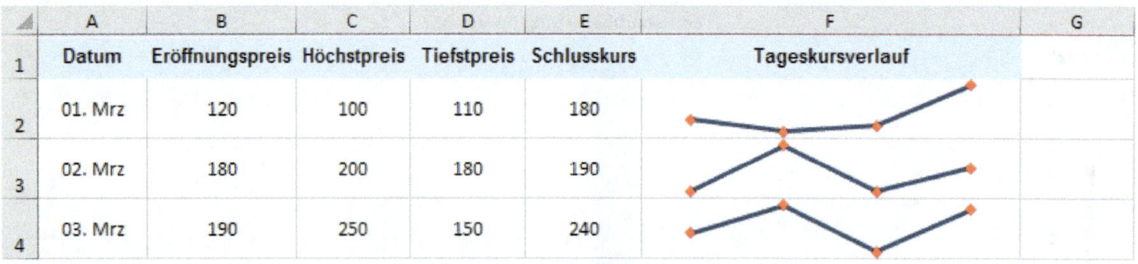

| | A | B | C | D | E | F | G |
|---|---|---|---|---|---|---|---|
| 1 | Datum | Eröffnungspreis | Höchstpreis | Tiefstpreis | Schlusskurs | Tageskursverlauf | |
| 2 | 01. Mrz | 120 | 100 | 110 | 180 | | |
| 3 | 02. Mrz | 180 | 200 | 180 | 190 | | |
| 4 | 03. Mrz | 190 | 250 | 150 | 240 | | |

Ihnen stehen folgende Typen von Sparklines zur Verfügung:

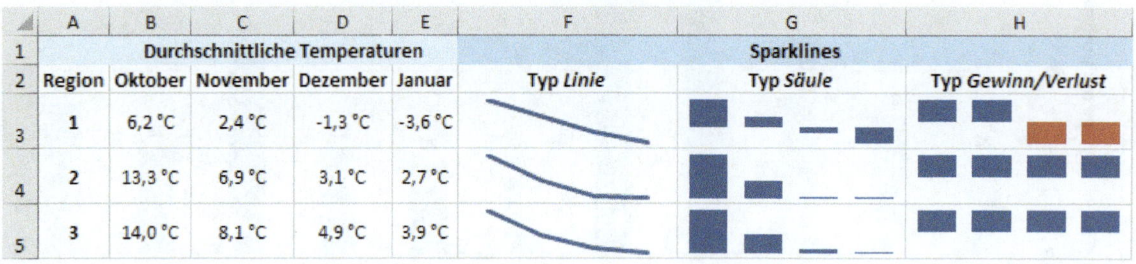

| | A | B | C | D | E | F | G | H |
|---|---|---|---|---|---|---|---|---|
| 1 | Durchschnittliche Temperaturen | | | | | Sparklines | | |
| 2 | Region | Oktober | November | Dezember | Januar | Typ *Linie* | Typ *Säule* | Typ *Gewinn/Verlust* |
| 3 | 1 | 6,2 °C | 2,4 °C | -1,3 °C | -3,6 °C | | | |
| 4 | 2 | 13,3 °C | 6,9 °C | 3,1 °C | 2,7 °C | | | |
| 5 | 3 | 14,0 °C | 8,1 °C | 4,9 °C | 3,9 °C | | | |

| Typ | Erläuterung |
|---|---|
| *Linie* | Die einzelnen Werte werden wie bei einem Liniendiagramm angezeigt. Der Linienverlauf berücksichtigt die relative Verteilung der Werte. |
| *Säule* | Die Werte werden als Balken dargestellt, ähnlich wie in einem Balkendiagramm. Die Höhe der Balken richtet sich dabei nach der relativen Größe der einzelnen Werte. Die Balken negativer Werte werden unterhalb der (unsichtbaren) y-Achse platziert. |
| *Gewinn/ Verlust* | Die Werte werden als Balken angezeigt, wobei die negativen Werte rot gefärbt werden. Im Unterschied zu den anderen Sparklinetypen lässt sich die relative Größe der dargestellten Werte nicht ablesen, da alle Balken die gleiche Höhe besitzen. |

- In Zellen, in denen sich Sparklines befinden, können Sie wie gewohnt Text eingeben, ausrichten und formatieren.
- Die entsprechenden Zellen lassen sich auch mit einer individuellen Füllfarbe oder einem Rahmen versehen.

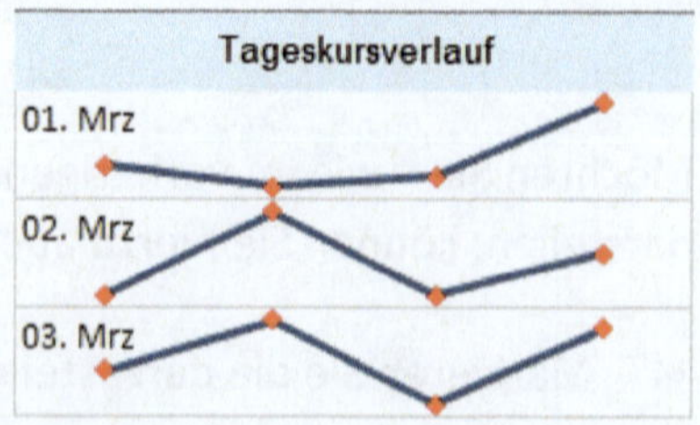


## 13.2 Sparklines einfügen

### Sparklines über das Menüband einfügen

Sie möchten beispielsweise in der unten abgebildeten Tabelle mithilfe von Sparklines des Typs *Linie* den jeweiligen Tageskursverlauf grafisch darstellen.

| | A | B | C | D | E | F | G |
|---|---|---|---|---|---|---|---|
| 1 | Datum | Eröffnungspreis | Höchstpreis | Tiefstpreis | Schlusskurs | Tageskursverlauf | |
| 2 | 01. Mrz | 120 | 100 | 110 | 180 | | |
| 3 | 02. Mrz | 180 | 200 | 180 | 190 | | |
| 4 | 03. Mrz | 190 | 250 | 150 | 240 | | |
| 5 | | | | | | | |

- ▶ Markieren Sie die Zellen, in denen Sie Sparklines erstellen möchten.
  Im Beispiel markieren Sie den Bereich F2:F4.
- ▶ Wählen Sie im Register *Einfügen*, Gruppe *Sparklines*, einen Sparklinetyp, z. B. den Typ *Linie*.

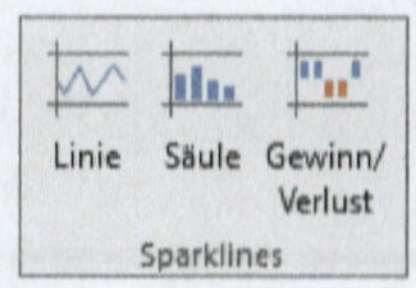


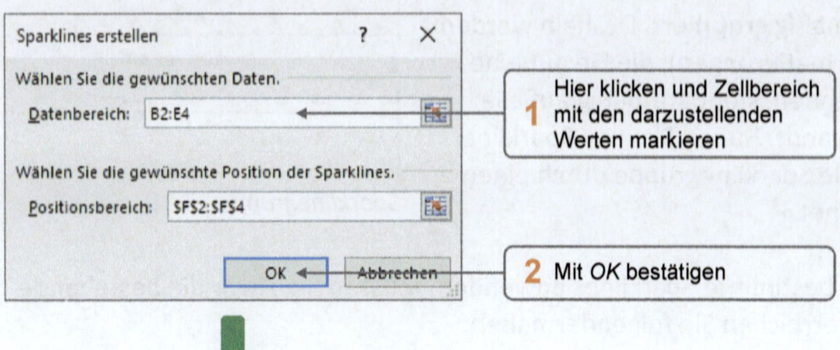


| | A | B | C | D | E | F | G |
|---|---|---|---|---|---|---|---|
| 1 | Datum | Eröffnungspreis | Höchstpreis | Tiefstpreis | Schlusskurs | Tageskursverlauf | |
| 2 | 01. Mrz | 120 | 100 | 110 | 180 | | |
| 3 | 02. Mrz | 180 | 200 | 180 | 190 | | |
| 4 | 03. Mrz | 190 | 250 | 150 | 240 | | |
| 5 | | | | | | | |

Im Menüband wird das zusätzliche Register *Entwurf* angezeigt, mit dem sich Sparklines formatieren bzw. bearbeiten lassen.

Möchten Sie den **Typ** zuvor markierter Sparklines **ändern**, klicken Sie im Register *Entwurf*, Gruppe *Typ*, auf die Schaltfläche eines anderen Sparklinetyps.

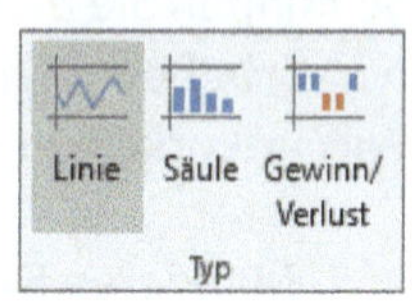

## Sparklines über die Schnellanalyse einfügen

Möchten Sie – wie im vorherigen Beispiel – bestimmte **Werte innerhalb einer Zeile** als Sparkline darstellen, können Sie hierzu auch die Schnellanalyse nutzen.

- Markieren Sie die darzustellenden Werte.

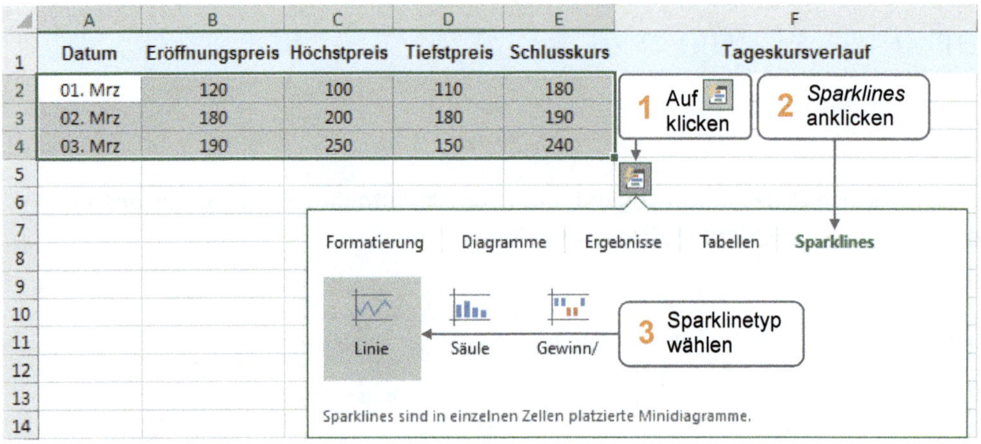


# 13.3 Sparklines formatieren und löschen

## Gruppierung von Sparklines aufheben

Sparklines werden standardmäßig **gruppiert**. Deshalb werden die meisten Befehle (z. B. Formatierungen), die Sie auf eine Sparkline einer Gruppe anwenden, standardmäßig auf alle Sparklines der Gruppe angewandt. Haben Sie eine Sparkline markiert, wird die betreffende Sparklinegruppe durch einen blauen Rahmen gekennzeichnet.

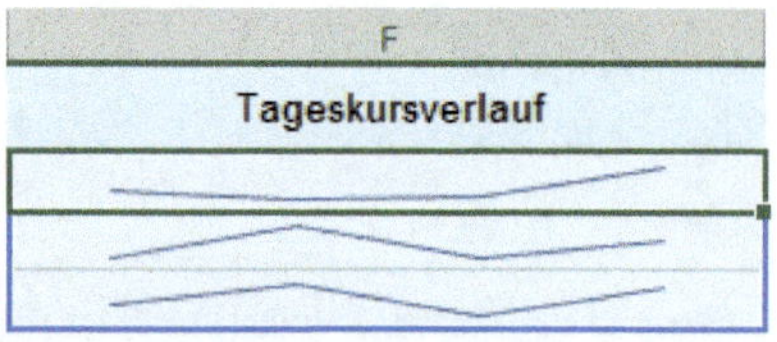


*Sparklinegruppe*

Möchten Sie Befehle nur auf bestimmte Sparklines anwenden, müssen Sie zuvor die bestehende Gruppierung aufheben. Dies erreichen Sie folgendermaßen:

- Markieren Sie die Sparklines, die Sie separat bearbeiten möchten.
  *oder* Um die komplette Gruppe aufzulösen, markieren Sie alle Sparklines der Gruppe.
- Klicken Sie im Register *Entwurf*, Gruppe *Gruppieren,* auf *Gruppierung aufheben*.

## Sparklines formatieren

Sparklines lassen sich auf vielfältige Weise individuell formatieren.

So können Sie etwa bestimmte Datenpunkte (z. B. den höchsten bzw. niedrigsten Wert) optisch hervorheben oder das komplette Erscheinungsbild einer Sparkline durch Zuweisung einer Formatvorlage in einem Schritt ändern.

- Markieren Sie die gewünschten Sparklines bzw. eine Sparklinegruppe.
- Wechseln Sie zum Register *Entwurf* und weisen Sie die gewünschten Formatierungen zu.

 

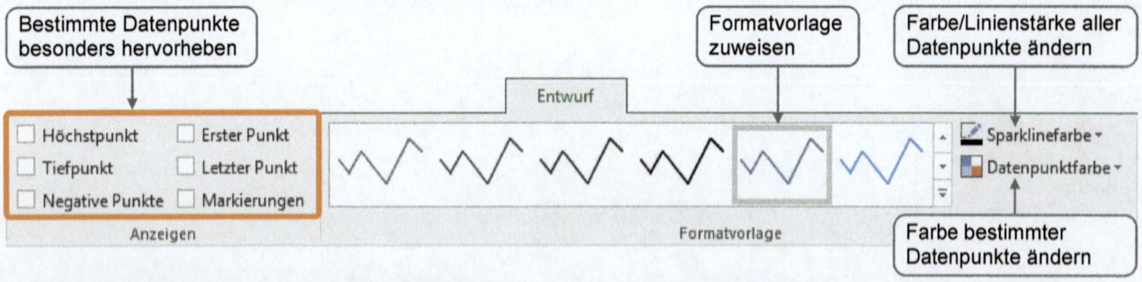


## Sparklines löschen

| Sie möchten ... | |
|---|---|
| eine einzelne Sparkline löschen | ▶ Markieren Sie die Sparkline und klicken Sie im Register *Entwurf*, Gruppe *Gruppieren*, auf *Löschen*. |
| alle Sparklines einer Sparklinegruppe löschen | ▶ Markieren Sie eine beliebige Sparkline der Gruppe.<br>▶ Klicken Sie im Register *Entwurf*, Gruppe *Gruppieren*, auf den Pfeil von *Löschen* und wählen Sie *Ausgewählte Sparklinegruppen löschen*. |

# 13.4 Übung

## Sparklines in einer Marketingtabelle verwenden

| Level | | Zeit | ca. 10 min |
|---|---|---|---|
| Übungsinhalte | ✔ Sparklines erstellen und formatieren | | |
| Übungsdatei | *Marketingerfolg.xlsx* | | |
| Ergebnisdatei | *Marketingerfolg-E.xlsx* | | |

1. Öffnen Sie die Übungsdatei *Marketingerfolg.xlsx*.
2. Fügen Sie in den Bereich G2:G11 Sparklines vom Typ *Linie* ein, die sich auf die jeweiligen Quartalswerte in den Spalten B bis E beziehen.
3. Formatieren Sie die Sparklines entsprechend der Abbildung. Bei den Sparklines sollen alle Datenpunkte als Rauten angezeigt werden (Kontrollfeld *Markierungen*) und der jeweils tiefste Punkt soll dabei mit der Farbe Rot gekennzeichnet werden.
4. Speichern Sie die Datei unter dem Namen *Marketingerfolg-E.xlsx*.

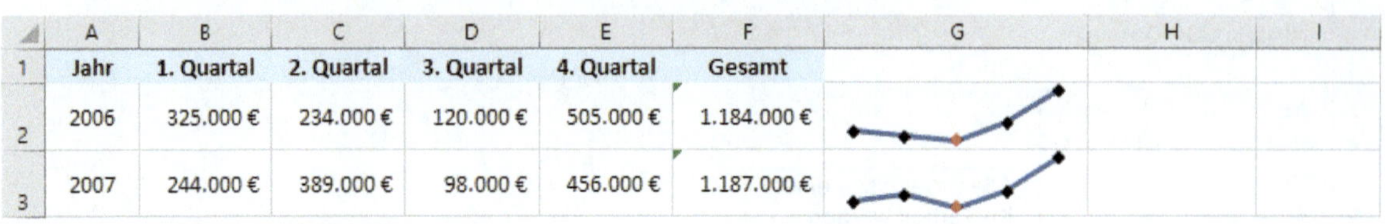

| | A | B | C | D | E | F | G | H | I |
|---|---|---|---|---|---|---|---|---|---|
| 1 | Jahr | 1. Quartal | 2. Quartal | 3. Quartal | 4. Quartal | Gesamt | | | |
| 2 | 2006 | 325.000 € | 234.000 € | 120.000 € | 505.000 € | 1.184.000 € | | | |
| 3 | 2007 | 244.000 € | 389.000 € | 98.000 € | 456.000 € | 1.187.000 € | | | |

*Ergebnisdatei „Marketingerfolg-E.xlsx"*

Plus **Zusätzliche Übung:**

*Maschinenauslastung darstellen.pdf*

# 14

# Spezielle Gestaltungsmöglichkeiten

## 14.1 Basiswissen bedingte Formatierung

Plus **Beispieldatei:** *Bedingte Formatierung - Basiswissen.xlsx*

Mithilfe der bedingten Formatierung lassen sich einzelne Zellen oder Zellbereiche abhängig von Regeln (Bedingungen) besonders hervorheben.

So können Sie etwa **bestimmte Zellen** abhängig von den dort vorhandenen Werten, Datumsangaben oder Zeichenfolgen durch eine spezielle Formatierung kennzeichnen.

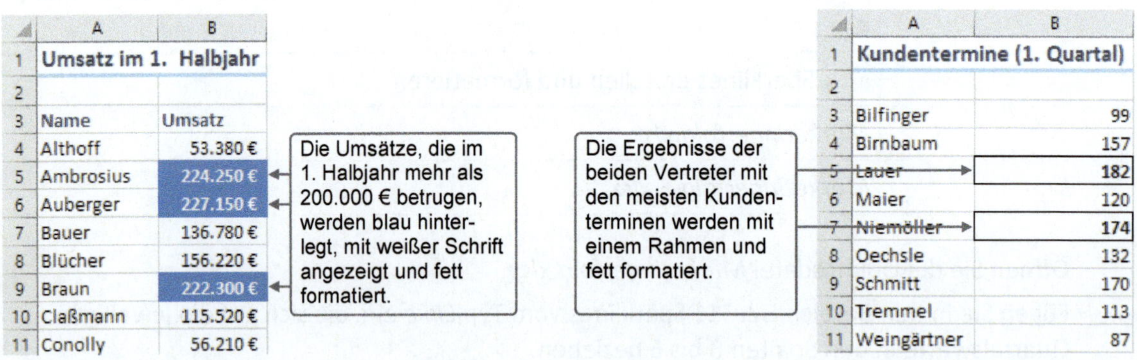


Zusätzlich lässt sich die Werteverteilung in einem Zellbereich grafisch darstellen. Hierzu werden in **sämtlichen Zellen** des Bereichs abhängig von den jeweiligen Werten verschiedene Symbole (z. B. Pfeile), Datenbalken oder Füllfarben angezeigt.

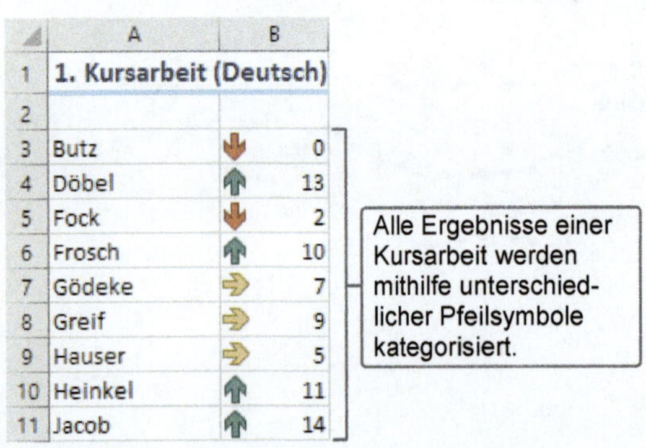

## 14.2 Zellen abhängig von Bedingungen formatieren

**Plus** **Lernvideo:** *Bedingte Formatierung.mp4*

Bedingte Formatierungen lassen sich im Register *Start*, Gruppe *Formatvorlagen*, über die Schaltfläche *Bedingte Formatierung* festlegen. Um **bestimmte Zellen** abhängig von Bedingungen zu formatieren, stehen Ihnen folgende Möglichkeiten zur Verfügung:

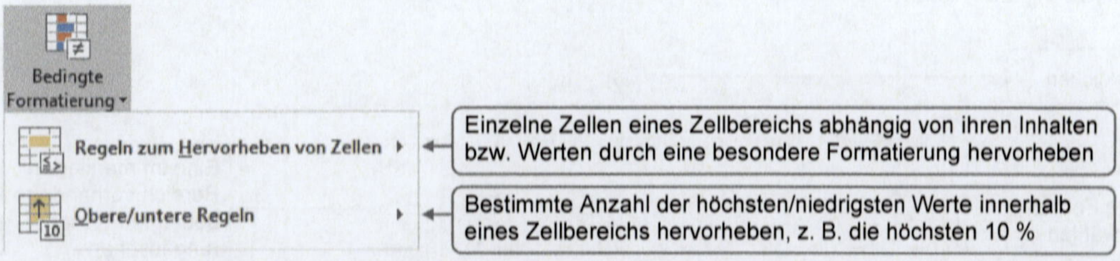


### Zellen, die eine Bedingung erfüllen, besonders formatieren

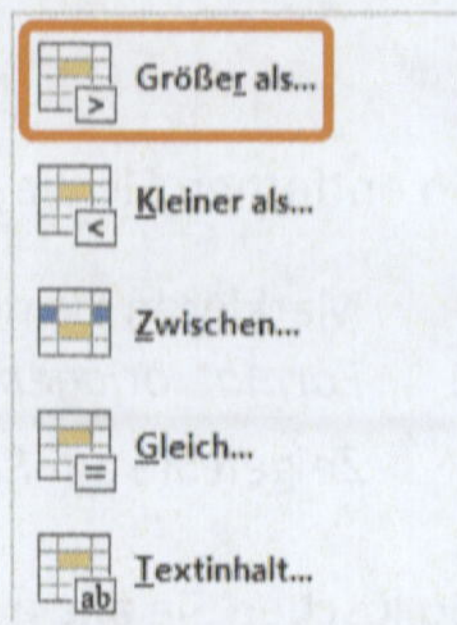


Sie möchten beispielsweise in einem Zellbereich alle Werte hervorheben, die größer als 200.000 sind.

- Markieren Sie den betreffenden Zellbereich.
- Klicken Sie im Register *Start*, Gruppe *Formatvorlagen*, auf *Bedingte Formatierung.*
- Zeigen Sie auf *Regeln zum Hervorheben von Zellen* und wählen Sie einen Eintrag. Im Beispiel wählen Sie *Größer als.*

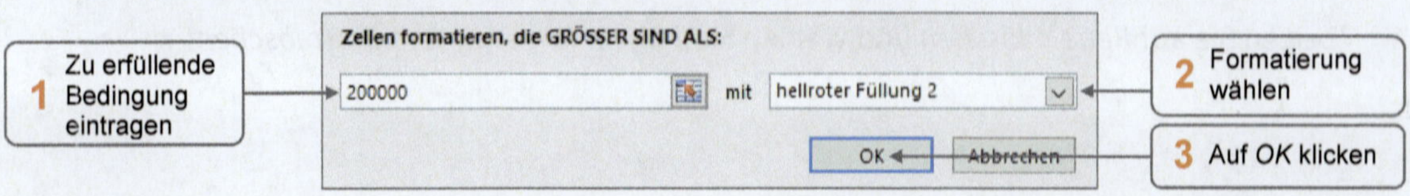


Wenn Sie im rechten Feld den Eintrag *benutzerdefiniertem Format* wählen, können Sie im Dialogfenster *Zellen formatieren* eine individuelle Formatierung für die Zellen definieren.

Haben Sie für einen Bereich eine bedingte Formatierung definiert, gilt diese auch für Zeilen bzw. Spalten, die nachträglich in den Bereich eingefügt werden.

### Bestimmte Anzahl der höchsten/niedrigsten Werte hervorheben

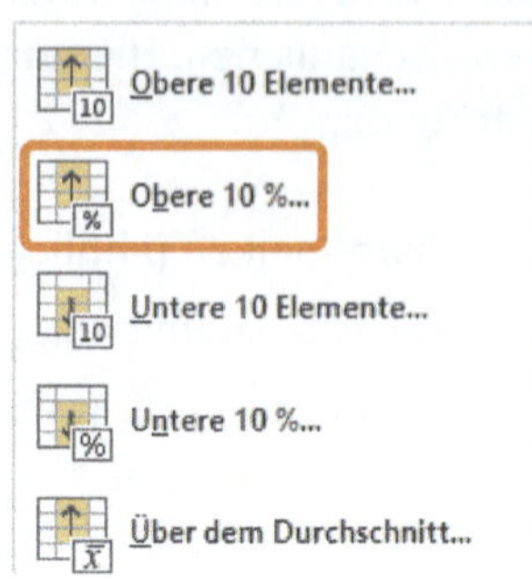


Möchten Sie z. B. in einem Bereich die obersten 10 Prozent der Werte besonders formatieren, gehen Sie folgendermaßen vor:

- Markieren Sie den entsprechenden Zellbereich.
- Klicken Sie im Register *Start*, Gruppe *Formatvorlagen*, auf *Bedingte Formatierung.*
- Zeigen Sie auf *Regeln zum Hervorheben von Zellen* und wählen Sie einen Eintrag. Im Beispiel wählen Sie *Obere 10 %.*

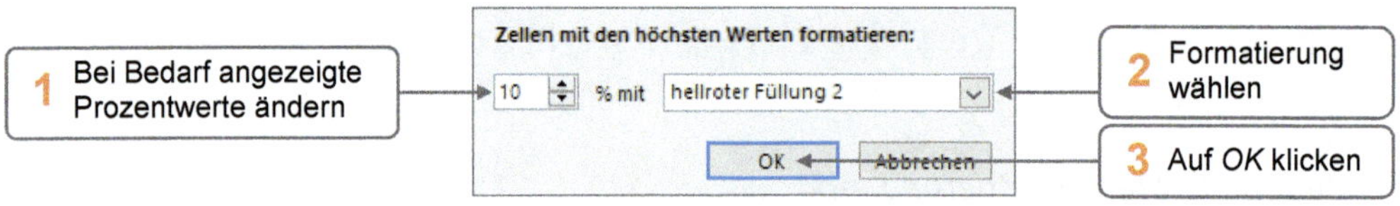


## Bedingte Formatierung über die Schnellanalyse zuweisen

Haben Sie einen Bereich markiert, lassen sich bestimmte bedingte Formatierungen auch über die Schnellanalyse zuweisen:

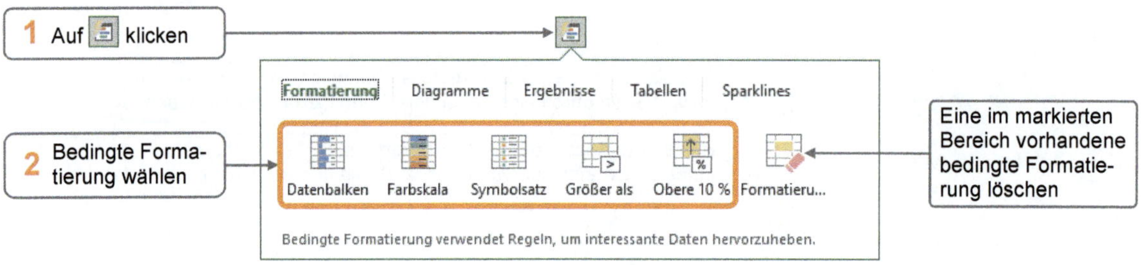


## Bedingte Formatierung löschen

So entfernen Sie die bedingte Formatierung **in einem bestimmten Bereich**:

- Markieren Sie den entsprechenden Bereich und klicken Sie im Register *Start*, Gruppe *Formatvorlagen*, auf *Bedingte Formatierung.*
- Zeigen Sie auf *Regeln löschen* und wählen Sie *Regeln in ausgewählten Zellen löschen*.

So löschen Sie **alle auf dem aktuellen Tabellenblatt vorhandenen** bedingten Formatierungen:

- Zeigen Sie auf *Regeln löschen* und wählen Sie *Regeln in gesamtem Blatt löschen*.

# 14.3 Werteverteilung mit bedingter Formatierung darstellen

Plus

**Lernvideo:** *Bedingte Formatierung.mp4*
**Beispieldatei:** *Werteverteilung grafisch veranschaulichen.xlsx*

## Möglichkeiten, Werteverteilung grafisch zu veranschaulichen

Die Werteverteilung innerhalb eines Bereichs lässt sich grafisch veranschaulichen. Hierzu stehen Ihnen folgende Elemente zur Verfügung:

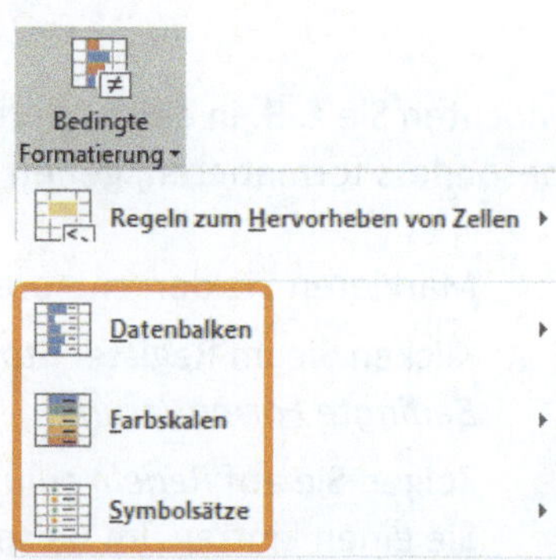


- ✔ Datenbalken (ähnlich wie in einem Balkendiagramm)
- ✔ Farbskalen (mit verschiedenen Füllfarben)
- ✔ Symbolsätze (z. B. Pfeile oder Ampel- bzw. Kreissymbole)

*Datenbalken - Hellblauer Datenbalken*

| | A | B | C |
|---|---|---|---|
| 1 | Durchschnittstemperaturen | | |
| 2 | | | |
| 3 | | Palm Beach | San Francisco |
| 4 | Jan | 18 | 10 |
| 5 | Feb | 19 | 12 |
| 6 | Mrz | 21 | 12 |
| 7 | Apr | 23 | 13 |
| 8 | Sep | 27 | 16 |
| 9 | Okt | 25 | 16 |

*Farbskalen - Grün-Gelb-Rot-Farbskala*

| | A | B | C |
|---|---|---|---|
| 1 | Durchschnittstemperaturen | | |
| 2 | | | |
| 3 | | Palm Beach | San Francisco |
| 4 | Jan | 18 | 10 |
| 5 | Feb | 19 | 12 |
| 6 | Mrz | 21 | 12 |
| 7 | Apr | 23 | 13 |
| 8 | Sep | 27 | 16 |
| 9 | Okt | 25 | 16 |

*Symbolsätze - 5-Viertel*

| | A | B | C |
|---|---|---|---|
| 1 | Durchschnittstemperaturen | | |
| 2 | | | |
| 3 | | Palm Beach | San Francisco |
| 4 | Jan | 18 | 10 |
| 5 | Feb | 19 | 12 |
| 6 | Mrz | 21 | 12 |
| 7 | Apr | 23 | 13 |
| 8 | Sep | 27 | 16 |
| 9 | Okt | 25 | 16 |

### Alle Zellen eines Bereichs abhängig von ihren Werten kennzeichnen

- Markieren Sie den Bereich, für den Sie eine bedingte Formatierung festlegen möchten.
- Klicken Sie im Register *Start*, Gruppe *Formatvorlagen*, auf *Bedingte Formatierung*.
- Zeigen Sie auf *Datenbalken*, *Farbskalen* oder *Symbolsätze* - je nachdem, mit welchen grafischen Elementen Sie die zuvor markierten Zellen kennzeichnen möchten.
- Wählen Sie in der geöffneten Liste eine Formatierung.

## 14.4 Basiswissen Formatvorlagen

Plus **Beispieldatei:** *Formatvorlagen.xlsx*

### Vorteile von Formatvorlagen

Zellformatierungen setzen sich oft aus mehreren Merkmalen zusammen. Sollen Ergebniszellen z. B. mit dem Zahlenformat Buchhaltung, der Schriftart Cambria, dem Schriftgrad 10 pt, dem Schriftschnitt Fett, einer blauen Füllfarbe und einer doppelten Rahmenlinie formatiert werden, sind hierzu mehrere Formatierungsschritte nötig.

| | A | B | C |
|---|---|---|---|
| 1 | | Quartal 1 | Quartal 2 |
| 2 | Filiale A | 96.845,00 € | 95.375,00 € |
| 3 | Filiale B | 68.950,00 € | 70.225,00 € |
| 4 | Filiale C | 100.285,00 € | 99.850,00 € |
| 5 | Filiale D | 96.580,00 € | 91.225,00 € |
| 6 | | 362.660,00 € | 356.675,00 € |

Wenn Sie jedoch solche Kombinationen von Formatierungen als **Formatvorlagen** speichern, hat dies unter anderem folgende Vorteile:

- Sie können mithilfe einer Formatvorlage zuvor markierten Zellen eine Vielzahl verschiedener Formatierungen in einem Arbeitsschritt zuweisen.
- Sie müssen eventuelle Änderungen an der Formatierung nur einmal vornehmen, nämlich in der Formatvorlage. Die Änderungen werden automatisch auf alle Zellen übertragen, denen die betreffende Formatvorlage zugewiesen wurde.

Formatvorlagen können folgende Bestandteile besitzen:

- Zahlenformate und Ausrichtung
- Schriftart und -stil
- Füllfarbe, -muster und Rahmen
- Zellschutz

Formatvorlagen werden zusammen mit der jeweiligen Arbeitsmappe gespeichert.

### Vordefinierte Formatvorlagen nutzen

Vordefinierte Formatvorlagen beruhen auf dem Design, das in der aktuellen Arbeitsmappe genutzt wird. Wenn Sie beispielsweise das Design oder die Designschriftart wechseln, ändert sich deshalb die Schriftart in allen Zellen, denen eine vordefinierte Formatvorlage zugewiesen wurde.

| | A | B | C |
|---|---|---|---|
| 1 | Messprotokoll | | = Formatvorlage *Überschrift* |
| 2 | Messreihe 1 | Messreihe 2 | = Formatvorlage *Überschrift 4* |
| 3 | 0,92 | 0,87 | = Formatvorlage *Standard* |
| 4 | 0,63 | 0,46 | |
| 5 | **1,55** | **1,33** | = Formatvorlage *Ergebnis* |

*Beispiele für vordefinierte Formatvorlagen in Excel*

In einer neu erstellten Arbeitsmappe sind sämtliche Zellen eines Tabellenblatts zunächst mit der vordefinierten Formatvorlage *Standard* formatiert, die das Zahlenformat Standard nutzt und keine besonderen Farb- oder Rahmenlinieneinstellungen beinhaltet.

## 14.5 Mit Formatvorlagen arbeiten

Plus **Beispieldatei:** *Formatvorlagen.xlsx*

### Formatvorlagen zuweisen

- Markieren Sie eine Zelle bzw. einen Zellbereich und klicken Sie im Register *Start*, Gruppe *Formatvorlagen*, auf *Zellenformatvorlagen.*
- Wählen Sie in der geöffneten Liste eine Formatvorlage.

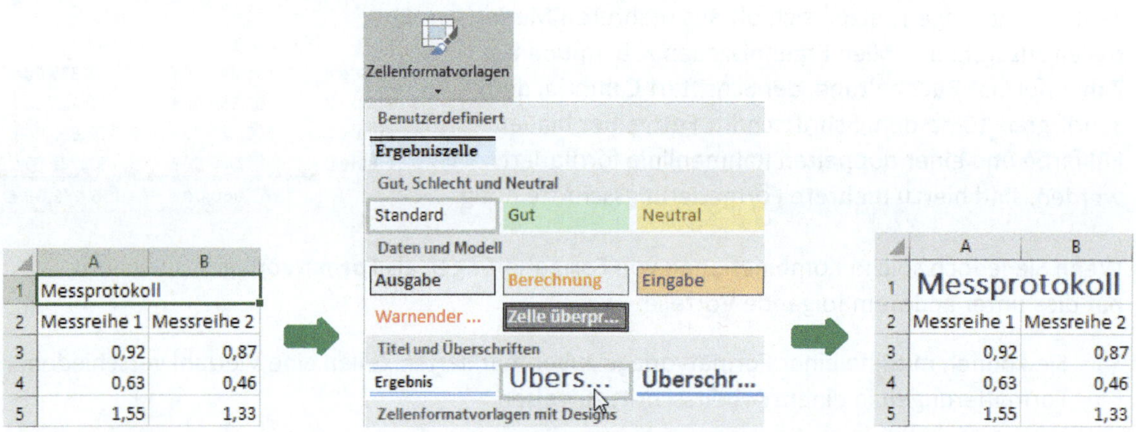


Möchten Sie in Zellen, denen eine Formatvorlage zugewiesen wurde, die Formatierung wieder zurücksetzen, weisen Sie den entsprechenden Zellen die Formatvorlage *Standard* zu.

### Eigene Formatvorlagen erstellen

- Formatieren Sie eine Zelle mit allen Eigenschaften, die in die neue Formatvorlage übernommen werden sollen, und markieren Sie die Zelle.
- Klicken Sie im Register *Start*, Gruppe *Formatvorlagen*, auf *Zellenformatvorlagen* und wählen Sie am unteren Rand der Liste *Neue Zellenformatvorlage*.

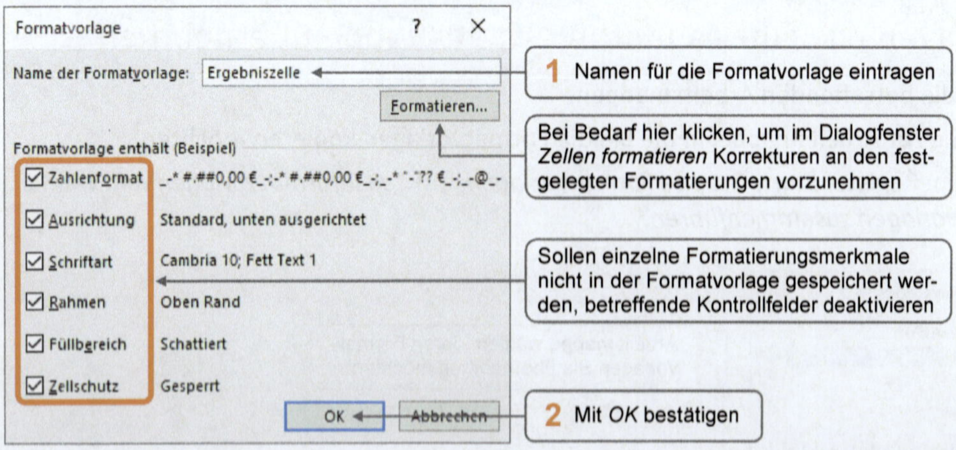


Am Anfang der Liste mit den zur Verfügung stehenden Formatvorlagen erscheint ein neuer Bereich *Benutzerdefiniert*, der die selbst erstellten Formatvorlagen enthält.

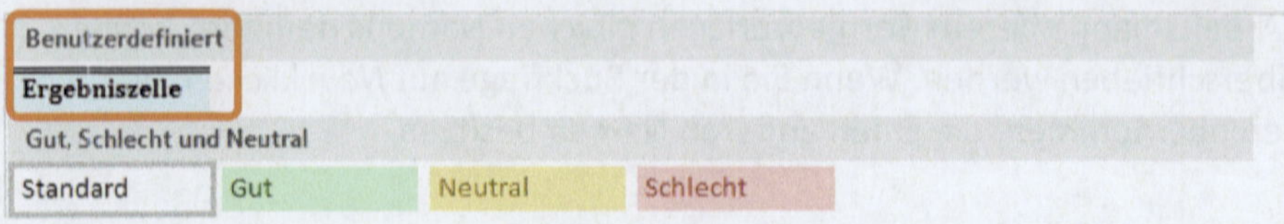


## Formatvorlagen ändern

- Klicken Sie im Register *Start*, Gruppe *Formatvorlagen*, auf *Zellenformatvorlagen*.

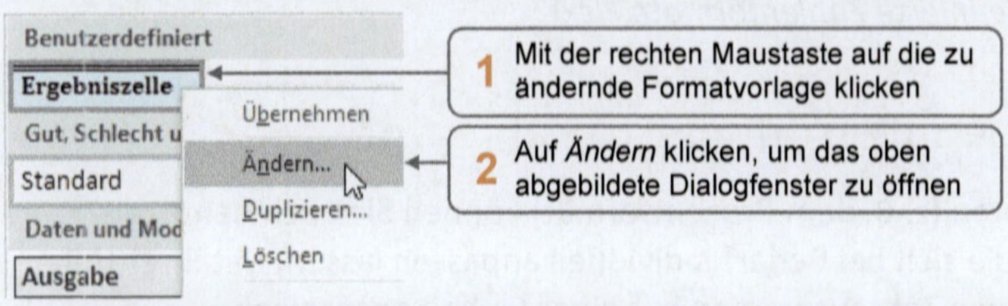


- Bestimmen Sie durch Aktivieren bzw. Deaktivieren der betreffenden Kontrollfelder, welche Formatierungsmerkmale durch die Formatvorlage zugewiesen werden sollen.
- Klicken Sie auf *Formatieren*.
- Nehmen Sie in den einzelnen Registern des Dialogfensters *Zellen formatieren* die gewünschten Formatierungsänderungen vor und bestätigen Sie zweimal mit *OK*.

Die Formatierung der Zellen, denen die Formatvorlage zugewiesen ist, wird automatisch geändert.

## Formatvorlagen löschen

- Klicken Sie im Register *Start*, Gruppe *Formatvorlagen*, auf *Zellenformatvorlagen*.
- Klicken Sie mit der rechten Maustaste auf die Formatvorlage und wählen Sie *Löschen*.

- ✔ Die Formatvorlage wird ohne Rückfrage gelöscht. Der Löschvorgang kann nicht rückgängig gemacht werden.
- ✔ Allen Zellen, denen die gelöschte Formatvorlage zugewiesen war, wird automatisch die Formatvorlage *Standard* zugewiesen.
- ✔ Die Formatvorlage *Standard* lässt sich nicht löschen.

### Formatvorlagen aus einer anderen Arbeitsmappe übernehmen

- Öffnen Sie die betreffenden Arbeitsmappen.
- Wechseln Sie zur Arbeitsmappe, in die Sie die Formatvorlagen kopieren möchten.
- Klicken Sie im Register *Start*, Gruppe *Formatvorlagen*, auf *Zellenformatvorlagen* und wählen Sie *Formatvorlagen zusammenführen*.

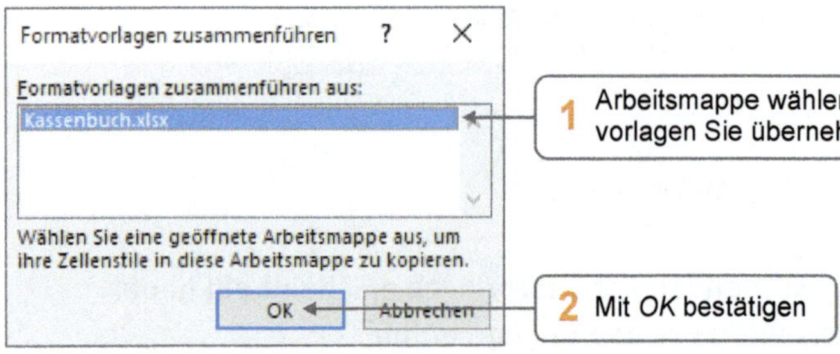


Sind in der aktuellen Arbeitsmappe bereits Formatvorlagen gleichen Namens definiert, können diese auf Rückfrage überschrieben werden. Wenn Sie in der Rückfrage auf *Nein* klicken, werden nur die Formatvorlagen übernommen, die einen anderen Namen besitzen.

## 14.6 Benutzerdefinierte Zahlenformate

**Plus** **Beispieldatei:** *Benutzerdefinierte Zahlenformate.xlsx*

### Welche Vorteile bieten benutzerdefinierte Zahlenformate?

Neben den regulären Zahlenformaten (z. B. dem Prozentformat) können Sie auch benutzerdefinierte Zahlenformate nutzen, die sich bei Bedarf individuell anpassen lassen. Mit ihrer Hilfe ist es etwa möglich, in einer Zelle eine Zahl zusammen mit einer Einheit anzuzeigen.

| | A | B | C |
|---|---|---|---|
| 1 | Anzeige | Eingabe | Benutzerdefiniertes Zahlenformat |
| 2 | 56 kg | 56 | 0 "kg" |
| 3 | 1,2346 | 1,23456789 | #,#### |
| 4 | Strecke A | A | "Strecke" @ |
| 5 | 843.211 USD | 843211 | #.### "USD" |
| 6 | 09. April | 09.04.2010 | TT. MMMM |

Individuell angepasste benutzerdefinierte Zahlenformate

Benutzerdefinierte Formate werden zusammen mit der Arbeitsmappe gespeichert und sind in anderen Arbeitsmappen **nicht** verfügbar.

### Eigene benutzerdefinierte Zahlenformate erstellen und zuweisen

Excel bietet bereits eine Auswahl vorgefertigter benutzerdefinierter Zahlenformate. Sie können diese Formate individuell anpassen und so neue eigene Zahlenformate erstellen.

**Beispiel:** Sie erstellen das individuelle Zahlenformat *0 "km"*. Das Format fügt automatisch hinter allen Eingaben den Zusatz *km* hinzu und zeigt die eingetragene Zahl gerundet ohne Kommastellen an.

| | A | B |
|---|---|---|
| 1 | Datum | Zurückgelegte Strecke |
| 2 | 13. Jan. | 242 km |
| 3 | 27. Jan. | 335 km |
| 4 | 2. Feb. | 189 km |

 

- Markieren Sie den Bereich, der mit dem benutzerdefinierten Format formatiert werden soll (im Beispiel den Bereich B2:B4).
- Klicken Sie im Register *Start*, Gruppe *Zahl*, auf ⧉, um das Dialogfenster *Zellen formatieren* bei aktiviertem Register *Zahlen* zu öffnen.

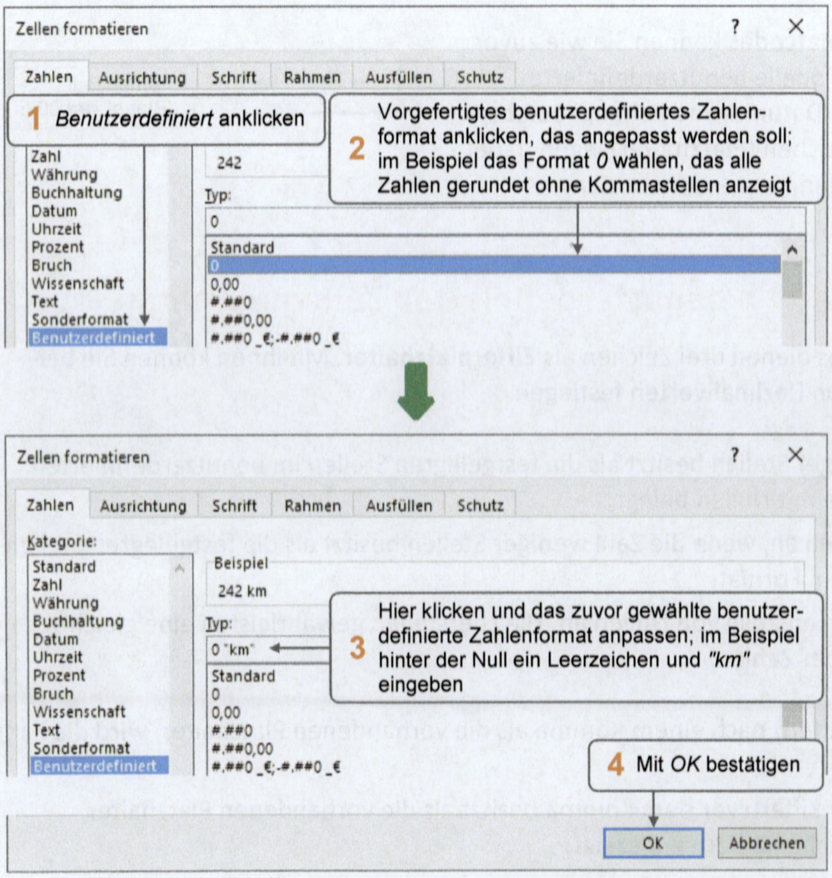


- ✔ Das neu erstellte Zahlenformat wird im Dialogfenster *Zellen formatieren* bei den vorhandenen benutzerdefinierten Zahlenformate angezeigt. Sie können es weiteren markierten Zellen zuweisen, indem Sie es im betreffenden Feld wählen und anschließend auf *OK* klicken.
- ✔ Das benutzerdefinierte Zahlenformat, auf dem das individuelle Format basiert (im Beispiel das Format *0*), bleibt weiterhin Dialogfenster *Zellen formatieren* verfügbar.

## Individuelle benutzerdefinierte Zahlenformate löschen

Selbst erstellte benutzerdefinierte Zahlenformate lassen sich bei Bedarf wieder löschen. Benutzerdefinierte Zahlenformate, die von Excel standardmäßig zur Verfügung gestellt werden, lassen sich hingegen nicht entfernen.

- Klicken Sie im Register *Start*, Gruppe *Zahl*, auf ⧉.
- Wählen Sie im Dialogfenster *Zellen formatieren* im Register *Zahlen* die Kategorie *Benutzerdefiniert*.
- Wählen Sie das individuell erstellte Zahlenformat in der Liste und klicken Sie auf *Löschen*.
- Schließen Sie das Dialogfenster mit *OK*.

Wird ein selbst erstelltes benutzerdefiniertes Format gelöscht, werden die Inhalte aller Zellen, denen dieses Format zugewiesen war, im Standardformat angezeigt.

## 14.7 Formatcodes

Plus **Beispieldatei:** *Formatcodes.xlsx*

Mithilfe sogenannter **Formatcodes** können Sie wie zuvor beschrieben weitere individuelle benutzerdefinierte Zahlenformate für Zahlen, Datums- und Zeitangaben bzw. Text erstellen. Spezielle Zeichen **(Platzhalter)** legen dabei fest, welche Formatierungen verwendet werden.

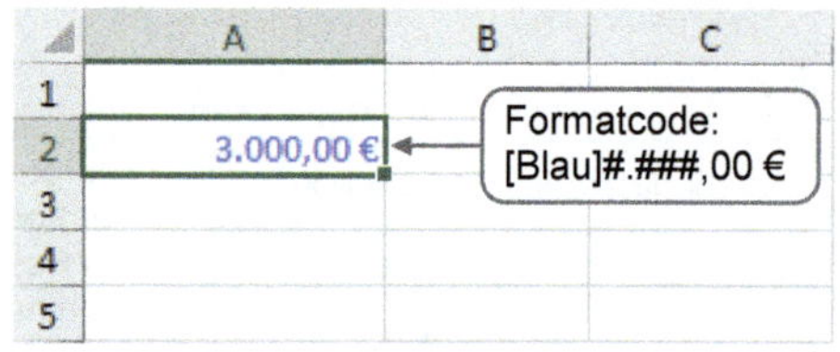


### Platzhalter für Ziffern in benutzerdefinierten Zahlenformaten

Innerhalb der Formatcodes dienen drei Zeichen als **Zifferplatzhalter**. Mit ihnen können Sie beispielsweise die Anzeige von Dezimalwerten festlegen.

**0** Wenn eine Zahl weniger Stellen besitzt als die festgelegten Stellen im benutzerdefinierten Format, werden diese mit Nullen belegt.

**#** Excel zeigt keine Nullen an, wenn die Zahl weniger Stellen besitzt als die festgelegten Stellen im benutzerdefinierten Format.

**?** Excel zeigt Leerstellen anstelle von Nullen an. Die Leerstellen gewährleisten eine gleichmäßige Ausrichtung der Zahlen.

- Hat eine Zahl mehr Ziffern **nach** einem Komma als die vorhandenen Platzhalter, wird die Zahl gerundet.
- Wenn eine Zahl mehr Ziffern **vor** dem Komma besitzt als die vorhandenen Platzhalter, werden diese zusätzlichen Ziffern angezeigt.
- Wenn Sie in einer Reihe von Zifferplatzhaltern einen Punkt (.) einfügen, wird dieser als 1.000er-Trennzeichen angezeigt. Befindet sich der Punkt am Ende des Formatcodes, wird die entsprechende Zahl durch tausend geteilt. So können Sie Zahlen als Vielfache von tausend darstellen.

Im Folgenden sehen Sie einige Beispiele für die Verwendung der verfügbaren Zifferplatzhalter:

| Formatcode | Eingabe | Anzeige |
|---|---|---|
| ####,# | 1234,59 | 1234,6 |
| #,000 | 3,4 | 3,400 |
| 0,# | ,812 | 0,8 |
| #,0# | 12<br>1234,5678 | 12,0<br>1234,57 |

| Formatcode | Eingabe | Anzeige |
|---|---|---|
| #.### | 45000 | 45.000 |
| #. | 45000 | 45 |
| ???,??? | 23,538<br>100,42<br>1,7 | 23,538<br>100,42<br>1,7 |

### Beispiele für weitere Platzhalter in benutzerdefinierten Zahlenformaten

| Platzhalter | Erläuterung | Formatcode | Eingabe | Anzeige |
|---|---|---|---|---|
| "*Text*" | Zeigt in den jeweiligen Zellen einen feststehenden Text an, z. B. den Text *Liter* | #.###,00 "Liter" | 1256,3 | 1.256,30 Liter |
| @ | Platzhalter für Text, der in die Zellen eingegeben wird | "Strecke" @ | A | Strecke A |
| M T J | Bestimmen die Anzeige von Monat, Tag und Jahr in Datumsformaten | TT. MMMM | 16.08.2005 | 16. August |
| h m s AM/PM A/P | Bestimmen die Anzeige von Stunden, Minuten und Sekunden in Zeitformaten | hh:mm AM/PM | 8:05 | 08:05 AM |
| [*Farbe*] | Zeigt die Zeichen in der Zelle in der angegebenen Farbe an. Mögliche Farben sind Blau, Gelb, Grün, Magenta, Rot, Schwarz, Weiß, Zyan. | [Rot] #.### "USD" | 3256,3 | 3.256 USD |

- Diese Zeichen werden in den entsprechend formatierten Zellen direkt angezeigt: € $ - + / ( ) : ! ^ & ' ~ {} = <> *Leerzeichen*
- Andere Zeichen müssen Sie als individuellen Text in Anführungszeichen eingeben.

## Individuelle benutzerdefinierte Zahlenformate mit mehreren Abschnitten definieren

Ein benutzerdefiniertes Format kann bis zu vier Abschnitte enthalten. Die Abschnitte, die durch Semikolon getrennt werden, legen **in der nachfolgenden Reihenfolge** fest, wie positive Zahlen, negative Zahlen, Nullen und Text formatiert werden sollen.

Das folgende Beispiel zeigt im Bereich A2:B5 ein individuelles benutzerdefiniertes Zahlenformat, das aus vier Abschnitten besteht:

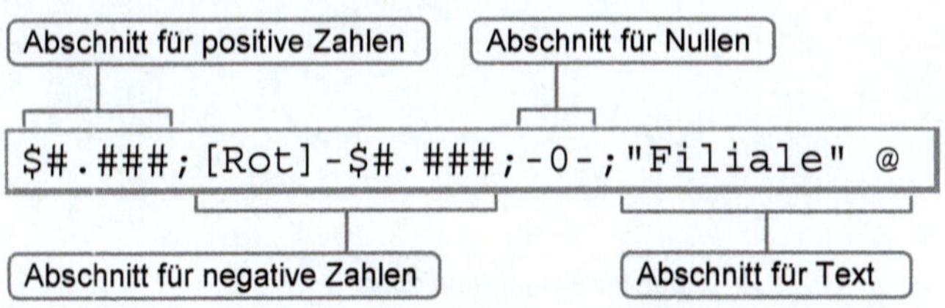


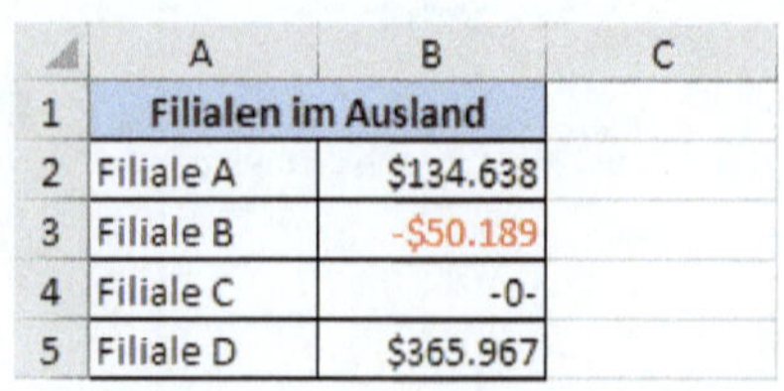

| | A | B | C |
|---|---|---|---|
| 1 | Filialen im Ausland | | |
| 2 | Filiale A | $134.638 | |
| 3 | Filiale B | -$50.189 | |
| 4 | Filiale C | -0- | |
| 5 | Filiale D | $365.967 | |

- Wenn Sie lediglich zwei Abschnitte definieren, legt der erste Abschnitt das Format für positive Zahlen und Nullen fest. Der zweite bestimmt das Format für negative Zahlen.
- Wenn Sie nur einen Abschnitt definieren, legt dieser das Format für alle Zahlen fest.

Plus **Wissenstest:** *Excel 2016 - Formatierungen*

# 14.8 Datenüberprüfung bei der Eingabe

**Plus** **Beispieldatei:** *Datenüberprüfung.xlsx*

## Fehlerhafte Eingaben verhindern

Standardmäßig lassen sich in eine Zelle beliebige Daten eingeben. Um fehlerhafte Eingaben zu vermeiden, können Sie die Eingabemöglichkeiten durch individuelle Kriterien beschränken und zusätzlich eine Eingabemeldung anzeigen.

Sie legen z. B. fest, dass in Zelle B3 nur ein Rabatt zwischen 0 % und 50 % eingegeben werden darf:

- Wenn die Zelle B3 markiert wird, soll die links abgebildete Eingabemeldung angezeigt werden.
- Ungültige Eingaben sollen nicht möglich sein und mit der rechts abgebildeten Fehlermeldung kommentiert werden.

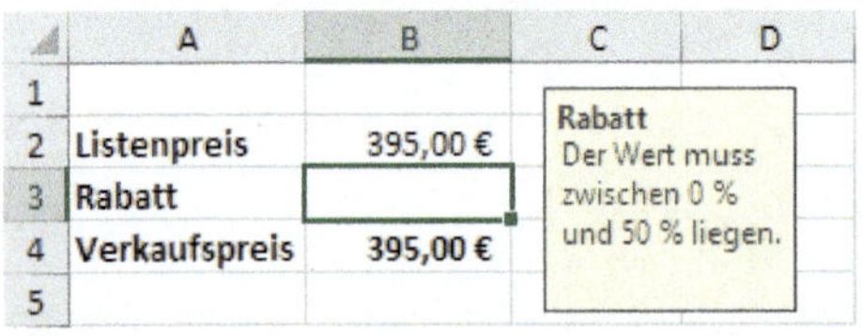


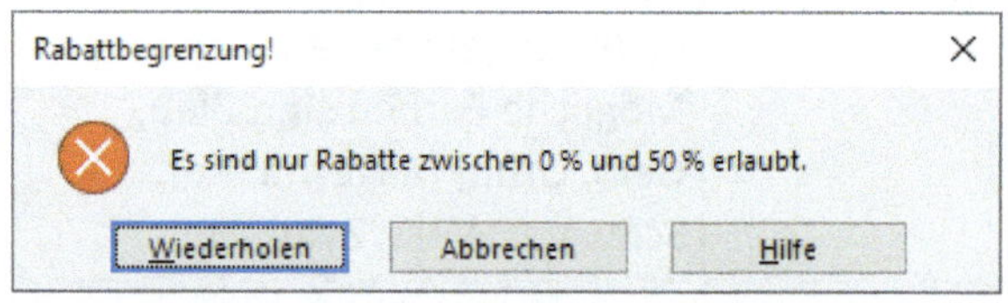


- ▶ Markieren Sie die Zelle(n), für die Sie die Eingabe einschränken möchten.
  Im Beispiel markieren Sie die Zelle B3, der das Prozentformat zugewiesen ist.
- ▶ Klicken Sie im Register *Daten*, Gruppe *Datentools*, auf .
- ▶ Nehmen Sie im Dialogfenster *Datenüberprüfung* die folgenden Einstellungen vor und bestätigen Sie diese abschließend mit *OK*.

## Kriterien für die Datenüberprüfung festlegen

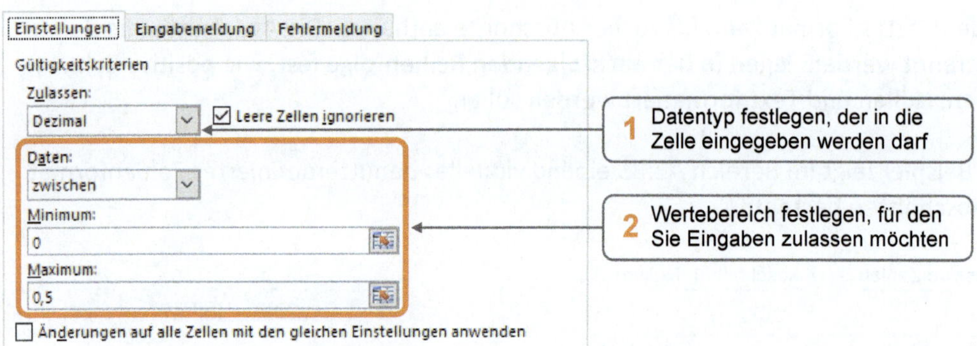


## Eingabemeldung erstellen

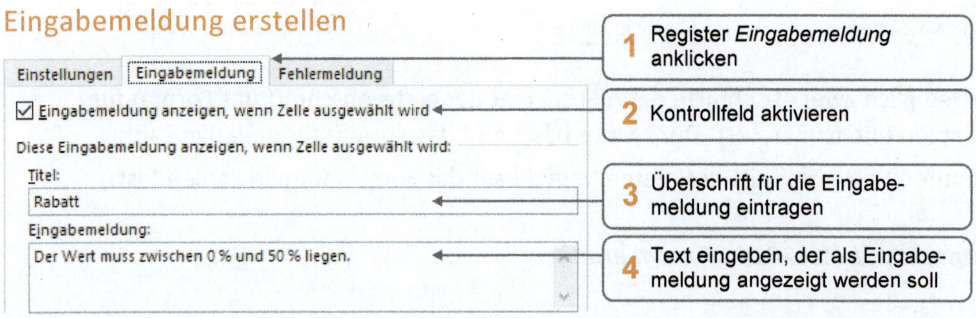


 

## Fehlermeldung festlegen

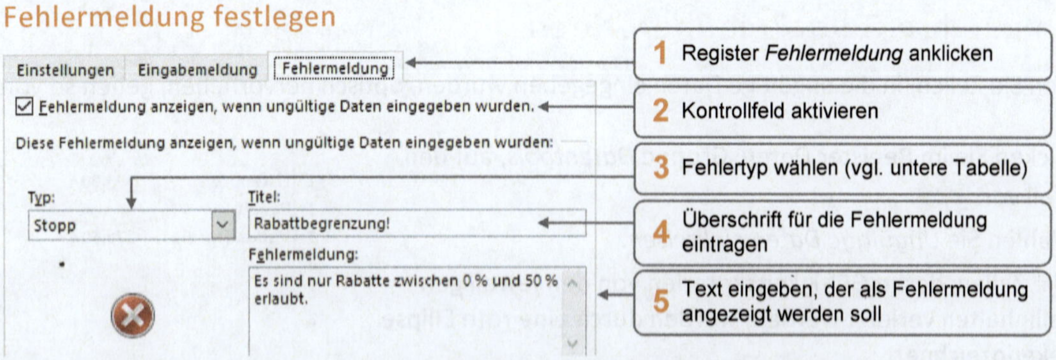


| | |
|---|---|
| Fehlertyp *Stopp* | Der Anwender kann lediglich einen neuen, gültigen Wert eingeben bzw. die Eingabe abbrechen, aber nicht fortfahren. |
| Fehlertyp *Warnung* | Der Anwender erhält eine Warnung und muss das Fortfahren bestätigen. |
| Fehlertyp *Information* | Der Anwender kann bei der Eingabe eines falschen Wertes fortfahren und wird nur über die festgelegten Kriterien informiert. |

! Legen Sie eine Datenüberprüfung für Zellen fest, die bereits Daten enthalten, wird **keine** Fehlermeldung angezeigt, wenn die vorhandenen Daten die Gültigkeitskriterien nicht erfüllen.

### Lediglich die Eingabe von Daten aus einer Liste zulassen

Im Dialogfenster *Datenüberprüfung* können Sie für zuvor markierte Zellen festlegen, dass nur die Eingabe von Daten zulässig ist, die beim Aktivieren der Zelle in einer Liste angezeigt werden.

- Markieren Sie die Zelle(n), für die Sie die Eingabe einschränken möchten und klicken Sie im Register *Daten,* Gruppe *Datentools,* auf .

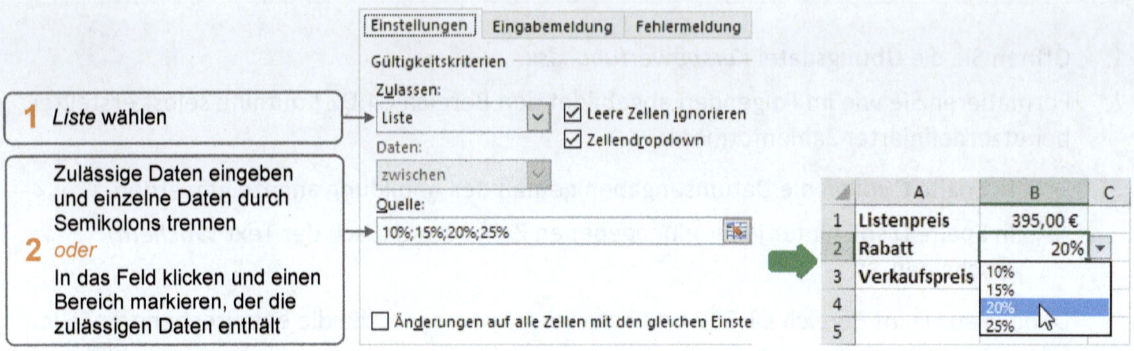


- Bestätigen Sie mit *OK*.

In den entsprechenden Zellen können nun die zulässigen Einträge über ein Feld gewählt werden.

## Datenüberprüfung wieder entfernen

- Markieren Sie den Zellbereich, für den eine Datenüberprüfung festgelegt wurde.
- Klicken Sie im Register *Daten,* Gruppe *Datentools,* auf *Datenüberprüfung.*
- Wählen Sie im Register *Einstellungen* im Feld *Zulassen* den Eintrag *Jeden Wert.*

## Daten auf ihre Gültigkeit überprüfen

Möchten Sie Zellen, in die ungültige Daten eingegeben wurden, optisch hervorheben, gehen so vor:

- Klicken Sie im Register *Daten*, Gruppe *Datentools*, auf den Pfeil von .
- Wählen Sie *Ungültige Daten einkreisen*.

  Alle Zellen, deren Gültigkeitskriterien von den jeweiligen Zellinhalten verletzt werden, werden durch eine rote Ellipse gekennzeichnet.

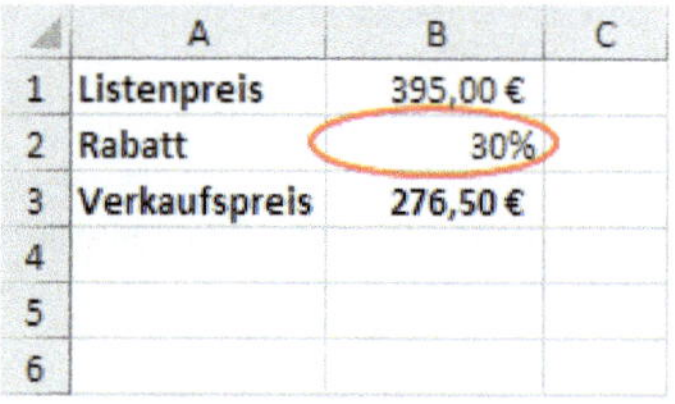


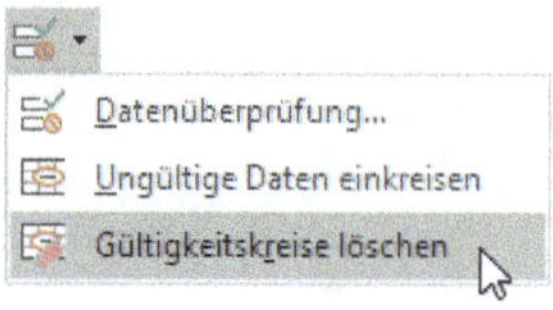


Um die Kennzeichnungen zu entfernen, klicken Sie im Register *Daten*, Gruppe *Datentools*, auf den Pfeil von  und anschließend auf *Gültigkeitskreise löschen*.

# 14.9 Übungen

## Übung 1: Kursbewertung mit grafischen Elementen verdeutlichen

| Level | | Zeit | ca. 15 min |
|---|---|---|---|
| Übungsinhalte | ✔ Benutzerdefinierte Zahlenformate erstellen<br>✔ Bedingte Formatierung anwenden | | |
| Übungsdatei | *Kursbewertung.xlsx* | | |
| Ergebnisdatei | *Kursbewertung-E.xlsx* | | |

1. Öffnen Sie die Übungsdatei *Kursbewertung.xlsx*.
2. Formatieren Sie wie im Folgenden abgebildet den Bereich C4:D27 mithilfe selbst erstellter benutzerdefinierter Zahlenformate:
   - In Spalte C sollen die Datumsangaben gemäß der Abbildung angezeigt werden.
   - In Spalte D soll hinter jeder eingegebenen Zahl automatisch der Text *Woche(n)* erscheinen.
3. Definieren Sie im Bereich E4:G27 bedingte Formatierungen, die die entsprechenden Zellen folgendermaßen hervorheben:
   - Die Werte in Spalte E sollen abhängig von ihrer Größe mit blauen Datenbalken gekennzeichnet werden.
   - In Spalte F sollen die Zellen, in denen sich eine größere Zahl als zwei befindet, mit roter Schriftfarbe und einem hellroten Zellhintergrund hervorgehoben werden.
   - Die Teilnehmerbewertungen in Spalte G sollen mithilfe von Ampelsymbolen in vier verschiedene Kategorien eingeteilt werden.
4. Speichern Sie die Datei unter dem Namen *Kursbewertung-E.xlsx*.

 

| | A | B | C | D | E | F | G |
|---|---|---|---|---|---|---|---|
| 1 | Kurs- und Trainerbewertung | | | | | | |
| 2 | | | | | | | |
| 3 | Trainer/-in | Kurs | Kursbeginn | Kurs-dauer | Teilnehmerzahl | Kurs-abbrecher | Teilnehmer-bewertung |
| 4 | Frau Ebel | Excel | Mo, 06. Apr | 2 Woche(n) | 12 | 0 | 8,3 |
| 5 | Frau Ebel | Excel | Mo, 04. Mai | 2 Woche(n) | 10 | 1 | 8,0 |
| 6 | Frau Ebel | Excel | Mo, 01. Jun | 2 Woche(n) | 9 | 0 | 8,1 |
| 7 | Frau Haug | Bewerbertraining | Mo, 09. Mrz | 1 Woche(n) | 15 | 3 | 9,8 |
| 8 | Frau Haug | Bewerbertraining | Mo, 23. Mrz | 1 Woche(n) | 18 | 5 | 9,5 |
| 9 | Frau Haug | Bewerbertraining | Mo, 06. Apr | 1 Woche(n) | 12 | 2 | 9,6 |
| 10 | Frau Schmitt | Arbeitsrecht | Mo, 02. Mrz | 3 Woche(n) | 20 | 0 | 7,6 |
| 11 | Frau Schmitt | Arbeitsrecht | Mo, 06. Apr | 3 Woche(n) | 25 | 0 | 7,4 |
| 12 | Frau Schmitt | Arbeitsrecht | Mo, 04. Mai | 3 Woche(n) | 28 | 2 | 7,3 |
| 13 | Frau Steinhauer | Pädagogik | Mo, 02. Mrz | 3 Woche(n) | 13 | 5 | 7,0 |

*Ergebnisdatei „Kursbewertung-E.xlsx"*

## Übung 2: Materialbestandsliste optimieren

| | | | |
|---|---|---|---|
| Level | | Zeit | ca. 5 min |
| Übungsinhalte | ✔ Datenüberprüfung vornehmen | | |
| Übungsdatei | *Materialverwaltung.xlsx* | | |
| Ergebnisdatei | *Materialverwaltung-E.xlsx* | | |

1. Öffnen Sie die Übungsdatei *Materialverwaltung.xlsx*.
2. Limitieren Sie die Eingabe für das Druckerpapier in Zelle B6 auf 20 Kartons und geben Sie für den Fall, dass dennoch eine größere Zahl eingegeben wird, die unten abgebildete Fehlermeldung aus.
3. Überprüfen Sie die zuvor für die Zelle B6 festgelegte Einstellung durch unterschiedliche Eingaben.
4. Speichern Sie die Datei unter dem Namen *Materialverwaltung-E.xlsx*.

| | A | B |
|---|---|---|
| 1 | Materialbestand | |
| 2 | | |
| 3 | Artikel | Anzahl/Packung |
| 4 | Ordner, DIN A4 | 15 |
| 5 | Toner für Kopierer | 1 |
| 6 | Druckerpapier, Karton | 21 |
| 7 | Toner für Drucker | 5 |

ACHTUNG!

Mehr als 20 Kartons werden ab sofort nicht mehr in der Filiale gelagert.

Wiederholen | Abbrechen | Hilfe

*Ergebnisdatei „Materialverwaltung-E.xlsx"*

Plus

**Zusätzliche Übungen:**

*Datenüberprüfung durchführen.pdf*

*Formatvorlagen für eine Rechnung.pdf*

*Schulnoten mit Symbolen kennzeichnen.pdf*

*Wetterdaten bedingt formatieren.pdf*

# 15

# Tabellen mit individuellen Einstellungen drucken

## 15.1 Druckseiten mit der Druckvorschau kontrollieren

Plus+ **Lernvideo:** *Druckseiten kontrollieren und anpassen.mp4*
**Beispieldatei:** *Layoutkontrolle mit der Druckvorschau.xlsx*

Beim Drucken einer Tabelle wird derjenige Bereich ausgegeben, der Daten oder Zellformatierungen enthält, z. B. Rahmenlinien oder Hintergrundfarben. Dabei werden die Daten im Ausdruck – je nach Größe des zu druckenden Bereichs – automatisch auf verschiedene Seiten verteilt.

Vor dem Ausdruck sollten Sie in der Druckvorschau kontrollieren, wie sich der Inhalt des aktuellen Tabellenblatts auf den Druckseiten verteilt. Entspricht das Ergebnis nicht Ihren Wünschen, können Sie Korrekturen am Seitenlayout vornehmen und so fehlerhafte Ausdrucke vermeiden.

▶ Klicken Sie auf das Register *Datei* und wählen Sie im linken Fensterbereich *Drucken*.
Alternative: Strg P

Im rechten Fensterbereich wird Ihnen die komplette erste Druckseite angezeigt.

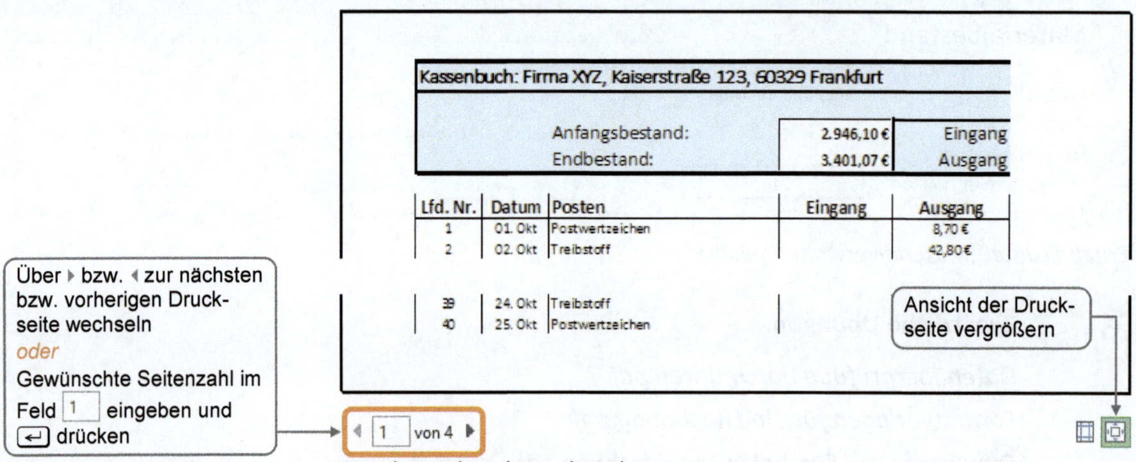


*Druckvorschau (Ausschnitt)*

Wenn das Aussehen der einzelnen Druckseiten nicht Ihren Vorstellungen entspricht, sollten Sie das Seitenlayout entsprechend den nachfolgenden Erläuterungen anpassen.

## 15.2 Grundlegende Seitenlayouteinstellungen vornehmen

Plus⁺ **Lernvideo:** *Druckseiten kontrollieren und anpassen.mp4*
**Beispieldatei:** *Seitenlayout ändern.xlsx*

### Seitenlayout

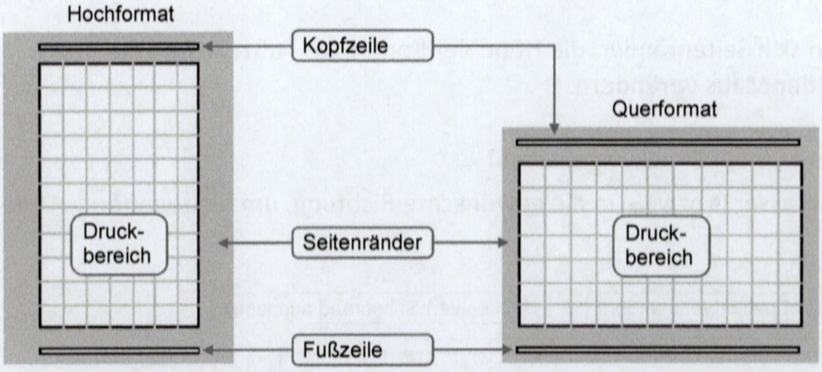


- Durch Veränderung des Seitenlayouts können Sie genau bestimmen, wie die Daten auf den Seiten des Ausdrucks erscheinen sollen.
- Die Einstellungen zum Seitenlayout werden jeweils nur auf das aktuelle Tabellenblatt angewandt. Enthält die Arbeitsmappe mehrere Tabellenblätter, müssen Sie die Einstellungen für alle Blätter entsprechend ändern.
- Seitenlayouteinstellungen werden zusammen mit der Arbeitsmappe gespeichert.

### Seitenlayout in der Backstage-Ansicht ändern

Die in diesem Abschnitt erläuterten Anpassungen des Seitenlayouts lassen sich in der Backstage-Ansicht in der Kategorie *Drucken* vornehmen. Sie können die Auswirkungen der Einstellungen direkt anhand der dort angezeigten Druckvorschau überprüfen.

▶ Drücken Sie Strg P, um die Backstage-Ansicht mit aktivierter Kategorie *Drucken* zu öffnen.

#### Anderes Papierformat für den Ausdruck wählen

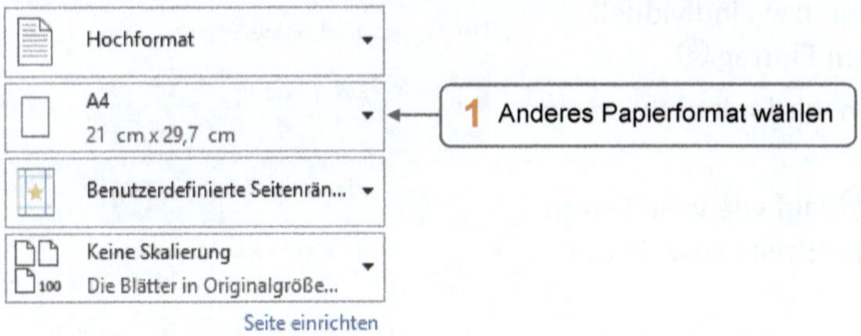


#### Seitenränder anpassen

Durch Verändern der Seitenränder können Sie eine große Tabelle eventuell komplett auf eine Seite drucken. Sie können auch festlegen, wie viel Platz die Kopf-/Fußzeilen beanspruchen dürfen.

Beachten Sie dabei jedoch, dass viele Drucker eine Seite nicht vollständig bedrucken können und daher ein bestimmter Seitenrand (nicht bedruckbarer Bereich) eingehalten werden muss.

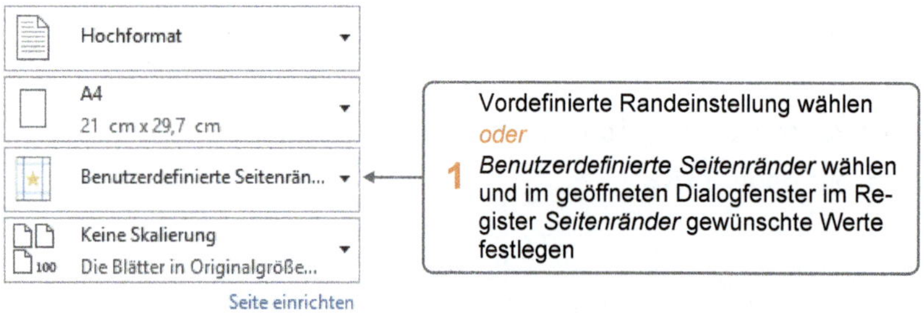


In der Druckvorschau lassen sich Seitenränder, die Höhe der Kopf- bzw. Fußzeile und die Breite einzelner Spalten auch **mit der Maus verändern**:

- Klicken Sie rechts unterhalb der Druckvorschau auf [Symbol].
- Ziehen Sie einen der Anfasser (▮ bzw. ▬) in die gewünschte Richtung, um die zugehörige Linie zu verschieben.

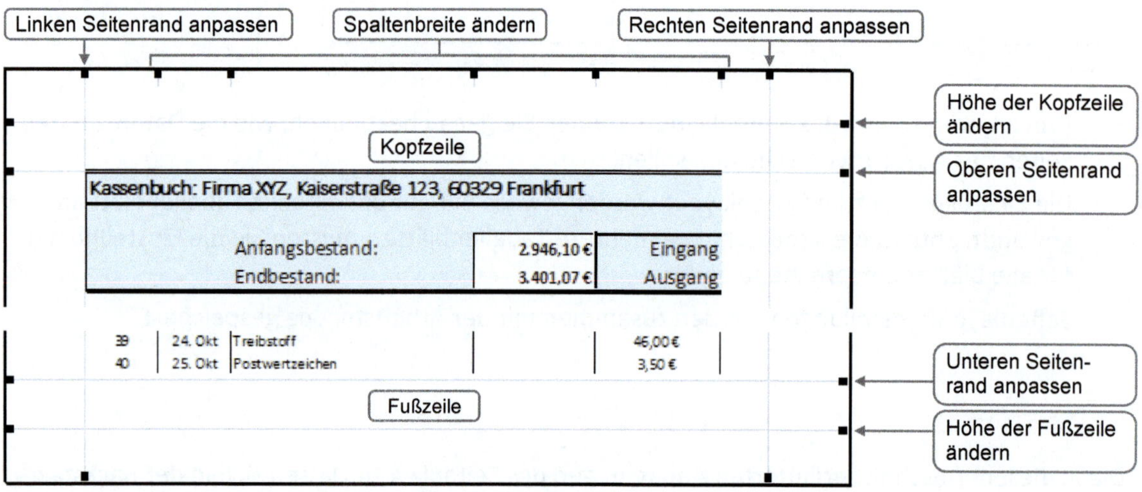


## Tabellenblatt für den Ausdruck individuell verkleinern bzw. vergrößern

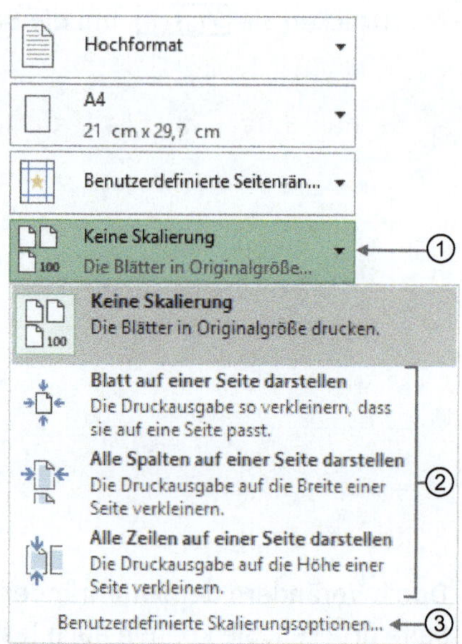


- Wählen Sie im Feld ① eine der vorgegebenen Skalierungsoptionen ②.

  *oder* Um das Tabellenblatt auf eine bestimmte Anzahl von Druckseiten zu verteilen bzw. individuell zu skalieren, wählen Sie den Eintrag ③.

  Das Dialogfenster *Seite einrichten* wird mit aktiviertem Register *Papierformat* geöffnet.
- Bestimmen Sie im Feld ④ bzw. ⑤, auf wie viele Seiten sich die Tabelle im Ausdruck in der Breite bzw. in der Höhe verteilen soll.

  *oder* Tragen Sie einen Skalierungswert im Feld ⑥ ein.
- Bestätigen Sie mit *OK*.

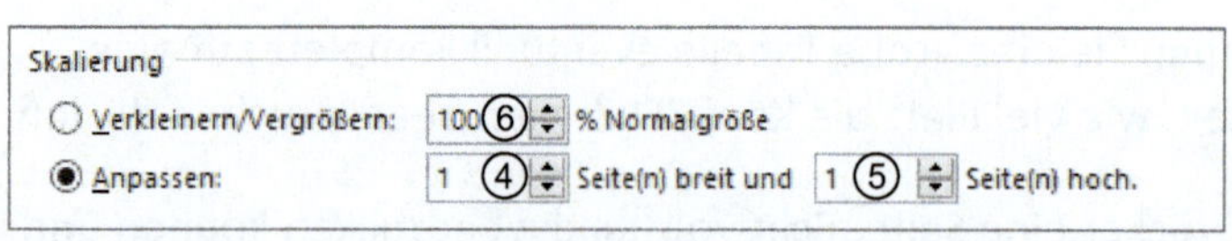

## 15.3 Erweiterte Druckeinstellungen festlegen

**Plus+** **Beispieldatei:** *Seitenlayout ändern.xlsx*

### Spezielle Druckeinstellungen in einem Dialogfenster vornehmen

Im Dialogfenster *Seite einrichten* lassen sich weitere Einstellungen vornehmen, um den Ausdruck Ihren individuellen Vorstellungen anzupassen.

- Drücken Sie Strg P, um die Backstage-Ansicht mit aktivierter Kategorie *Drucken* zu öffnen.
- Klicken Sie am unteren Ende des Bereichs *Einstellungen* auf *Seite einrichten* und wechseln Sie im geöffneten Dialogfenster zum Register *Blatt*.
- Nehmen Sie die gewünschten Einstellungen vor und bestätigen Sie mit *OK*.

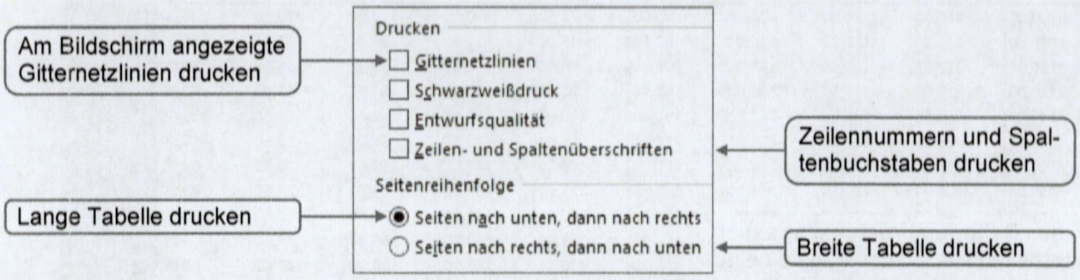


Standardmäßig wird eine Tabelle auf dem Ausdruck am linken oberen Seitenrand platziert. Sie können diese jedoch auch auf dem Ausdruck zentrieren. Wechseln Sie hierzu zum Register *Seitenränder* und aktivieren Sie das Kontrollfeld *Horizontal* bzw. *Vertikal*, um die Tabelle entsprechend auf der Druckseite zu zentrieren.

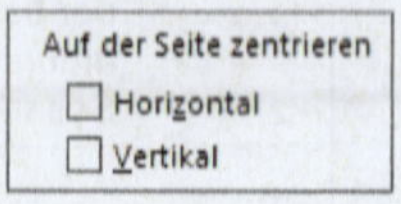


### Druckbereich definieren

Durch Festlegung eines Druckbereichs bestimmen Sie, dass lediglich die Daten innerhalb des entsprechenden Bereichs gedruckt werden.

- Markieren Sie in der Tabelle die Zellen, die als Druckbereich definiert werden sollen.

  Wenn Sie mehrere unabhängige Teilbereiche der Tabelle markieren, wird jeder Teilbereich auf einer separaten Seite gedruckt.
- Klicken Sie im Register *Seitenlayout*, Gruppe *Seite einrichten*, auf *Druckbereich* und wählen Sie *Druckbereich festlegen*.

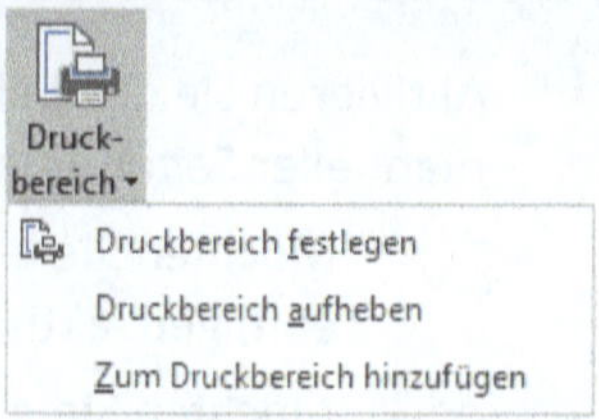


- ✔ Sie können den **Druckbereich** bei Bedarf jederzeit **erweitern**. Markieren Sie hierzu die Zellen, die **zusätzlich** in den Druckbereich aufgenommen werden sollen. Klicken Sie auf *Druckbereich* und wählen Sie *Zum Druckbereich hinzufügen*.
- ✔ Möchten Sie den **Druckbereich** wieder **entfernen**, klicken Sie auf *Druckbereich* und wählen Sie *Druckbereich aufheben*.

# 15.4 Seitenumbrüche definieren

## Seitenumbrüche in der Ansicht *Umbruchvorschau* festlegen

Plus

**Lernvideo:** *Seitenumbrüche festlegen.mp4*
**Beispieldatei:** *Seitenumbrüche festlegen.xlsx*

Erstreckt sich die Tabelle über mehr als eine Druckseite, führt Excel automatisch Seitenumbrüche gemäß den zuvor getroffenen Seitenlayouteinstellungen durch. Sie können die Seitenumbrüche in der Ansicht *Umbruchvorschau* kontrollieren bzw. Ihren Wünschen anpassen.

- Um zur Ansicht *Umbruchvorschau* zu wechseln, klicken Sie in der Statusleiste in der Ansichtssteuerung auf .

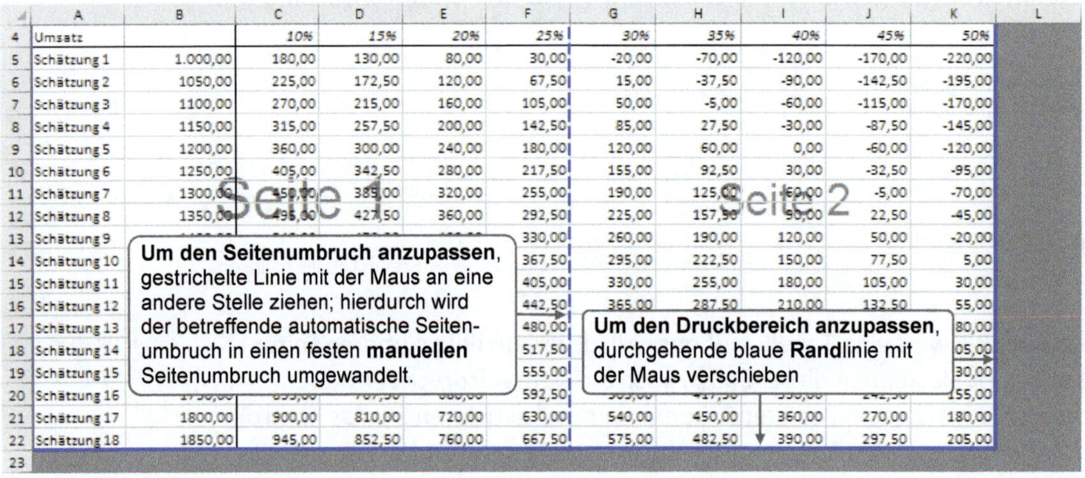


- ✓ Möchten Sie die ursprünglichen automatischen Seitenumbrüche wiederherstellen, klicken Sie im Register *Seitenlayout*, Gruppe *Seite einrichten*, auf *Umbrüche* und wählen Sie *Alle Seitenumbrüche zurücksetzen*.
- ✓ Über 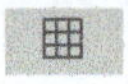 in der Ansichtssteuerung gelangen Sie zurück zur Normalansicht.

## Manuelle Seitenumbrüche in der Normalansicht einfügen

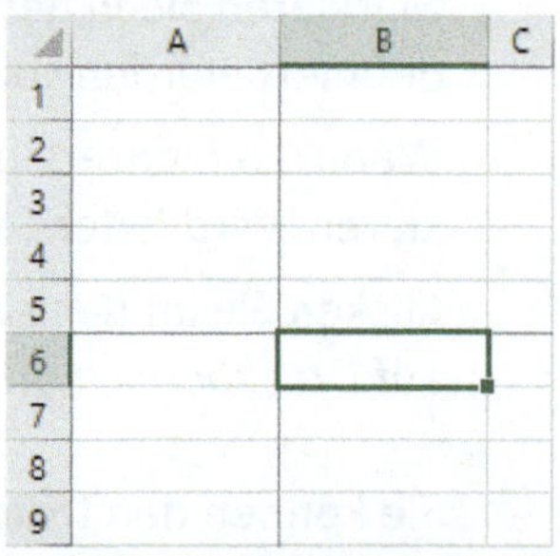

- Aktivieren Sie die Zelle, über der bzw. links von der immer ein manueller Seitenumbruch stattfinden soll.

  *oder* Möchten Sie lediglich einen senkrechten Seitenumbruch einfügen, aktivieren Sie die entsprechende Zelle in Zeile 1.

  *oder* Möchten Sie nur einen waagerechten Seitenumbruch einfügen, aktivieren Sie die entsprechende Zelle in Spalte A.

- Klicken Sie im Register *Seitenlayout*, Gruppe *Seite einrichten*, auf *Umbrüche* und wählen Sie *Seitenumbruch einfügen*.

In der Normalansicht werden an den Stellen, an denen sich manuelle Seitenumbrüche befinden, durchgezogene Linien in der Tabelle eingeblendet.

> **!** Excel lässt keinen manuellen senkrechten bzw. waagerechten Seitenumbruch mehr zu, wenn Sie zuvor im Dialogfenster *Seite einrichten* im Register *Papierformat* im Bereich *Skalierung* individuelle Einstellungen festgelegt haben.

## Manuelle Seitenumbrüche entfernen

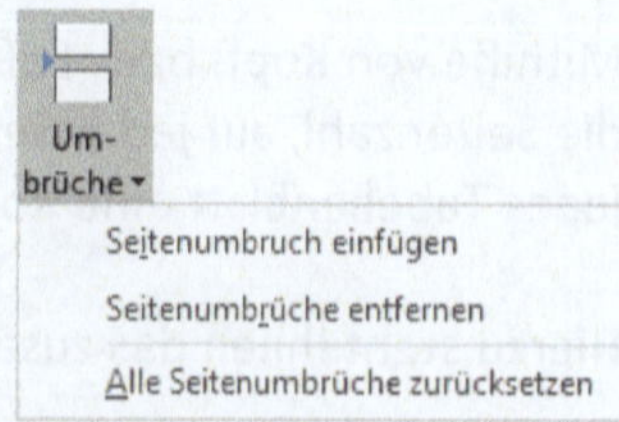


So entfernen Sie **einen bestimmten** manuellen Seitenumbruch:

- Aktivieren Sie die Zelle, über der bzw. links von der der Seitenumbruch definiert ist.
- Klicken Sie im Register *Seitenlayout*, Gruppe *Seite einrichten*, auf *Umbrüche* und wählen Sie *Seitenumbrüche entfernen*.

Um **sämtliche** manuellen Seitenumbrüche zu entfernen, gehen Sie folgendermaßen vor:

- Klicken Sie auf *Umbrüche* und wählen Sie *Alle Seitenumbrüche zurücksetzen*.

# 15.5 Kopf- und Fußzeilen

Plus **Beispieldatei:** *Kopf- und Fußzeilen.xlsx*

## Seitenlayoutansicht nutzen

Excel bietet Ihnen mit der Seitenlayoutansicht eine spezielle Ansicht, in der Sie das Seitenlayout Ihrer Tabellenblätter kontrollieren und den Inhalt von Kopf- und Fußzeilen festlegen können. In dieser Ansicht werden Ihre Daten so angezeigt, wie sie auf den Druckseiten erscheinen.

- Um zur Seitenlayoutansicht zu wechseln, klicken Sie in der Statusleiste in der Ansichtssteuerung auf .

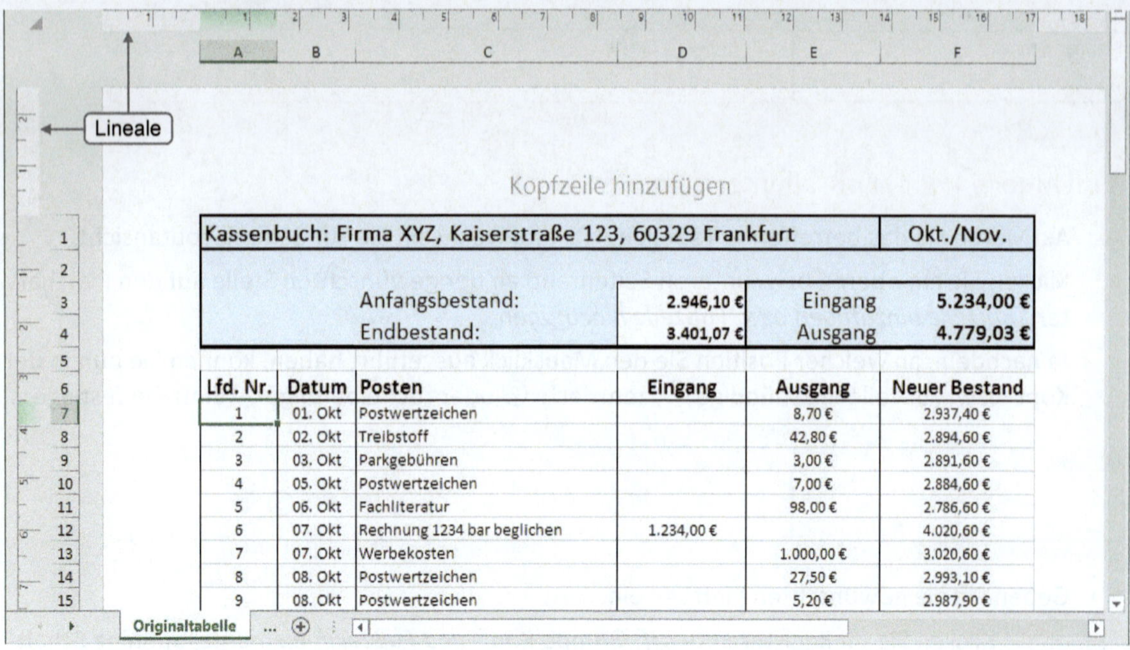


| Kassenbuch: Firma XYZ, Kaiserstraße 123, 60329 Frankfurt | | | | | Okt./Nov. |
|---|---|---|---|---|---|
| | | Anfangsbestand: | 2.946,10 € | Eingang | 5.234,00 € |
| | | Endbestand: | 3.401,07 € | Ausgang | 4.779,03 € |
| Lfd. Nr. | Datum | Posten | Eingang | Ausgang | Neuer Bestand |
| 1 | 01. Okt | Postwertzeichen | | 8,70 € | 2.937,40 € |
| 2 | 02. Okt | Treibstoff | | 42,80 € | 2.894,60 € |
| 3 | 03. Okt | Parkgebühren | | 3,00 € | 2.891,60 € |
| 4 | 05. Okt | Postwertzeichen | | 7,00 € | 2.884,60 € |
| 5 | 06. Okt | Fachliteratur | | 98,00 € | 2.786,60 € |
| 6 | 07. Okt | Rechnung 1234 bar beglichen | 1.234,00 € | | 4.020,60 € |
| 7 | 07. Okt | Werbekosten | | 1.000,00 € | 3.020,60 € |
| 8 | 08. Okt | Postwertzeichen | | 27,50 € | 2.993,10 € |
| 9 | 08. Okt | Postwertzeichen | | 5,20 € | 2.987,90 € |

- Die Lineale lassen sich bei Bedarf im Register *Ansicht*, Gruppe *Anzeigen*, durch Deaktivieren des Kontrollfelds *Lineal* ausblenden.
- Über in der Ansichtssteuerung gelangen Sie zurück zur Normalansicht.

## Kopf- bzw. Fußzeilen einfügen

Mithilfe von Kopf- bzw. Fußzeilen legen Sie fest, dass ein bestimmter Text, z. B. ein Titel oder die Seitenzahl, auf jeder Seite am oberen bzw. unteren Seitenrand gedruckt wird. Sie können für jedes Tabellenblatt eine Kopfzeile sowie eine Fußzeile gesondert definieren.

Hierzu steht Ihnen das zusätzliche Register *Entwurf* zur Verfügung.

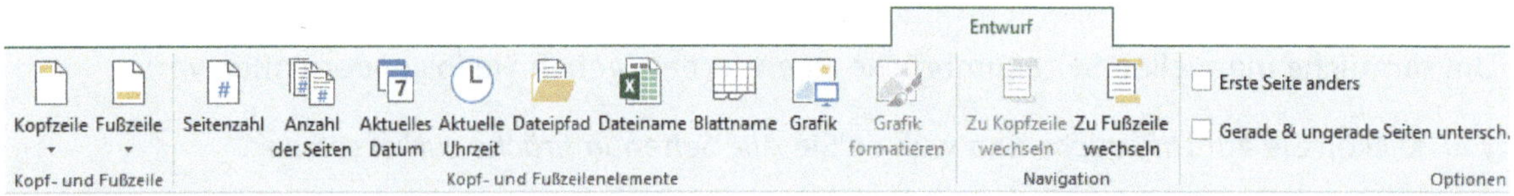


### Vordefinierte Kopf- und Fußzeilen einfügen

- Aktivieren Sie das gewünschte Tabellenblatt und wechseln Sie zur Seitenlayoutansicht.
- Klicken Sie am oberen bzw. unteren Seitenrand an einer beliebigen Stelle auf den Platzhalter *Kopfzeile hinzufügen* bzw. *Fußzeile hinzufügen*.
- Klicken Sie im Register *Entwurf*, Gruppe *Kopf- und Fußzeile*, auf *Kopfzeile* bzw. *Fußzeile*.
- Wählen Sie einen vorgefertigten Eintrag für Ihre Kopf- bzw. Fußzeile, z. B. den Benutzernamen, die Seitenzahl und das Datum.

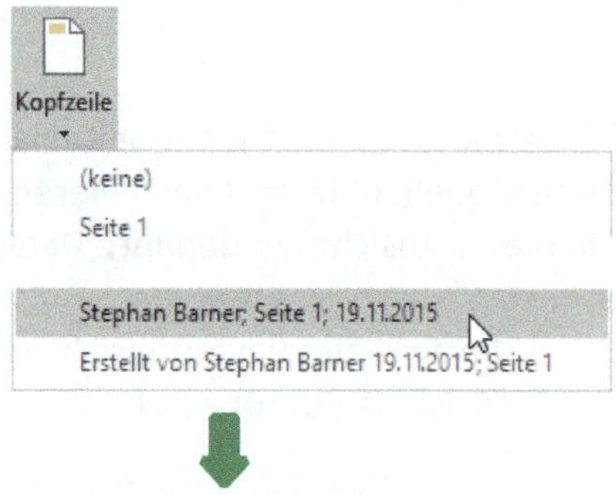


Die Texte bzw. Platzhalter werden in der Kopf- bzw. Fußzeile eingefügt, wobei die durch Semikolons getrennten Teile des vordefinierten Eintrags auf die verschiedenen Bereiche der Kopf-/Fußzeile verteilt werden.

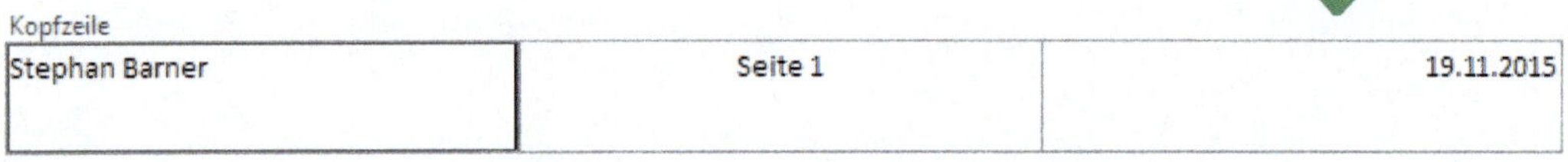


### Individuelle Kopf-/Fußzeilen einfügen

- Aktivieren Sie das betreffende Tabellenblatt und wechseln Sie zur Seitenlayoutansicht.
- Klicken Sie am oberen bzw. unteren Seitenrand an der gewünschten Stelle auf den Platzhalter *Kopfzeile hinzufügen* bzw. *Fußzeile hinzufügen*.

  Je nachdem, an welcher Position Sie den Mausklick ausgeführt haben, können Sie nun in der Kopf- bzw. Fußzeile linksbündige ①, zentrierte ② oder rechtsbündige ③ Einträge festlegen.

- Geben Sie die gewünschten Einträge ein.

  *oder* Klicken Sie im Register *Entwurf*, Gruppe *Kopf- und Fußzeilenelemente*, auf eine Schaltfläche, um vordefinierte Platzhalter für bestimmte Textelemente einzufügen.

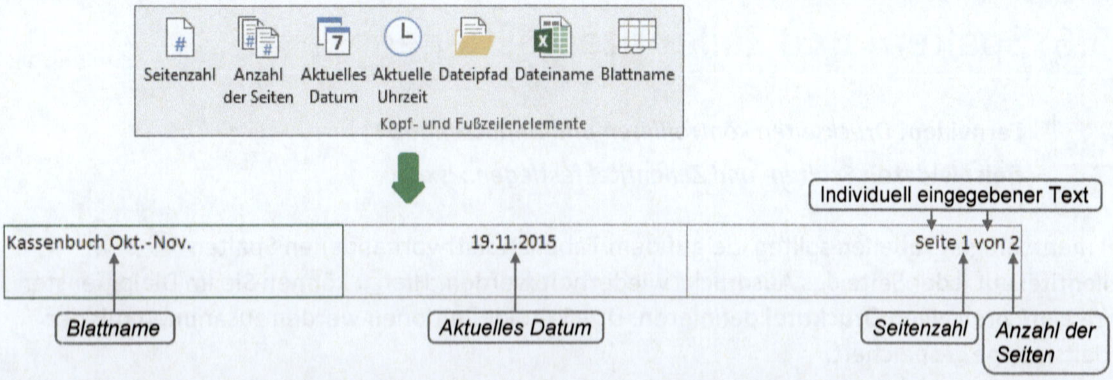


Zuvor markierte **Kopf- und Fußzeilentexte** lassen sich wie gewohnt **formatieren** (z. B. mithilfe der Elemente, die sich im Register *Start* in der Gruppe *Schriftart* befinden).

## Kopf- und Fußzeilen für Diagrammblätter festlegen

Für Diagrammblätter steht Ihnen **keine Seitenlayoutansicht** zur Verfügung. Sie können dennoch auch für Diagrammblätter im Dialogfenster *Seite einrichten* Kopf- und Fußzeilen definieren:

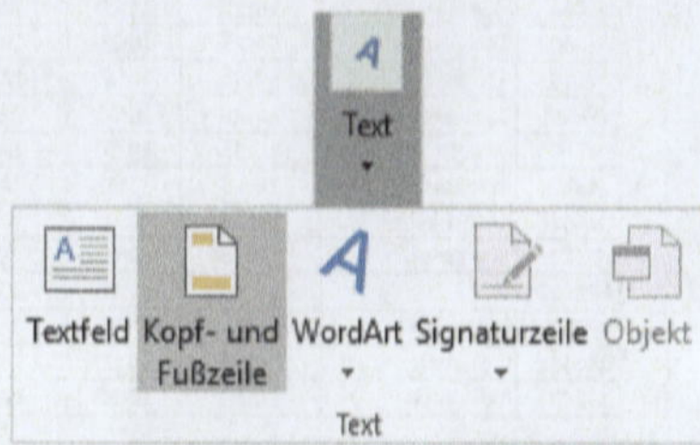


- Klicken Sie im Register *Einfügen* auf *Text* und wählen Sie *Kopf- und Fußzeile*.

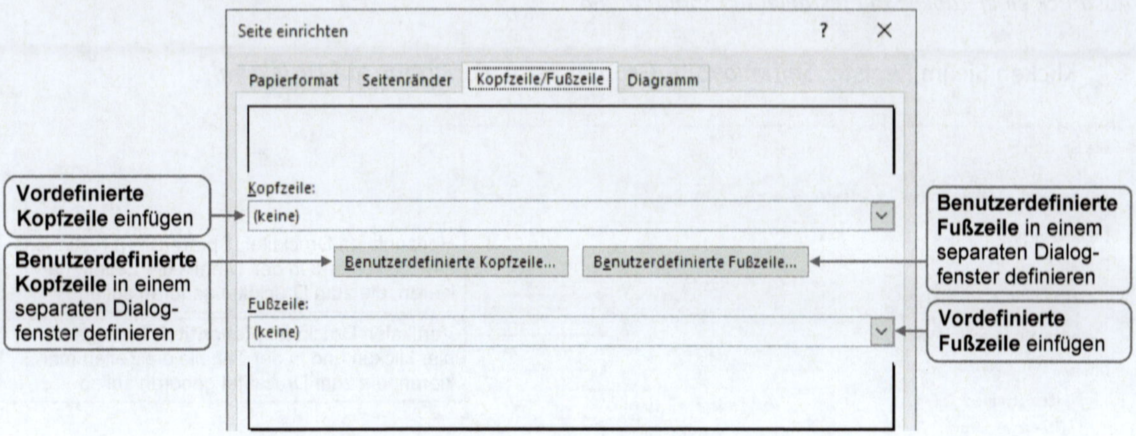


- Bestätigen Sie mit *OK*.

## Besondere Möglichkeiten für Kopf-/Fußzeilen in Tabellenblättern

- Klicken Sie in der Seitenlayoutansicht in eine Kopf- bzw. Fußzeile.
- Aktivieren Sie im Register *Entwurf*, Gruppe *Optionen*, das gewünschte Kontrollfeld.

Ist das betreffende Kontrollfeld aktiviert, ...

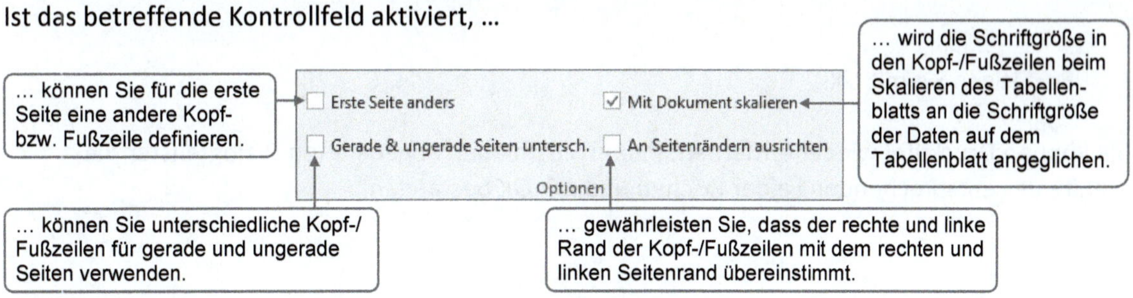

## 15.6 Spalten- und Zeilentitel festlegen

Plus+ **Lernvideo:** *Druckseiten kontrollieren und anpassen.mp4*
**Beispieldatei:** *Spalten- und Zeilentitel festlegen.xlsx*

Bei mehrseitigen Tabellen sollten die auf dem Tabellenblatt vorhandenen Spalten- ① bzw. Zeilentitel auf jeder Seite des Ausdrucks wiederholt werden. Hierzu können Sie im Dialogfenster *Seite einrichten* einen **Drucktitel** definieren. Drucktiteldefinitionen werden zusammen mit der Arbeitsmappe gespeichert.

Aktuelle Abflüge — Seite 1

| Flug | Zielflughafen | planmäßig | erwartet | Terminal | Flugsteig |
|---|---|---|---|---|---|
| AH2071 | Algier | 09:30 | 10:00 | B | Gate D30 |
| LH9972 | Saarbrücken | 09:38 | 09:45 | 1 | Gate S3 |
| LH590 | AddisAbeba | 10:20 | 10:25 | 1A | Gate A62 |
| NW051 | Detroit | 10:20 | 10:40 | 2E | Gate E2 |
| LH444 | Atlanta | 10:25 | 11:00 | 1A | Gate B46 |
| LH1602 | Berlin | 10:25 | 10:25 | 1A | Gate A13 |
| LH448 | Phoenix | 10:30 | 10:35 | 1A | Gate B41 |
| MA521 | Budapest | 10:30 | 10:45 | 2E | Gate D6 |
| LH530 | Bogota | 10:35 | 10:50 | 1A | Gate A60 |
| LH3294 | Moskau | 10:35 | 11:15 | 1A | Gate A63 |
| LH4646 | Manchester | 10:35 | 10:40 | 1A | Gate A55 |
| LO382 | Warschau | 10:35 | 10:40 | 2E | Gate D30 |
| AF1319 | Paris | 10:40 | 11:05 | 2D | Gate D27 |
| AY822 | Helsinki | 10:40 | 10:55 | 2E | Gate D30 |
| DE4196 | C de Avila | 10:40 | 10:55 | 1B | Gate B23 |
| LH400 | New York | 10:40 | 10:45 | 1A | Gate B25 |

①

Aktuelle Abflüge — Seite 2

| Flug | Zielflughafen | planmäßig | erwartet | Terminal | Flugsteig |
|---|---|---|---|---|---|
| OU413 | Split | 11:45 | 12:10 | 1B | Gate A13 |
| TK1588 | Istanbul | 11:45 | 11:45 | 1B | Gate B15 |
| US781 | Pittsburgh | 11:45 | 12:15 | 2E | Gate E4 |
| YP4272 | Hurghada | 14:20 | 11:45 | 2D | Gate E14 |
| DL106 | Mumbai | 11:50 | 11:50 | 2D | Gate D11 |
| LH9594 | Augsburg | 11:50 | 11:50 | 1A | Gate E15 |
| RO1304 | Bukarest | 11:50 | 11:50 | 1B | Gate E12 |
| LH2098 | Dortmund | 11:55 | 11:55 | 1A | Gate A63 |
| BA1759 | Edinburgh | 12:00 | 12:00 | 2E | Gate A55 |
| AE062 | Taipeh | 12:05 | 12:20 | 2D | Gate D30 |
| AZ403 | Rom | 12:05 | 12:05 | 1B | Gate D27 |
| LH032 | Hamburg | 12:05 | 12:05 | 1A | Gate D30 |
| LH138 | München | 12:05 | 12:05 | 1A | Gate B23 |
| LH2144 | Paderborn | 12:05 | 12:15 | 1A | Gate B25 |
| LH5576 | Florenz | 12:05 | 12:20 | 1A | Gate B44 |
| LH894 | Berlin | 12:10 | 12:10 | 1A | Gate A56 |

*Ausdruck einer Tabelle mit festgelegten Spaltentiteln*

▶ Klicken Sie im Register *Seitenlayout*, Gruppe *Seite einrichten*, auf *Drucktitel*.

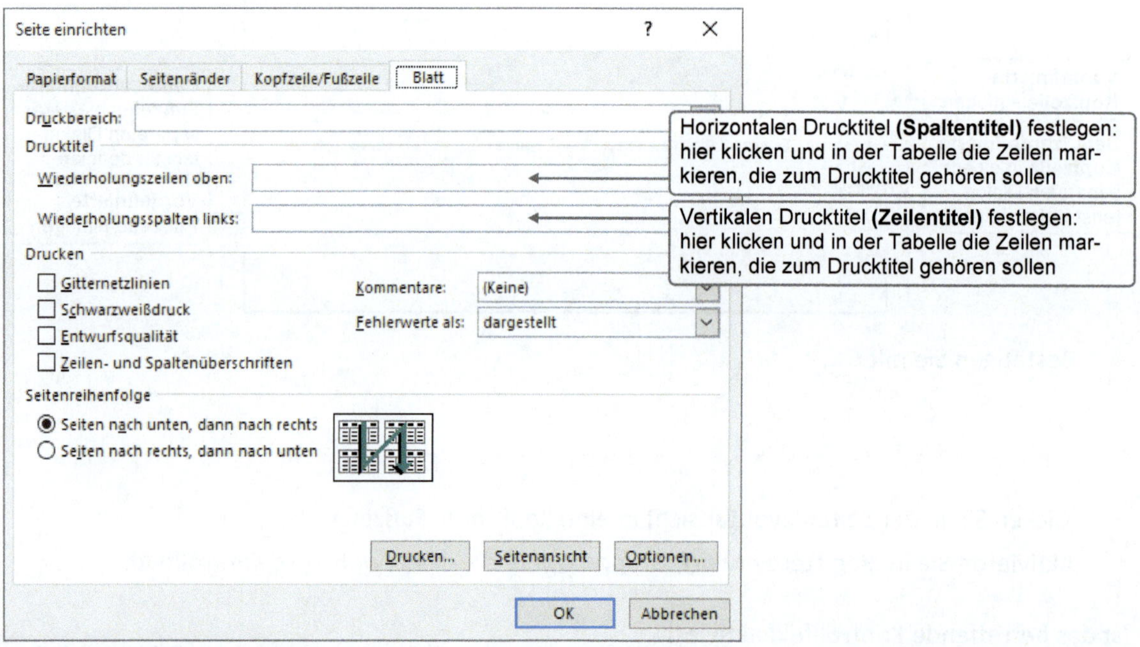


▶ Bestätigen Sie mit *OK.*

Sie können Drucktitel wieder entfernen, indem Sie im oben abgebildeten Dialogfenster die Inhalte der entsprechenden Felder löschen und mit *OK* bestätigen.

## 15.7 Übung

### Kassenbuch drucken

| Level | | Zeit | ca. 10 min |
|---|---|---|---|
| Übungsinhalte | ✔ Seitenlayout anpassen<br>✔ Drucktitel und Kopfzeile festlegen | | |
| Übungsdatei | *Kassenbuch.xlsx* | | |
| Ergebnisdatei | *Kassenbuch-E.xlsx, Kassenbuch-E1.xlsx* | | |

1. Öffnen Sie die Übungsdatei *Kassenbuch.xlsx*, blenden Sie die Druckvorschau ein und blättern Sie durch die einzelnen Druckseiten.
2. Legen Sie fest, dass der Ausdruck der Tabelle eine Seite breit und zwei Seiten hoch ist.
3. Definieren Sie die ersten fünf Zeilen der Tabelle als Drucktitel und überprüfen Sie das Ergebnis in der Druckvorschau.
4. Drucken Sie die Tabelle und speichern Sie die Datei unter dem Namen *Kassenbuch-E.xlsx*.

| Kassenbuch: Firma XYZ, Kaiserstraße 123, 60329 Frankfurt | | | | | Okt./Nov. |
|---|---|---|---|---|---|
| | | Anfangsbestand: | 2.946,10 € | Eingang | **5.234,00 €** |
| | | Endbestand: | 3.401,07 € | Ausgang | **4.779,03 €** |
| Lfd. Nr. | Datum | Text | Eingang | Ausgang | Neuer Bestand |
| 49 | 26.10. | Parkgebühren | | 1,50 € | 4.112,19 € |
| 50 | 27.10. | Postwertzeichen | | 1,40 € | 4.110,79 € |

*Ergebnisdatei „Kassenbuch-E.xlsx" (Seite 2, Ausschnitt)*

5. Entfernen Sie den Drucktitel und definieren Sie den Bereich A1:G4 als Druckbereich.
6. Wechseln Sie in die Seitenlayoutansicht und fügen Sie in der Kopfzeile am rechten Rand das aktuelle Datum ein.
7. Prüfen Sie das Aussehen der Druckseite in der Druckvorschau.
8. Speichern Sie die Datei unter dem Namen *Kassenbuch-E1.xlsx*.

19.11.2015

| Kassenbuch: Firma XYZ, Kaiserstraße 123, 60329 Frankfurt | | | Okt./Nov. |
|---|---|---|---|
| Anfangsbestand: | 2.946,10 € | Eingang | **5.234,00 €** |
| Endbestand: | 3.401,07 € | Ausgang | **4.779,03 €** |

*Ergebnisdatei „Kassenbuch-E1.xlsx"*

Plus **Zusätzliche Übungen:**

*Seitenlayout ändern.pdf*

*Verkaufszahlen drucken.pdf*

# 16

# Arbeitsmappen effektiv nutzen

## 16.1 Mit Arbeitsmappen arbeiten

Plus **Lernvideo:** *Blattregister.mp4*
**Beispieldatei:** *Mehrere Tabellenblätter.xlsx*

### Aufbau von Arbeitsmappen

Eine Arbeitsmappe enthält standardmäßig zunächst ein Tabellenblatt. Sie können jederzeit neue Arbeitsblätter (z. B. Tabellenblätter oder Diagrammblätter) hinzufügen, wobei die maximale Anzahl der Arbeitsblätter von der Größe des Arbeitsspeichers Ihres Computers abhängt.

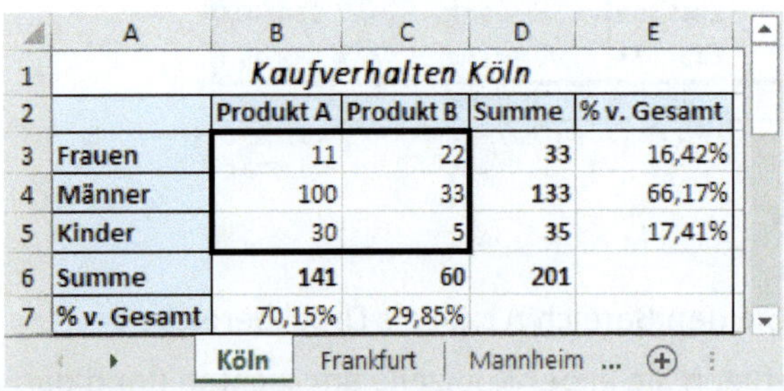

| | A | B | C | D | E |
|---|---|---|---|---|---|
| 1 | *Kaufverhalten Köln* | | | | |
| 2 | | Produkt A | Produkt B | Summe | % v. Gesamt |
| 3 | Frauen | 11 | 22 | 33 | 16,42% |
| 4 | Männer | 100 | 33 | 133 | 66,17% |
| 5 | Kinder | 30 | 5 | 35 | 17,41% |
| 6 | Summe | 141 | 60 | 201 | |
| 7 | % v. Gesamt | 70,15% | 29,85% | | |

Köln | Frankfurt | Mannheim ...

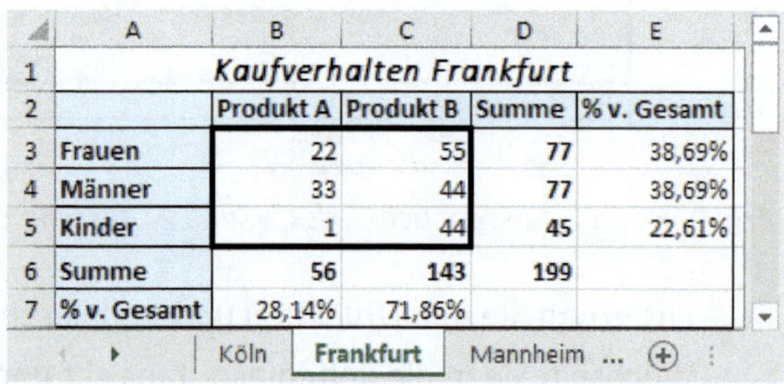

| | A | B | C | D | E |
|---|---|---|---|---|---|
| 1 | *Kaufverhalten Frankfurt* | | | | |
| 2 | | Produkt A | Produkt B | Summe | % v. Gesamt |
| 3 | Frauen | 22 | 55 | 77 | 38,69% |
| 4 | Männer | 33 | 44 | 77 | 38,69% |
| 5 | Kinder | 1 | 44 | 45 | 22,61% |
| 6 | Summe | 56 | 143 | 199 | |
| 7 | % v. Gesamt | 28,14% | 71,86% | | |

Köln | Frankfurt | Mannheim ...

*Mehrere Tabellenblätter in einer Arbeitsmappe*

### Zwischen Arbeitsblättern wechseln

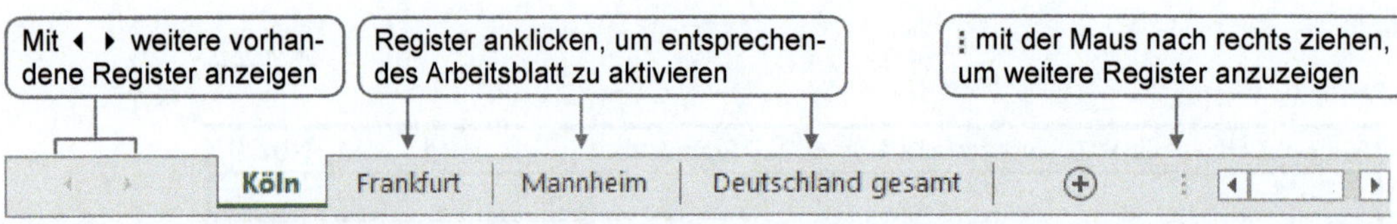


Mithilfe von Strg Bild↓ bzw. Strg Bild↑ lässt sich ebenfalls das nächste bzw. das vorherige Arbeitsblatt aktivieren.

Sie können auch zu einem bestimmten Arbeitsblatt wechseln, indem Sie mit der rechten Maustaste auf einen Registerlaufpfeil ◂ ▸ klicken und im geöffneten Dialogfenster das Arbeitsblatt doppelt anklicken.

## Arbeitsblätter umbenennen

## Registerfarbe ändern

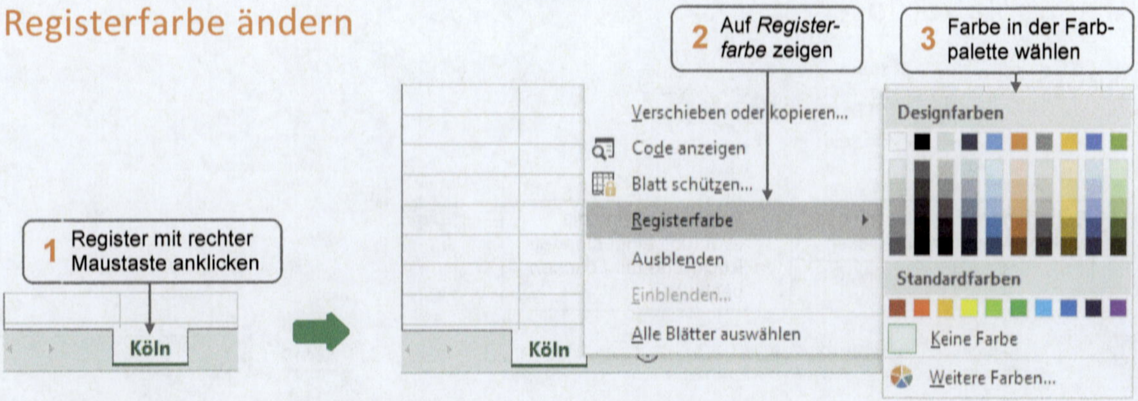


## Gruppenmodus aktivieren

Plus **Lernvideo:** *Gruppenmodus.mp4*

Wenn Sie mehrere Tabellenblätter markiert haben, erscheint in der Titelleiste des Excel-Fensters automatisch der Zusatz *[Gruppe]*. Der Gruppenmodus ist aktiviert.

- Sämtliche Daten, Formeln und Formatierungen, die Sie in ein gruppiertes Tabellenblatt eingeben, erscheinen in allen markierten Tabellenblättern. So können Sie etwa schnell identische Formatierungen in verschiedenen Tabellenblättern durchführen, z. B. alle Überschriften fett formatieren, die sich in der jeweiligen Zelle A1 befinden.
- Daneben können Sie Befehle im Gruppenmodus gleichzeitig auf mehrere Tabellenblätter anwenden, beispielsweise zum Löschen oder Verschieben.

| | |
|---|---|
| Mehrere hintereinanderliegende Tabellenblätter markieren | ▶ Klicken Sie das erste Register und bei gedrückter ⇧-Taste das letzte Register an. |
| Mehrere nicht zusammenhängende Tabellenblätter markieren | ▶ Klicken Sie die Register nacheinander bei gedrückter Strg-Taste an. |
| Alle Tabellenblätter markieren | ▶ Klicken Sie mit der rechten Maustaste auf ein beliebiges Register und klicken Sie auf *Alle Blätter auswählen*. |

## Gruppenmodus deaktivieren

▶ Klicken Sie das Register eines Tabellenblatts an, das nicht zu der Gruppe gehört.

*oder* Sind alle vorhandenen Tabellenblätter in die Gruppe integriert, klicken Sie auf das Register eines beliebigen Tabellenblatts.

## Tabellenblätter einfügen

## Arbeitsblätter löschen

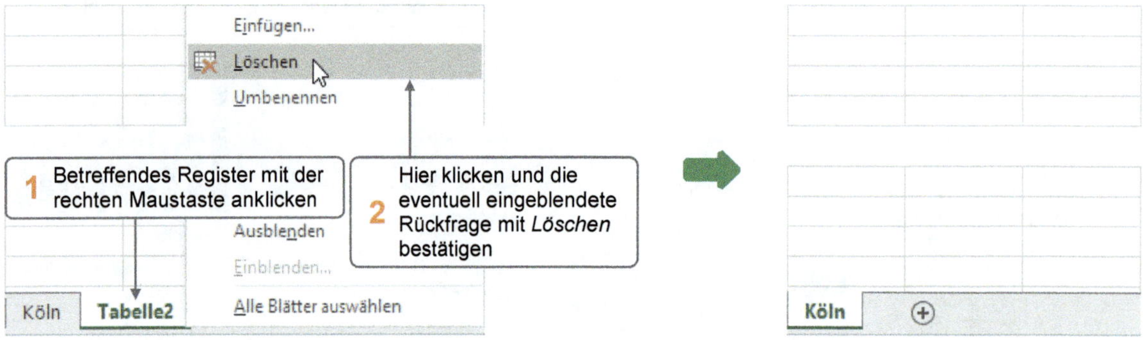


- Im Gruppenmodus werden alle Arbeitsblätter gelöscht, die sich in der Gruppe befinden.
- Gelöschte Arbeitsblätter lassen sich nicht mehr wiederherstellen.

# 16.2 Arbeitsblätter verschieben und kopieren

Plus
**Lernvideo:** *Blattregister.mp4*
**Beispieldatei:** *Mehrere Tabellenblätter.xlsx*

## Arbeitsblätter über ein Dialogfenster verschieben bzw. kopieren

- Möchten Sie Tabellenblätter in eine andere vorhandene Arbeitsmappe einfügen, öffnen Sie die entsprechende Arbeitsmappe.
- Markieren Sie die Tabellenblätter, die Sie verschieben bzw. kopieren möchten, indem Sie im Blattregister die betreffenden Register bei gedrückter Strg-Taste anklicken.
- Klicken Sie mit der rechten Maustaste auf eines der markierten Register und wählen Sie *Verschieben oder kopieren*.

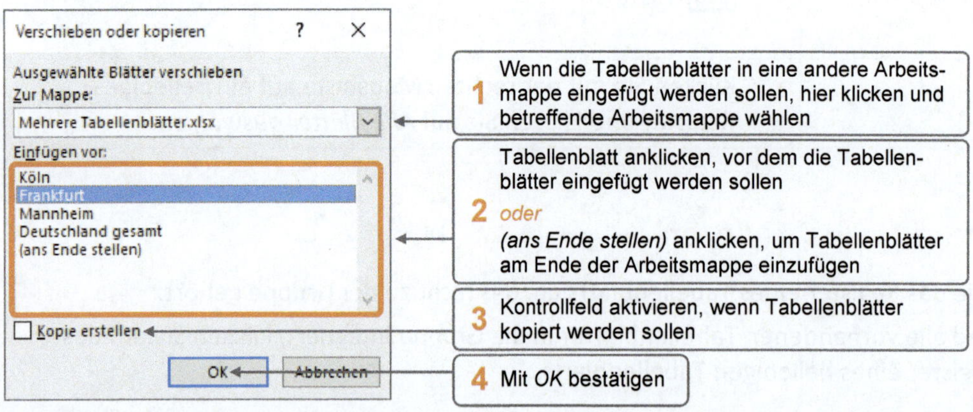

### Arbeitsblätter schnell mit der Maus verschieben bzw. kopieren

- Klicken Sie auf das betreffende Register und halten Sie dabei die Maustaste gedrückt.
- Um das Arbeitsblatt zu **verschieben**, ziehen Sie das Register mit der Maus an die neue Position. Ein kleines schwarzes Dreieck ▾ zeigt dabei die jeweilige Einfügeposition an.

  *oder* Drücken Sie beim Ziehen des Registers [Strg], um das Arbeitsblatt zu **kopieren**.

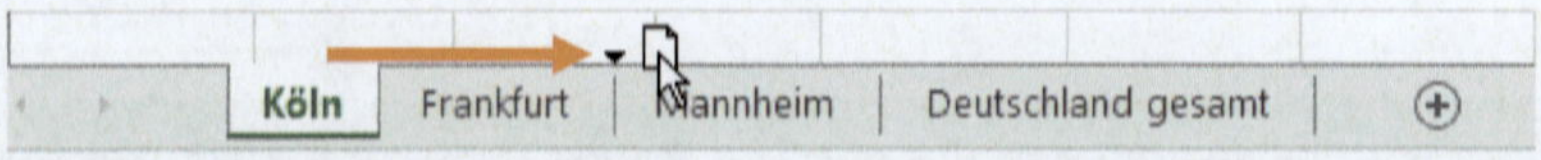


## 16.3 Anzeige der Arbeitsblätter festlegen

### Arbeitsblätter ausblenden

Für bestimmte Zwecke kann es sinnvoll sein, einzelne Arbeitsblätter in einer Arbeitsmappe auszublenden. Ausgeblendete Arbeitsblätter sind am Bildschirm nicht sichtbar und werden nicht gedruckt. Sie können jedoch in Formeln auf ausgeblendete Arbeitsblätter Bezug nehmen.

- Markieren Sie die Arbeitsblätter, die Sie ausblenden möchten.
- Klicken Sie mit der rechten Maustaste auf eines der markierten Register und wählen Sie *Ausblenden*.

### Arbeitsblätter wieder anzeigen

- Klicken Sie mit der rechten Maustaste auf ein beliebiges Register und wählen Sie *Einblenden*.

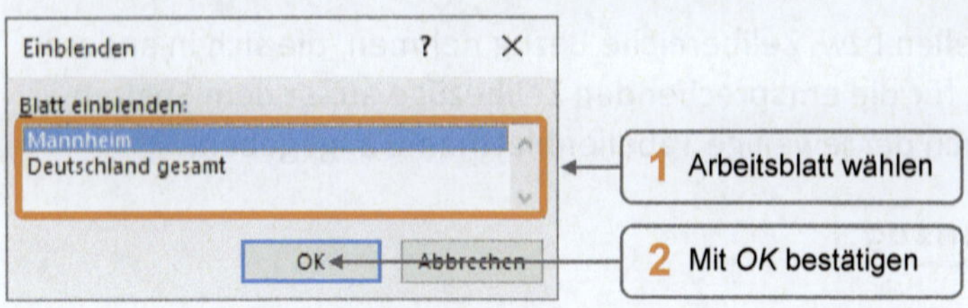


Im abgebildeten Dialogfenster lässt sich immer nur ein Arbeitsblatt auf einmal auswählen.

### Mehrere Arbeitsblätter einer Arbeitsmappe gleichzeitig anzeigen

Plus **Beispieldatei:** *Mehrere Arbeitsblätter gleichzeitig anzeigen.xlsx*

- Klicken Sie im Register *Ansicht*, Gruppe *Fenster*, auf *Neues Fenster*.

  Dadurch wird die aktuelle Arbeitsmappe ein zweites Mal in einem weiteren Fenster angezeigt. Zur Kennzeichnung sehen Sie in jedem Fenster in der Titelleiste hinter dem Dateinamen einen Doppelpunkt und eine fortlaufende Nummer.

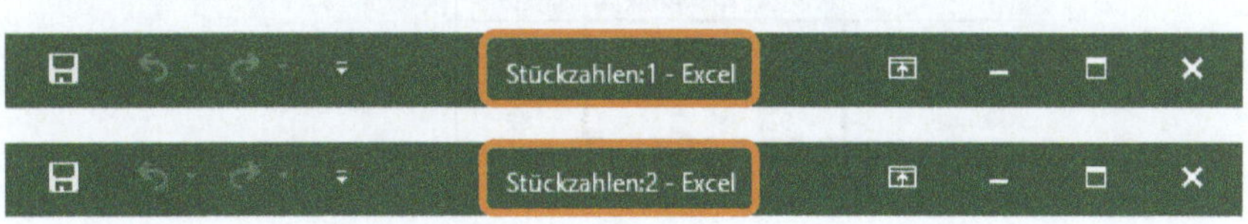

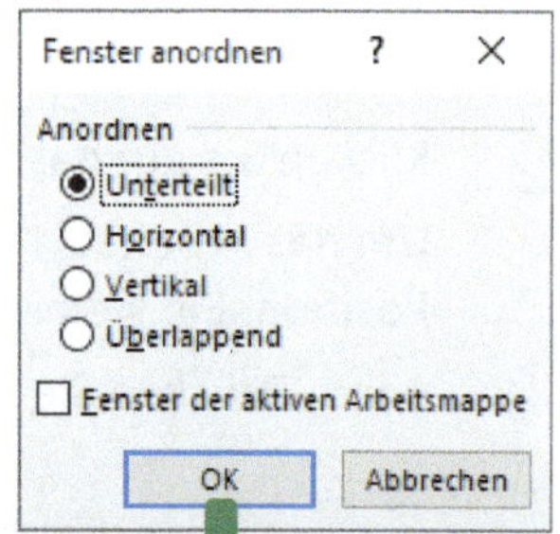


- Klicken Sie im Register *Ansicht*, Gruppe *Fenster*, auf *Alle anordnen* und wählen Sie im abgebildeten Dialogfenster eine Option.
- Wenn Sie mehrere Arbeitsmappen geöffnet haben, aktivieren Sie das Kontrollfeld *Fenster der aktiven Arbeitsmappe*.
- Bestätigen Sie mit *OK*.

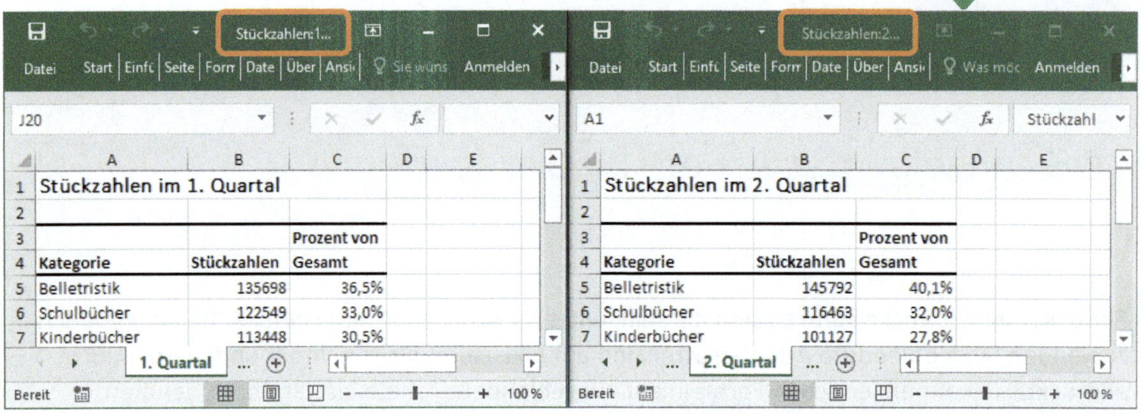


## 16.4 Zellbezüge auf andere Tabellenblätter

Plus **Beispieldatei:** *Zellbezüge auf andere Tabellenblätter.xlsx*

### In Formeln auf Zellen anderer Tabellenblätter zugreifen

Sie können in einer Formel auch auf Zellen bzw. Zellbereiche Bezug nehmen, die sich in anderen Tabellenblättern befinden. Dabei wird für die entsprechenden Zellbezüge außer dem Spaltenbuchstaben und der Zeilennummer auch der jeweilige Tabellenblattname angegeben.

Syntax: `Tabellenblatt!Zellbezug`

**Beispiel:** In der unteren Tabelle *Deutschland gesamt* werden die Werte der Tabellen *Köln*, *Frankfurt* und *Mannheim* summiert. In Zelle B3 ① lautet die entsprechende Formel beispielsweise =SUMME(Köln!B3;Frankfurt!B3;Mannheim!B3).

| | A | B | C | D |
|---|---|---|---|---|
| 1 | Kaufverhalten: Köln | | | |
| 2 | | Produkt A | Produkt B | Summe |
| 3 | Frauen | 11 | 22 | 33 |
| 4 | Männer | 100 | 33 | 133 |
| 5 | Kinder | 30 | 5 | 35 |
| 6 | Summe | 141 | 60 | 201 |

| | A | B | C | D |
|---|---|---|---|---|
| 1 | Kaufverhalten: Frankfurt | | | |
| 2 | | Produkt A | Produkt B | Summe |
| 3 | Frauen | 22 | 55 | 77 |
| 4 | Männer | 33 | 44 | 77 |
| 5 | Kinder | 1 | 44 | 45 |
| 6 | Summe | 56 | 143 | 199 |

| | A | B | C | D |
|---|---|---|---|---|
| 1 | Kaufverhalten: Mannheim | | | |
| 2 | | Produkt A | Produkt B | Summe |
| 3 | Frauen | 33 | 44 | 77 |
| 4 | Männer | 44 | 33 | 77 |
| 5 | Kinder | 0 | 2 | 2 |
| 6 | Summe | 77 | 79 | 156 |

| | A | B | C | D |
|---|---|---|---|---|
| 1 | Kaufverhalten: Deutschland gesamt | | | |
| 2 | | Produkt A | Produkt B | Summe |
| 3 | Frauen | 66 ① | 121 | 187 |
| 4 | Männer | 177 | 110 | 287 |
| 5 | Kinder | 31 | 51 | 82 |
| 6 | Summe | 274 | 282 | 556 |

 

Wenn ein Tabellenblattname Leerzeichen enthält, schließen Sie bei der Eingabe der Formel den Tabellenblattnamen in Apostrophe ein, beispielsweise *'Deutschland gesamt'!C5*.

### Zellbezüge auf andere Tabellenblätter durch Zeigen erstellen

Sie sollten Zellbezüge auf andere Tabellenblätter möglichst nur mithilfe der Zeigen-Methode erstellen. Hierdurch vermeiden Sie eventuelle Tipp- oder Syntaxfehler bei der Formeleingabe.

- Geben Sie die Formel wie gewohnt ein (einschließlich des Operators bzw. der Funktion, der bzw. die vor dem Zellbezug auf ein anderes Tabellenblatt stehen soll).
- Aktivieren Sie das Tabellenblatt, das die Zelle bzw. den Zellbereich enthält, zu dem Sie den Bezug herstellen möchten.
- Markieren Sie die betreffende Zelle bzw. den gewünschten Zellbereich.
  Der Tabellenblattname und der Zellbezug werden automatisch mit der korrekten Syntax in die Formel eingefügt.
- Vervollständigen Sie die Formel und drücken Sie abschließend ↵.

## 16.5 Zellbezüge auf andere Arbeitsmappen

Plus **Beispieldateien:** *Filiale_Berlin.xlsx*, *Filiale_Frankfurt.xlsx*, *Umsatz.xlsx*

### Basiswissen externe Bezüge

Durch Zellbezüge auf Zellen einer anderen Arbeitsmappe (**externe Bezüge**) können Sie Verweise auf die entsprechenden Zellen einfügen - und so eine **Verknüpfung** zwischen den Arbeitsmappen erzeugen. Wird die Quelldatei, auf die in den Formeln verwiesen wird, geändert, werden die Änderungen automatisch bzw. auf Rückfrage auch in der Zieldatei durchgeführt.

Bei externen Bezügen wird vor dem Zellbezug bzw. Zellbereich der Dateiname der betreffenden Arbeitsmappe in eckigen Klammern sowie der Tabellenblattname angegeben.

Syntax: `[Dateiname]Tabellenblatt!Zellbezug`

Enthält der Datei- und/oder der Tabellenblattname Leerzeichen, müssen Sie beide Namen komplett in Apostrophe einschließen, z. B. *'[Umsätze der Filialen.xlsx]Deutschland gesamt'!$D$4*.

**Beispiel:** Die Umsätze der beiden Filialen einer Firma werden in den Arbeitsmappen *Filiale_Berlin.xlsx* und *Filiale_Frankfurt.xlsx* erfasst. Die Summen der jeweiligen Umsätze werden in der Arbeitsmappe *Umsatz.xlsx* mit externen Bezügen ermittelt. Eventuelle Änderungen an den Quelldaten (*Filiale_Berlin.xlsx* und *Filiale_Frankfurt.xlsx*) werden so automatisch in der Zieldatei *Umsatz.xlsx* berücksichtigt.

Quelldatei

| | A | B | C |
|---|---|---|---|
| 1 | Umsätze der Filiale Berlin | | |
| 2 | | | |
| 3 | Produktgruppe | 1. Quartal | 2. Quartal |
| 4 | A | 20.512 € | 17.347 € |
| 5 | B | 10.633 € | 24.921 € |
| 6 | C | 12.038 € | 12.573 € |
| 7 | D | 21.846 € | 16.439 € |
| 8 | *Summe* | 65.029 € | 71.280 € |

Zieldatei

| | A | B | C | D |
|---|---|---|---|---|
| 1 | Gesamtumsatz | | | |
| 2 | | | | |
| 3 | Filiale | 1. Quartal | 2. Quartal | *Summe* |
| 4 | Berlin | 65.029 € | 71.280 € | 136.309 € |
| 5 | Frankfurt | 44.079 € | 56.711 € | 100.790 € |
| 6 | *Summe* | 109.108 € | 127.991 € | 237.099 € |
| 7 | | | | |
| 8 | | | | |

[Filiale_Berlin.xlsx]Tabelle1'!$C$8

## Externe Bezüge durch Zeigen erstellen

Sie sollten externe Bezüge immer nur mit der Zeigen-Methode eingeben, um so mögliche Tipp- oder Syntaxfehler zu vermeiden.

- Öffnen Sie die Tabellen der verschiedenen Arbeitsmappen, die verknüpft werden sollen.
- Aktivieren Sie in der Zieldatei die Zelle, in der Sie die Formel mit den externen Bezügen einfügen möchten.
- Geben Sie die Formel bis zu der Stelle ein, an der der externe Bezug erscheinen soll.
- Aktivieren Sie die Quelldatei und markieren Sie anschließend die Zelle bzw. den Zellbereich, auf den Sie verweisen möchten.

  Excel fügt den Bezug auf die Zelle der Quelldatei standardmäßig als **absoluten** Bezug ein. Falls relative Bezüge erforderlich sind, können Sie den Bezug entsprechend umwandeln.
- Vervollständigen Sie die Formel und drücken Sie anschließend ⏎.

Wenn Sie eine Quelldatei schließen, fügt Excel automatisch bei den betreffenden externen Bezügen vor dem Dateinamen den Pfad zur jeweiligen Datei ein.

## Wann werden die verknüpften Daten aktualisiert?

| | |
|---|---|
| Automatische Aktualisierung | Falls Quell- und Zieldatei gleichzeitig geöffnet sind, werden Änderungen in der Quelldatei automatisch in den betreffenden Zellen der Zieldatei aktualisiert. |
| Aktualisierung beim Öffnen der Zieldatei | Abhängig vom Speicherort der jeweiligen Dateien lassen sich die verknüpften Daten beim Öffnen der Zieldatei auf unterschiedliche Weise aktualisieren.<br>✔ Variante 1: Beim Öffnen der Zieldatei erscheint ein Dialogfenster, mit dessen Hilfe Sie die Aktualisierungen vornehmen können.<br>✔ Variante 2: Excel blendet beim Öffnen der Zieldatei über der Bearbeitungsleiste die Dokumentationsleiste mit einer Sicherheitswarnung ein. Um die verknüpften Daten zu aktualisieren, klicken Sie auf die dortige Schaltfläche.<br>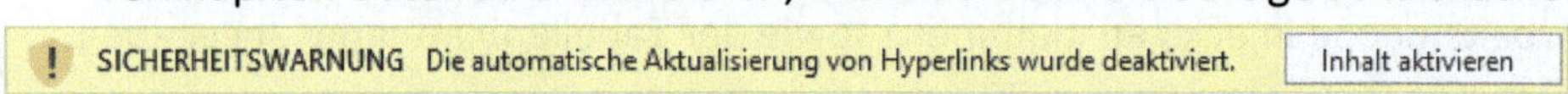  |

## Verknüpfungen bearbeiten

- Öffnen Sie die Arbeitsmappe, die externe Bezüge enthält, und klicken Sie im Register *Daten*, Gruppe *Verbindungen*, auf *Verknüpfungen bearbeiten*.
- Markieren Sie im geöffneten Dialogfenster die Verknüpfung, die Sie bearbeiten möchten.

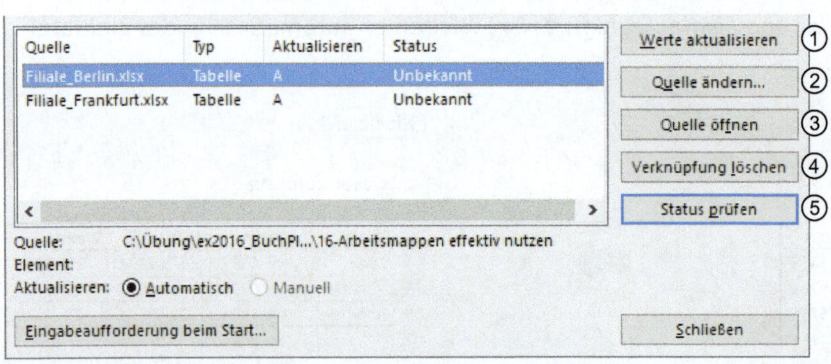

| | |
|---|---|
| Verknüpfte Werte aktualisieren | ▶ Klicken Sie auf die Schaltfläche ①. |
| Quelldatei wechseln | ▶ Klicken Sie auf die Schaltfläche ②.<br>▶ Klicken Sie im folgenden Dialogfenster *Quelle ändern* doppelt auf die Datei, die anstelle der zuvor markierten Verknüpfung als Quelldatei verwendet werden soll. |
| Quelldateien öffnen | ▶ Klicken Sie auf die Schaltfläche ③. |
| Verknüpfungen löschen | ▶ Klicken Sie auf die Schaltfläche ④ und klicken Sie im folgenden Dialogfenster auf *Verknüpfungen löschen*.<br>Die entsprechenden Bezüge werden in feste Werte umgewandelt. Änderungen in der ursprünglichen Quelldatei wirken sich jetzt nicht mehr auf die Zieltabelle aus. |
| Verknüpfungen überprüfen | ▶ Aktivieren Sie die Schaltfläche ⑤, um die zuvor markierte Verknüpfung zu überprüfen |

▶ Bestätigen Sie Ihre Änderungen mit *Schließen*.

## 16.6 Links nutzen

Ein Link stellt einen Verweis auf ein Sprungziel dar, zu dem Sie wechseln, wenn Sie den Link anklicken. Links können z. B. in Zellen oder Diagrammobjekten enthalten sein. In Excel lassen sich unter anderem folgende Sprungziele festlegen:

- eine Internetseite,
- eine Zelle bzw. ein Name in der aktuellen Arbeitsmappe,
- eine Datei.

Zellinhalte von Zellen, die einen Link beinhalten, werden unterstrichen und farbig hervorgehoben. Wenn Sie mit der Maus auf einen Link zeigen, verwandelt sich der Mauszeiger in eine Hand und das Sprungziel wird in einer Infobox angezeigt.

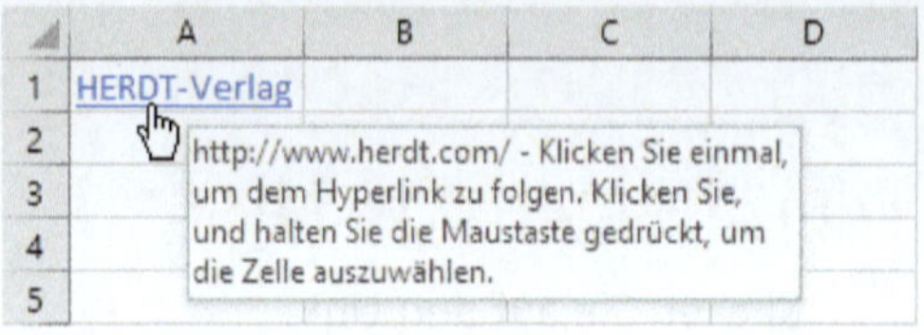


### Links einfügen

▶ Markieren Sie die Zelle bzw. das Objekt, über die bzw. das Sie mittels Mausklick zu einem Sprungziel gelangen möchten.

▶ Klicken Sie im Register *Einfügen*, Gruppe *Link*, auf *Link*.

Alternative: Strg K

▶ Nehmen Sie im nun geöffneten Dialogfenster *Link einfügen* Ihre Einstellungen gemäß den folgenden Beschreibungen vor und klicken Sie abschließend auf *OK*.

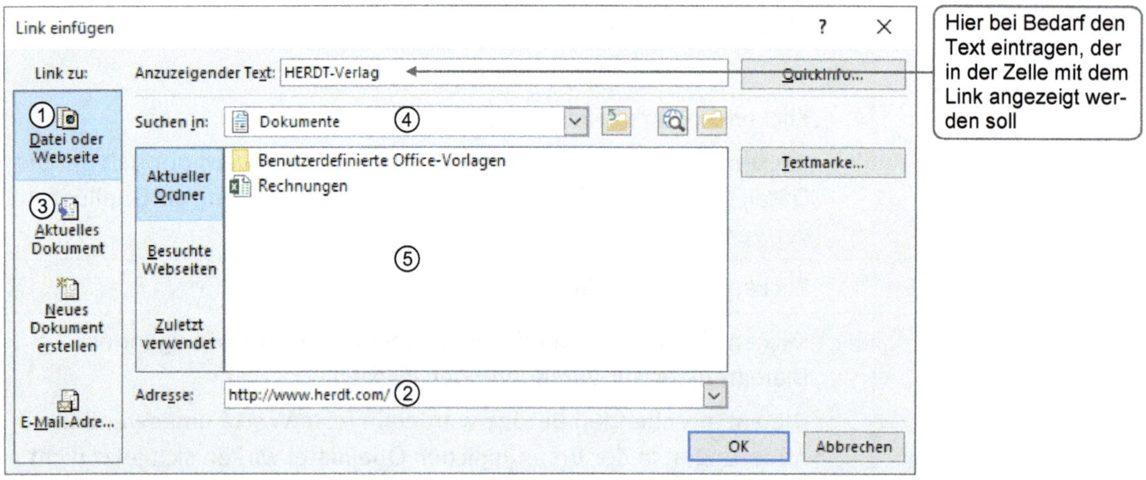


| Sie möchten ... | |
|---|---|
| einen Link zu einer Webseite einfügen | ▶ Klicken Sie auf die Schaltfläche ① und tragen Sie die Internetadresse in das Feld ② ein. |
| einen Link zu einer bestimmten Zelle in der aktuellen Arbeitsmappe einfügen | ▶ Klicken Sie auf die Schaltfläche ③.<br>▶ Wählen Sie in der angezeigten Liste das betreffende Tabellenblatt, geben Sie im Feld über der Liste den Zellbezug ein. |
| einen Link zu einer anderen Datei einfügen | ▶ Klicken Sie auf die Schaltfläche ① und wählen Sie im Feld ④ den Ordner, der die Datei enthält.<br>▶ Wählen Sie die Datei im Bereich ⑤.<br>▶ Wenn Sie eine Arbeitsmappe gewählt haben, können Sie über *Textmarke* eine Zelle oder einen Namen in der betreffenden Datei als Sprungziel festlegen. |

Wenn Sie eine Internetadresse direkt in eine Zelle eingeben, wird diese automatisch in einen Link umgewandelt.

## Zum Sprungziel wechseln

- Klicken Sie auf den Link.

Wenn der Link auf eine andere Datei verweist, wird eine Sicherheitsrückfrage eingeblendet.

## Links bearbeiten

- Klicken Sie mit der rechten Maustaste auf den Link und wählen Sie *Hyperlink bearbeiten*.
  Das nun eingeblendete Dialogfenster entspricht dem oben abgebildeten Dialogfenster.
- Nehmen Sie die gewünschten Änderungen vor und bestätigen Sie mit *OK*.

Möchten Sie eine Zelle, die einen Link enthält, mit der Maus markieren, halten Sie die linke Maustaste so lange gedrückt, bis sich der Mauszeiger in ein Kreuz verwandelt.

### Links löschen

- Klicken Sie mit der rechten Maustaste auf den Link und wählen Sie *Link entfernen*.

Die Zelle, in der sich der Link befand, wird im Standardformat formatiert.

## 16.7 Tabellen mit Kommentaren versehen

**Plus** **Beispieldatei:** *Kommentare.xlsx*

Um beispielsweise die Arbeit mit einer Tabelle für andere Anwender zu erleichtern, können Sie jede beliebige Zelle mit einem erläuternden Kommentar versehen.

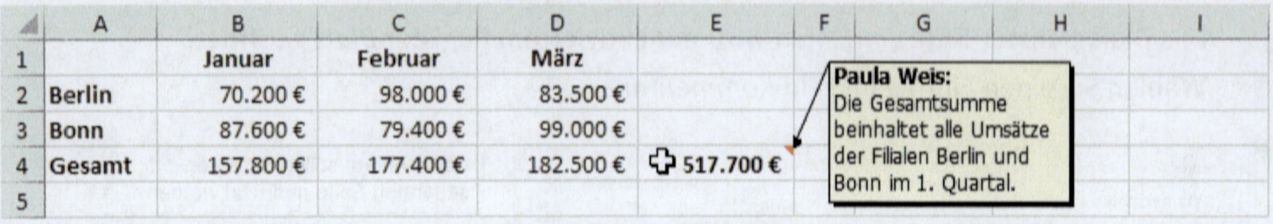

| | A | B | C | D | E | F | G | H | I |
|---|---|---|---|---|---|---|---|---|---|
| 1 | | Januar | Februar | März | | | | | |
| 2 | Berlin | 70.200 € | 98.000 € | 83.500 € | | | | | |
| 3 | Bonn | 87.600 € | 79.400 € | 99.000 € | | | | | |
| 4 | Gesamt | 157.800 € | 177.400 € | 182.500 € | 517.700 € | | | | |
| 5 | | | | | | | | | |



Zellen, denen ein Kommentar zugeordnet wurde, enthalten in der oberen rechten Ecke der Zelle einen Indikator in Form eines roten Dreiecks. Wenn Sie mit der Maus auf eine solche Zelle zeigen, wird der Kommentar in einer Infobox eingeblendet.

### Kommentare einfügen

- Aktivieren Sie die betreffende Zelle und klicken Sie im Register *Überprüfen*, Gruppe *Kommentare*, auf *Neuer Kommentar*.
  Neben der Zelle wird eine Infobox eingeblendet, die bereits den Benutzernamen enthält.

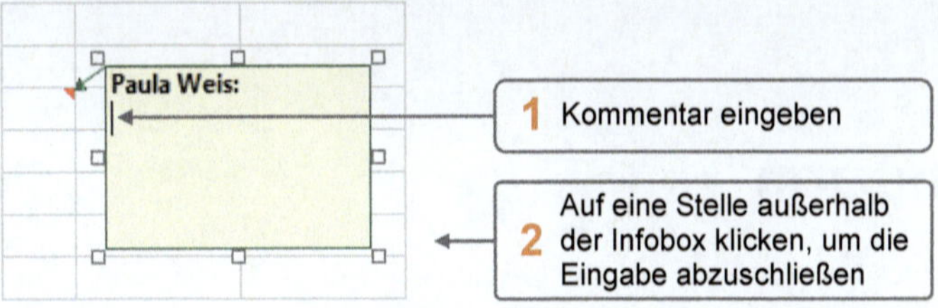


Bei Bedarf lässt sich die Größe der Infobox durch Ziehen der Anfasser □ anpassen.

### Kommentare ein- bzw. ausblenden

Möchten Sie alle Kommentare einer Arbeitsmappe ständig anzeigen, gehen Sie so vor:

- Klicken Sie im Register *Überprüfen*, Gruppe *Kommentare*, auf *Alle Kommentare anzeigen*.

Durch erneutes Anklicken der Schaltfläche blenden Sie die Kommentare wieder aus.

## Kommentare bearbeiten

- Markieren Sie die Zelle mit dem Kommentar und klicken Sie im Register *Überprüfen*, Gruppe *Kommentare*, auf *Kommentar bearbeiten*.

  *oder* Klicken Sie direkt in die entsprechende Infobox, sofern zuvor alle Kommentare eingeblendet wurden.
- Nehmen Sie die gewünschten Änderungen vor.
- Klicken Sie auf eine Stelle außerhalb der Infobox, um die Bearbeitung abzuschließen.

## Kommentare drucken

Standardmäßig werden **keine** Kommentare gedruckt, die in einem Tabellenblatt enthalten sind. Um vorhandene Kommentare zu drucken, gehen Sie folgendermaßen vor:

- Klicken Sie im Register *Seitenlayout*, Gruppe *Blattoptionen*, auf ⧉.

  Das Dialogfenster *Seite einrichten* wird mit aktiviertem Register *Blatt* geöffnet.
- Wählen Sie einen Eintrag im Feld *Kommentare*.

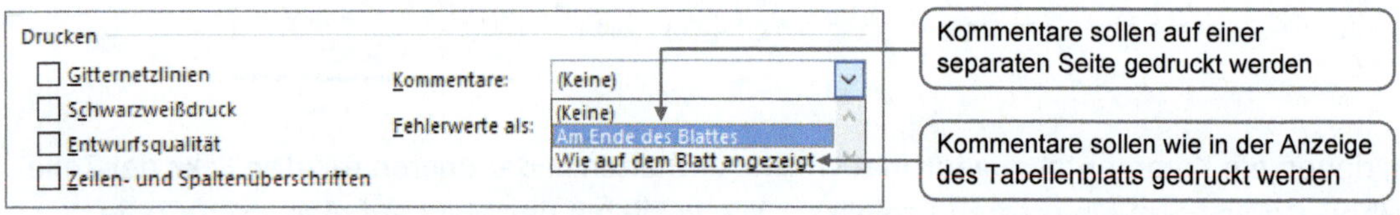


- Bestätigen Sie mit *OK*.
- Starten Sie den Ausdruck wie gewohnt.

## Kommentare löschen

- Markieren Sie die Zelle, deren Kommentar Sie löschen möchten.
- Klicken Sie im Register *Überprüfen*, Gruppe *Kommentare*, auf *Löschen*.

# 16.8 Arbeitsmappen schützen

## Zugriffsberechtigungen für Arbeitsmappen definieren

Arbeitsmappen mit Daten, die nicht jedem zugänglich sein sollen, sollten Sie mit einem Kennwort schützen. Sie können dabei folgende Kennwörter vergeben:

- ✓ **Kennwort zum Öffnen:** Die Arbeitsmappe kann nur nach Eingabe des festgelegten Kennworts geöffnet werden.
- ✓ **Kennwort zum Ändern:** Die Arbeitsmappe kann ohne Eingabe des entsprechenden Kennworts nur im Schreibschutzmodus geöffnet werden. In diesem Modus kann die bestehende Arbeitsmappe nicht überschrieben werden. Änderungen lassen sich vom Anwender nur unter einem anderen Dateinamen speichern.

! Prägen Sie sich das jeweilige Kennwort gut ein. Wenn Sie die Arbeitsmappe zu einem späteren Zeitpunkt öffnen bzw. ändern möchten, müssen Sie exakt die gleichen Einträge verwenden.

- Wechseln Sie zum Register *Datei*, klicken Sie im linken Fensterbereich auf *Speichern unter* und klicken Sie anschließend im mittleren Fensterbereich doppelt auf *Dieser PC*.

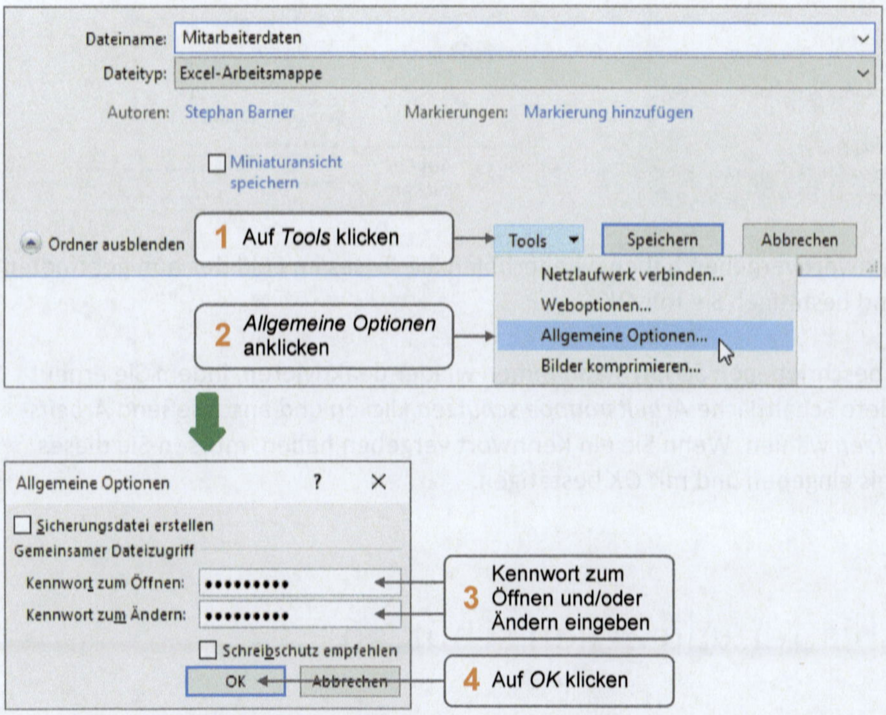


- Geben Sie die festgelegten Kennwörter in den folgenden Fenstern erneut ein und bestätigen Sie die Eingabe jeweils mit *OK*.
- Klicken Sie abschließend im Dialogfenster *Speichern unter* auf *Speichern*.

Sie können den Arbeitsmappenschutz bei Bedarf wieder aufheben, indem Sie die jeweiligen Kennwörter im abgebildeten Dialogfenster löschen.

## Struktur einer Arbeitsmappe schützen

Durch das Schützen der Struktur **verhindern Sie** beispielsweise, **dass Arbeitsblätter**

- verschoben bzw. kopiert,
- gelöscht,
- umbenannt,
- aus- bzw. eingeblendet werden können.

- Wechseln Sie zum Register *Datei*.
- Klicken Sie im linken Fensterbereich auf *Informationen*.

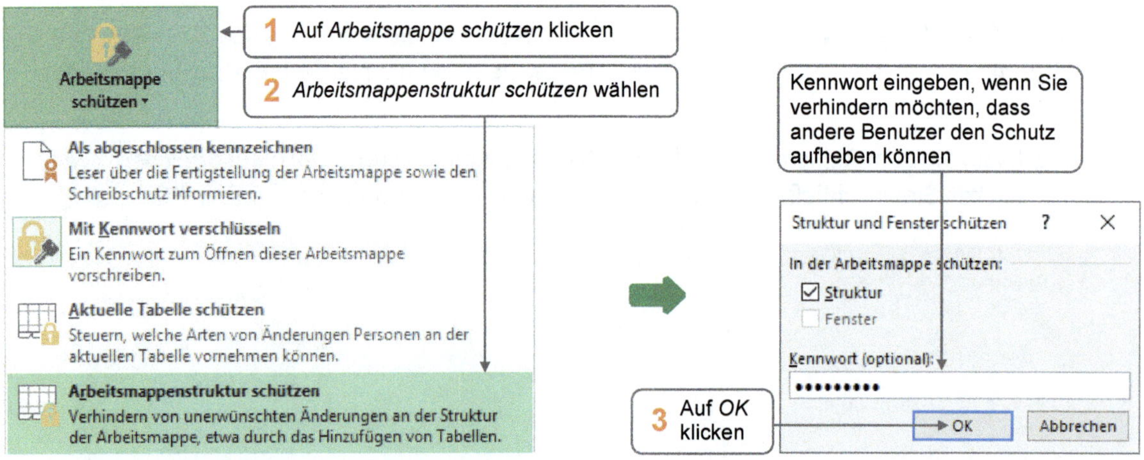


- Wenn Sie ein Kennwort vergeben haben, wiederholen Sie dieses im Feld des nun geöffneten Dialogfensters und bestätigen Sie mit *OK*.

Sie können die zuvor beschriebenen Schutzmaßnahmen wieder deaktivieren, indem Sie erneut auf die oben abgebildete Schaltfläche *Arbeitsmappe schützen* klicken und anschließend *Arbeitsmappenstruktur schützen* wählen. Wenn Sie ein Kennwort vergeben haben, müssen Sie dieses anschließend nochmals eingeben und mit *OK* bestätigen.

## 16.9 Arbeitsblätter und Zellen schützen

**Plus** **Beispieldatei:** *Blattschutz verwenden.xlsx*

### Basiswissen Blattschutz

Mit dem Blattschutz haben Sie die Möglichkeit, eine komplette Tabelle oder bestimmte Tabelleninhalte vor Änderungen zu schützen.

In der abgebildeten Tabelle sind etwa alle farbig hinterlegten Zellen durch Blattschutz vor Veränderungen geschützt. Entsprechend können Eingaben nur in den Zellen C3 und C5 erfolgen.

| | A | C | F | G | H | I |
|---|---|---|---|---|---|---|
| 1 | Monatliche Ratenzahlungen für verschiedene Laufzeiten | | | | | |
| 2 | | | | | | |
| 3 | Jahreszinssatz | 2,50% | Laufzeit in Jahren | Monatsrate | Gesamtkapital | Zinsen |
| 4 | Monatszins | 0,21% | 1 | 1.013,59 € | 12.163,12 € | 163,12 € |
| 5 | Darlehen | 12.000,00 € | 2 | 513,12 € | 12.314,99 € | 314,99 € |
| 6 | | | 3 | 346,34 € | 12.468,11 € | 468,11 € |
| 7 | | | 4 | 262,97 € | 12.622,48 € | 622,48 € |
| 8 | | | 5 | 212,97 € | 12.778,10 € | 778,10 € |
| 9 | | | 6 | 179,65 € | 12.934,96 € | 934,96 € |
| 10 | | | 7 | 155,87 € | 13.093,07 € | 1.093,07 € |
| 11 | | | 8 | 138,05 € | 13.252,43 € | 1.252,43 € |
| 12 | | | 9 | 124,19 € | 13.413,03 € | 1.413,03 € |
| 13 | | | 10 | 113,12 € | 13.574,87 € | 1.574,87 € |
| 14 | | | | | | |

## Festlegen, welche Zellen geändert werden dürfen

Sie können in einem geschützten Arbeitsblatt das Ändern einzelner Zellen bzw. Zellbereiche ermöglichen. Hierzu entfernen Sie **zunächst** bei den Zellen, die geändert werden dürfen, die standardmäßig zugewiesene Zellsperrung und aktivieren **anschließend** den Blattschutz.

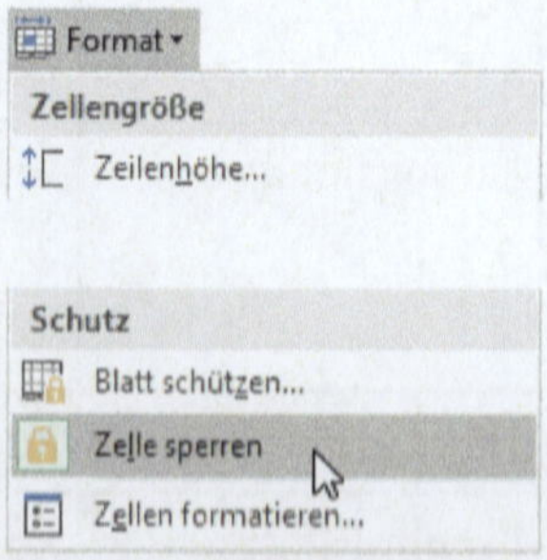


- Markieren Sie die Zelle bzw. den Zellbereich, der geändert werden darf.
- Um die Zellsperrung zu entfernen, klicken Sie im Register *Start*, Gruppe *Zellen*, auf *Format* und wählen Sie *Zelle sperren*.

  Das Schlosssymbol vor *Zelle sperren* wird nun ohne Rahmen angezeigt.

Sie können bei Bedarf festlegen, dass nach der Zuweisung des Blattschutzes die **Formel** der aktiven Zelle **nicht** in der Bearbeitungsleiste **angezeigt wird**. Markieren Sie hierzu die entsprechenden Zellen, klicken Sie im Register *Start*, Gruppe *Zellen*, auf *Format* und wählen Sie *Zellen formatieren*. Wechseln Sie im Dialogfenster *Zellen formatieren* zum Register *Schutz*, aktivieren Sie das Kontrollfeld *Ausgeblendet* und bestätigen Sie mit *OK*.

## Blattschutz aktivieren

- Klicken Sie im Register *Start,* Gruppe *Zellen,* auf *Format* und wählen Sie *Blatt schützen*.

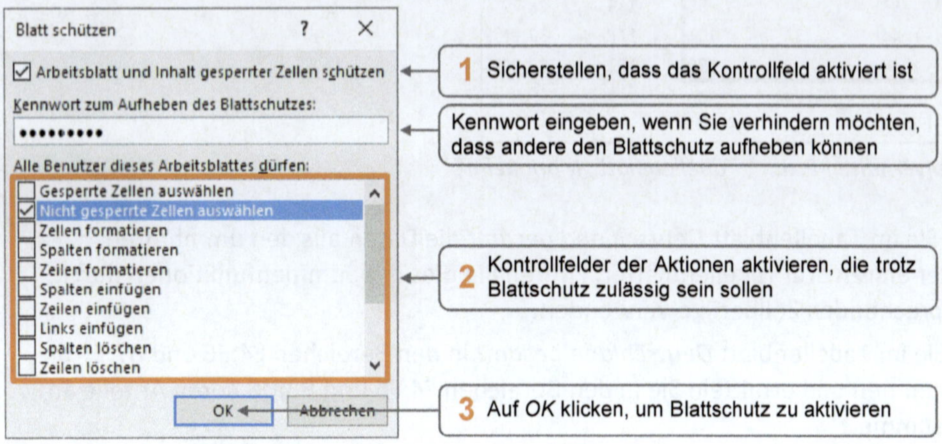


Sie können mit ⇥ schnell zur nächsten nicht gesperrten Zelle des aktuellen Tabellenblatts wechseln. Mit ⇧ ⇥ gelangen Sie zur vorherigen nicht gesperrten Zelle.

## Blattschutz aufheben

- Wechseln Sie zum geschützten Tabellenblatt.
- Klicken Sie im Register *Start,* Gruppe *Zellen,* auf *Format* und wählen Sie *Blattschutz aufheben*.
- Falls der Blattschutz mit einem Kennwort versehen wurde, geben Sie in einem zusätzlichen Dialogfenster das Kennwort ein und bestätigen Sie mit *OK*.

## 16.10 Übungen

### Übung 1: Spezifisches Kaufverhalten analysieren

| | | | |
|---|---|---|---|
| Level | | Zeit | ca. 15 min |
| Übungsinhalte | ✔ Tabellenblätter verschieben und gruppieren<br>✔ Berechnungen mit Formeln durchführen<br>✔ Summe über mehrere Tabellenblätter bilden | | |
| Übungsdatei | *Kaufverhalten.xlsx* | | |
| Ergebnisdatei | *Kaufverhalten-E.xlsx* | | |

1. Öffnen Sie die Übungsdatei *Kaufverhalten.xlsx*.
2. Bringen Sie die Tabellenblätter durch Verschieben in folgende Reihenfolge: *Köln, Frankfurt, Mannheim, Deutschland gesamt*.
3. Berechnen Sie in den dafür vorgesehenen Zellen der Tabellenblätter *Köln, Frankfurt* und *Mannheim* die jeweiligen Summen und deren Anteile an der Gesamtsumme. Führen Sie die Berechnungen im Gruppenmodus durch.

| | A | B | C | D | E | F |
|---|---|---|---|---|---|---|
| 1 | Kaufverhalten Mannheim | | | | | |
| 2 | | | | | | |
| 3 | | Produkt A | Produkt B | Produkt C | Summe | % v. Gesamt |
| 4 | Frauen | 33 | 44 | 56 | 133 | 28,79% |
| 5 | Männer | 44 | 33 | 100 | 177 | 38,31% |
| 6 | Kinder | 0 | 2 | 150 | 152 | 32,90% |
| 7 | Summe | 77 | 79 | 306 | 462 | |
| 8 | % v. Gesamt | 16,67% | 17,10% | 66,23% | | |

*Ergebnisdatei „Kaufverhalten-E.xlsx", Tabellenblatt „Mannheim"*

4. Summieren Sie im Tabellenblatt *Deutschland gesamt* die Daten aus den umrahmten Bereichen der ersten drei Tabellenblätter. Führen Sie dies mit Summenfunktionen durch, die die entsprechenden Zellbezüge verwenden.
5. Berechnen Sie im Tabellenblatt *Deutschland gesamt* in den Bereichen E4:E6 und B7:E7 die jeweiligen Summen und ermitteln Sie in den Bereichen F4:F6 und B8:D8 deren Anteile an der Gesamtsumme.

| | A | B | C | D | E | F |
|---|---|---|---|---|---|---|
| 1 | Kaufverhalten Deutschland gesamt | | | | | |
| 2 | | | | | | |
| 3 | | Produkt A | Produkt B | Produkt C | Summe | % v. Gesamt |
| 4 | Frauen | 66 | 121 | 132 | 319 | 22,98% |
| 5 | Männer | 177 | 110 | 250 | 537 | 38,69% |
| 6 | Kinder | 31 | 51 | 450 | 532 | 38,33% |
| 7 | Summe | 274 | 282 | 832 | 1388 | |
| 8 | % v. Gesamt | 19,74% | 20,32% | 59,94% | | |

*Ergebnisdatei „Kaufverhalten-E.xlsx", Tabellenblatt „Deutschland gesamt"*

6. Speichern Sie die Datei unter dem Namen *Kaufverhalten-E.xlsx*.

## Übung 2: Ein Kalkulationsblatt gegen Überschreiben sichern

| Level | | Zeit | ca. 10 min |
|---|---|---|---|
| Übungsinhalte | ✔ Zellen schützen<br>✔ Arbeitsmappen schützen | | |
| Übungsdatei | *Handelswaren.xlsx* | | |
| Ergebnisdatei | *Handelswaren-E.xlsx* | | |

Sie sind Mitarbeiter einer Handelsvertretung. Für die Kalkulation der Preise haben Sie mit Excel ein Kalkulationsblatt für Handelswaren erstellt. Diese Tabelle soll auch den anderen Mitarbeitern als Hilfsmittel dienen.

Um falsche Eingaben und versehentliches Löschen auszuschließen, schützen Sie die Tabelle.

1. Öffnen Sie die Übungsdatei *Handelswaren.xlsx*.
2. Hinterlegen Sie die Zellen, in denen Eingaben möglich sein sollen, mit einer Hintergrundfarbe (vgl. Abbildung).
3. Schützen Sie die Zellen, die nicht für die Eingabe von Werten vorgesehen sind, gegen unbeabsichtigtes Überschreiben.
   - ✔ Das Auswählen gesperrter sowie nicht ge sperrter Zellen soll weiterhin erlaubt sein.
   - ✔ Die Formeln sollen in der Bearbeitungsleiste **nicht** angezeigt werden.
   - ✔ Es soll beim Schützen der Zellen **kein Kennwort** verwendet werden.
4. Damit das Kalkulationsblatt nur von autorisierten Mitarbeitern geöffnet werden kann, vergeben Sie **für die Arbeitsmappe** das **Kennwort *Lira*** und speichern Sie die Datei unter dem Namen *Handelswaren-E.xlsx*.
5. Schließen Sie die Datei.
6. Öffnen Sie die Datei erneut und testen Sie die vorgenommenen Schutzvorkehrungen.

| | A | B | C |
|---|---|---|---|
| 1 | Kalkulationsblatt für Handelswaren | | |
| 2 | | | |
| 3 | Listenpreis | | 435,00 € |
| 4 | - Rabatt | 6% | 26,10 € |
| 5 | Zieleinkaufspreis | | 408,90 € |
| 6 | - Skonto | 2% | 8,18 € |
| 7 | Bareinkaufspreis | | 400,72 € |
| 8 | + Bezugskosten | | 14,50 € |
| 9 | Bezugspreis | | 415,22 € |
| 10 | + Geschäftskosten | 25% | 103,81 € |
| 11 | Selbstkosten | | 519,03 € |
| 12 | + Gewinn | 20% | 103,81 € |
| 13 | Barverkaufspreis | | 622,83 € |
| 14 | + Skonto | 3% | 19,67 € |
| 15 | + Provision | 2% | 13,11 € |
| 16 | Zielverkaufspreis | | 655,61 € |
| 17 | + Rabatt | 10% | 72,85 € |
| 18 | Nettoverkaufspreis | | 728,46 € |

*Ergebnisdatei „Handelswaren-E.xlsx"*

Plus **Zusätzliche Übungen:**

*Inventurergebnisse zusammenfassen.pdf*

*Tabellenblätter organisieren.pdf*

*Tabellenblätter schützen.pdf*

# 17

# Excel-Vorlagen/Arbeitsmappen verwalten

## 17.1 Excel-Vorlagen

**Plus** **Beispieldateien:** *Stundennachweis für Aushilfskräfte.xltx, Stundennachweis_Weis -Juni.xlsx*

Excel-Vorlagen dienen als **Basisarbeitsmappen**, auf deren Grundlage sich neue Arbeitsmappen erzeugen lassen. So können Sie etwa Arbeitsmappen, die häufig verwendete bzw. aufwendig erstellte Tabellenstrukturen enthalten, als Excel-Vorlagen speichern.

| | A | B | C | D | E |
|---|---|---|---|---|---|
| 1 | **Stundennachweis für Aushilfskräfte** | | | | |
| 2 | | | | | |
| 3 | | | | | |
| 4 | Name | | | Monat | |
| 5 | | | | Stunden | 0:00 |
| 6 | | | | | |
| 7 | Datum | Beginn | Ende | Pause | Arbeitszeit/Tag |
| 8 | 1. | | | | 0:00 |
| 9 | 2. | | | | 0:00 |
| 10 | 3. | | | | 0:00 |
| 11 | 4. | | | | 0:00 |

*Excel-Vorlage zur Arbeitszeiterfassung*

| | A | B | C | D | E |
|---|---|---|---|---|---|
| 1 | **Stundennachweis für Aushilfskräfte** | | | | |
| 2 | | | | | |
| 3 | | | | | |
| 4 | Name | Paula Weis | | Monat | Jun. 16 |
| 5 | | | | Stunden | 25:50 |
| 6 | | | | | |
| 7 | Datum | Beginn | Ende | Pause | Arbeitszeit/Tag |
| 8 | 1. | 7:35 | 16:20 | 0:45 | 8:00 |
| 9 | 2. | 8:00 | 17:00 | 0:45 | 8:15 |
| 10 | 3. | | | | 0:00 |
| 11 | 4. | 7:25 | 17:45 | 0:45 | 9:35 |

*Mit der Excel-Vorlage erstellte Tabelle*

Excel-Vorlagen können unter anderem folgende Bestandteile haben:

- Tabellenblätter mit vorbereiteten Daten, Formeln und Formatierungen
- Formatvorlagen
- Seitenlayouteinstellungen

Excel-Vorlagen werden als eigenständige Dateien gespeichert und besitzen die Dateinamenerweiterung *.xltx*.

### Eigene Excel-Vorlage erstellen

- Erzeugen Sie eine neue Arbeitsmappe, die als Excel-Vorlage dienen soll.
  *oder* Öffnen Sie eine vorhandene Arbeitsmappe, die Sie als Excel-Vorlage nutzen möchten.
- Nehmen Sie alle gewünschten Einstellungen und Eingaben vor (z. B. Beschriftungen, Formeln, Formatvorlagen, Seitenlayouteinstellungen etc.).
- Löschen Sie die Inhalte der Zellen, die mit neuen Eingaben gefüllt werden sollen.

- Wechseln Sie zum Register *Datei*.

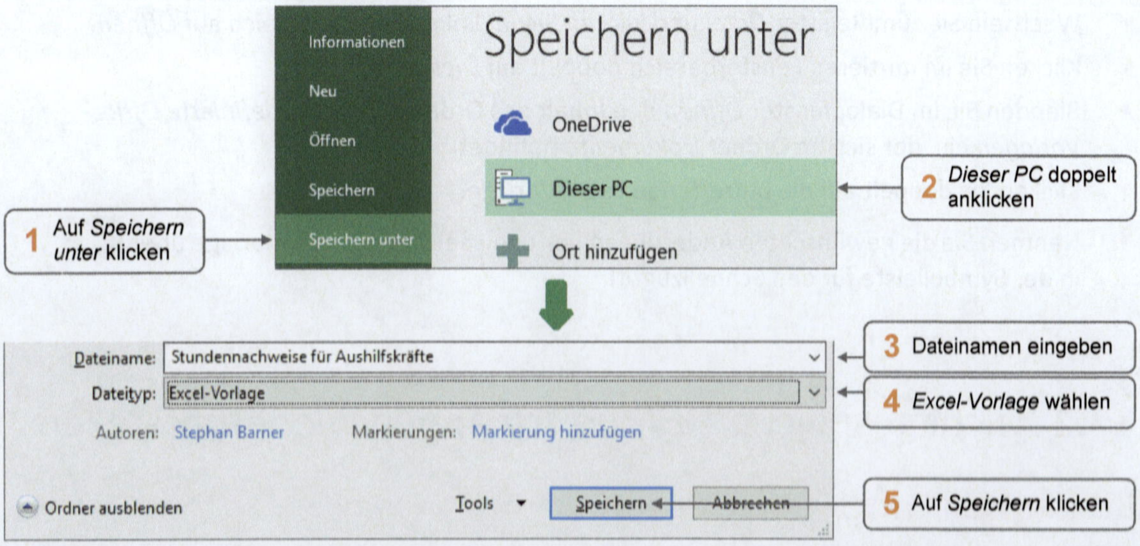


Beim Dateityp *Excel-Vorlage* wird automatisch der Ordner *Benutzerdefinierte Office-Vorlagen*, ein Unterordner des Ordners *Dokumente*, als Speicherort eingestellt.

## Neue Arbeitsmappe mit einer Excel-Vorlage erstellen

- Klicken Sie auf das Register *Datei* und wählen Sie im linken Fensterbereich *Neu*.

  Eine Liste mit den empfohlenen Excel-Vorlagen wird eingeblendet. Die Liste enthält sowohl Vorlagen, die bei der Installation von Excel auf der Festplatte gespeichert wurden, als auch Onlinevorlagen, die Sie von der Microsoft-Webseite herunterladen können.

Um eine **Excel-Vorlage von Microsoft** zu **öffnen**, gehen Sie folgendermaßen vor:

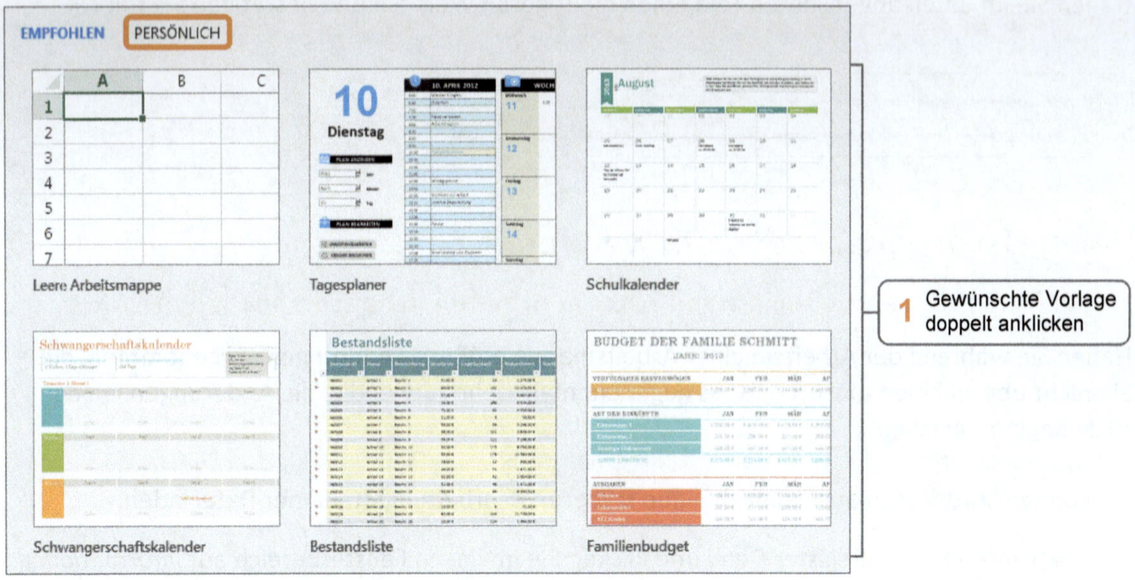


So können Sie **selbst erstellte Excel-Vorlagen öffnen**:

- Klicken Sie auf *PERSÖNLICH* und wählen Sie in der nun angezeigten Liste eine Vorlage.

### Selbst erstellte Excel-Vorlagen ändern

- Wechseln Sie zum Register *Datei* und klicken Sie im linken Fensterbereich auf *Öffnen*.
- Klicken Sie im mittleren Fensterbereich doppelt auf *Dieser PC*.
- Blenden Sie im Dialogfenster *Öffnen* den Inhalt des Ordners *Benutzerdefinierte Office-Vorlagen* ein, der sich im Ordner *Dokumente* befindet.
- Klicken Sie doppelt auf die betreffende Excel-Vorlage.
- Nehmen Sie die gewünschten Änderungen vor und speichern Sie die Vorlage über in der Symbolleiste für den Schnellzugriff.

## 17.2 Nicht gespeicherte Arbeitsmappen wiederherstellen

### Basiswissen Entwurfsversionen

Excel speichert automatisch alle 10 Minuten für jede geöffnete Arbeitsmappe eine sogenannte **Entwurfsversion**. Wenn Sie eine Arbeitsmappe schließen, ohne sie zuvor zu speichern, steht die **zuletzt** angelegte Entwurfsversion der Datei **vier Tage** lang auf Ihrem Rechner zur Verfügung.

- Sie können **während** der Arbeit an einer Arbeitsmappe jederzeit **eine** der bei der Bearbeitung der Datei entstandenen Entwurfsversionen laden, z. B. um den aktuellen Inhalt der Datei durch den älteren Bearbeitungsstand der Entwurfsversion zu ersetzen.
- Wenn Sie versehentlich eine Arbeitsmappe ohne Speichern **geschlossen** haben, können Sie die **zuletzt** erstellte Entwurfsversion der Datei öffnen und diese anschließend speichern.

Das Zeitintervall, nach dem Excel automatisch eine Entwurfsversion speichert, lässt sich bei Bedarf verkürzen. Wechseln Sie hierzu zum Register *Datei* und klicken Sie im linken Fensterbereich auf *Optionen*. Aktivieren Sie im geöffneten Dialogfenster die Kategorie *Speichern*, tragen Sie im unten abgebildeten Feld einen niedrigeren Wert ein und bestätigen Sie mit *OK*.

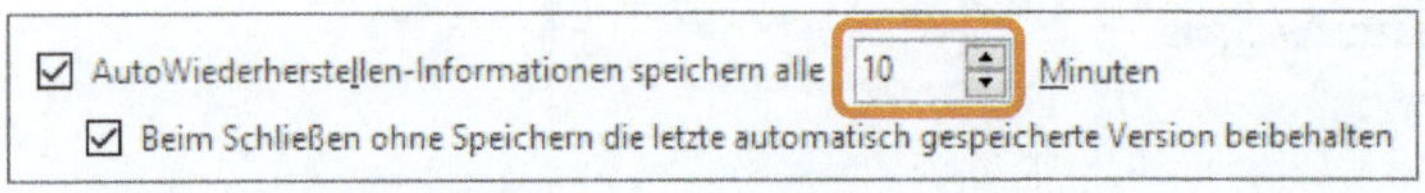


### Entwurfsversionen laden und verwenden

#### Fall 1: Früheren Bearbeitungsstand einer geöffneten Arbeitsmappe laden

Haben Sie während der Arbeit an einer Arbeitsmappe größere Änderungen vorgenommen, die Sie nicht übernehmen möchten, ist es gegebenenfalls sehr aufwendig, die Änderungen wieder rückgängig zu machen.

Sie können stattdessen auch einfach einen früheren Bearbeitungsstand der Datei laden:

- Aktivieren Sie das Register *Datei* und klicken Sie im linken Fensterbereich auf *Informationen*.

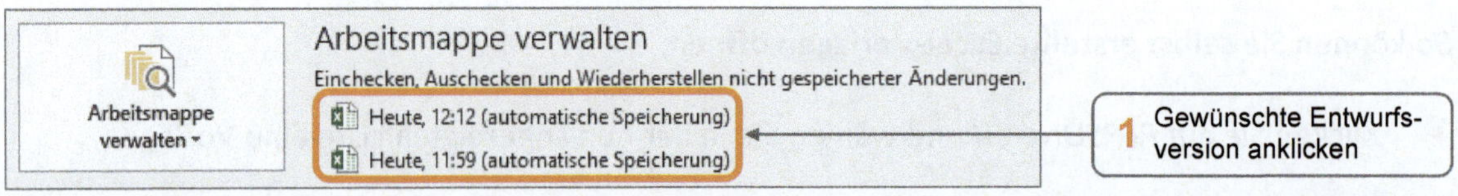

Die entsprechende Entwurfsversion wird geladen und über der Bearbeitungsleiste wird die Dokumentationsleiste eingeblendet.

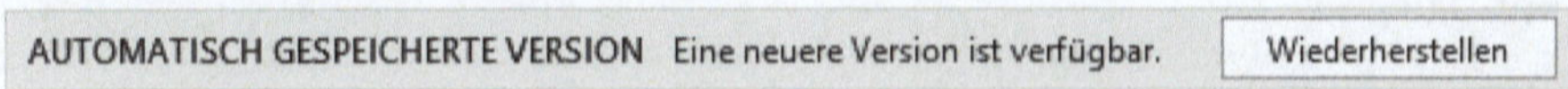


- Möchten Sie den aktuellen Inhalt der Arbeitsmappe durch den Inhalt der Entwurfsversion ersetzen, klicken Sie auf *Wiederherstellen* und bestätigen Sie die Rückfrage mit *OK*.

**!** Das Ersetzen des Dateiinhalts durch einen älteren Bearbeitungsstand lässt sich nicht rückgängig machen.

### Fall 2: Letzte Entwurfsversion einer neu erstellten Arbeitsmappe wiederherstellen

Wenn Sie in eine neu erstellte Arbeitsmappe Daten eingegeben haben und die Datei ohne Speichern schließen, können Sie die zuletzt erstellte Entwurfsversion wiederherstellen.

- Aktivieren Sie das Register *Datei* und klicken Sie im linken Fensterbereich auf *Informationen*.

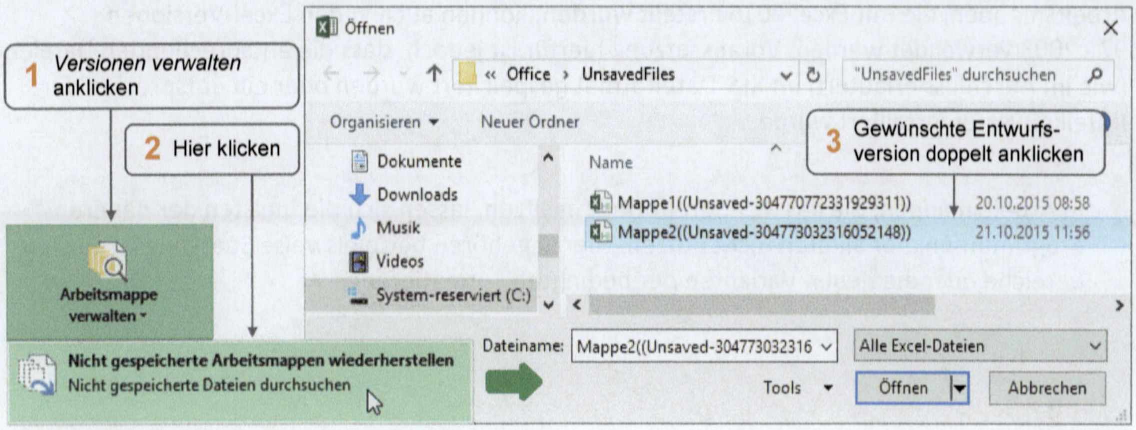


Excel öffnet die entsprechende Arbeitsmappe und blendet über der Bearbeitungsleiste die Dokumentationsleiste ein.

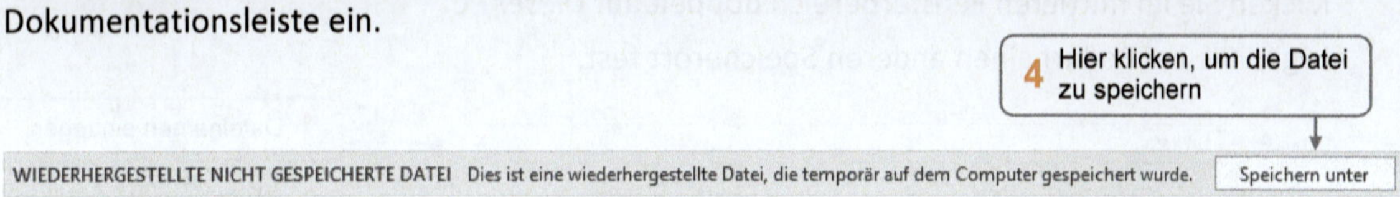


### Fall 3: Letzte Entwurfsversion einer geänderten Arbeitsmappe wiederherstellen

Haben Sie eine vorhandene Arbeitsmappe bearbeitet und diese versehentlich geschlossen, ohne die Änderungen zu speichern, können Sie die letzte Entwurfsversion der Datei wiederherstellen.

- Öffnen Sie die Arbeitsmappe, die Sie geschlossen haben, ohne die dort vorgenommenen Änderungen zu speichern.
- Aktivieren Sie das Register *Datei* und klicken Sie im linken Fensterbereich auf *Informationen*.

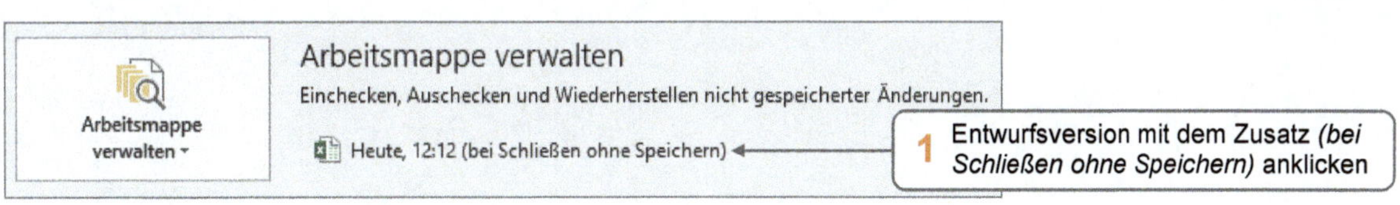

- Um den Inhalt der Original-Arbeitsmappe durch den Inhalt der Entwurfsversion zu ersetzen, klicken Sie in der eingeblendeten Dokumentationsleiste auf *Wiederherstellen* und bestätigen Sie die Rückfrage mit *OK*.

Das Ersetzen des Dateiinhalts durch den Inhalt der Entwurfsversion lässt sich nicht rückgängig machen.

## 17.3 Arbeitsmappen in verschiedenen Excel-Versionen nutzen

### Excel-2016-Arbeitsmappen in den Excel-Versionen 97 - 2003 nutzen

Arbeitsmappen, die mit Excel 2016 erstellt wurden, können auch in den Excel-Versionen 97 - 2003 verwendet werden. Voraussetzung hierfür ist jedoch, dass die entsprechenden Dateien (wie im Anschluss erläutert) im XLS-Dateiformat gespeichert wurden oder ein entsprechender Dateikonverter installiert wurde.

In Arbeitsmappen, die das XLS-Dateiformat besitzen, lassen sich die meisten der neueren Programmfunktionalitäten **nicht** nutzen. Hierzu gehören beispielsweise Sparklines, Tabellenbereiche oder die neuen Varianten der bedingten Formatierung.

### Arbeitsmappen für die Verwendung in Excel 97–2003 speichern

- Wechseln Sie zum Register *Datei* und wählen Sie im linken Fensterbereich *Speichern unter*.
- Klicken Sie im mittleren Fensterbereich doppelt auf *Dieser PC*.
- Legen Sie bei Bedarf einen anderen Speicherort fest.

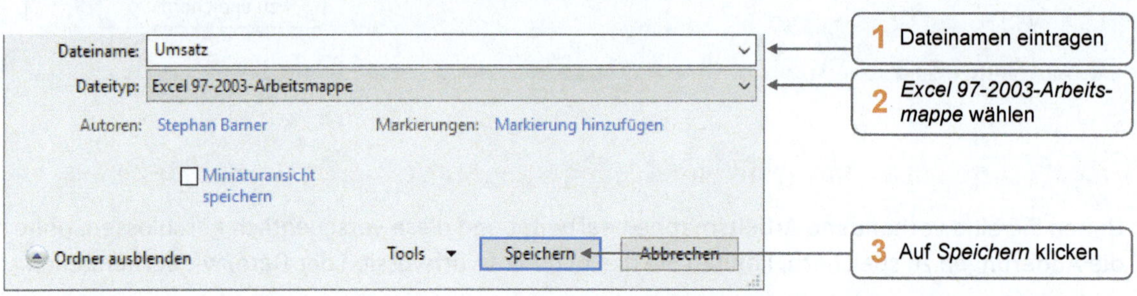


Excel führt automatisch eine sogenannte **Kompatibilitätsprüfung** durch. Falls in der Arbeitsmappe Elemente enthalten sind, die in früheren Excel-Versionen nicht genutzt werden können, werden diese in einem Dialogfenster aufgelistet.

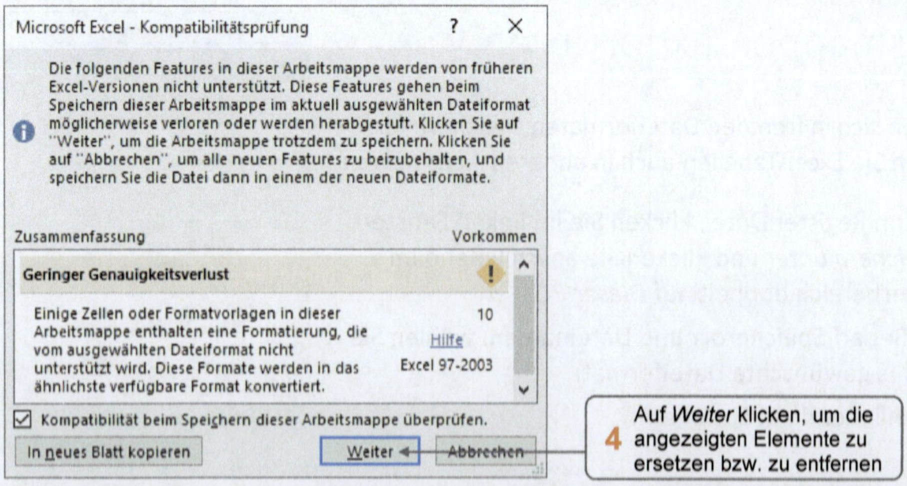


Die umgewandelte Arbeitsmappe wird angezeigt. Die ursprüngliche Arbeitsmappe im Excel-2016-Format bleibt unverändert erhalten, wird beim Speichervorgang jedoch automatisch geschlossen.

Sie können die Kompatibilitätsprüfung auch starten, ohne die betreffende Arbeitsmappe in einem älteren Dateiformat zu speichern. Aktivieren Sie hierzu das Register *Datei* und klicken Sie im linken Fensterbereich auf *Informationen*. Klicken Sie auf die neben abgebildete Schaltfläche und wählen Sie *Kompatibilität prüfen*.

## Arbeitsmappen älterer Excel-Versionen in Excel 2016 nutzen

Wenn Sie eine Arbeitsmappe in Excel 2016 laden, die in den Versionen 97 - 2003 erstellt wurde, wird die betreffende Datei im sogenannten **Kompatibilitätsmodus** geöffnet. Sie erkennen dies am Zusatz *[Kompatibilitätsmodus]*, der in der Titelleiste hinter dem Dateinamen angezeigt wird. In diesem Modus lassen sich viele der neueren Excel-Funktionen nicht nutzen.

Um die Arbeitsmappe in das neue Excel-2016-Format zu konvertieren, verfahren Sie so:

- Aktivieren Sie das Register *Datei* und klicken Sie im linken Fensterbereich auf *Informationen*.
- Klicken Sie in der Backstage-Ansicht auf die abgebildete Schaltfläche.

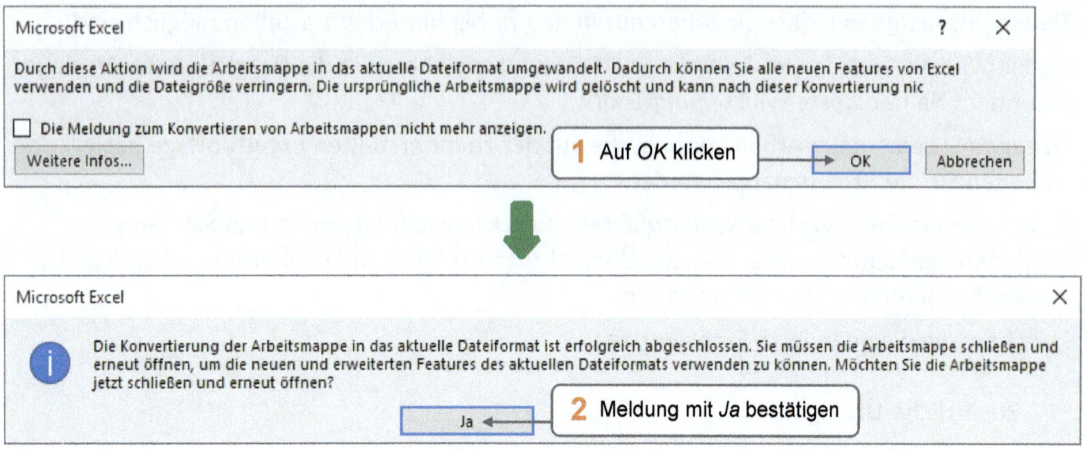

## 17.4 Arbeitsmappen exportieren

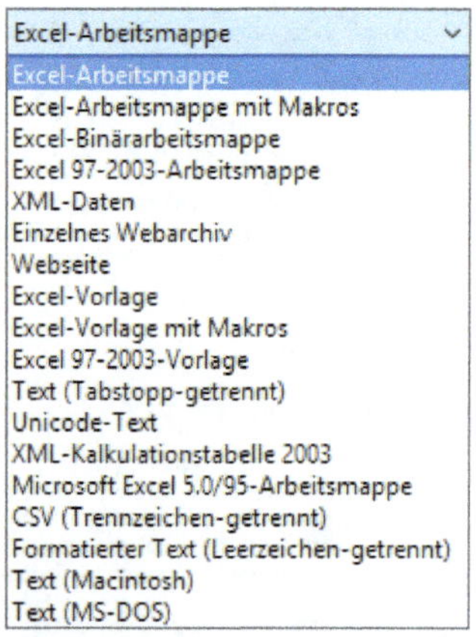


Arbeitsmappen lassen sich in fremden Dateiformaten speichern (exportieren). So können Sie Excel-Tabellen auch in anderen Apps nutzen.

- Wechseln Sie zum Register *Datei*, klicken Sie im linken Fensterbereich auf *Speichern unter* und klicken Sie anschließend im mittleren Fensterbereich doppelt auf *Dieser PC*.
- Ändern Sie bei Bedarf Speicherort und Dateinamen, wählen Sie über *Dateityp* das gewünschte Dateiformat.
- Klicken Sie abschließend auf *Speichern*.

! Beachten Sie, dass beim Speichern einer Arbeitsmappe als Textdatei (z. B. als *Text* oder *CSV*) der Inhalt des aktuellen Tabellenblatts unformatiert exportiert wird. Sämtliche Objekte (z. B. Diagramme) werden nicht in die neue Textdatei übernommen.

Plus+ **Ergänzende Lerninhalte:** *Arbeitsmappen im Browser bearbeiten.pdf*

Wie Sie mit **Excel Online** Arbeitsmappen auf Geräten bearbeiten können, auf denen kein Excel installiert ist, erfahren Sie im oben angegebenen BuchPlus-Dokument.

## 17.5 Übung

### Excel-Vorlage für eine Kalkulation erstellen

| | | | |
|---|---|---|---|
| Level | | Zeit | ca. 10 min |
| Übungsinhalte | ✔ Excel-Vorlage erstellen, verwenden und ändern | | |
| Übungsdatei | *Kostenaufstellung.xlsx* | | |
| Ergebnisdatei | *Kostenaufstellung-E.xltx* | | |

1. Öffnen Sie die Übungsdatei *Kostenaufstellung.xlsx*. In der dortigen Tabelle wurde mittels Blattschutz festgelegt, dass Eingaben nur in den farbig hinterlegten Zellen möglich sind.
2. Löschen Sie die Einträge im Zellbereich D4:D6 und speichern Sie die Datei **als Excel-Vorlage** unter dem Namen *Kostenaufstellung-E.xltx.*
3. Erzeugen Sie eine neue Arbeitsmappe, die auf der zuvor erstellten Excel-Vorlage basiert und schließen Sie die Arbeitsmappe wieder.
4. Ändern Sie die Excel-Vorlage *Kostenaufstellung-E.xltx* wie folgt: Entfernen Sie den vorhandenen Blattschutz. Ändern Sie die Überschrift in Zelle A1 in *Kalkulation* und aktivieren Sie anschließend den Blattschutz wieder.
5. Speichern Sie die geänderte Excel-Vorlage.

Plus+ **Zusätzliche Übungen:**

*Formular für Urlaubsantrag erstellen.pdf*

*Vorlage für Notenübersicht erstellen.pdf*

 

# 18 Daten sortieren und filtern

## 18.1 Tabellen sortieren

Plus **Beispieldatei:** *Tabellen sortieren.xlsx*

### Verschiedene Sortierreihenfolgen nutzen

Sie können Tabellen nach den Zellinhalten einer oder mehrerer Spalten sortieren:

- Texteinträge alphabetisch von A bis Z oder von Z bis A,
- Zahlen in der Größe aufsteigend oder absteigend,
- Datumsangaben chronologisch aufsteigend oder absteigend.

**Einsatzplan**

| Name | Vorname | Station | Dienst |
|---|---|---|---|
| Pfaff | Karl | 2 | Spät |
| Binsen | Helena | 2 | Früh |
| Maurer | Hanna | 1 | Früh |
| Gründel | Georg | 1 | Nacht |
| Weber | Bettina | 3 | Nacht |
| Heinicke | Michaela | 5 | Früh |
| Muscheid | Eberhard | 4 | Spät |
| Klein | Petra | 2 | Nacht |
| Mößner | Gerhard | 3 | Früh |
| Seeler | Klara | 1 | Spät |
| Hark | Lisa | 4 | Nacht |
| Wessing | Ute | 4 | Früh |
| Braun | Thomas | 3 | Spät |
| Thomann | Berta | 5 | Spät |
| Kuntz | Eva | 5 | Nacht |

Unsortierte Tabelle

**Einsatzplan**

| Name | Vorname | Station | Dienst |
|---|---|---|---|
| Binsen | Helena | 2 | Früh |
| Braun | Thomas | 3 | Spät |
| Gründel | Georg | 1 | Nacht |
| Hark | Lisa | 4 | Nacht |
| Heinicke | Michaela | 5 | Früh |
| Klein | Petra | 2 | Nacht |
| Kuntz | Eva | 5 | Nacht |
| Maurer | Hanna | 1 | Früh |
| Mößner | Gerhard | 3 | Früh |
| Muscheid | Eberhard | 4 | Spät |
| Pfaff | Karl | 2 | Spät |
| Seeler | Klara | 1 | Spät |
| Thomann | Berta | 5 | Spät |
| Weber | Bettina | 3 | Nacht |
| Wessing | Ute | 4 | Früh |

Sortierung nach Name

**Einsatzplan**

| Name | Vorname | Station | Dienst |
|---|---|---|---|
| Maurer | Hanna | 1 | Früh |
| Gründel | Georg | 1 | Nacht |
| Seeler | Klara | 1 | Spät |
| Binsen | Helena | 2 | Früh |
| Klein | Petra | 2 | Nacht |
| Pfaff | Karl | 2 | Spät |
| Mößner | Gerhard | 3 | Früh |
| Weber | Bettina | 3 | Nacht |
| Braun | Thomas | 3 | Spät |
| Wessing | Ute | 4 | Früh |
| Hark | Lisa | 4 | Nacht |
| Muscheid | Eberhard | 4 | Spät |
| Heinicke | Michaela | 5 | Früh |
| Kuntz | Eva | 5 | Nacht |
| Thomann | Berta | 5 | Spät |

Sortierung nach Station (innerhalb der Station nach Dienst)

„Gute Praxis" beim Erstellen von Listen: Achten Sie darauf, dass innerhalb der Liste **keine leeren Zeilen bzw. Spalten** enthalten sind und dass die **an die Liste grenzenden Zellen leer sind**. So stellen Sie sicher, dass die Sortier- bzw. Filterfunktion in Excel fehlerfrei arbeitet.

## Tabellen nach den Zellinhalten einer Spalte sortieren

Standardmäßig wird die erste Zeile einer Tabelle nicht mit sortiert, da sich hier in aller Regel die Spaltenüberschriften befinden.

- Aktivieren Sie in der Tabelle eine beliebige Zelle der Spalte, nach der Sie sortieren möchten.

  Möchten Sie beispielsweise den zuvor abgebildeten Einsatzplan nach den Nachnamen der Mitarbeiter sortieren, markieren Sie eine Zelle im Bereich A3:A18.
- Klicken Sie im Register *Daten,* Gruppe *Sortieren und Filtern*, auf , um die Tabelle aufsteigend, bzw. auf , um sie absteigend zu sortieren.

Direkt im Anschluss lässt sich das Sortieren über  in der Symbolleiste wieder rückgängig machen.

Mit einem kleinen „Trick“ lässt sich die ursprüngliche Datenreihenfolge auch später noch wiederherstellen: Fügen Sie in Ihre Tabelle **vor** der Sortierung eine zusätzliche Spalte ein, in die Sie fortlaufende Zahlen eingeben. Sie können nun jederzeit die Tabelle aufsteigend nach dieser zusätzlichen Spalte sortieren – und so den Ursprungszustand der Tabelle wiederherstellen.

| | A | B | C | D | E |
|---|---|---|---|---|---|
| 1 | | **Einsatzplan** | | | |
| 2 | | | | | |
| 3 | | *Name* | *Vorname* | *Station* | *Dienst* |
| 4 | 1 | Pfaff | Karl | 2 | Spät |
| 5 | 2 | Binsen | Helena | 2 | Früh |
| 6 | 3 | Maurer | Hanna | 1 | Früh |
| 7 | 4 | Gründel | Georg | 1 | Nacht |
| 8 | 5 | Weber | Bettina | 3 | Nacht |

## Tabellen sortieren, die von Excel-Standardtabellen abweichen

Wenn eine Tabelle leere Zeilen bzw. Spalten besitzt oder die an die Tabelle grenzenden Zellen nicht leer sind, kann es beim Sortieren zu unerwünschten Ergebnissen kommen. Es ist deshalb wichtig, in diesem Fall die zu sortierenden Daten **vor** dem Sortieren zu markieren.

1 Zu sortierenden Bereich markieren - inklusive der Spaltenüberschriften

2 Innerhalb des markierte Bereichs mit [Tab] eine beliebige Zelle in der Spalte aktivieren, nach der sortiert werden soll

| | A | B | C | D |
|---|---|---|---|---|
| 1 | **Einsatzplan** | | | |
| 2 | August | | | |
| 3 | *Name* | *Vorname* | *Station* | *Dienst* |
| 4 | Pfaff | Karl | 2 | Spät |
| 5 | Binsen | Helena | 2 | Früh |
| 6 | Maurer | Hanna | 1 | Früh |
| 7 | Gründel | Georg | 1 | Nacht |
| 8 | Weber | Bettina | 3 | Nacht |
| 9 | Heinicke | Michaela | 5 | Früh |
| 10 | Muscheid | Eberhard | 4 | Spät |
| 11 | Klein | Petra | 2 | Nacht |
| 12 | Mößner | Gerhard | 3 | Früh |
| 13 | Seeler | Klara | 1 | Spät |
| 14 | Hark | Lisa | 4 | Nacht |
| 15 | Wessing | Ute | 4 | Früh |
| 16 | Braun | Thomas | 3 | Spät |
| 17 | Thomann | Berta | 5 | Spät |
| 18 | Kuntz | Eva | 5 | Nacht |

- Führen Sie wie zuvor erläutert eine aufsteigende bzw. absteigende Sortierung durch.

 

## Tabellen nach den Zellinhalten mehrerer Spalten sortieren

Um Tabellen nach den Zellinhalten mehrerer Spalten zu sortieren, definieren Sie für die betreffenden Spalten sogenannte Sortierebenen.

Die einzelnen Sortierebenen besitzen dabei abnehmende Priorität. Nur bei Übereinstimmung innerhalb der ersten Sortierebene (im Beispiel die Spalte *Station*) wird auch nach der in der zweiten Ebene (im Beispiel die Spalte *Dienst*) festgelegten Spalte sortiert usw.

| | A | B | C | D |
|---|---|---|---|---|
| 1 | **Einsatzplan** | | | |
| 2 | | | | |
| 3 | ***Name*** | ***Vorname*** | ***Station*** | ***Dienst*** |
| 4 | Maurer | Hanna | 1 | Früh |
| 5 | Gründel | Georg | 1 | Nacht |
| 6 | Seeler | Klara | 1 | Spät |
| 7 | Binsen | Helena | 2 | Früh |
| 8 | Klein | Petra | 2 | Nacht |
| 9 | Pfaff | Karl | 2 | Spät |
| 10 | Mößner | Gerhard | 3 | Früh |
| 11 | Weber | Bettina | 3 | Nacht |
| 12 | Braun | Thomas | 3 | Spät |
| 13 | Wessing | Ute | 4 | Früh |
| 14 | Hark | Lisa | 4 | Nacht |

*Sortierung nach Station und Dienst*

- Aktivieren Sie eine beliebige Zelle der Tabelle.
- Klicken Sie im Register *Daten*, Gruppe *Sortieren und Filtern*, auf *Sortieren*.

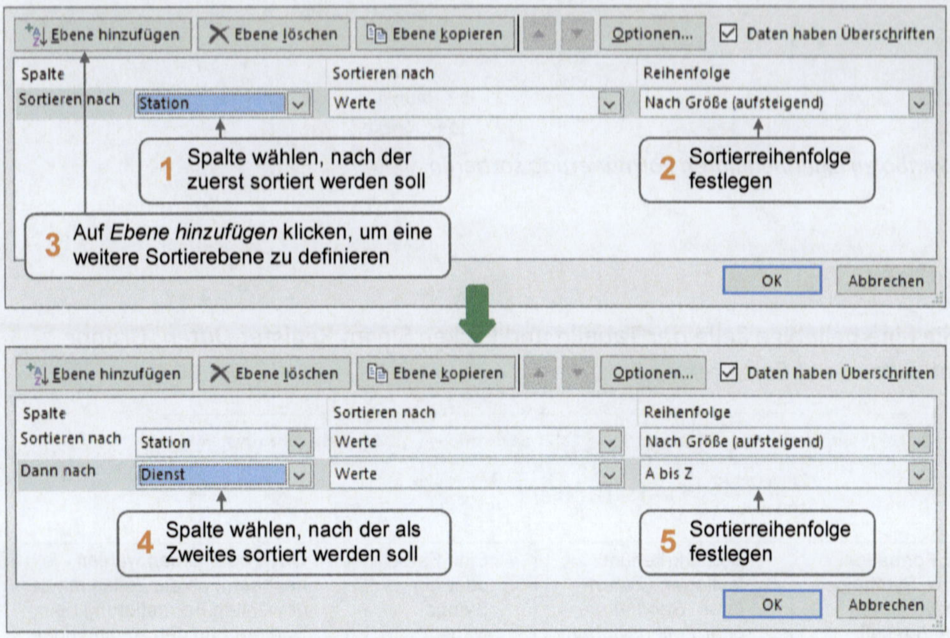


- Fügen Sie bei Bedarf über *Ebene hinzufügen* weitere Ebenen hinzu und wählen Sie auch für diese Ebenen die jeweilige Spalte und Sortierreihenfolge.
- Starten Sie den Sortiervorgang mit *OK*.

## 18.2 Tabellen nach Formatierungen sortieren

Plus **Beispieldatei:** *Nach Formatierungen bzw. Symbolen sortieren.xlsx*

Tabellen lassen sich nicht nur nach Zellinhalten sortieren. Sie können sie zusätzlich nach folgenden in der Tabelle vorhandenen Zellformatierungen sortieren:

- nach Schrift- bzw. Füllfarben,
- nach den Symbolen einer bedingten Formatierung.

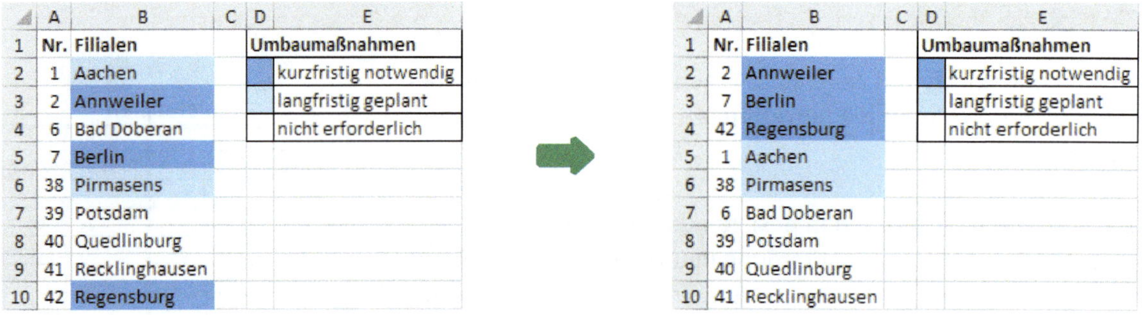


*Tabelle nach Füllfarben sortieren*

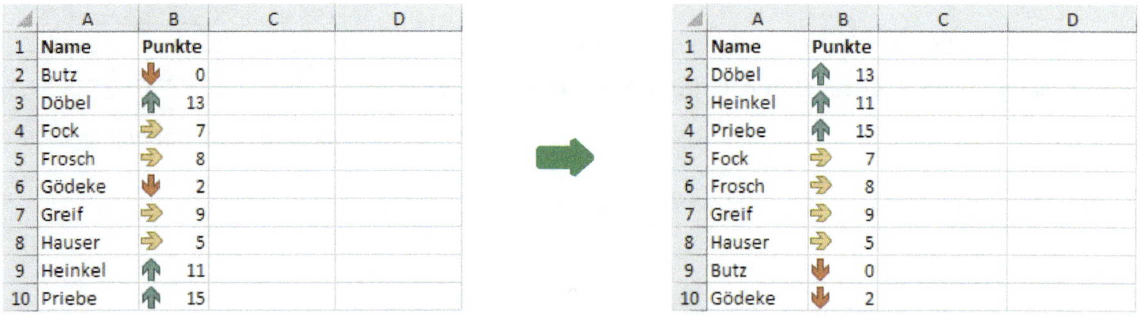


*Tabelle nach den Symbolen einer bedingten Formatierung sortieren*

## Tabellen nach Formatierungen sortieren

- Aktivieren Sie eine beliebige Zelle der Tabelle und klicken Sie im Register *Daten*, Gruppe *Sortieren und Filtern*, auf *Sortieren*.

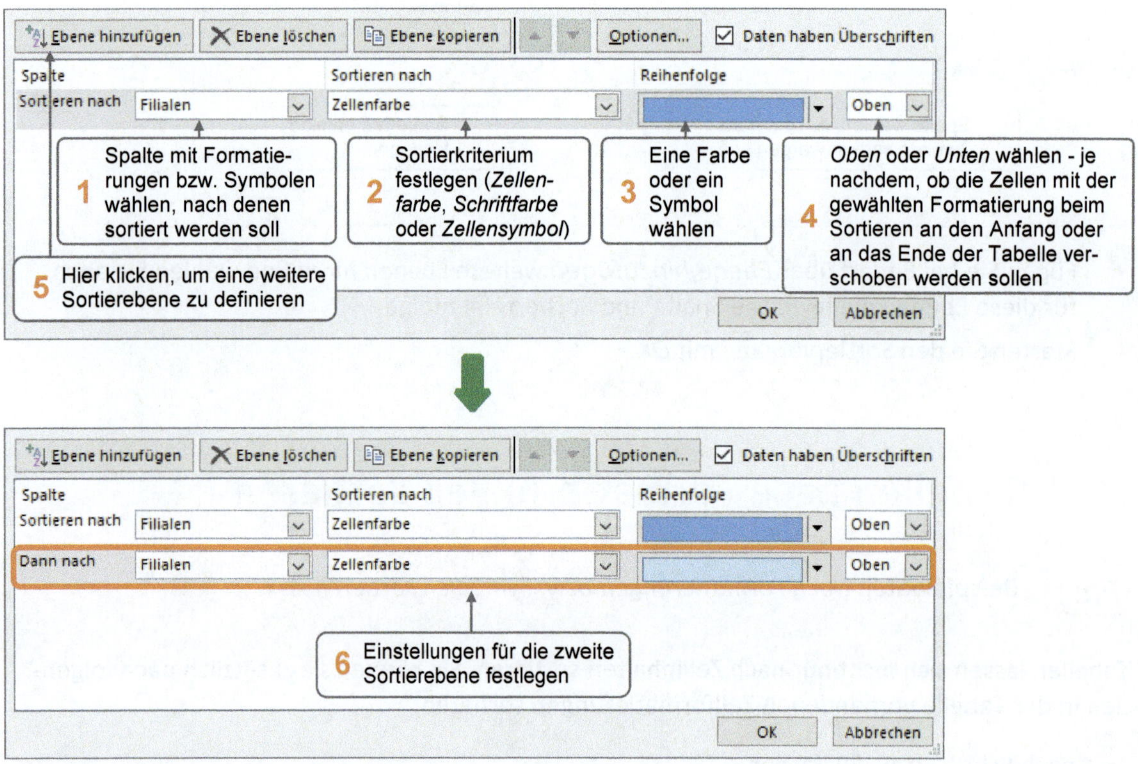


- Definieren Sie gegebenenfalls wie zuvor erläutert weitere Sortierebenen.
- Bestätigen Sie mit *OK*, um die Sortierung auszuführen.

## 18.3 Basiswissen AutoFilter

**Plus** **Beispieldatei:** *Tabellen filtern.xlsx*

### Was bedeutet filtern?

Beim Filtern werden nur diejenigen Daten eines zusammenhängenden Tabellenbereichs – also eines Zellbereichs **ohne** Leerzeilen oder -spalten – angezeigt, die bestimmte Bedingungen (**Suchkriterien**) erfüllen. Alle anderen Daten werden ausgeblendet.

Sie können die Filterfunktion etwa nutzen, um wie im abgebildeten Beispiel in einer Tabelle nur die Daten der Mitarbeiter anzuzeigen, deren Gehälter über 2.500 € liegen.

| | A | B | C | D |
|---|---|---|---|---|
| 1 | NAME | VORNAME | ABT | GEHALT |
| 2 | Atzenger | Dietrich | LA | 1.636,13 € |
| 3 | Binsen | Hans | BH | 2.474,65 € |
| 4 | Braatz | Matthias | EK | 2.980,83 € |
| 5 | Braun | Thomas | EK | 2.096,30 € |
| 6 | Gründel | Georg | VK | 1.661,92 € |
| 7 | Hansen | Gregor | LA | 1.677,04 € |

*Ungefilterte Mitarbeitertabelle (Ausschnitt)*

| | A | B | C | D |
|---|---|---|---|---|
| 1 | NAME | VORNAME | ABT | GEHALT |
| 4 | Braatz | Matthias | EK | 2.980,83 € |
| 8 | Hark | Stefan | BH | 3.170,01 € |
| 15 | Mößner | Gerhard | EK | 2.965,49 € |
| 23 | Traunert | Stefan | BH | 2.515,56 € |
| 27 | | | | |
| 28 | | | | |

*Gefilterte Mitarbeitertabelle*

### Wie Sie den AutoFilter einsetzen können

Excel bietet für jede Tabellenspalte einen AutoFilter, mit dem Sie die Daten der betreffenden Tabelle schnell filtern können.

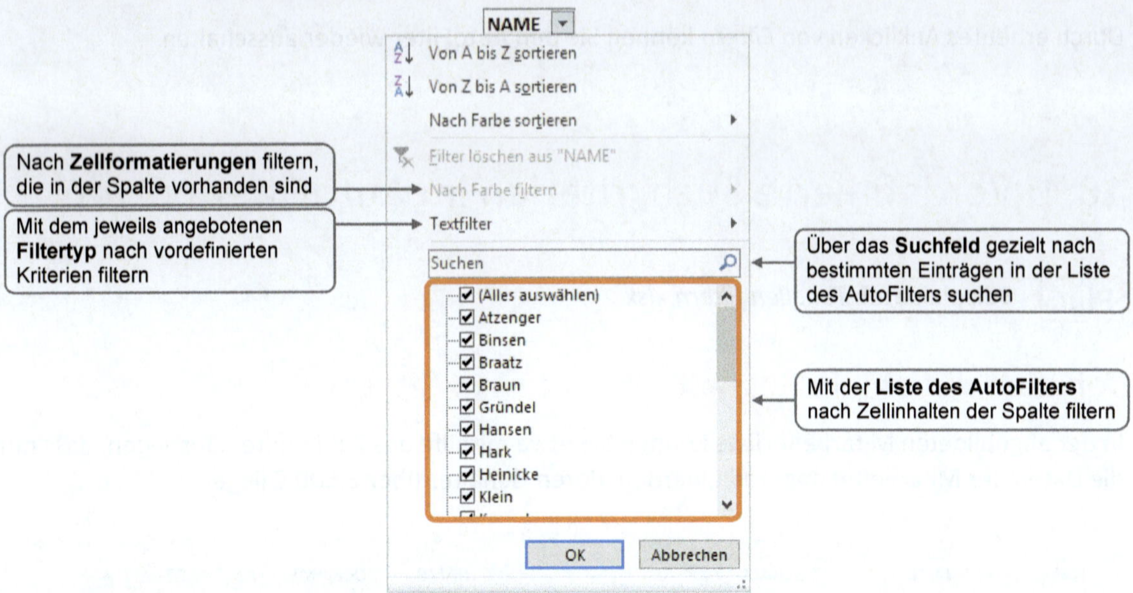


Abhängig davon, welche Einträge in der jeweiligen Spalte überwiegen (Zahlen, Text oder Datumsangaben), lassen sich im AutoFilter folgende **Filtertypen** nutzen:

- Textfilter
- Zahlenfilter
- Datumsfilter

Bei jedem dieser Filtertypen stehen Ihnen spezielle auf das entsprechende Zellformat abgestimmte Suchkriterien zur Verfügung.

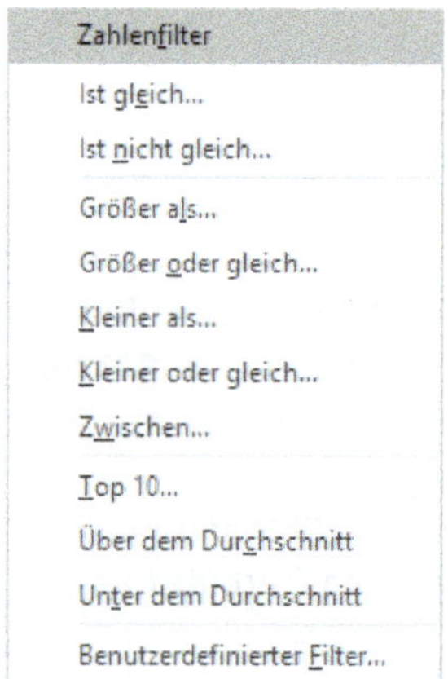


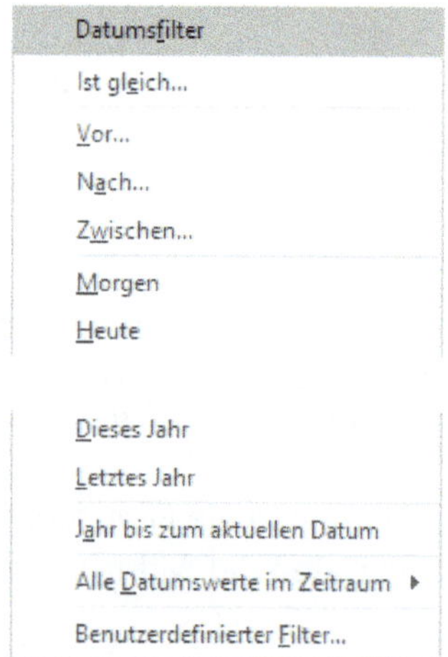


## AutoFilter einschalten

- Aktivieren Sie eine beliebige Zelle des zusammenhängenden Zellbereichs, dessen Daten Sie filtern möchten.
- Klicken Sie im Register *Daten*, Gruppe *Sortieren und Filtern*, auf *Filtern*.

Die Spaltenüberschriften des Bereichs werden automatisch zu Feldern, über die Sie die Komponenten des AutoFilters nutzen können.

| | A | B | C | D |
|---|---|---|---|---|
| 1 | NAME | VORNAME | ABT | GEHALT |
| 2 | Atzenger | Dietrich | LA | 1.636,13 € |

Durch erneutes Anklicken von *Filtern* können Sie den AutoFilter wieder ausschalten.

# 18.4 Vordefinierte Suchkriterien im AutoFilter nutzen

**Plus** **Beispieldatei:** *Tabellen filtern.xlsx*

## Tabellen mit einem bestimmten Filtertyp filtern

In der abgebildeten Mitarbeiterliste können Sie etwa mithilfe des Zahlenfilters festlegen, dass nur die Daten der Mitarbeiter angezeigt werden, deren Gehälter über 2.500 € liegen.

| | A | B | C | D | E |
|---|---|---|---|---|---|
| 1 | NAME | VORNAME | ABT | GEHALT | |
| 2 | Atzenger | Dietrich | LA | 1.636,13 € | |
| 3 | Binsen | Hans | BH | 2.474,65 € | |
| 4 | Braatz | Matthias | EK | 2.980,83 € | |
| 5 | Braun | Thomas | EK | 2.096,30 € | |
| 6 | Gründel | Georg | VK | 1.661,92 € | |
| 7 | Hansen | Gregor | LA | 1.677,04 € | |
| 8 | Hark | Stefan | BH | 3.170,01 € | |
| 9 | Heinicke | Michael | DV | 1.820,20 € | |
| 10 | Klein | Peter | AV | 2.172,99 € | |

| | A | B | C | D | E |
|---|---|---|---|---|---|
| 1 | NAME | VORNAME | ABT | GEHALT | |
| 4 | Braatz | Matthias | EK | 2.980,83 € | |
| 8 | Hark | Stefan | BH | 3.170,01 € | |
| 15 | Mößner | Gerhard | EK | 2.965,49 € | |
| 23 | Traunert | Stefan | BH | 2.515,56 € | |
| 27 | | | | | |
| 28 | | | | | |
| 29 | | | | | |
| 30 | | | | | |
| 31 | | | | | |

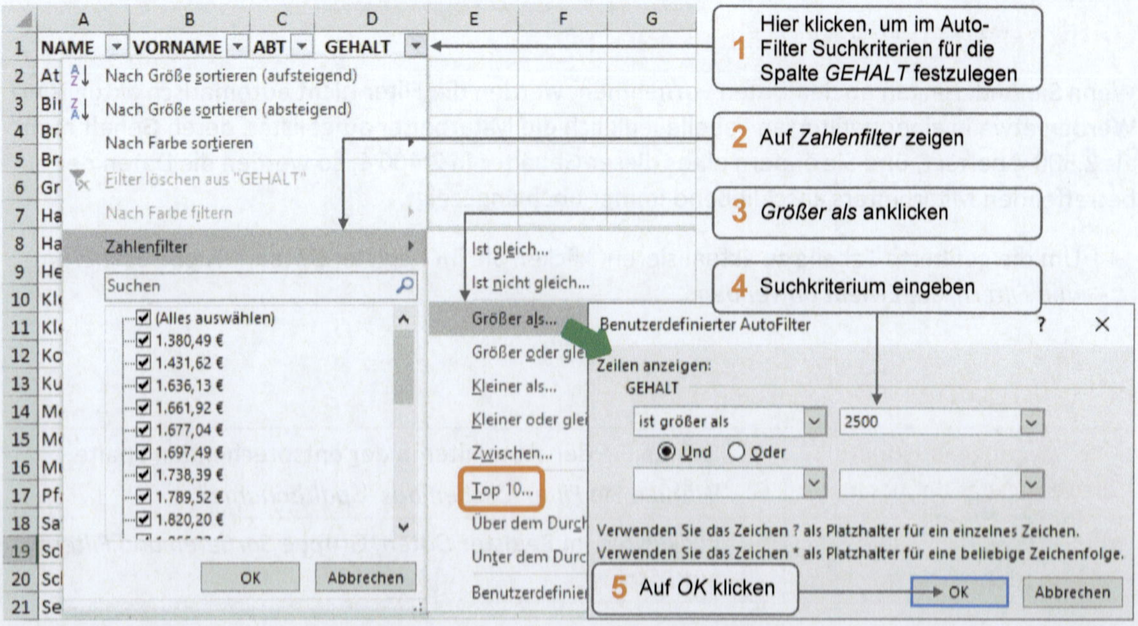


Sie erkennen an der blauen Darstellung der Zeilennummern, dass eine Tabelle gefiltert angezeigt wird. In den Überschriften der gefilterten Spalten wird durch ersetzt.

Mithilfe des Filters *Top 10* können Sie festlegen, dass nur eine bestimmte Anzahl der höchsten bzw. niedrigsten Werte einer Spalte angezeigt wird.

Im oben abgebildeten Dialogfenster lassen sich für **eine Spalte** auch **zwei** (mit einer Bedingung verknüpfte) **Suchkriterien** festlegen.

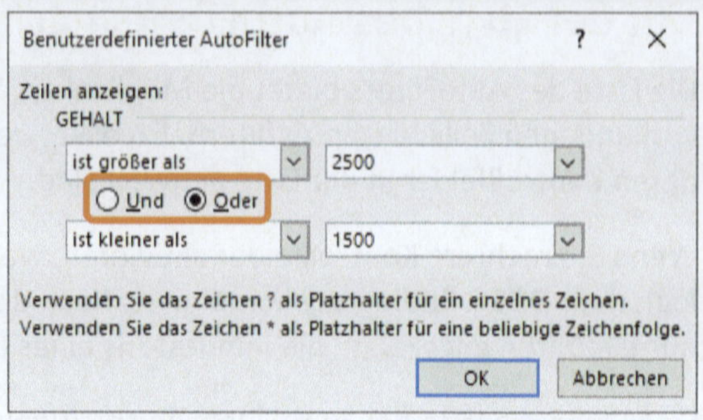


Bei aktiviertem Optionsfeld

- ***Und*** müssen beide Kriterien erfüllt sein
- ***Oder*** muss mindestens eines der beiden Kriterien zutreffen.

Mit den abgebildeten Einstellungen werden beispielsweise nur die Daten der Mitarbeiter angezeigt, deren Gehalt größer als 2.500 € **oder** kleiner als 1.500 € ist.

## Mehrere Spalten gleichzeitig filtern

Bei eingeschaltetem AutoFilter lassen sich auch gleichzeitig Filter für verschiedene Spalten festlegen.

Dabei werden die Suchkriterien der Spalten mit einer logischen **UND-Bedingung** kombiniert. Das bedeutet, dass nur noch die Daten der Tabelle angezeigt werden, die **sämtliche** der festgelegten **Suchkriterien erfüllen**.

### Gefilterte Tabelle aktualisieren

Wenn Sie Änderungen an den Daten vornehmen, werden die Filter **nicht** automatisch aktualisiert. Werden etwa in einer gefilterten Tabelle lediglich die Mitarbeiter aufgelistet, deren Gehalt mehr als 2.500 € beträgt, und Sie ändern eines dieser Gehälter in 2.400 €, so werden die Daten des betreffenden Mitarbeiters anschließend immer noch angezeigt.

- Um die gefilterte Tabelle zu aktualisieren, klicken Sie im Register *Daten*, Gruppe *Sortieren und Filtern*, auf *Erneut anwenden*.

### Filtervorgänge rückgängig machen

| | |
|---|---|
| Filtervorgänge **in einer Spalte** rückgängig machen | ▶ Öffnen Sie den AutoFilter in der entsprechenden Spalte.<br>▶ Wählen Sie *Filter löschen aus "Spaltenname"*. |
| **Alle** Filtervorgänge in der Tabelle rückgängig machen | ▶ Klicken Sie im Register *Daten*, Gruppe *Sortieren und Filtern*, auf *Löschen*. |

## 18.5 Liste des AutoFilters nutzen

**Plus** **Beispieldatei:** *Liste des AutoFilters verwenden.xlsx*

### Mit der Liste des AutoFilters nach bestimmten Zellinhalten filtern

Die Liste des AutoFilters bietet die Möglichkeit, Tabellen schnell nach bestimmten in der Spalte vorhandenen Zellinhalten zu filtern. Excel verwendet dabei die Zellinhalte als Suchkriterien, deren Kontrollfelder in der Liste aktiviert sind.

Wenn Sie mehrere Kontrollfelder aktivieren, werden die entsprechenden Suchkriterien mit einer logischen **ODER-Bedingung** kombiniert. Nach dem Filtervorgang werden deshalb in der Tabelle nur die Daten angezeigt, die mindestens eines der festgelegten Suchkriterien erfüllen.

Sie nutzen die Liste des AutoFilters beispielsweise, um in der Mitarbeitertabelle alle Mitarbeiter aufzulisten, die aus der Abteilung *AV* oder aus der Abteilung *DV* stammen:

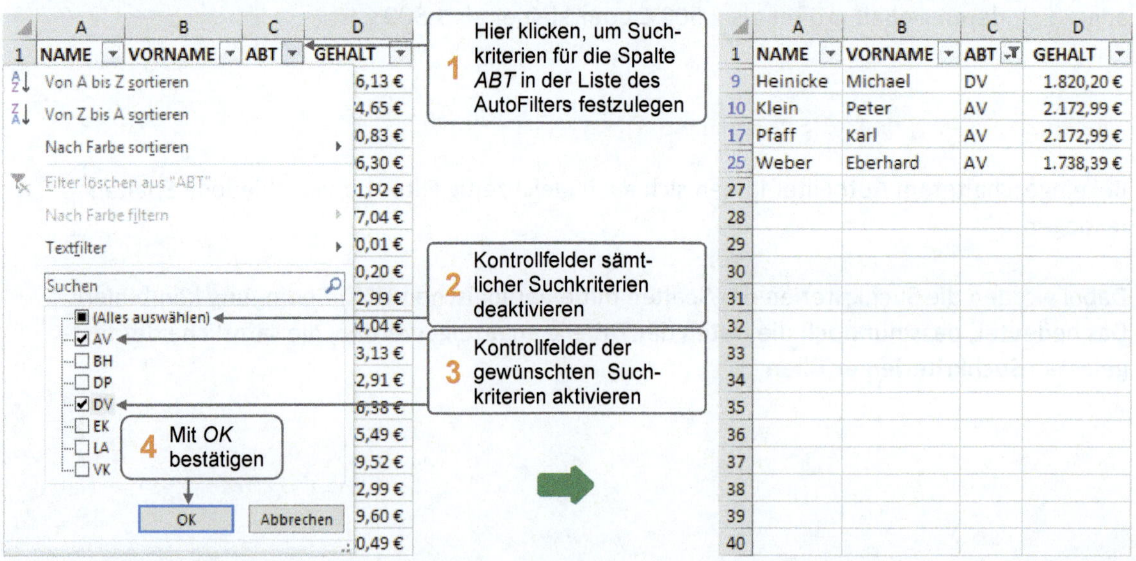


 

Sofern die Spalte auch leere Zellen enthält, steht am Ende der Liste der Eintrag *(Leere)* zur Verfügung. Über diesen Eintrag können Sie nach leeren Zellen (bei aktiviertem Kontrollfeld) oder nicht leeren Zellen (bei deaktiviertem Kontrollfeld) filtern.

## Suchfeld des AutoFilters nutzen

Gerade bei sehr großen Tabellen kann es schwierig sein, in der Liste des AutoFilters die gewünschten Einträge zu finden. Nutzen Sie in diesem Fall das AutoFilter-Suchfeld, um die betreffenden Einträge in der Liste anzuzeigen.

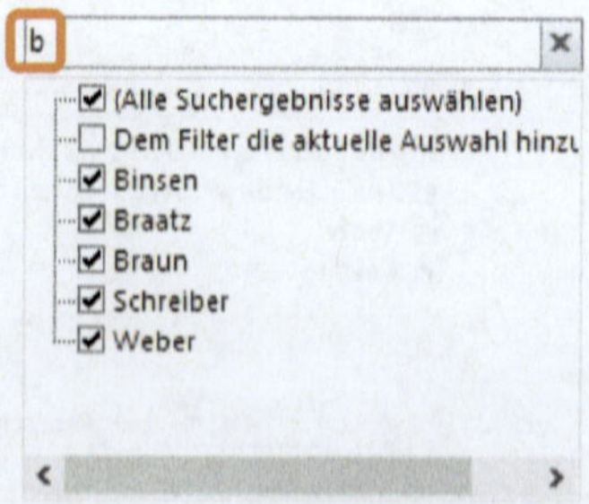


Wenn Sie im Suchfeld beispielsweise den Buchstaben *b* eingeben, werden in der Liste des AutoFilters alle Einträge angezeigt, die an einer **beliebigen** Stelle ein „b" enthalten.

### Platzhalter * im Suchfeld verwenden

Sie können bei Bedarf auch über das Suchfeld festlegen, dass im Feld des AutoFilters nur die Einträge angezeigt werden, die mit einer **bestimmten** Zeichenfolge **beginnen**. Hierzu nutzen Sie den **Platzhalter ***.

Möchten Sie etwa in der Beispiel-Mitarbeitertabelle nur die Daten der Mitarbeiter anzeigen, deren Nachnamen mit dem Buchstaben b beginnen, gehen Sie folgendermaßen vor:

| | A | B | C | D |
|---|---|---|---|---|
| 1 | NAME | VORNAME | ABT | GEHALT |
| 3 | Binsen | Hans | BH | 2.474,65 € |
| 4 | Braatz | Matthias | EK | 2.980,83 € |
| 5 | Braun | Thomas | EK | 2.096,30 € |
| 27 | | | | |

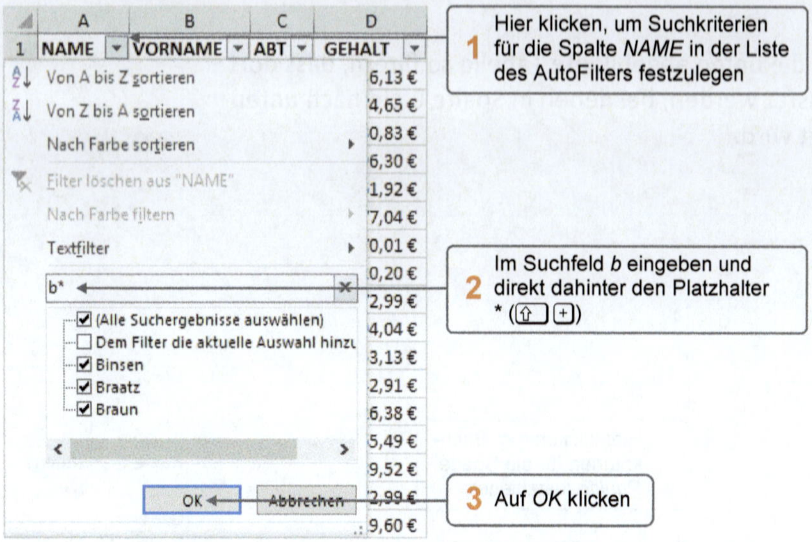


### Mehrere verschiedenartige Einträge im Feld des AutoFilters anzeigen

Sie haben die Daten in der Beispiel-Mitarbeitertabelle wie zuvor erläutert gefiltert. Nun sollen in der Tabelle **zusätzlich** die Daten der Mitarbeiter angezeigt werden, deren Nachnamen mit dem Buchstaben w beginnen.

| | A | B | C | D |
|---|---|---|---|---|
| 1 | NAME | VORNAME | ABT | GEHALT |
| 3 | Binsen | Hans | BH | 2.474,65 € |
| 4 | Braatz | Matthias | EK | 2.980,83 € |
| 5 | Braun | Thomas | EK | 2.096,30 € |
| 25 | Weber | Eberhard | AV | 1.738,39 € |
| 26 | Wessing | Holger | DP | 1.866,22 € |
| 27 | | | | |

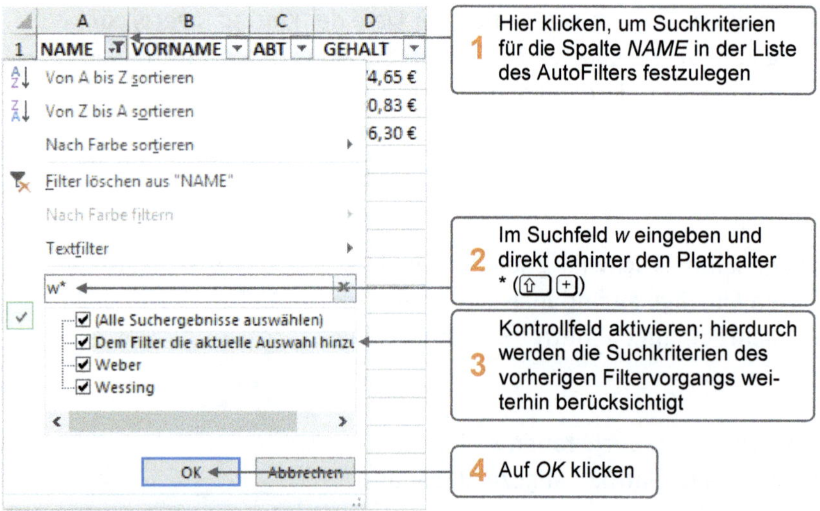


## 18.6 Nach Formatierungen filtern

**Plus** **Beispieldatei:** *Nach Formatierungen filtern.xlsx*

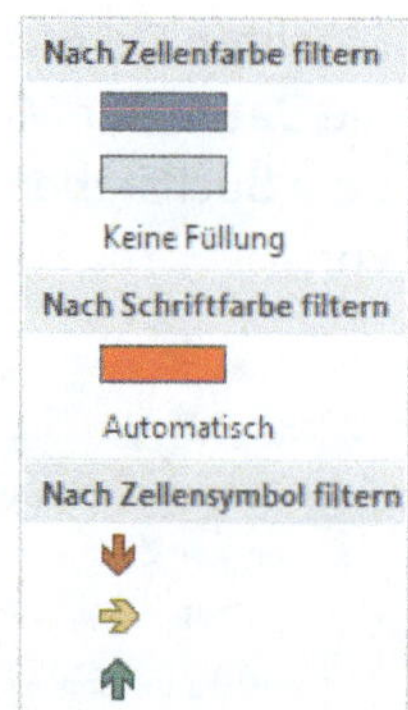


Tabellen lassen sich über den AutoFilter-Eintrag *Nach Farbe filtern* auch nach folgenden in der jeweiligen Spalte vorhandenen Zellformatierungen filtern:

- nach Füll- bzw. Schriftfarben,
- nach Symbolen (z. B. ⬇, ➡ oder ⬆), die durch eine bedingte Formatierung eingefügt wurden.

Sie möchten beispielsweise die unten abgebildete Tabelle so filtern, dass dort nur noch die Namen aufgelistet werden, bei denen in Spalte B ein nach unten gerichteter Pfeil ⬇ angezeigt wird.

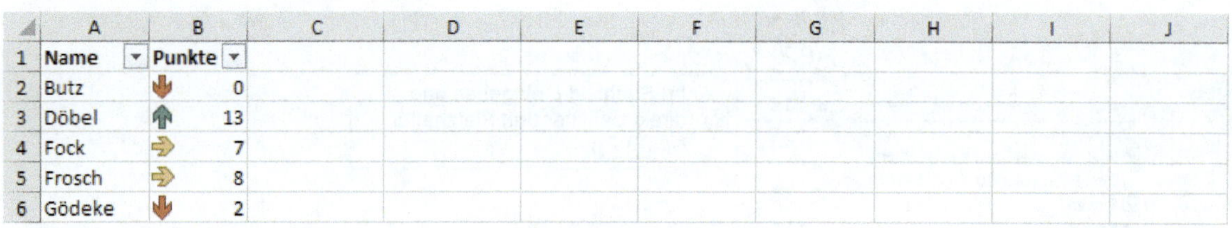


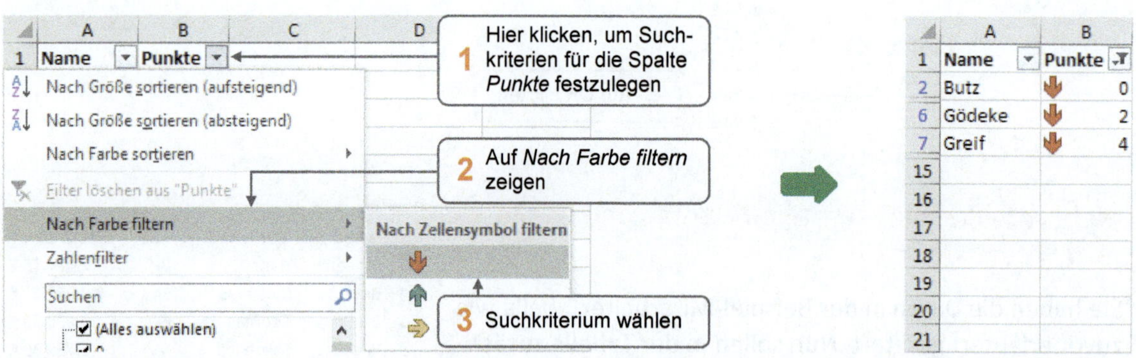

# 18.7 Übung

## Warenbestände sortieren und filtern

| Level | | Zeit | ca. 10 min |
|---|---|---|---|
| Übungsinhalte | ✔ Tabellen sortieren und mit dem AutoFilter filtern | | |
| Übungsdatei | *Waren.xlsx* | | |
| Ergebnisdatei | *Waren-E.xlsx* | | |

1. Öffnen Sie die Übungsdatei *Waren.xlsx* und sortieren Sie in einem Arbeitsschritt die Liste im Tabellenblatt *Warenbestand* aufsteigend nach Warengruppe, Warenart und Artikel.
2. Ermitteln Sie im Tabellenblatt *AutoFilter 1* mit dem AutoFilter alle Datensätze der Warenarten *Fisch* oder *Wurst*.
3. Zeigen Sie im Tabellenblatt *AutoFilter 2* mit dem AutoFilter alle Artikel der Warengruppen *Frischkost* und *Kühlwaren* an, bei denen der Wert der vorrätigen Ware 200 € übersteigt.
4. Zeigen Sie im Tabellenblatt *AutoFilter 3* mit dem AutoFilter die Artikel mit den fünf höchsten Werten (vorrätige Ware) an.
5. Speichern Sie die Datei unter dem Namen *Waren-E.xlsx*.
6. Blenden Sie im Tabellenblatt *AutoFilter 2* in einem Arbeitsschritt wieder alle Artikel ein.
7. Schließen Sie die Datei, ohne sie erneut zu speichern.

| | A | B | C | D |
|---|---|---|---|---|
| 1 | **Warengruppe** | **Warenart** | **Artikel** | **Vorrat** |
| 2 | Kühlwaren | Wurst | Salami | 280,00 € |
| 5 | Kühlwaren | Fisch | Kabeljau | 125,00 € |
| 8 | Konserven | Fisch | Schollen | 114,00 € |
| 24 | Konserven | Fisch | Heringe | 148,00 € |
| 32 | Kühlwaren | Fisch | Backfisch | 110,00 € |
| 40 | Kühlwaren | Wurst | Schinken | 135,00 € |
| 41 | | | | |

*Ergebnisdatei „Waren-E.xlsx", Tabelle „AutoFilter 1"*

| | A | B | C | D |
|---|---|---|---|---|
| 1 | **Warengruppe** | **Warenart** | **Artikel** | **Vorrat** |
| 2 | Kühlwaren | Wurst | Salami | 280,00 € |
| 3 | Kühlwaren | Milchprodukte | Vollmilch | 354,00 € |
| 4 | Frischkost | Obst | Äpfel | 400,00 € |
| 12 | Frischkost | Obst | Birnen | 363,00 € |
| 28 | Kühlwaren | Teigwaren | Pommes Frites | 232,00 € |
| 38 | Kühlwaren | Milchprodukte | Käse (NL) | 744,00 € |
| 39 | Frischkost | Obst | Bananen | 564,00 € |

*Ergebnisdatei „Waren-E.xlsx", Tabelle „AutoFilter 2"*

| | A | B | C | D |
|---|---|---|---|---|
| 1 | **Warengruppe** | **Warenart** | **Artikel** | **Vorrat** |
| 16 | Konserven | Tiernahrung | Vogelfutter | 524,00 € |
| 20 | Getränke | Alkoholfreie | Wasser | 798,00 € |
| 35 | Getränke | Alkoholische | Bier | 836,00 € |
| 38 | Kühlwaren | Milchprodukte | Käse (NL) | 744,00 € |
| 39 | Frischkost | Obst | Bananen | 564,00 € |

*Ergebnisdatei „Waren-E.xlsx", Tabellen „AutoFilter 3"*

Plus+ **Zusätzliche Übungen:**

*Bestellliste filtern.pdf*

*Hitliste sortieren.pdf*

*Veranstalterliste filtern.pdf*

# 19 Tabellenbereiche

## 19.1 Basiswissen Tabellenbereiche

Plus **Beispieldatei:** *Tabellenbereiche.xlsx*

Sie können Listen – also zusammenhängende Zellbereiche, in denen keine leeren Zeilen/Spalten vorhanden sind – mit wenigen Arbeitsschritten in sogenannte Tabellenbereiche umwandeln.

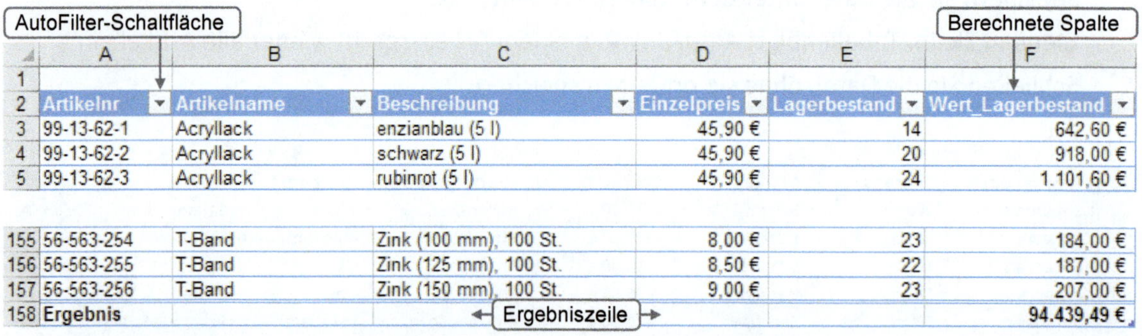


| | A | B | C | D | E | F |
|---|---|---|---|---|---|---|
| 1 | | | | | | |
| 2 | Artikelnr | Artikelname | Beschreibung | Einzelpreis | Lagerbestand | Wert_Lagerbestand |
| 3 | 99-13-62-1 | Acryllack | enzianblau (5 l) | 45,90 € | 14 | 642,60 € |
| 4 | 99-13-62-2 | Acryllack | schwarz (5 l) | 45,90 € | 20 | 918,00 € |
| 5 | 99-13-62-3 | Acryllack | rubinrot (5 l) | 45,90 € | 24 | 1.101,60 € |
| 155 | 56-563-254 | T-Band | Zink (100 mm), 100 St. | 8,00 € | 23 | 184,00 € |
| 156 | 56-563-255 | T-Band | Zink (125 mm), 100 St. | 8,50 € | 22 | 187,00 € |
| 157 | 56-563-256 | T-Band | Zink (150 mm), 100 St. | 9,00 € | 23 | 207,00 € |
| 158 | **Ergebnis** | | | | | **94.439,49 €** |

- In Tabellenbereichen lassen sich Daten schnell filtern. Sie können hierzu den standardmäßig aktivierten AutoFilter nutzen oder spezielle Filterformulare, sogenannte Datenschnitte.
- Tabellenbereiche werden automatisch mit Tabellenformatvorlagen formatiert.
- Sie können die Daten eines Tabellenbereichs in einer separaten Ergebniszeile bzw. in berechneten Spalten auswerten.
- Beim Scrollen werden die Spaltenbezeichnungen des Tabellenblatts (A, B, C ...) durch die jeweiligen Spaltenüberschriften des Tabellenbereichs ersetzt. So bleiben die Tabellenüberschriften dauerhaft eingeblendet (fixiert).

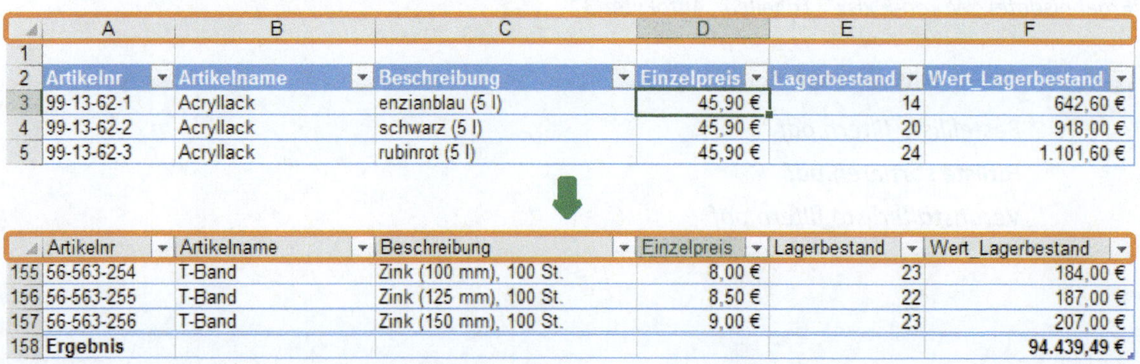

| | A | B | C | D | E | F |
|---|---|---|---|---|---|---|
| 1 | | | | | | |
| 2 | Artikelnr | Artikelname | Beschreibung | Einzelpreis | Lagerbestand | Wert_Lagerbestand |
| 3 | 99-13-62-1 | Acryllack | enzianblau (5 l) | 45,90 € | 14 | 642,60 € |
| 4 | 99-13-62-2 | Acryllack | schwarz (5 l) | 45,90 € | 20 | 918,00 € |
| 5 | 99-13-62-3 | Acryllack | rubinrot (5 l) | 45,90 € | 24 | 1.101,60 € |

| | Artikelnr | Artikelname | Beschreibung | Einzelpreis | Lagerbestand | Wert_Lagerbestand |
|---|---|---|---|---|---|---|
| 155 | 56-563-254 | T-Band | Zink (100 mm), 100 St. | 8,00 € | 23 | 184,00 € |
| 156 | 56-563-255 | T-Band | Zink (125 mm), 100 St. | 8,50 € | 22 | 187,00 € |
| 157 | 56-563-256 | T-Band | Zink (150 mm), 100 St. | 9,00 € | 23 | 207,00 € |
| 158 | **Ergebnis** | | | | | **94.439,49 €** |

## 19.2 Listen in Tabellenbereiche umwandeln

**Plus** **Beispieldatei:** *Liste in einen Tabellenbereich umwandeln.xlsx*

### Variante 1: Über das Menüband

- Aktivieren Sie eine beliebige Zelle eines zusammenhängenden Zellbereichs.

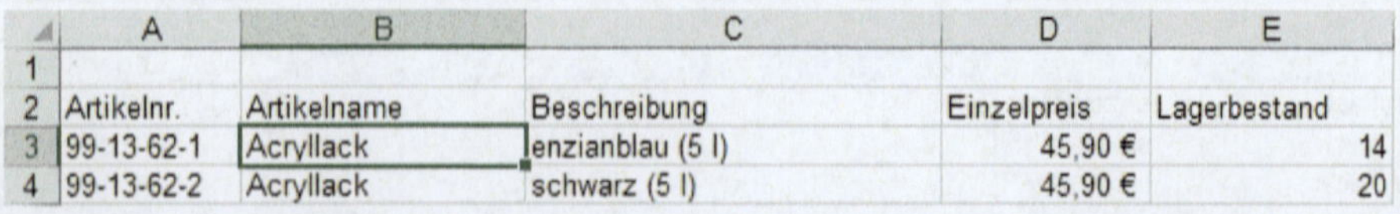

| | A | B | C | D | E |
|---|---|---|---|---|---|
| 1 | | | | | |
| 2 | Artikelnr. | Artikelname | Beschreibung | Einzelpreis | Lagerbestand |
| 3 | 99-13-62-1 | Acryllack | enzianblau (5 l) | 45,90 € | 14 |
| 4 | 99-13-62-2 | Acryllack | schwarz (5 l) | 45,90 € | 20 |

- Klicken Sie im Register *Start*, Gruppe *Formatvorlagen*, auf *Als Tabelle formatieren*. Eine Liste der verfügbaren Tabellenformatvorlagen wird eingeblendet.

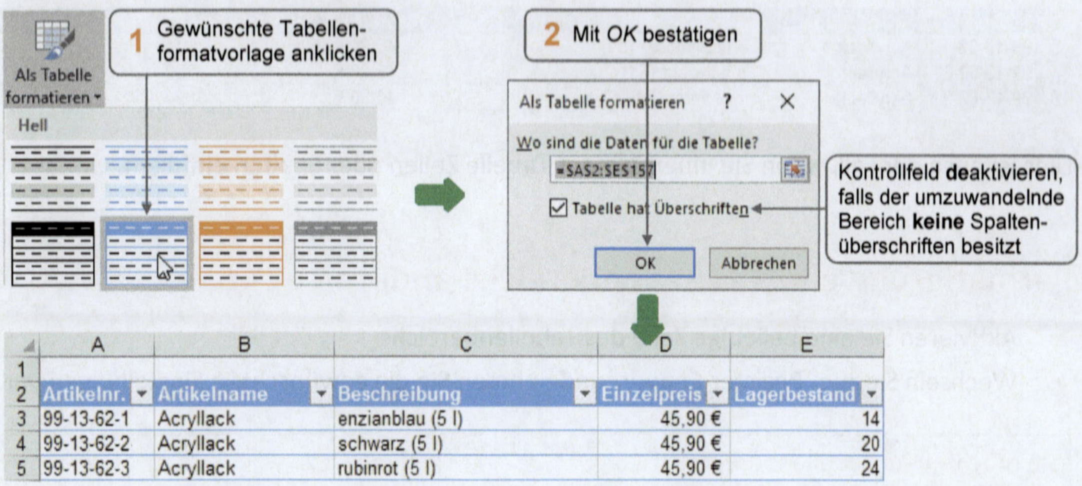


Excel wandelt den markierten Zellbereich in einen Tabellenbereich um und blendet im Menüband das zusätzliche Register *Entwurf* ein.

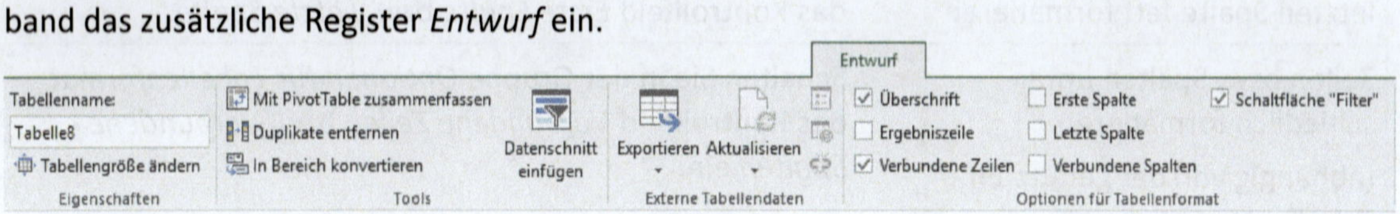


Um die speziellen Funktionen eines Tabellenbereichs nutzen zu können, muss sich die aktive Zelle im betreffenden Bereich befinden.

### Variante 2: Über die Schnellanalyse

- Markieren Sie den Zellbereich, den Sie in einen Tabellenbereich umwandeln möchten.

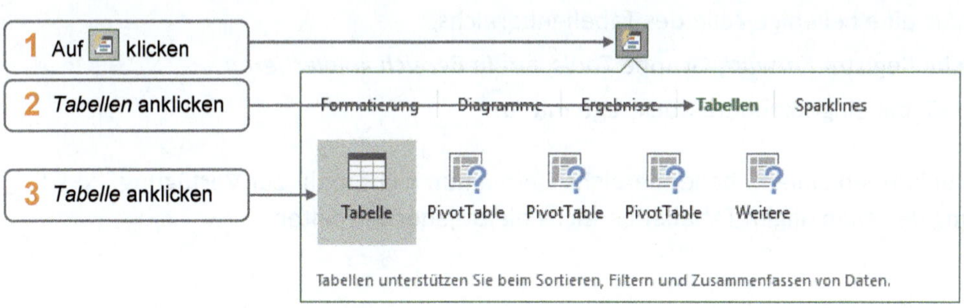

## 19.3 Tabellenbereiche bearbeiten

### Tabellenbereiche erweitern

Wenn Sie in eine – an den Tabellenbereich grenzende – Spalte bzw. Zeile Daten eingeben, wird der Tabellenbereich automatisch entsprechend erweitert.

| | A | B | C | D | E | F |
|---|---|---|---|---|---|---|
| 1 | | | | | | |
| 2 | Artikelnr. | Artikelname | Beschreibung | Einzelpreis | Lagerbestand | Wert_Lagerbestand |
| 3 | 99-13-62-1 | Acryllack | enzianblau (5 l) | 45,90 € | 14 | |
| 4 | 99-13-62-2 | Acryllack | schwarz (5 l) | 45,90 € | 20 | |
| 5 | 99-13-62-3 | Acryllack | rubinrot (5 l) | 45,90 € | 24 | |

| | A | B | C | D | E | F |
|---|---|---|---|---|---|---|
| 1 | | | | | | |
| 2 | Artikelnr. | Artikelname | Beschreibung | Einzelpreis | Lagerbestand | Wert_Lagerbestand |
| 3 | 99-13-62-1 | Acryllack | enzianblau (5 l) | 45,90 € | 14 | |
| 4 | 99-13-62-2 | Acryllack | schwarz (5 l) | 45,90 € | 20 | |
| 5 | 99-13-62-3 | Acryllack | rubinrot (5 l) | 45,90 € | 24 | |

Dies ist auch der Fall, wenn Sie innerhalb der Tabelle Zeilen oder Spalten einfügen.

### Formatierung eines Tabellenbereichs ändern

- Aktivieren Sie eine beliebige Zelle des Tabellenbereichs.
- Wechseln Sie zum Register *Entwurf* und nehmen Sie die gewünschten Einstellungen vor.

| Sie möchten im Tabellenbereich ... | |
|---|---|
| die Einträge in der ersten bzw. letzten Spalte fett formatieren | ▶ Aktivieren Sie in der Gruppe *Optionen für Tabellenformat* das Kontrollfeld *Erste Spalte* bzw. *Letzte Spalte*. |
| Zeilen bzw. Spalten unterschiedlich formatieren (abhängig von der genutzten Tabellenformatvorlage) | ▶ Schalten Sie in der Gruppe *Optionen für Tabellenformat* das Kontrollfeld *Verbundene Zeilen* bzw. *Verbundene Spalten* ein. |
| eine andere Tabellenformatvorlage verwenden | ▶ Wählen Sie in der Gruppe *Tabellenformatvorlagen* eine andere Tabellenformatvorlage. |

### Tabellenbereiche wieder in „normale“ Zellbereiche umwandeln

- Aktivieren Sie eine beliebige Zelle des Tabellenbereichs.
- Klicken Sie im Register *Entwurf*, Gruppe *Tools*, auf *In Bereich konvertieren*.
- Bestätigen Sie die eingeblendete Rückfrage mit *Ja*.

Die speziellen Funktionen eines Tabellenbereichs stehen nun nicht mehr zur Verfügung. Die Formatierung des ehemaligen Tabellenbereichs bleibt jedoch erhalten.

## 19.4 Tabellenbereiche sortieren und auswerten

Plus **Beispieldatei:** *Tabellenbereiche auswerten.xlsx*

### Tabellenbereiche sortieren

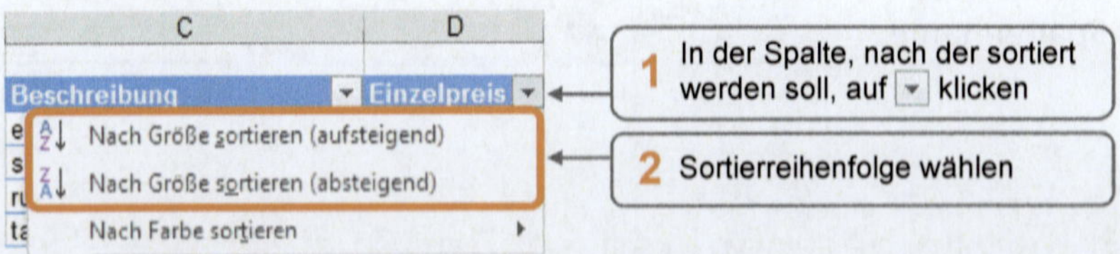


Die Sortierung wird durch ein geändertes Schaltflächensymbol (aufsteigend) bzw. (absteigend) angezeigt.

### Tabellenbereiche mithilfe der Ergebniszeile auswerten

Um die Ergebniszeile einzublenden, gehen Sie folgendermaßen vor:

- Aktivieren Sie eine beliebige Zelle des Tabellenbereichs.
- Aktivieren Sie im Register *Entwurf*, Gruppe *Optionen für Tabellenformat*, das Kontrollfeld *Ergebniszeile*.

| | Artikelnr. | Artikelname | Beschreibung | Einzelpreis | Lagerbestand |
|---|---|---|---|---|---|
| 155 | 56-563-254 | T-Band | Zink (100 mm), 100 St. | 8,00 € | 23 |
| 156 | 56-563-255 | T-Band | Zink (125 mm), 100 St. | 8,50 € | 22 |
| 157 | 56-563-256 | T-Band | Zink (150 mm), 100 St. | 9,00 € | 23 |
| 158 | **Ergebnis** | | | | **7468** |

Am unteren Ende des Tabellenbereichs wird die Ergebniszeile eingeblendet, in der die letzte Tabellenspalte automatisch mit einer Funktion ausgewertet wird. Excel verwendet hierzu ...

- die Funktion SUMME, wenn sich in der Spalte ausschließlich Zahlen befinden;
- die Funktion ANZAHL2, wenn sich in der Spalte Zahlen und/oder Text befinden.

Sie können nun die einzelnen Tabellenspalten in der Ergebniszeile mithilfe von (anderen) Funktionen auswerten:

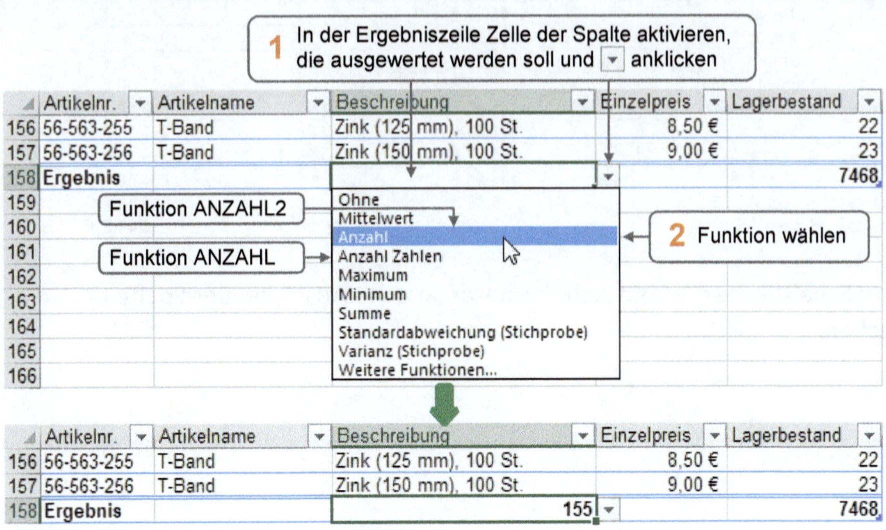

Excel nutzt für Berechnungen in der Ergebniszeile keine regulären Funktionen (z. B. SUMME oder ANZAHL), sondern ermittelt die jeweiligen Ergebnisse mit der Funktion TEILERGEBNIS.

**TEILERGEBNIS(*Funktion;Bezug*)**

Im abgebildeten Beispiel kennzeichnet das Argument *109* die verwendete Funktion (hier die Funktion SUMME) und der Spaltenname [Lagerbestand] den Zellbezug.

=TEILERGEBNIS(109;[Lagerbestand])

| Beschreibung | Einzelpreis | Lagerbestand |
|---|---|---|
| Zink (150 mm), 100 St. | 9,00 € | 23 |
| | | 7468 |

## Tabellenbereiche mithilfe von berechneten Spalten auswerten

Wenn Sie in einer Spalte eines Tabellenbereichs Berechnungen mit den Werten anderer Spalten durchführen, treten folgende Besonderheiten auf:

- Wird die entsprechende Formel mit der Zeigen-Methode erstellt (im folgenden Beispiel in Zelle F3), fügt Excel die Zellbezüge nicht als Koordinaten ein (z. B. =D3*E3), sondern nutzt stattdessen die jeweiligen Spaltennamen in eckigen Klammern mit einem vorangestellten @-Zeichen, z. B. =[@Einzelpreis]*[@Lagerbestand].
- Haben Sie die Formeleingabe abgeschlossen (z. B. mit ↵), wird automatisch die komplette Spalte mit der Formel ausgefüllt.

| | A | B | C | D | E | F | G |
|---|---|---|---|---|---|---|---|
| 1 | | | | | | | |
| 2 | Artikelnr. | Artikelname | Beschreibung | Einzelpreis | Lagerbestand | Wert_Lagerbestand | |
| 3 | 99-13-62-1 | Acryllack | enzianblau (5 l) | 45,90 € | 14 | =[@Einzelpreis]*[@Lagerbestand] | |
| 4 | 99-13-62-2 | Acryllack | schwarz (5 l) | 45,90 € | 20 | | |
| 5 | 99-13-62-3 | Acryllack | rubinrot (5 l) | 45,90 € | 24 | | |
| 6 | 99-13-62-4 | Acryllack | taubenblau (5 l) | 45,90 € | 19 | | |
| 7 | 99-13-62-5 | Acryllack | rapsgelb (5 l) | 45,90 € | 14 | | |
| 8 | 99-13-62-6 | Acryllack | moosgrün (5 l) | 45,90 € | 28 | | |
| 9 | 99-13-62-7 | Acryllack | silbergrau (5 l) | 45,90 € | 28 | | |
| 10 | 99-13-62-8 | Acryllack | lichtgrau (5 l) | 45,90 € | 16 | | |
| 11 | 369369-01-1 | Aufschraubschloss | Modell AS 570 | 3,09 € | 102 | | |
| 12 | 369369-01-2 | Aufschraubschloss | Modell AS 571 | 3,09 € | 94 | | |

↵

| | A | B | C | D | E | F | G |
|---|---|---|---|---|---|---|---|
| 1 | | | | | | | |
| 2 | Artikelnr. | Artikelname | Beschreibung | Einzelpreis | Lagerbestand | Wert_Lagerbestand | |
| 3 | 99-13-62-1 | Acryllack | enzianblau (5 l) | 45,90 € | 14 | 642,60 € | |
| 4 | 99-13-62-2 | Acryllack | schwarz (5 l) | 45,90 € | 20 | 918,00 € | |
| 5 | 99-13-62-3 | Acryllack | rubinrot (5 l) | 45,90 € | 24 | 1.101,60 € | |
| 6 | 99-13-62-4 | Acryllack | taubenblau (5 l) | 45,90 € | 19 | 872,10 € | |
| 7 | 99-13-62-5 | Acryllack | rapsgelb (5 l) | 45,90 € | 14 | 642,60 € | |
| 8 | 99-13-62-6 | Acryllack | moosgrün (5 l) | 45,90 € | 28 | 1.285,20 € | |
| 9 | 99-13-62-7 | Acryllack | silbergrau (5 l) | 45,90 € | 28 | 1.285,20 € | |
| 10 | 99-13-62-8 | Acryllack | lichtgrau (5 l) | 45,90 € | 16 | 734,40 € | |
| 11 | 369369-01-1 | Aufschraubschloss | Modell AS 570 | 3,09 € | 102 | 315,18 € | |
| 12 | 369369-01-2 | Aufschraubschloss | Modell AS 571 | 3,09 € | 94 | 290,46 € | |

Über die eingeblendete Schaltfläche lässt sich das automatische Ausfüllen der Spalte bei Bedarf rückgängig machen.

 

## 19.5 Tabellenbereiche mit Datenschnitten filtern

**Plus** **Beispieldatei:** *Datenschnitte.xlsx*

### Basiswissen Datenschnitte

Die Daten eines Tabellenbereichs lassen sich wie gewohnt über den AutoFilter filtern.

Zusätzlich können Sie in Tabellenbereichen Daten auch mit sogenannten Datenschnitten filtern. Mit ihrer Hilfe lässt sich beispielsweise schnell der aktuelle Filterstatus kontrollieren.

**Beispiel:** In der abgebildeten Tabelle, in der die Vorjahresumsätze aller Kunden einer Firma erfasst wurden, werden mit Datenschnitten lediglich die Vorjahresumsätze der österreichischen Kunden angezeigt.

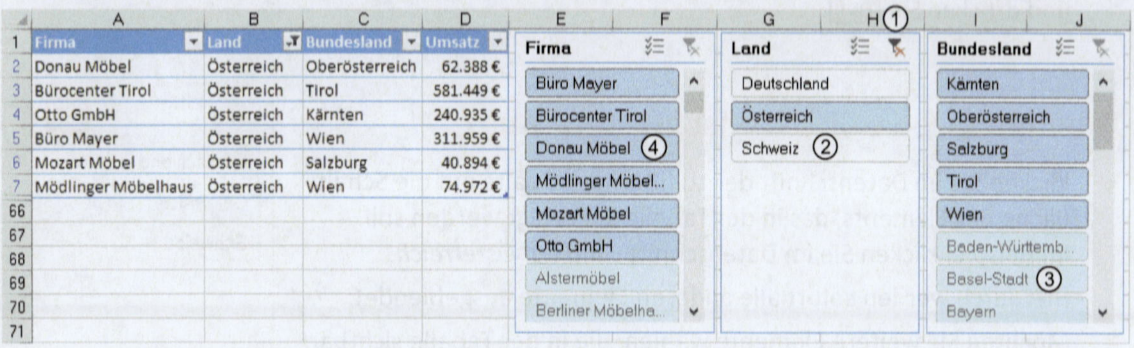


- In den Datenschnitten **gefilterter Spalten** wird in der Titelleiste die Schaltfläche ① mit einem roten Kreuz angezeigt und die Schaltflächen der ausgeblendeten Elemente werden mit einem weißen Hintergrund (z. B. ②) versehen.
- In den Datenschnitten **nicht gefilterter Spalten** werden die Schaltflächen der Elemente, die aufgrund von Filtereinstellungen anderer Felder in der Tabelle nicht angezeigt werden, deaktiviert dargestellt (z. B. ③).
- Alle Elemente, die in der Tabelle angezeigt werden, werden in den Datenschnitten mit aktivierten Schaltflächen gekennzeichnet (z. B. ④).

### Datenschnitte einblenden

- Aktivieren Sie eine beliebige Zelle innerhalb des Tabellenbereichs.
- Klicken Sie im Register *Entwurf*, Gruppe *Tools*, auf *Datenschnitt einfügen*.

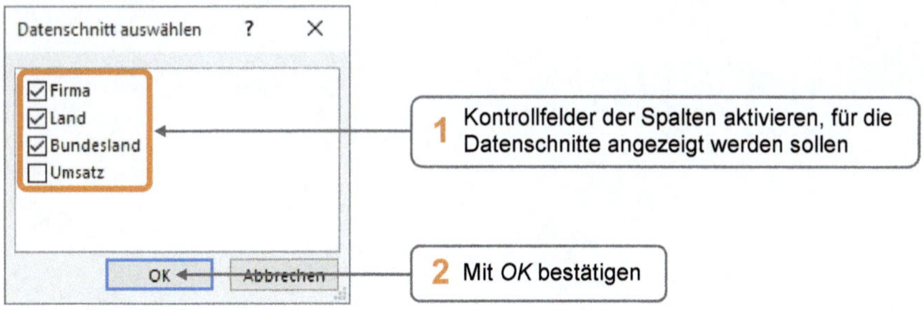

Die zuvor gewählten Datenschnitte werden auf dem Tabellenblatt eingeblendet. Haben Sie wie im Beispiel mehrere Kontrollfelder aktiviert, überlappen sich die Fenster der einzelnen Datenschnitte.

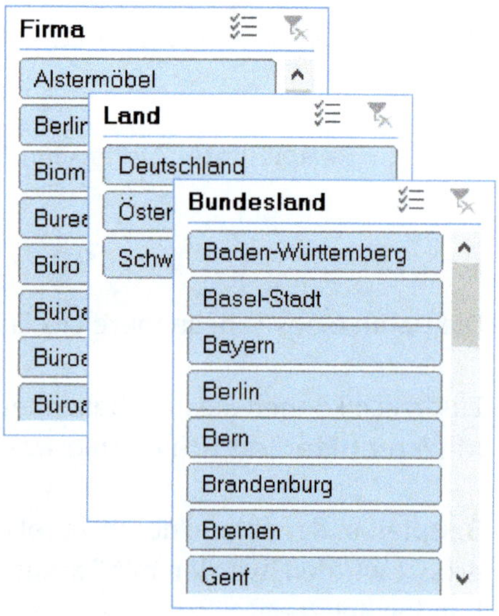


- Sie können einen Datenschnitt verschieben, indem Sie auf eine freie Stelle des Fensters zeigen und es mit der Maus an die gewünschte Position ziehen.
- Die Größe von Datenschnitten lässt sich (wie bei anderen Fenstern auch) mit der Maus anpassen.
- Wenn Sie einen Datenschnitt angeklickt haben, können Sie das Aussehen des Datenschnitts mithilfe des Registers *Optionen* individuell anpassen.
- Möchten Sie einen Datenschnitt ausblenden, klicken Sie auf eine freie Stelle des entsprechenden Fensters und drücken Sie Entf.

## Tabellendaten mit Datenschnitten filtern

- Klicken Sie im Datenschnitt der zu filternden Spalte auf die Schaltfläche des Elements, das in der Tabelle angezeigt werden soll. Im Beispiel klicken Sie im Datenschnitt *Land* auf *Österreich*.
  Hierdurch werden sofort alle anderen Elemente ausgeblendet.
- Möchten Sie weitere Elemente wählen, die in der Tabelle sichtbar sein sollen, klicken Sie auf und klicken Sie anschließend auf die gewünschten Einträge.

## Filtervorgänge rückgängig machen

| | |
|---|---|
| Filtervorgänge **in einer Spalte** rückgängig machen | ▸ Klicken Sie im betreffenden Datenschnitt auf . |
| **Alle** Filtervorgänge im Tabellenbereich rückgängig machen | ▸ Aktivieren Sie eine beliebige Zelle des als Tabelle definierten Bereichs.<br>▸ Klicken Sie im Register *Daten*, Gruppe *Sortieren und Filtern*, auf *Löschen*. |

## 19.6 Übung

### Umsätze in einem Tabellenbereich auswerten

| Level | | Zeit | ca. 10 min |
|---|---|---|---|
| Übungsinhalte | ✔ Listen in Tabellenbereiche umwandeln<br>✔ Tabellenbereiche auswerten<br>✔ Tabellenbereiche mit Datenschnitten filtern | | |
| Übungsdatei | *Umsatz.xlsx* | | |
| Ergebnisdatei | *Umsatz-E.xlsx* | | |

1. Öffnen Sie die Übungsdatei *Umsatz.xlsx*.
2. Wandeln Sie den Zellbereich A3:D15 in einen Tabellenbereich um. Verwenden Sie dabei eine Tabellenformatvorlage Ihrer Wahl.
3. Erweitern Sie den Tabellenbereich um die Spalte E *Summe_Monate* und berechnen Sie in dieser Spalte die jeweiligen Umsatzsummen in den einzelnen Monaten.
4. Blenden Sie die Ergebniszeile ein und berechnen Sie dort jeweils die Umsatzsummen für die einzelnen Abteilungen.
5. Blenden Sie für die Spalte *Monate* einen Datenschnitt ein.
6. Legen Sie mithilfe des Datenschnitts fest, dass nur die Daten der Monate Januar – Juni angezeigt werden.
7. Speichern Sie die Datei unter dem Namen *Umsatz-E.xlsx*.

| | A | B | C | D | E |
|---|---|---|---|---|---|
| 1 | Umsatzauswertung | | | | |
| 2 | | | | | |
| 3 | Monate | Abt. 1 | Abt. 2 | Abt. 3 | Summe_Monate |
| 4 | Januar | 38.100 € | 228.500 € | 19.000 € | 285.600 € |
| 5 | Februar | 38.400 € | 260.500 € | 4.800 € | 303.700 € |
| 6 | März | 39.000 € | 271.500 € | 3.000 € | 313.500 € |
| 7 | April | 73.500 € | 317.500 € | 8.200 € | 399.200 € |
| 8 | Mai | 61.500 € | 341.000 € | 9.000 € | 411.500 € |
| 9 | Juni | 76.800 € | 328.500 € | 15.200 € | 420.500 € |
| 16 | Ergebnis | 327.300 € | 1.747.500 € | 59.200 € | 2.134.000 € |

*Ergebnisdatei „Umsatz-E.xlsx"*

Plus

**Zusätzliche Übungen:**

*Büromöbelliste als Tabellenbereich.pdf*

*Warenlagerliste auswerten.pdf*

# 20

# Große Tabellen bearbeiten

## 20.1 Schnell bestimmte Zellen markieren

### Bestimmte Zellen bzw. Zellbereiche markieren

Sie können über das Namenfeld in der Bearbeitungsleiste schnell eine bestimmte Zelle bzw. einen bestimmten Zellbereich markieren.

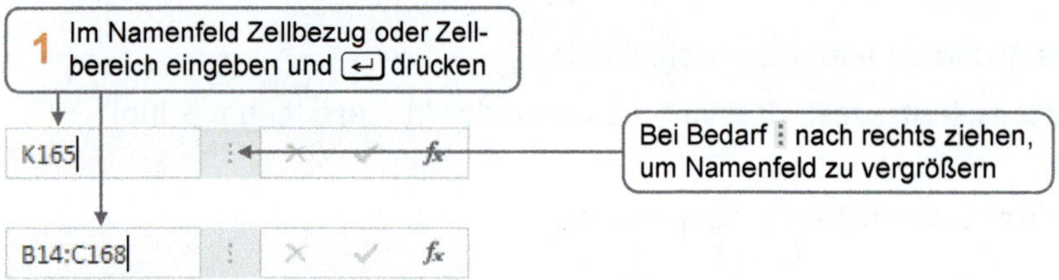


### Zellen des gleichen Inhaltstyps markieren

Excel bietet die Möglichkeit, im aktuellen Tabellenblatt in einem Arbeitsgang alle Zellen des gleichen Inhaltstyps (beispielsweise Zellen mit Formeln oder Konstanten) zu markieren.

- Wechseln Sie zum Register *Start*.

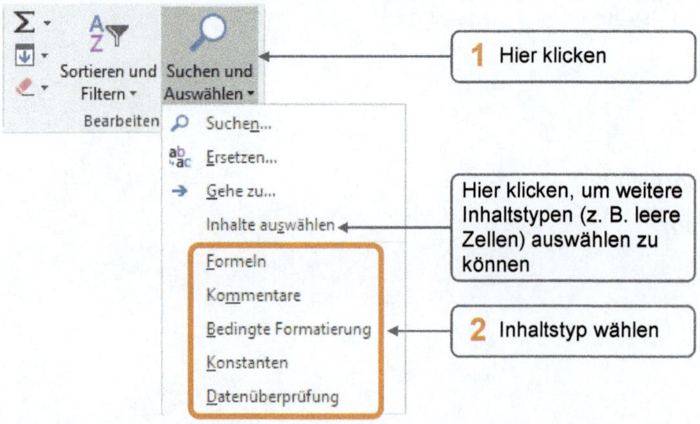

## 20.2 Tabellen zoomen

**Plus** **Beispieldatei:** *Tabellen zoomen.xlsx*

**Mit der Zoomfunktion können Sie die Anzeige eines Tabellenblatts vergrößern bzw. verkleinern.**

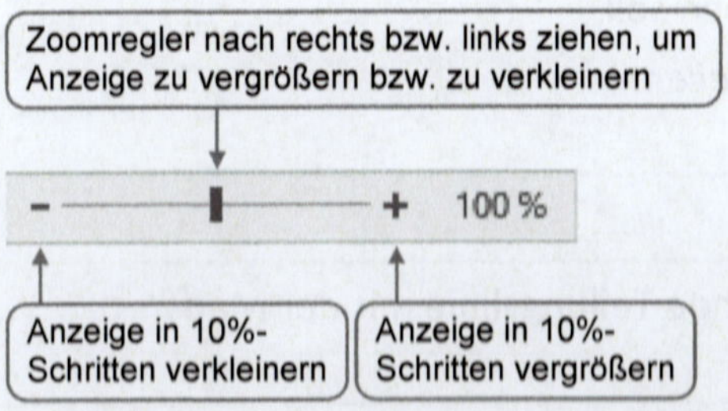


- **Die gewählte Zoomstufe wird zusammen mit der Arbeitsmappe gespeichert und ist beim nächsten Öffnen der Arbeitsmappe wieder eingestellt.**
- **Änderungen der Zoomstufe wirken sich nicht auf den Ausdruck einer Tabelle aus.**
- **Mit der rechts abgebildeten Schaltfläche (Register *Ansicht*, Gruppe *Zoom*) stellen Sie schnell wieder die standardmäßige Zoomstufe 100 % ein.**

- **Über *Auswahl vergrößern* (Register *Ansicht*, Gruppe *Zoom*) lässt sich ein zuvor markierter Bereich auf Fenstergröße vergrößern bzw. verkleinern.**

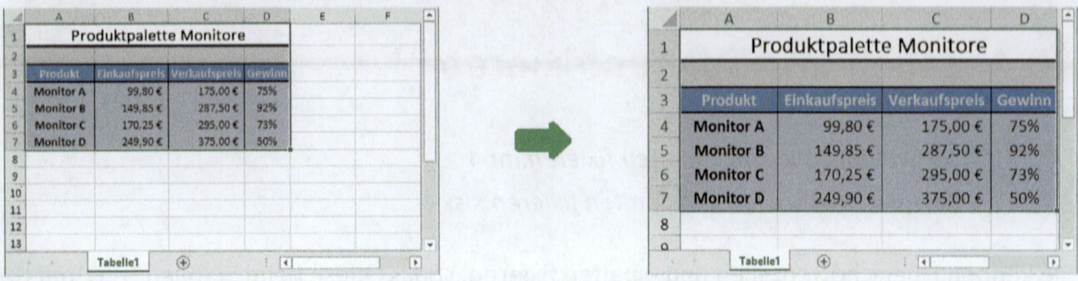


## 20.3 Ansicht einer Tabelle in Ausschnitte teilen

**Plus** **Beispieldatei:** *Tabellenfenster teilen.xlsx*

**Die Ansicht einer Tabelle lässt sich horizontal und vertikal in zwei bis vier Ausschnitte teilen, in denen Sie verschiedene Tabellenbereiche betrachten können. Auf diese Weise behalten Sie auch in umfangreichen Tabellen den Überblick.**

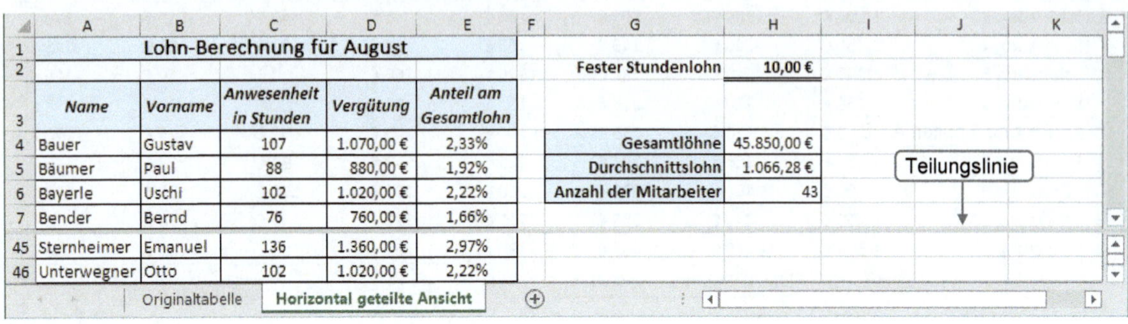

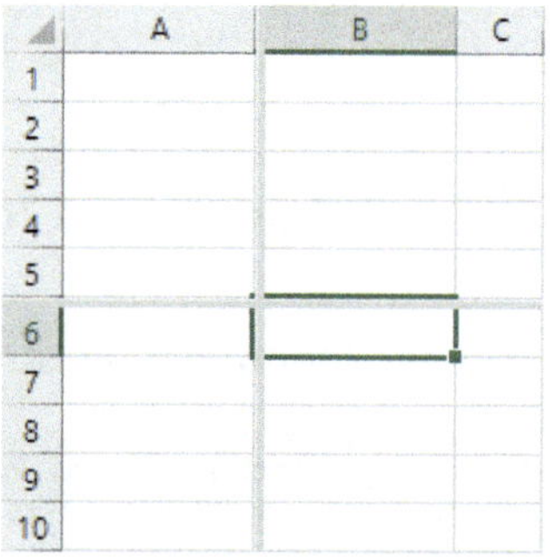

- Möchten Sie die Tabelle **horizontal und vertikal** teilen, aktivieren Sie die Zelle, über der bzw. links von der die Teilungslinien eingefügt werden sollen.

  *oder* Um die Tabelle nur **horizontal** zu teilen, markieren Sie die Zeile, über der die Teilungslinie eingefügt werden soll.

  *oder* Um die Tabelle nur **vertikal** zu teilen, markieren Sie die Spalte, vor der die Teilungslinie eingefügt werden soll.
- Klicken Sie im Register *Ansicht*, Gruppe *Fenster*, auf *Teilen*.

| Sie möchten ... | |
|---|---|
| die Größe der Ausschnitte ändern | ▶ Verschieben Sie die betreffende Teilungslinie mit der Maus. |
| einen bestimmten Ausschnitt aktivieren | ▶ Aktivieren Sie eine beliebige Zelle des Ausschnitts. |
| die Teilung aufheben | ▶ Klicken Sie im Register *Ansicht*, Gruppe *Fenster*, auf *Teilen*. |

Einzelne Teilungslinien können Sie entfernen, indem Sie die betreffende Linie doppelt anklicken.

## 20.4 Zeilen und Spalten fixieren

**Plus** **Lernvideo:** *Zeilen und Spalten fixieren.mp4*
**Beispieldatei:** *Zeilen und Spalten fixieren.xlsx*

Sie können Überschriftenzeilen und -spalten fixieren, sodass diese beim Scrollen (z. B. mit Bild↓) immer sichtbar bleiben.

- Markieren Sie die Zelle direkt unter bzw. rechts neben der zu fixierenden Überschrift.
- Klicken Sie im Register *Ansicht*, Gruppe *Fenster*, auf *Fenster fixieren* und wählen Sie in der geöffneten Liste *Fenster fixieren*.

  Die Fixierung wird durch Linien gekennzeichnet.

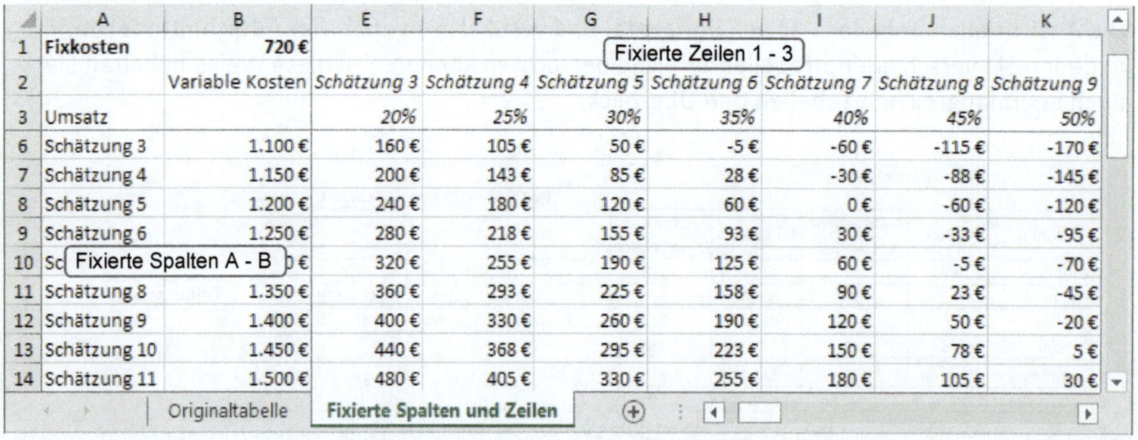

| | A | B | E | F | G | H | I | J | K |
|---|---|---|---|---|---|---|---|---|---|
| 1 | **Fixkosten** | **720 €** | | | | | | | |
| 2 | | Variable Kosten | *Schätzung 3* | *Schätzung 4* | *Schätzung 5* | *Schätzung 6* | *Schätzung 7* | *Schätzung 8* | *Schätzung 9* |
| 3 | Umsatz | | *20%* | *25%* | *30%* | *35%* | *40%* | *45%* | *50%* |
| 6 | Schätzung 3 | 1.100 € | 160 € | 105 € | 50 € | -5 € | -60 € | -115 € | -170 € |
| 7 | Schätzung 4 | 1.150 € | 200 € | 143 € | 85 € | 28 € | -30 € | -88 € | -145 € |
| 8 | Schätzung 5 | 1.200 € | 240 € | 180 € | 120 € | 60 € | 0 € | -60 € | -120 € |
| 9 | Schätzung 6 | 1.250 € | 280 € | 218 € | 155 € | 93 € | 30 € | -33 € | -95 € |
| 10 | Sc | 0 € | 320 € | 255 € | 190 € | 125 € | 60 € | -5 € | -70 € |
| 11 | Schätzung 8 | 1.350 € | 360 € | 293 € | 225 € | 158 € | 90 € | 23 € | -45 € |
| 12 | Schätzung 9 | 1.400 € | 400 € | 330 € | 260 € | 190 € | 120 € | 50 € | -20 € |
| 13 | Schätzung 10 | 1.450 € | 440 € | 368 € | 295 € | 223 € | 150 € | 78 € | 5 € |
| 14 | Schätzung 11 | 1.500 € | 480 € | 405 € | 330 € | 255 € | 180 € | 105 € | 30 € |

- Häufig stehen die Spaltenüberschriften in Zeile 1 des Tabellenblatts oder die Zeilenüberschriften befinden sich in Spalte A. Um nur die erste Zeile bzw. nur die erste Spalte zu fixieren, verwenden Sie die Einträge ① bzw. ② in der Liste der Schaltfläche *Fenster fixieren*.
- Über den Eintrag ③ können Sie die Fixierung wieder entfernen.

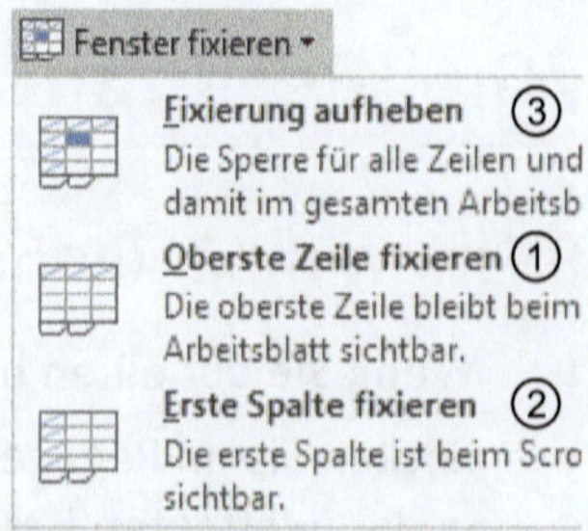


## 20.5 Rechtschreibprüfung verwenden

Excel verfügt über ein Wörterbuch, mit dem Sie die Texte eines Tabellenblatts auf die korrekte Schreibweise überprüfen können.

- ▶ Markieren Sie den zu überprüfenden Bereich bzw. aktivieren Sie die Zelle A1, um die Rechtschreibprüfung für das gesamte Tabellenblatt durchzuführen.
- ▶ Klicken Sie im Register *Überprüfen*, Gruppe *Rechtschreibung*, auf *Rechtschreibung*.
  Alternative: F7

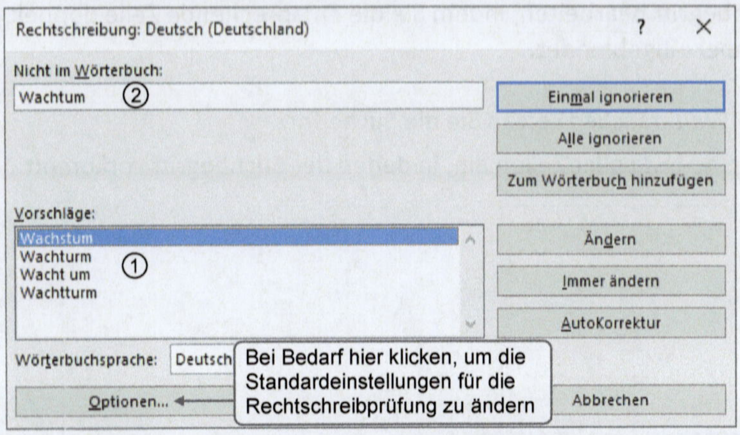


Sie haben unter anderem folgende Möglichkeiten, ein bemängeltes Wort zu bearbeiten:

| | |
|---|---|
| Einen Fehler korrigieren | ▶ Wählen Sie in der Liste ① den passenden Vorschlag.<br>*oder* Sollte kein passender Korrekturvorschlag dabei sein, können Sie den Fehler im Feld ② verbessern.<br>▶ Klicken Sie auf *Ändern,* um das fehlerhafte Wort an der aktuellen Stelle zu korrigieren.<br>*oder* Klicken Sie auf *Immer ändern,* um das fehlerhafte Wort überall in der Tabelle zu korrigieren. |
| Ein bemängeltes Wort ohne Korrektur überspringen | Es kann vorkommen, dass Excel auch Wörter als fehlerhaft anzeigt, die Sie in der aktuellen Schreibweise erhalten möchten (z. B. einen Namen).<br>▶ Klicken Sie auf *Einmal ignorieren* bzw. *Alle ignorieren*. |
| Excel ein „unberechtigt“ bemängeltes Wort lernen lassen | ▶ Klicken Sie auf *Zum Wörterbuch hinzufügen*.<br>In Zukunft „kennt“ Excel diesen Begriff und bemängelt ihn nur noch, wenn er falsch geschrieben ist. |

## 20.6 Bestimmte Zellinhalte suchen und ersetzen

### Bestimmte Zellinhalte suchen

- Wenn Sie nur einen bestimmten Bereich durchsuchen möchten, markieren Sie diesen.
- Klicken Sie im Register *Start*, Gruppe *Bearbeiten*, auf *Suchen und Auswählen* und wählen Sie in der geöffneten Liste *Suchen*.

  Alternative: Strg F

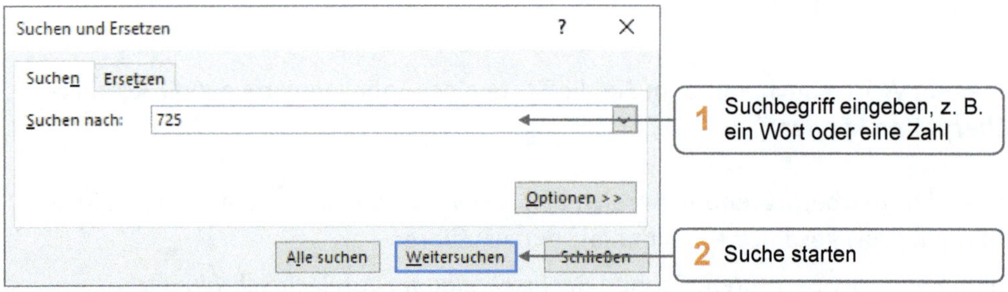


Excel stoppt die Suche beim ersten Vorkommen des Suchbegriffs und markiert die jeweilige Zelle. Sie können einen gefundenen Suchbegriff bearbeiten, indem Sie die entsprechende Zelle doppelt anklicken. Der Suchdialog bleibt dabei eingeblendet.

- ✔ Durch erneutes Anklicken von *Weitersuchen* setzen Sie die Suche fort.
- ✔ Über *Alle suchen* blenden Sie eine Liste aller Zellen ein, in denen der Suchbegriff vorkommt:

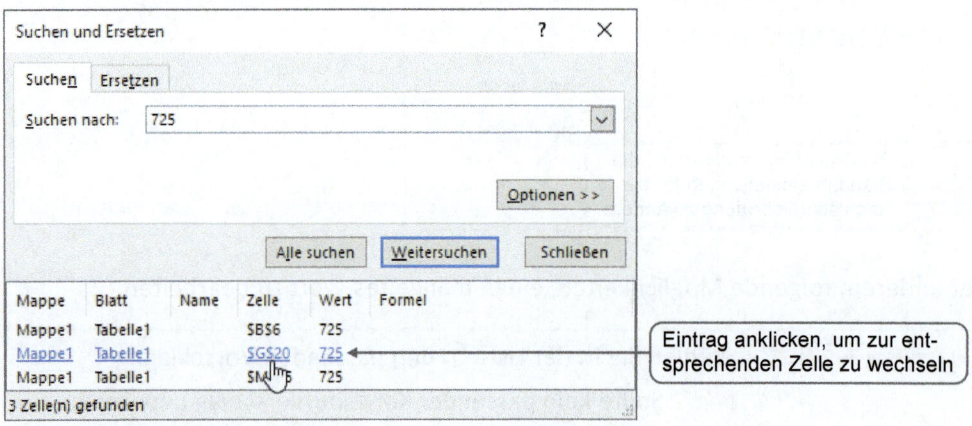


- ✔ Durch Klicken auf *Schließen* beenden Sie die Suche.

### Nach Zellen mit bestimmten Formatierungen suchen

- Drücken Sie Strg F und klicken Sie im Dialogfenster *Suchen und Ersetzen* auf *Optionen*.
- Klicken Sie auf *Format* und legen Sie im nun eingeblendeten Dialogfenster die Formatierungen fest, nach denen gesucht werden soll.

  *oder* Klicken Sie auf den Pfeil von *Format*, wählen Sie *Format von Zelle wählen* und markieren Sie die Zelle, die die zu suchenden Formatierungen enthält.
- Starten Sie die Suche mit *Weitersuchen*.

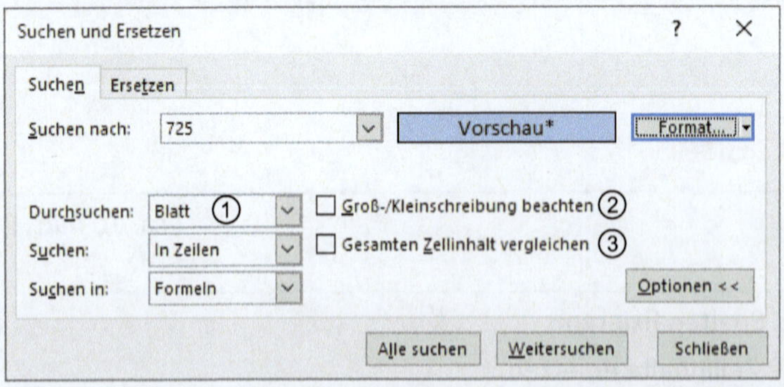


Möchten Sie bei einer erneuten Suche die zuvor festgelegten Formatierungen **nicht** mehr berücksichtigen, klicken Sie auf den Pfeil von *Format* und wählen Sie *Löschen: Format suchen*.

## Weitere besondere Möglichkeiten der Suche nutzen

| Sie möchten ... | |
|---|---|
| die komplette Arbeitsmappe durchsuchen | ▶ Wählen Sie im Feld ① *Arbeitsmappe*. |
| bei der Suche die Groß-/Kleinschreibung des Suchbegriffs berücksichtigen | ▶ Aktivieren Sie das Kontrollfeld ②. |
| nur Zellen suchen, die ausschließlich den Suchbegriff enthalten | ▶ Aktivieren Sie das Kontrollfeld ③. |

# Bestimmte Zellinhalte automatisch ersetzen

▶ Klicken Sie im Register *Start*, Gruppe *Bearbeiten*, auf *Suchen und Auswählen* und wählen Sie in der geöffneten Liste *Ersetzen*.
Alternative: Strg H

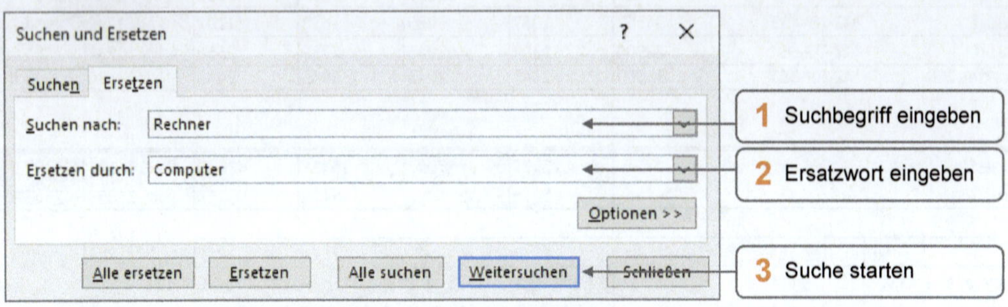


Stoppt die Suche an einer Fundstelle, haben Sie folgende Möglichkeiten:

- ✔ Mithilfe von *Ersetzen* ersetzen Sie den ursprünglichen Begriff durch den neuen.
- ✔ Durch Anklicken von *Alle ersetzen* wird der Suchbegriff überall ohne Rückfrage ersetzt.
- ✔ Über *Weitersuchen* gelangen Sie ohne Änderung zur nächsten Fundstelle.
- ✔ Nach Anklicken von *Optionen* können Sie analog zur Suchfunktion weitere Einstellungen für das Ersetzen festlegen.

## 20.7 Übung

### Fuhrparkabrechnung bearbeiten

| Level | | Zeit | ca. 10 min |
|---|---|---|---|
| Übungsinhalte | ✔ Zeilen und Spalten fixieren<br>✔ Bestimmte Zellinhalte ersetzen<br>✔ Rechtschreibprüfung durchführen | | |
| Übungsdatei | *Fuhrpark.xlsx* | | |
| Ergebnisdatei | *Fuhrpark-E.xlsx* | | |

1. Öffnen Sie die Übungsdatei *Fuhrpark.xlsx.*
2. Fixieren Sie die Zeilen 1 bis 3.
3. Weisen Sie in zwei Arbeitsschritten allen Zellen, in denen eine Berechnung durchgeführt wird, eine graue Hintergrundfarbe zu. Markieren Sie hierzu im ersten Schritt alle Zellen, die eine Formel enthalten.
4. Ersetzen Sie alle Einträge *LkW* durch *Lkw.*
5. Prüfen Sie die Rechtschreibung und verbessern Sie die vorhandenen Rechtschreibfehler.
6. Speichern Sie die Datei unter dem Namen *Fuhrpark-E.xlsx.*

| | A | B | C | D | E | F | G | H | I | J |
|---|---|---|---|---|---|---|---|---|---|---|
| 1 | Fuhrpark-Abrechnung | | | | | | | | | |
| 2 | | | | | | | | | | |
| 3 | Typ | Bezeichnung | Kennzeichen | Anfangsstand km | 1. Quartal km | 2. Quartal km | 3. Quartal km | 4. Quartal km | km pro Jahr | Schnitt (Quartal) |
| 4 | Lkw | Fiat 1,5 t | MZ-LL-132 | 45670 | 8567 | 12378 | 8420 | 9100 | 38465 | 9616,25 |
| 5 | Lkw | MAN 2 t | MZ-EV-265 | 123678 | 1300 | 14670 | 16900 | 17839 | 50709 | 12677,25 |
| 6 | Lkw | IVECO 13 t | MZ-PE-309 | 67920 | 12670 | 10899 | 13098 | 15680 | 52347 | 13086,75 |
| 7 | Pkw | VW Golf | MZ-JU-433 | 34567 | 1087 | 889 | 658 | 1102 | 3736 | 934,00 |
| 8 | Pkw | VW Golf | MZ-TG-931 | 22900 | 2304 | 3088 | 2789 | 2556 | 10737 | 2684,25 |
| 9 | Pkw | Mercedes 200 | MZ-SK-387 | 90650 | 2045 | 2045 | 2045 | 2045 | 8180 | 2045,00 |
| 10 | | | | | | | | | | |
| 11 | | | | | | | | | | |
| 12 | Quartalsumme Lkw | | | | 22537 | 37947 | 38418 | 42619 | 141521 | 35380,25 |
| 13 | Quartalsumme Pkw | | | | 5436 | 6022 | 5492 | 5703 | 22653 | 5663,25 |
| 14 | | | | | | | | | | |
| 15 | | | Kosten je km | | | | | | | |
| 16 | Kosten je Quartal aller Lkw | | 0,45 € | | 10.141,65 € | 17.076,15 € | 17.288,10 € | 19.178,55 € | | |
| 17 | Kosten je Quartal aller Pkw | | 0,33 € | | 1.793,88 € | 1.987,26 € | 1.812,36 € | 1.881,99 € | | |
| 18 | | | | | | | | | | |
| 19 | | | | | | | | | | |
| 20 | Gesamtkosten Lkw | | 63.684,45 € | | | | | | | |
| 21 | Gesamtkosten Pkw | | 7.475,49 € | | | | | | | |

*Ergebnisdatei „Fuhrpark-E.xlsx"*

Plus **Zusätzliche Übungen:**

*Rechtschreibfehler korrigieren.pdf*

*Steuerformular bearbeiten.pdf*

*Tabelle zoomen.pdf*

# 21

# Excel individuell einrichten

## 21.1 Symbolleiste für den Schnellzugriff anpassen

Plus **Lernvideo:** *Symbolleiste anpassen.mp4*

### Register-Elemente direkt zur Symbolleiste hinzufügen

Auf die im Folgenden erläuterte Weise lassen sich die Elemente aller Register (außer denen des Registers *Datei)* zur Symbolleiste für den Schnellzugriff hinzufügen.

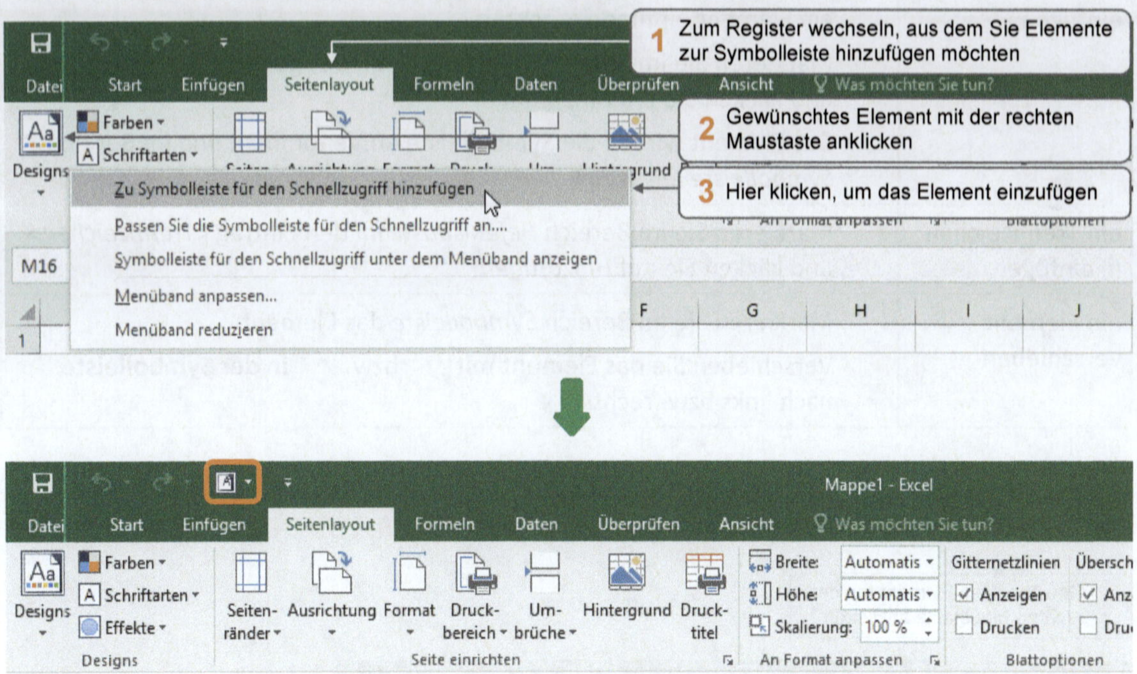


Einige Elemente (z. B. [Symbol] zum Öffnen von Dateien) lassen sich auch schnell in die Symbolleiste für den Schnellzugriff aufnehmen, indem Sie auf [Symbol] neben der Symbolleiste klicken und in der geöffneten Liste das gewünschte Element wählen.

## Zusätzliche Elemente zur Symbolleiste hinzufügen

▶ Klicken Sie neben der Symbolleiste auf und wählen Sie *Weitere Befehle*.

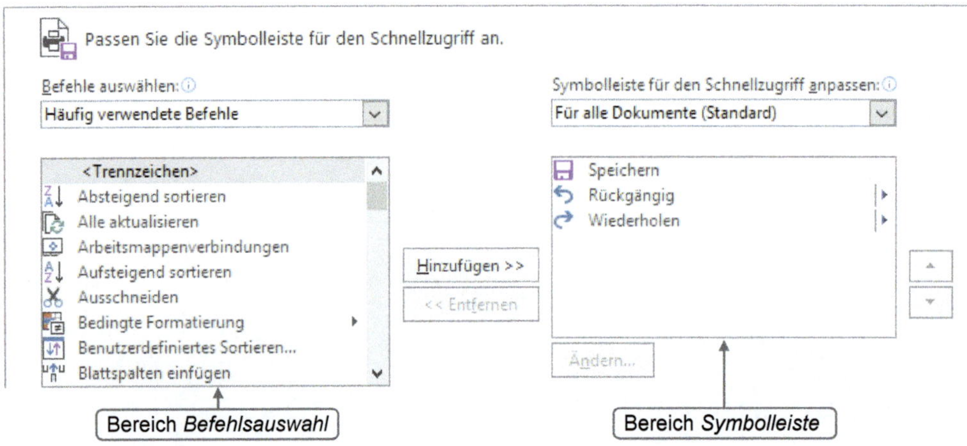


▶ Nehmen Sie im Dialogfenster *Excel-Optionen* entsprechend der folgenden Tabelle Ihre Einstellungen vor.

▶ Klicken Sie auf *OK*, um die Änderungen an der Symbolleiste zu übernehmen.

| Sie möchten ... | |
|---|---|
| ein neues Element einfügen | ▶ Wählen Sie im Feld *Befehle auswählen* die Kategorie, aus der Sie ein Element einfügen möchten.<br>▶ Markieren Sie im Bereich *Befehlsauswahl* das gewünschte Element und klicken Sie auf *Hinzufügen*.<br>Das Element wird in die Symbolleiste aufgenommen und im Bereich *Symbolleiste* angezeigt. |
| ein Trennzeichen (\|) einfügen | ▶ Markieren Sie im Bereich *Befehlsauswahl* den Eintrag *<Trennzeichen>* und klicken Sie auf *Hinzufügen*. |
| ein Element verschieben | ▶ Markieren Sie im Bereich *Symbolleiste* das Element.<br>▶ Verschieben Sie das Element mit ▲ bzw. ▼ **in der Symbolleiste** nach links bzw. rechts. |

## Vorhandene Elemente aus der Symbolleiste entfernen

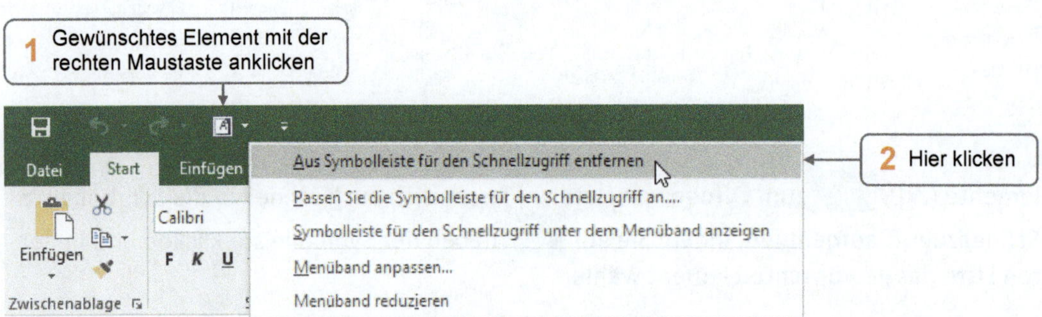

## 21.2 Menüband anpassen

### Anpassungen im Dialogfenster *Excel-Optionen* vornehmen

- Klicken Sie mit der rechten Maustaste auf eine freie Stelle des Menübands und wählen Sie *Menüband anpassen*.

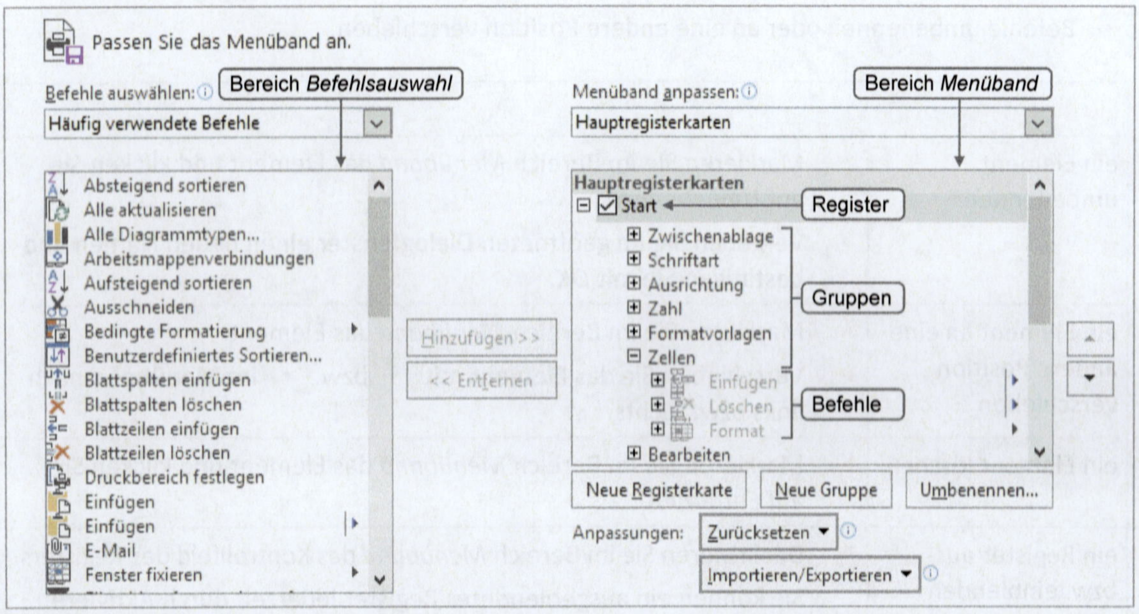


### Menüband um neue Elemente erweitern

| Sie möchten ... | |
|---|---|
| ein neues benutzerdefiniertes Register einfügen | ▶ Markieren Sie im Bereich *Menüband* das Register, das im Menüband links neben dem neuen Register angezeigt werden soll.<br>▶ Klicken Sie auf *Neue Registerkarte*.<br>Excel zeigt im Bereich *Menüband* ein weiteres Register an, in dem bereits eine neue leere Gruppe vorhanden ist.<br>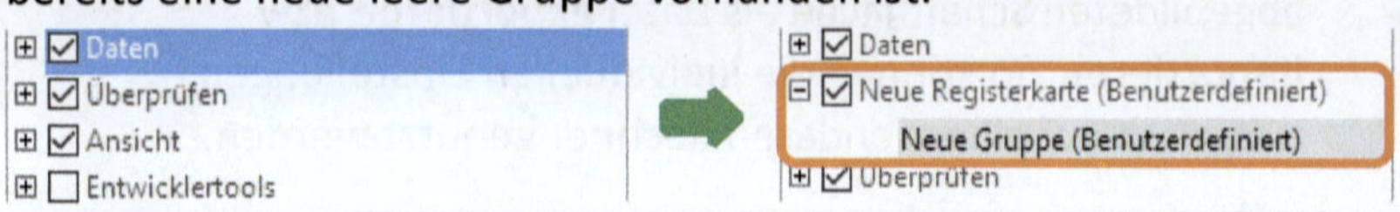 |
| eine neue benutzerdefinierte Gruppe einfügen | ▶ Markieren Sie im Bereich *Menüband* das Register, in das eine neue Gruppe eingefügt werden soll.<br>▶ Klicken Sie auf *Neue Gruppe*. |
| einen neuen Befehl in eine benutzerdefinierte Gruppe einfügen | ▶ Markieren Sie im Bereich *Menüband* die **benutzerdefinierte** Gruppe, der der neue Befehl zugeordnet werden soll.<br>▶ Wählen Sie im Feld *Befehle auswählen* die Kategorie, die den Befehl enthält.<br>▶ Markieren Sie im Bereich *Befehlsauswahl* den Befehl und klicken Sie auf *Hinzufügen*. |

! Im Menüband lassen sich neue Befehle nur in benutzerdefinierte Gruppen einfügen.

### Elemente des Menübands bearbeiten

Einige der im Folgenden erläuterten Bearbeitungsmöglichkeiten stehen nicht für alle Elemente des Menübands zur Verfügung.

So lassen sich beispielsweise **keine** standardmäßig im Menüband vorhandenen ...

- Register oder Befehle löschen,
- Befehle umbenennen oder an eine andere Position verschieben.

| Sie möchten ... | |
|---|---|
| ein Element umbenennen | ▶ Markieren Sie im Bereich *Menüband* das Element und klicken Sie auf *Umbenennen*.<br>▶ Vergeben Sie im geöffneten Dialogfenster einen neuen Namen und bestätigen Sie mit *OK*. |
| ein Element an eine andere Position verschieben | ▶ Markieren Sie im Bereich *Menüband* das Element.<br>▶ Verschieben Sie das Element mit ▲ bzw. ▼ **im Menüband** nach links bzw. rechts. |
| ein Element löschen | ▶ Markieren Sie im Bereich *Menüband* das Element und klicken Sie auf *Entfernen*. |
| ein Register aus- bzw. einblenden | ▶ Deaktivieren Sie im Bereich *Menüband* das Kontrollfeld des Registers.<br>Sie können ein ausgeblendetes Register jederzeit durch Aktivieren des zugehörigen Kontrollfelds wieder einblenden. |

- Beim Umbenennen benutzerdefinierter Befehle bzw. Gruppen können Sie im rechts abgebildeten Dialogfenster auch das Symbol bestimmen, das im Menüband in der Befehlsschaltfläche bzw. bei verkleinertem Anwendungsfenster als Gruppensymbol angezeigt wird.

- Die **Anpassungen**, die Sie am Menüband und der Symbolleiste vorgenommen haben, lassen sich mi der neben abgebildeten Schaltfläche als Datei **exportieren** bzw. **importieren**. So können die individuellen Einstellungen z. B. auch auf einem anderen Rechner genutzt werden.

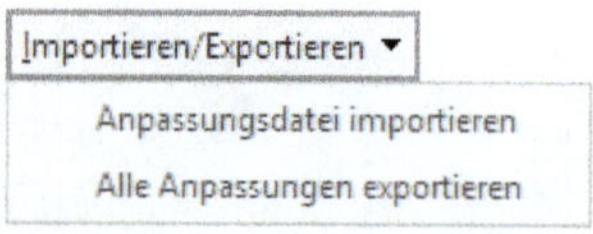


Plus **Ergänzende Lerninhalte:** *Add-Ins für Office verwenden.pdf*

Im oben angegebenen BuchPlus-Dokument erfahren Sie, wie Sie Add-Ins aus dem Office Store in Excel integrieren und nutzen können.

## Anpassungen des Menübands zurücknehmen

So lassen sich alle Anpassungen im Menüband **und** in der Symbolleiste zurücknehmen:

- ▶ Wird das Dialogfenster *Excel-Optionen* nicht angezeigt, klicken Sie mit der rechten Maustaste auf eine freie Stelle des Menübands und wählen Sie *Menüband anpassen*.
- ▶ Klicken Sie auf *Zurücksetzen*.
- ▶ Klicken Sie auf *Alle Anpassungen zurücksetzen* und bestätigen Sie die Rückfrage mit *Ja*.

 

So können Sie alle in einem bestimmten Register durchgeführten Anpassungen zurücknehmen:

- Markieren Sie im Bereich *Menüband* das betreffende Register.
- Klicken Sie auf *Zurücksetzen*.
- Klicken Sie auf *Nur ausgewählte Registerkarte des Menübands zurücksetzen*.

## 21.3 Anderen Standardarbeitsordner festlegen

Beim erstmaligen Öffnen bzw. Speichern einer Arbeitsmappe wird im Dialogfenster *Öffnen* bzw. *Speichern unter* standardmäßig zunächst der Inhalt des Standardarbeitsordners *Dokumente* angezeigt. Möchten Sie Ihre Arbeitsmappen in einem anderen Ordner ablegen, können Sie diesen als Standardarbeitsordner festlegen.

- Aktivieren Sie das Register *Datei,* klicken Sie im linken Fensterbereich auf *Optionen*.

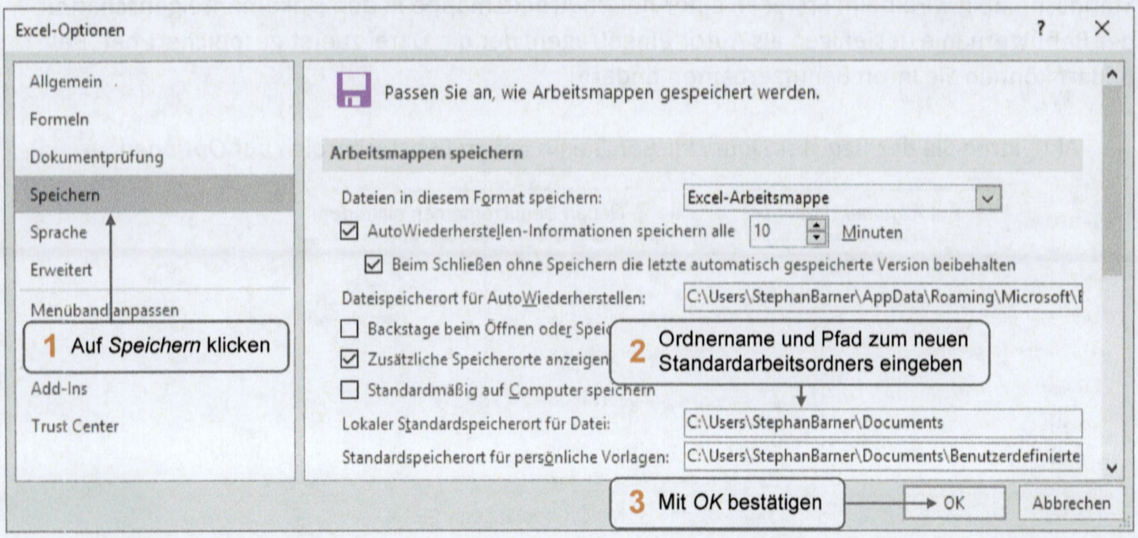


Der Inhalt des entsprechenden Ordners wird anschließend standardmäßig in den Dialogfenstern *Öffnen* und *Speichern unter* angezeigt.

## 21.4 Dokumenteigenschaften verwenden

### Dokumenteigenschaften anzeigen

Dokumenteigenschaften unterstützen Sie dabei, die Übersicht über die auf Ihrem Rechner gespeicherten Arbeitsmappen zu behalten. Mit ihrer Hilfe sehen Sie etwa, wann bzw. von wem eine Arbeitsmappe zuletzt gespeichert wurde.

Die Dokumenteigenschaften einer Arbeitsmappe zeigen Sie folgendermaßen an:

- Aktivieren Sie das Register *Datei* und klicken Sie im linken Fensterbereich auf *Informationen*.

Im rechten Fensterbereich werden die Dokumenteigenschaften aufgelistet. Einige dieser Eigenschaften werden beim Speichern einer Datei automatisch eingetragen, z. B.

- die Dateigröße ①,
- das Datum, an dem die Datei zuletzt gespeichert wurde ②,
- das Erstelldatum ③,
- der Anwender, der die Datei erstellt hat ④,
- der Anwender, der die Datei zuletzt gespeichert hat ⑤.

Die automatisch erstellten Dokumenteigenschaften lassen sich **nicht** nachträglich bearbeiten.

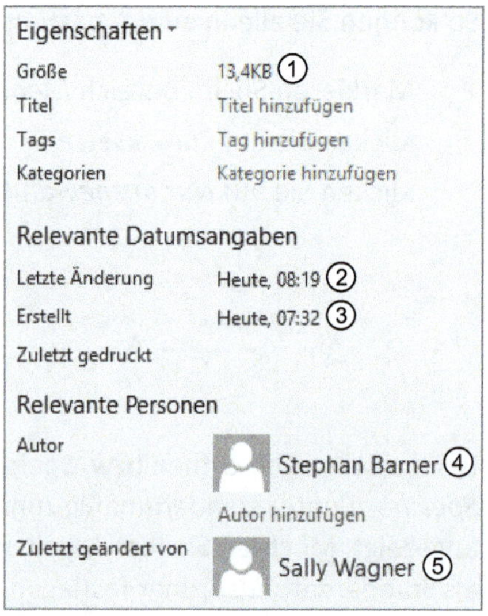


## Benutzername ändern

Standardmäßig wird beim Erstellen einer neuen Arbeitsmappe in den Dokumenteigenschaften der Benutzername desjenigen als Autor eingetragen, der die Datei zuerst gespeichert hat. Bei Bedarf können Sie Ihren Benutzernamen ändern:

▶ Aktivieren Sie das Register *Datei,* klicken Sie im linken Fensterbereich auf *Optionen*.

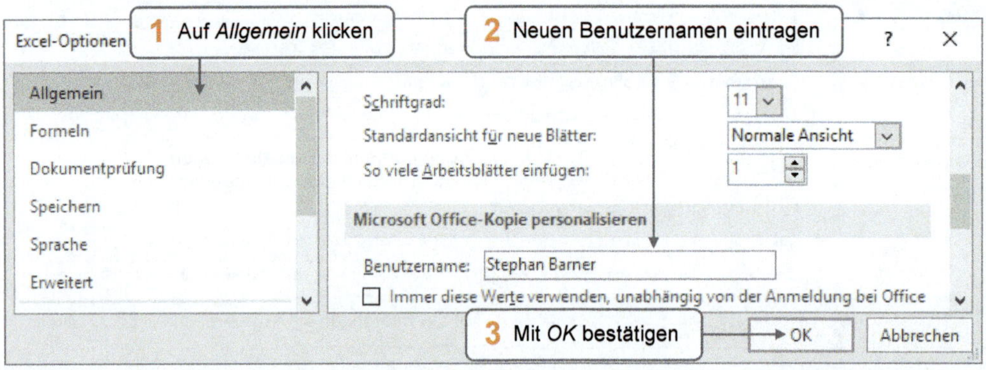


Plus **Ergänzende Lerninhalte:** *Excel-Grundeinstellungen anpassen.pdf*

Welche weiteren Einstellungen Sie im oben abgebildeten Dialogfenster *Excel-Optionen* vornehmen können, wird im oben angegebenen BuchPlus-Dokument erläutert.

# 21.5 Mit benutzerdefinierten Ansichten arbeiten

Plus **Beispieldatei:** *Benutzerdefinierte Ansichten.xlsx*

Sie können benutzerdefinierte Ansichten erstellen, in denen die aktuellen Einstellungen einer Arbeitsmappe gespeichert werden. So lassen sich etwa Filtereinstellungen, fixierte Überschriften, Druckoptionen und ausgeblendete Zeilen bzw. Spalten sichern.

Möchten Sie anschließend bestimmte Einstellungen einer Arbeitsmappe wiederherstellen, genügt es, die entsprechende benutzerdefinierte Ansicht anzuzeigen.

 

| | A | B | C | D |
|---|---|---|---|---|
| 1 | Produkt | Einkaufspreis | Verkaufspreis | Gewinn |
| 2 | Monitor A | 100,00 € | 175,00 € | 75% |
| 3 | Monitor B | 150,00 € | 290,00 € | 93% |
| 4 | Monitor C | 170,00 € | 295,00 € | 74% |
| 5 | Monitor D | 250,00 € | 375,00 € | 50% |

*Benutzerdefinierte Ansicht „Intern"*

| | A | C | E | F |
|---|---|---|---|---|
| 1 | Produkt | Verkaufspreis | | |
| 2 | Monitor A | 175,00 € | | |
| 3 | Monitor B | 290,00 € | | |
| 4 | Monitor C | 295,00 € | | |
| 5 | Monitor D | 375,00 € | | |

*Benutzerdefinierte Ansicht „Preisliste"*

**!** Benutzerdefinierte Ansichten lassen sich **nicht** für Arbeitsmappen nutzen, die definierte Tabellenbereiche enthalten.

## Benutzerdefinierte Ansichten erstellen

- Nehmen Sie in der Arbeitsmappe die Einstellungen vor, die Sie sichern möchten.
- Klicken Sie im Register *Ansicht*, Gruppe *Arbeitsmappenansichten*, auf *Benutzerdef. Ansichten*.

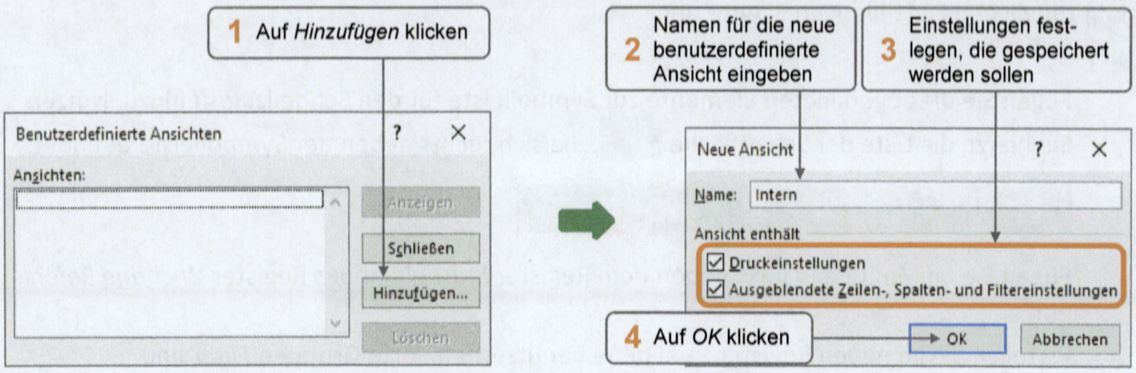


## Benutzerdefinierte Ansichten anzeigen bzw. löschen

- Klicken Sie im Register *Ansicht*, Gruppe *Arbeitsmappenansichten*, auf *Benutzerdef. Ansichten*.
- Markieren Sie die Ansicht im Dialogfenster.
- Um die benutzerdefinierte Ansicht **anzuzeigen**, klicken Sie auf *Anzeigen*.
- Um die benutzerdefinierte Ansicht zu **löschen**, klicken Sie auf *Löschen* und anschließend auf *Ja*.

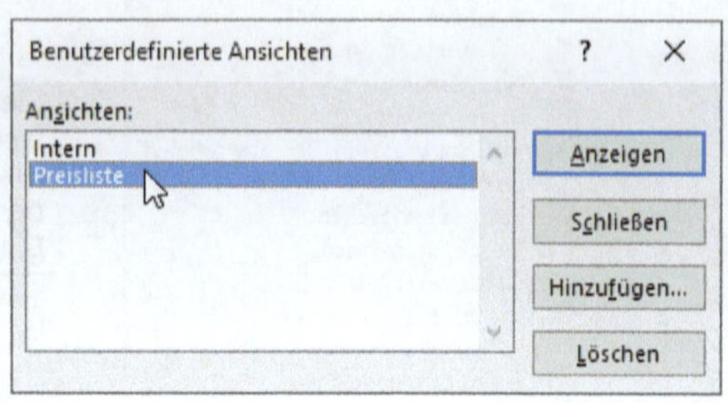


## Benutzerdefinierte Ansichten ändern

Sie können benutzerdefinierte Ansichten nicht direkt bearbeiten. Daher müssen Sie die Ansicht, die Sie ändern möchten, anzeigen, ändern und abschließend neu speichern:

- Zeigen Sie wie zuvor erläutert die benutzerdefinierte Ansicht an, die Sie ändern möchten.
- Ändern Sie die Einstellungen für die Arbeitsmappe.
- Klicken Sie im Register *Ansicht,* Gruppe *Arbeitsmappenansichten,* auf *Benutzerdef. Ansichten.*
- Klicken Sie auf *Hinzufügen* und vergeben Sie für die neue Ansicht denselben Namen, den die zu ändernde Ansicht besitzt.
- Klicken Sie auf *OK* und bestätigen Sie die Speicherrückfrage mit *Ja*.

## 21.6 Übung

### Symbolleiste für den Schnellzugriff und Menüband anpassen

| Level | | Zeit | ca. 10 min |
|---|---|---|---|
| Übungsinhalte | ✔ Symbolleiste für den Schnellzugriff und Menüband anpassen | | |
| Übungsdatei | -- | | |
| Ergebnisdatei | -- | | |

Falls Sie Ihre Symbolleiste bzw. Ihr Menüband individuell angepasst haben, exportieren Sie die betreffenden Einstellungen als Datei, **bevor** Sie die nachfolgenden Übungsschritte durchführen. Indem Sie die exportierte Datei nach Abschluss der Übung wieder importieren, stellen Sie Ihre ursprünglichen Einstellungen wieder her.

1. Fügen Sie die abgebildeten Elemente zur Symbolleiste für den Schnellzugriff hinzu. Nutzen Sie hierzu die Liste der Schaltfläche , die sich rechts neben der Symbolleiste befindet.

2. Fügen Sie im Menüband links neben dem Register *Start* ein neues Register *Wichtige Befehle* ein.
3. Erstellen Sie im neuen Register zwei neue benutzerdefinierte Gruppen *Filter* und *Tabellenstruktur anpassen* mit folgenden Befehlen:

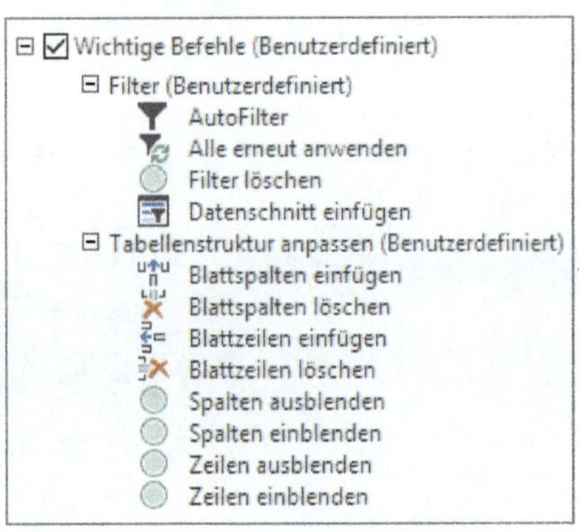


Sie können die abgebildeten Befehle am einfachsten in das Menüband einfügen, wenn Sie im Dialogfenster *Excel-Optionen*, Kategorie *Menüband anpassen*, im Feld *Befehle auswählen* den Eintrag *Alle Befehle* gewählt haben.

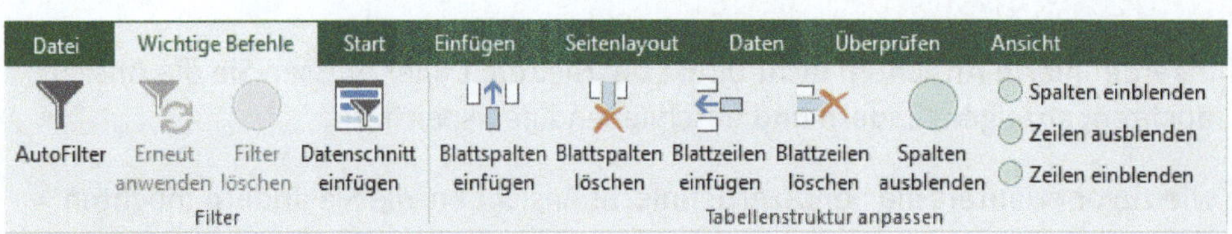


4. Machen Sie alle an der Symbolleiste/am Menüband vorgenommenen Änderungen rückgängig.

Plus **Zusätzliche Übung:**

*Symbolleiste anpassen.pdf*

 

## A



## B



## D

# Impressum

Matchcode: EX2016

Autor: Peter Wies

Produziert im HERDT-Digitaldruck

1. Ausgabe, 3. Aktualisierung, August 2017

HERDT-Verlag für Bildungsmedien GmbH
Am Kümmerling 21-25
55294 Bodenheim
Internet: www.herdt.com
E-Mail: info@herdt.com